K. O. Schmidt, NEUE LEBENSSCHULE - I. Semester

K. O. Schmidt

NEUE LEBENSSCHULE

Ein Jahresplan der Lebens- und Erfolgsbemeisterung

1.—26. Wochenlektion

I. Semester

DER LEUCHTER
OTTO REICHL VERLAG
ST. GOAR

Die französische Ausgabe der „Neuen Lebensschule“ erschien unter dem Titel *„Un nouvel art de vivre“* in 2 Bänden bzw. Semestern mit zusammen 840 Seiten in den Editions ASTRA in Paris 9e

12. Auflage 63.—65. Tausend
1989

Gesamtherstellung: Otto W. Zluhan, 7120 Bietigheim

ISBN 3-87667-161-2 (Leinen)
ISBN 3-87667-171-X (broschiert)

In einem Jahr ein neuer Mensch

Geleitworte zur neuen Ausgabe der Lebensschule

I.

Wir leben in einer stürmischen Übergangszeit, die sich tieferem Einblick als die Morgenröte einer neuen Epoche der Menschheitsentwicklung enthüllt.

Im geistigen, technischen, wirtschaftlichen, politischen und sozialen Leben der Völker vollzieht sich eine Umwertung aller Werte, deren Ende noch nicht abzusehen ist. Alles ist im Fluß ...

Mit dem unsicheren Umhertasten nach neuen Möglichkeiten geht jedoch unverkennbar der Aufbruch neuer Erkenntnisse und Entdeckungen einher. Und mit den neuen Horizonten eröffnen sich den Menschen neue Berufe, neue industrielle Möglichkeiten, neue Chancen individuellen und kollektiven Fortschritts.

Kennzeichen der neuen Zeit – die von den einen als ‚Informations-Zeitalter', von anderen als ‚Kosmisches Zeitalter' begrüßt wird – ist der Übergang von der bisher vorherrschenden *Statik* zu einer neuen *geist-gesteuerten Dynamik,* weshalb mit Recht auch von einem ‚Dynamischen Zeitalter' gesprochen werden kann:

Wir haben begonnen, die kosmischen Energien und tiefen Kräfte der Seele zu erforschen und dem Fortschritt der Menschheit dienstbar zu machen.

> *Damit hat ein Prozeß der Revolutionierung und Dynamisierung des Denkens, der Arbeit, des Lebens und Zusammenlebens der Menschen begonnen, der von allen, die nicht zurückbleiben und untergehen, sondern mit der Zeit gehen, vorankommen und, möglichst als Führungskräfte, Leben und Schicksal meistern wollen, den Einsatz aller Kräfte von Leib, Seele und Geist fordert. Dieser Forderung können wir nur gerecht werden, wenn wir unsere bisher ungenutzten Kräftereserven und ‚latenten Talente' zu aktivieren lernen und dem Leben und seinen Wandlungen gegenüber bewußt eine bejahende Einstellung und Haltung einnehmen.*

Geschieht das, dann zeigt sich, *daß keine Zeit größere Chancen birgt als diese!* Wo immer einer darangeht, sich selbst, seine ureigenen Anlagen und Fähigkeiten besser kennenzulernen und seine besonderen Leistungs- und Aufstiegsmöglichkeiten zu nützen, da eröffnet sich ihm eine Vielzahl von Möglichkeiten, zu den Höhen des Lebens aufzusteigen.

II.

Nichts im Leben ist zufällig. Alles ist ursächlich bedingt; alles wird von innen her bestimmt. Das gilt für den gesamten Lebenslauf des Menschen – von den geringsten Alltäglichkeiten bis zu den beglückenden Sternstunden höchster Lebenswachheit und -Überlegenheit.

Ob einer seine Bestimmung, sein Glück verfehlt oder zu bewußter Sinnerfüllung seines Lebens gelangt, hängt davon ab, wie er sich zum Leben stellt. Der *einen* Möglichkeit, sich *richtig* zu verhalten, stehen tausend Möglichkeiten *falschen,* negativen, lebenswidrigen Verhaltens gegenüber.

Um sich richtig zu verhalten, muß man *richtig denken* lernen. In dieser Kunst kann es jeder zur Meisterschaft bringen. Jeder kann zum Gesetzgeber seiner selbst und seines Lebens werden. Denn nichts ist unabänderlich; alle Gegebenheiten des Lebens sind dem Menschen als Lehr- und Baustoff gegeben, und ihre Bedeutung und Auswirkung hängen davon ab, *was der Mensch aus ihnen macht.*

> *Heute genügt es allerdings nicht mehr, nur mit den vordergründigen Kräften des ‚Wachbewußtseins', des Ich, zu wirtschaften. Wer zur Lebensmeisterung gelangen will, muß die viel weiter reichenden Kräfte und Fähigkeiten seines Unterbewußtseins, des ‚Es', und, darüber hinaus, die wirkstarken genialen Tiefenkräfte seines Überbewußtseins, des Selbst, positiv aktivieren.*

Er muß den Weg stufenweiser Selbstbesinnung und Selbstverwirklichung gehen, um nicht nur im Einzelnen *Erfolge zu haben,* sondern im Ganzen *selbst ein Erfolg zu werden.*

Dazu erschließt die *‚Neue Lebensschule'* jedem gangbare und erfolgverbürgende Wege. Es sind keine kollektiven Wege, vielmehr hilft sie dem *Einzelnen,* die gerade ihm eigenen positiven Anlagen und Kräfte zu erkennen und *seinen eigenen individuellen Weg* zielsicher zu gehen, auf dem er das Hochziel seines Daseins erreicht: er selbst zu sein und, der inneren Führung bewußt, sich selbst zu verwirklichen.

Ein Leben der Kraft und der Fülle liegt vor dem, der diesen seinen eigenen Weg an Hand der ganz auf die Lebenspraxis eingestellten individuellen Methodik der Lebensschule geht.

III.

Im Leben schreitet der am sichersten vorwärts und aufwärts, der am zweckmäßigsten ausgerüstet ist, seine Kräfte optimal einzusetzen und seine Möglichkeiten vollkommen auszuschöpfen weiß.

Eben dazu verhilft die Lebensschule, die im Blick auf die von ihr erzielte wachsende geistige Wachheit, Beweglichkeit und Reaktionsgeschwindigkeit, Kraftentfaltung und Genialität bewußt vom *dynamischen Menschen* und seinen unbegrenzten Möglichkeiten schöpferischen Wirkens und Aufstiegs spricht.

Sie macht dem Menschen bewußt, daß er stärker ist als das Schicksal, daß er das wird und erreicht, was er denkt und bejaht, und *wie* er durch *bewußte Selbstdynamisierung* Leben und Schicksal von innen her ordnet, lenkt und meistert, eine Vielzahl neuer Talente und Fähigkeiten in den Tiefen seines Wesens mobilisiert und den positiven Wirkungsbereich seines Wesenskraftfeldes ständig erweitert.

Wie schon Ralph Waldo *Emerson* und einer seiner Schüler, der amerikanische Physiologe und Psychologe William *James,* erkannten, nützt der Mensch heute kaum 10 Prozent seiner Kräfte und Fähigkeiten. Die restlichen 90 Prozent läßt er zumeist zeitlebens unausgeschöpft ...

Erst die von *Emerson, Quimby, James, Mulford* und anderen Lebenslehrern begründete dynamische Lebensphilosophie – in Amerika als ‚New Thought', in Europa als ‚Neugeist' bekannt – machte es möglich, diese brachliegenden Kräfte und Fähigkeiten segenbringend zu aktivieren.

Was diese Pioniere des neuen Zeitalters erkannten, wird in den üblichen Erfolgssystemen zumeist unzureichend wiedergegeben. *In der Lebensschule wird es erstmals als Ganzes in originaler und geschlossener Form vermittelt.*

Mit den psychodynamischen Methoden der Lebensschule wird erfahrungsgemäß eine höchstmögliche Aktivierung der schöpferischen Tiefenkräfte und fortschreitend bewußtere Partnerschaft mit dem innersten Selbst erreicht, die zugleich das Fundament der Harmonie mit dem Geist des Lebens bildet.

Diese Methoden führen über die bloße Rationalisierung hinaus zu einer neuen *Psycho-Kybernetik*, d. h. zur Selbst- und Lebens-Steuerung und -Vollendung von innen her.

Der Jahresplan der Lebensschule gibt in zwei Semestern bzw. in zwei Bänden in 52 Wochenlektionen eine systematische Unterweisung in der Kunst dynamischer Selbst- und Lebensbemeisterung, deren Durcharbeitung zur Erreichung der im dritten Band dargelegten Oberstufe der Lebenskunst und Lebensweisheit befähigt. Dabei wird einem zugleich bewußt, wie weit man es in der Kunst fortschreitender *Selbstverwirklichung* gebracht hat und bringen kann.

Nur soweit kann von *bewußter Sinnerfüllung des Lebens* gesprochen werden, die mit dem Innewerden der weisen Ordnung und Planhaftigkeit des Lebens beginnt, in der wachsenden Wachheit und Aufgeschlossenheit für die innere Führung, den Sinn und die Fernziele des Lebens in ihrem Zusammenhang mit dem Gesamtleben zum Ausdruck kommt und in einer neuen Denk- und Lebenskultur ihre Vollendung findet.

Auf diesem Wege wird zugleich deutlich, daß die meisten Übel Folgen falschen Denkens und Lebens sind und darum von innen her überwunden werden können, wenn einer lernt, ein Neudenker, ein Selbstdenker, ein Richtigdenker zu werden, der, statt auf andere zu warten, selbst aus eigener Kraft das Gesicht seiner Umwelt nach dem Bilde seiner Innenwelt wandelt.

IV.

Die „Neue Lebensschule" erschien zuerst 1935 und nach weiteren Auflagen dann 1960 in einer überarbeiteten Neuausgabe. Nunmehr wird sie hier in einer *neuen konzentrierten zweibändigen* Ausgabe vorgelegt, deren *dritter Band*, „Selbstverwirklichung und innere Führung", die *Oberstufe* umfaßt, die das Gesamtwerk der Lebensschule abschließt und krönt.

Als Lexikon der Lebenskunst will sie die vor jedem stehende individuelle Aufgabe positiver Selbsterziehung und Selbstvollendung mitten im Alltag lösen helfen, die mit der *Erneuerung des Denkens* beginnt.

Die Lehrschulen – von den Volksschulen bis zu den Hochschulen – bringen dem jungen Menschen zumeist nur bei, *was* er denken soll, um den Anforderungen des Berufs, der Umwelt und des Lebens zu genügen.

Die Lebensschule lehrt darüber hinaus, *wie* er denken und handeln muß, um Leben und Schicksal mit Gewinn zu meistern.

Wenn sie von Selbsterziehung spricht, meint sie *Emporziehung* – im Sinne der höchsten Forderung Christi: „Ihr sollt vollkommen sein, gleichwie Gott vollkommen ist!" Der Geist des Lebens – Gott – zieht seine Kinder in der Schule des Lebens Stufe um Stufe zu sich empor, indem er sie von innen her anleitet, die in ihnen angelegten, nach Verwirklichung drängenden mannigfachen Kräfte und Fähigkeiten immer klarer zu erkennen, immer vollkommener zu meistern und zum eigenen wie zum gemeinsamen Wohl und Fortschritt schöpferisch zu betätigen.

Die Lebensschule macht beide Seiten dieser in jedem Menschen angelegten und wirkenden Evolutionskraft bewußt: den Drang nach vorn und den Zug nach oben.

Und es ist beglückend, zu sehen, daß ihre hierauf zielende individuelle psychodynamische Methodik zunehmende Breiten- und Tiefenwirkung erlangt. Die wachsende Verbreitung der Lebensschule macht deutlich, wieviele Menschen von dieser neuen Sicht und Aussicht angesprochen wurden, ihr freudig folgten und zu einem neuen Leben gelangten.

V.

Die Lebensschule entstand aus dem Bestreben, zu helfen: *sie will dem Einzelnen helfen, sich selbst zu helfen.* Nur solche Hilfe führt zu wirklicher Selbstbefreiung, weil sie den Menschen stark und fähig macht, sein Schicksal aus eigener Kraft selbstbestimmend zu meistern.

Die hier gelehrte *Seelen- und Schicksals-Schmiedekunst* wurde von Tausenden als hilfreich erprobt. Aus ihr spricht die Lebenserfahrung und Lebensweisheit aller zu sich selbst, zur inneren Kraft und zur Fülle des Lebens Erwachten. Sie macht die Fortschrittswilligen reif für jenes voll-bewußte *wirkliche Leben, das immer höher führt.*

Drei Ziele sind es, die sie dem Einzelnen bewußt und erreichbar macht: die positive Betätigung der inneren Kraft, die erfolgreiche Selbst- und Lebensbemeisterung von innen her und die Einheit mit dem Geist des Lebens.

Das erste führt zu dynamischer Selbstbesinnung und fortschreitender Selbstvollendung, das zweite zu innerer Einheit und zu beglückender Sinnerfüllung des Lebens. Das dritte leitet über die Selbstverwirklichung und Partnerschaft mit der inneren Führung zur Harmonie mit dem Unendlichen, zu lebendigem Einssein mit dem einen Urquell aller Kraft und allen Seins.

> *Wer die Lebensschule im Blick auf diese Ziele bewußt durcharbeitet, der lernt, 365 Tage hindurch richtig zu leben und in einem Jahr ein neuer Mensch zu werden.*

Bietet die Lebensschule damit eine Sensation? Durchaus nicht – es sei denn die, daß der, der sich ihre Methoden dienstbar macht, als ein neuer Kolumbus ein bisher größtenteils unerforschtes Reich in seinem Innern entdeckt und, in dieses Innenland vordringend, ständig neue Kräfte und Vermögen aktiviert und fähig wird, sich zu den Höhen des Menschseins emporzuschwingen und *ein neues Leben für das alte zu gewinnen.*

Wie wird die „Lebensschule" durchgearbeitet?

Der ‚Jahresplan' (JP*), wie er hier dargelegt wird, besteht aus zwei Semestern: das I. vermittelt das Regelwerk rechter *Seelen-Schmiedekunst* oder Selbstbemeisterung, das II. die Grundregeln rechter *Schicksals-Schmiedekunst* oder Lebensmeisterung. Von den je 26 Wochenlektionen der beiden Semester baut jede auf der vorhergehenden auf, bis zum Schluß der Neubau unseres Lebens vollendet dasteht.

Bevor wir mit der Selbst- und Lebensschulung beginnen, müssen wir uns klar werden, was wir vom Lebensschulkursus erwarten können und in welcher Weise wir ihn am zweckmäßigsten durcharbeiten.

Es gibt eine große Zahl unveränderlicher Lebenserfolgs-Regeln, die wir in der ‚Lebensschule' (LS) nach und nach kennen lernen. In der Schule des Lebens lernen wir sie *auch* kennen – aber unter welchen Mühen, Enttäuschungen und Opfern! Die LS vermittelt sie uns wie im Spiel – gewissermaßen als die *Spielregeln erfolgreichen Lebens.*

Auch der Verfasser arbeitet nach den Grundsätzen des JP. Seine Erfahrungen und Erfolge bekunden die Zuverlässigkeit dieser Methoden. Er stattet mit der Niederschrift der vorliegenden Arbeit zugleich einen Teil seiner Dankesschuld jenen gegenüber ab, deren Begeisterung über die erzielten Erfolge ihm all die Jahre hindurch eine Quelle täglicher Freude und Ermutigung war.

Auf Erfahrung gründen die LS-Lehren – auf dem Erleben und Erkennen tausender durch die Lebensschulung Hindurchgegangener. Nicht auf den Meinungen eines Einzelnen. *Die praktischen Erfahrungen von Jahrzehnten sind hier zu einem Jahreskursus zusammengedrängt: planmäßig durchgearbeitet, entfalten sie wiederum wachsenden Segen für Jahrzehnte.*

Schon oft war eine einzelne aus den tausend Erfolgsregeln des JP für den Lebenserfolg eines Menschen ausschlaggebend. Wo andere Erfolge hatten, werden auch Sie Erfolg haben! Diese Er-

*) Von hier ab finden die folgenden Abkürzungen Verwendung: LS = Lebensschule; LW = Lebensschulwoche; JP = Jahresplan.

kenntnis möge Sie anspornen, mutig und freudig von Erfolg zu Erfolg zu schreiten.

Es ist einerlei, in welchem Lebensalter und zu welchem Zeitpunkt Sie mit der Lebensschulung beginnen. Es ist auch nicht entscheidend, ob Sie sich mehr oder weniger streng an die Wocheneinteilungen des JP halten, also den Kursus zusammendrängen oder auseinanderziehen. *Entscheidend* ist allein, daß Sie keine neue Lektion in Angriff nehmen, bevor Sie nicht den Inhalt der vorausgegangenen in Ihre Lebensführung eingebaut haben.

Wir sprechen hier von einem *Jahresplan* und von Lebensschul-*Wochen.* Das will sagen, daß es nicht nur möglich ist, sondern die Norm darstellt, wenn der LS-Kursus so durchgeführt wird, daß eine LW sich mit einer Woche von sieben Tagen deckt. Aber nötig ist es *nicht,* mancher wird *mehr* Zeit brauchen, um einzelne Lektionen des JP zu meistern, bei andern wird sich die Durcharbeitung über mehrere Jahre hinziehen.

All das ist nicht von Belang; *wichtig* ist nur, daß jede Lektion gründlich durchgenommen, voll erfaßt und in die Tat umgesetzt wird, daß die Regeln des JP Woche um Woche bewußter in das Alltags-Denken und -Tun eingebaut werden.

Der ungelernte Arbeiter wie der Fachmann, der Bauer und Handwerker wie der Kaufmann, der Angestellte wie der Beamte – *jeder* kann den JP mit Erfolg durcharbeiten, wird am Ende desselben einen spür- und sichtbaren Fortschritt feststellen und bei einem zweiten noch gründlicheren Durcharbeiten der LS einen noch größeren Gewinn erfahren. Denn bei jeder neuen Durcharbeitung des JP werden sich dem Lebensschüler – seinem *inneren Wachstum* entsprechend – neue Perspektiven eröffnen, neue Möglichkeiten, die der Auswertung durch ihn harren.

*

Bei den einzelnen Wochenlektionen kommt es darauf an, daß wir den Sinn ihrer Regeln und das Ziel erkennen, uns ganz auf dies Ziel einstellen, die Lehren der LW in unserem täglichen Denken und Leben anwenden und uns nicht mit ersten kleinen Erfolgen zufrieden geben, sondern uns im Laufe unserer Selbstschulung immer höhere Ziele setzen.

Sehr wichtig ist, daß wir schon beim Lesen der jeweiligen Wochenlektion die verschiedenen Übertragungsmöglichkeiten der einzelnen Regeln und Anweisungen auf unsere tägliche Arbeit, unseren Beruf, unsere besonderen Verhältnisse überlegen.

Wo das nicht geschieht, bleibt manche Regel für den Lebensschüler tot und unfruchtbar, während dort, wo es bewußt geschieht, schon die sachgemäße Anwendung einiger weniger Lebensregeln zu wachsenden Arbeits- und Berufserfolgen führt.

Je gründlicher jede Lektion durchgearbeitet wird, desto leichter wird die Meisterung der folgenden und desto sichtbarer werden die Erfolge auf den höheren Stufen des II. Semesters. Nur scheinbar wird vom Lebensschüler immer mehr gefordert. In Wirklichkeit wird jede Regel und jede Übung ihn nur eine gewisse Zeit beschäftigen, bis sie zu *Gewohnheit* wird. Hat er sie sich einmal angewöhnt, erfolgt ihre Verrichtung von selbst, beansprucht dann das Bewußtsein nicht mehr, gibt es also frei für die Züchtung weiterer Erfolgsgewohnheiten.

Auf diese Weise entsteht in verhältnismäßig rascher Folge ein *Komplex neuer Erfolgs-Gewohnheiten*, der die früheren erfolgbehindernden Gedanken und Gewohnheiten von selbst erstickt.

Es ist lehrreich, zu beobachten, wie mancher große Erfolgsmensch seinen ständigen Aufstieg nicht zuletzt solchen positiven Gewohnheiten, seiner Selbsterziehung zu *gewohnheitsmäßigem* rechtem Denken und Handeln, verdankt. Und wie wenig ist das im Vergleich zu dem, was der Mensch zu erreichen vermag!

> *Alle Kräfte, die in uns sind, sind noch weithin unentwickelt und ungeschult. Vielleicht wird der Mensch der Zukunft über unsere geistige Unbeholfenheit staunen und Dinge vollbringen, die uns heute ‚unmöglich' scheinen. Nun, in jedem von uns steckt der Keim dieses Menschen der Zukunft, und niemand kann sagen, wo die Grenze ist, bis zu der wir diesen Zukunftsmenschen heute schon aus uns zu entfalten vermögen. Es hängt von uns ab, wieviel wir aus uns machen.*

*

Wo der Segen des Übens gerühmt wird, ist immer auch eine Mahnung am Platz: *nicht zu übertreiben.*

Das Beste wird, wenn übertrieben, aus einem Helfer zum Schädling. Übertreiben heißt: über das Ziel hinaustreiben, den Höhepunkt der augenblicklichen Vervollkommnungsmöglichkeiten überschreiten, heißt das *Gegenteil* des Ersehnten herbeirufen.

Jede Übertreibung führt zur Auslösung des ‚*Gesetzes der das Gegenteil bewirkenden Anstrengung*', dessen Auswirkungen uns auf allen Lebensgebieten begegnen, wo wir des Guten *zuviel* tun.

Ein Sport, mit Maß betrieben, stärkt Muskeln, Lungen und Herz; im Übermaß betrieben, wandelt sich sein Segen in Unheil: das Herz wird angegriffen, die Muskeln überanstrengt, und schließlich ist der Sportler am Ende seiner Kraft. Gleichermaßen wirken Atemübungen in normalen Grenzen förderlich, übertrieben, wirken sie schädlich. Jedes Zuviel bewirkt negative Reaktionen: zu langes Schlafen, zu wenig Schlaf, zu angestrengtes Arbeiten, zu viel Essen.

Auf die Lebensregeln des JP angewandt, heißt das: man denke nie, daß, wenn wenig *gut* ist, viel *besser* sei. Vielmehr gilt hier das von *Arndt* aufgestellte biologische Grundgesetz:

> *„Schwache Reize fachen die Lebenstätigkeit an, mittelstarke fördern sie, starke hemmen sie, und stärkste heben sie auf!"*

Schulz hat diese Regeln auf die *Pharmakodynamik,* das heißt, auf die Wirkung der Heilmittel im Organismus, angewandt. Wir wenden sie in der LS auf die gesamte *Biodynamik* an.

Besser als gewaltsame Anstrengung, als Extreme und Fanatismen ist die *ruhige beharrliche Wiederholung des Gelernten.* Es wird vom Lebensschüler erwartet, daß er bei jeder neuen Wochenlektion das in den vorhergehenden Wochen Gelernte rekapituliert und beständig weiter übt und entwickelt, damit die einmal geweckten Kräfte nicht wieder in Untätigkeit zurücksinken, sondern fortwährend gesteigert und vermehrt werden.

Das ganze Leben ist eine Schule. Aber beim Lebensschüler liegt es, ob und wieweit das nun beginnende Lebensschuljahr nicht nur das interessanteste, sondern zugleich das wertvollste und fruchtbarste Jahr seines ganzen bisherigen Lebens wird. Ungleich jedem anderen Werk, das Sie bisher lasen, fordert der JP, daß Sie sich *ein Jahr lang* gründlich mit ihm beschäftigen. Er gibt Ihnen dafür aber auch die Gewißheit, daß Sie, am Ziel der LS angelangt, ein anderer Mensch sind als heute, größer, glücklicher, stärker und erfolgreicher.

Wir sprechen aus Erfahrung, wenn wir sagen:

Schon nach einjähriger planmäßiger Selbst-Arbeit zeigen sich sichtbare Erfolge der hier gelehrten Schulung: Sie werden ruhiger und gelassener sein als zu Beginn des Jahres, Sie werden eine starke Zunahme Ihrer geistigen Kräfte, Ihrer Arbeitsfreude und Ihrer Leistungen feststellen, Sie werden Ihren Körper vollkommener als früher beherrschen, Sie werden erfolgreich sein, wo Sie bisher vielleicht erfolglos waren, und Sie werden ein Mehrfaches Ihres heutigen Lebensgefühls und Ihrer heutigen Lebensfreude in sich pulsen fühlen. Sie werden am Schluß des Lebensschuljahres die Richtigkeit dieser Voraussagen bestätigen und voraussichtlich über mehr Erfolge berichten können, als Sie heute für möglich halten!

Das Erfolgstagebuch des Jahresplans

Zeigt Dir Dein Tagebuch die Früchte Deines Strebens,
Dann wird Dir jeder Tag zum Brunnquell neuen Lebens.

Eine wichtige Rolle im Jahresplan spielt die ständige Selbst- und Erfolgsüberwachung. Die Praxis zeigt, daß es nicht nur nützlich ist, am Ende jeder Woche das bisher Gelernte zu rekapitulieren, sondern daß es sich darüber hinaus empfiehlt, das positive Ergebnis dieser Selbstprüfung schriftlich zu fixieren.

Diese schriftliche Festlegung geschieht im ‚*Erfolgs-Tagebuch*' des Lebensschülers, über dessen Führung wir uns klar sein müssen, ehe wir mit der Selbstschulung beginnen. Sie ist zunächst nur für die Dauer des JP gedacht; aber die meisten werden den praktischen Nutzen so groß finden, daß sie die Gewohnheit der *Erfolgs*-Tagebuchführung ständig beibehalten werden.

Der *Zweck* des Erfolgs-Tagebuchs ist dieser: wir zeichnen während der Lebensschulung *jeden Erfolg*, auch den kleinsten, täglich auf, jeden inneren und äußeren Fortschritt, jede Überwindung von Fehlern und Schwächen, jeden Zuwachs an Erkenntnis und Kraft, um für unsere Selbstachtung und unser Selbstvertrauen einen Rückhalt zu haben.

Sie werden staunen, wie rasch das Erfolgs-Tagebuch sich füllt, wenn Sie den JP zielbewußt durchführen und im Zusammenhang mit der Erfolgs-Tagebuchführung immer wieder prüfen, wo Sie Fehler zu beseitigen, Lücken auszufüllen, Schwächen in Stärken zu verwandeln, neue Fähigkeiten zu entwickeln, sich und andern neue Freuden zu schaffen, sich neue Ziele zu setzen und anzustreben haben.

Das Erfolgs-Tagebuch ist eine Art *Tagesschau unserer Siege im Lebenskampf*. Es hat nichts mit Tagebüchern der üblichen Art zu tun. Es soll *Ansporn zu immer erfolgssicherer Lebensführung* sein und dient ausschließlich zur Festhaltung der Höhepunkte jedes Tages.

Wir werden später erkennen, daß die Führung dieses Erfolgstagebuches ein seelendiätetisches und geisteshygienisches Hilfsmittel ist, eine Brücke vom einen Erfolg zum nächsten und übernächsten, ein Dokument der erfolgreich fortschreitenden Revolutionierung unserer selbst, der wichtigsten Revolution, die es für den Menschen gibt.

Die Einrichtung des Erfolgstagebuches macht wenig Mühe. Wir kaufen ein Schreibheft und fangen mit der Führung des Tagebuchs an dem Tage an, wo wir den JP durchzuführen beginnen. Auf die 1. Seite schreiben wir oben: *„Mein Erfolgstagebuch* für den Jahresplan 19 . .“ und fixieren darunter unsere Erfolgsbejahung etwa mit folgendem Satz:

„Von heute ab werde ich in allem und in jeder Hinsicht stets Erfolg haben!“

Die nächste Seite des Erfolgstagebuches beginnt mit dem Datum des 1. JP-Tages und mit der Feststellung:

„Von hier ab beginnt ein neues Leben!“

Daran schließt sich die Eintragung der zu verzeichnenden Erfolge.

Die einleitende Eintragung ist ein positiver Selbstbefehl, der das neue Leben einleitet. Der erste Augenblick des neuen Tages ist entscheidend für die Stimmung aller kommenden Stunden dieses Tages. Ebenso ist der erste Augenblick des „Neuen Lebens“, das wir beginnen wollen, entscheidend für den Geist, in dem das Leben fernerhin verläuft. Darum muß er erfüllt sein von dem Geist zielsicherer Entschlossenheit und selbstvertrauender Schicksalsbejahung.

Ebenso wie dieser erste Vermerk sollen uns alle weiteren Eintragungen immer wieder lebendig zum Bewußtsein bringen, daß wir täglich Fortschritte machen, daß wir vorankommen. Darum lautet die Grundregel der Tagebuchführung:

Jede Eintragung in das Erfolgs-Tagebuch muß positiv sein!
Jeder Erfolg ist schriftlich festzuhalten!

Im Anfang werden wir nicht jeden Tag Erfolge zu verzeichnen haben; da genügt es, daß wir das Tagebuch zur Hand nehmen, wenn wir einen wichtigen Erfolg festhalten wollen. Später werden wir in dem Maße, wie unsere Erfolge wachsen, immer häufiger und schließlich allabendlich unser Erfolgstagebuch vornehmen und über jeden Gewinn Rechenschaft ablegen. Wir werden uns so in wachsendem Maße über uns selbst, unsere Kräfte und Möglichkeiten und unser stetig zunehmendes Können klar. Wir tragen in unser Leben Konzentration und Zielstrebigkeit hinein. Wir gewinnen wachsendes Kraftbewußtsein, steigern unser Leistungs- und Wertgefühl und entziehen noch vorhandenen Minderwertigkeitsgefühlen die Lebensgrundlagen. Denn wo Licht einzieht, weichen die Schatten von selbst. Darum registrieren wir grundsätzlich keine Fehler und Schwächen, da jede Konzentration der Aufmerksamkeit auf diese nur ihre Kraft steigert.

Unsere *Fortschritte* dagegen können wir uns nicht deutlich genug vor Augen führen, wirken sie doch als *Ansporn zu neuen Siegen.* Es ist einer der wichtigsten Grundsätze der Psychodynamik der LS, Minderwertigkeitsgefühle durch Leistungsgefühle zu überwinden gemäß der Erkenntnis: *Nichts fördert den Erfolg so sehr wie der Erfolg!*

Der praktische Gewinn der Erfolgstagebuchführung ist somit: die Neuorientierung unserer Lebensführung in klarer Zielrichtung auf unseren Lebenserfolg, das spürbare Wachstum unserer Selbst- und Lebens-Sicherheit, der immer zweckmäßigere Einsatz unserer inneren Kräfte, die Anziehung immer neuer Erfolge durch die schon erreichten, und insgesamt die zunehmende Vertiefung und Verwesentlichung unseres ganzen Lebens.

Und nun beginnen wir das neue Leben, das unaufhörlich höher führt!

Der Jahresplan

I. SEMESTER: SELBSTSCHULUNG

„Worauf es ankommt, ist die Revolutionierung des Menschengeistes.“ Ibsen

Der JP zerfällt in zwei Halbjahrkurse: im I. Semester lernt der Lebensschüler, den Neubau des Lebens zu errichten, im II. folgt der Ausbau und die ‚Inneneinrichtung‘ des Lebensneubaues, die eigentliche Erfolgsbestimmung und Sinnerfüllung des Lebens.

Das I. Semester macht uns mit den Regeln der *Seelen-Schmiedekunst,* das II. mit den Methoden der *Schicksals-Schmiedekunst* vertraut.

Wie das Leben selbst, so setzt auch die LS vor die Lebensmeisterung die Selbstbemeisterung. Denn, wie Rückert sagt: „Verderblich ist, was Deinen Geist befreit und nicht zugleich Selbstherrschaft Dir verleiht.“

Alles mögliche beherrscht der Mensch: das Erdreich, die Kraft der Maschinen, die Elektrizität, das Reich der Luft, das Kleinste wie das Fernste. Aber das Nächste meistert er nicht: *sich selbst.* Darum ist sein Leben allen Fortschritten zum Trotz so voller Widersprüche, Schwächen, Hilflosigkeiten und Mißerfolge.

Der Kampf um die Macht über die Dinge der Umwelt beginnt in der *eigenen Seele.* Nur ein innerlich Geeinter, zu sich selbst Erwachter wandelt das Gesicht der Umwelt nach seinem inneren Bilde. Der innerlich Unfreie und Zerrissene dagegen stößt die Dinge und Menschen der Umwelt ab und erlebt Fehlschläge dort, wo der mit sich selbst geeinte harmonische Mensch Erfolge erzielt.

Haben wir am Ende des I. Semesters die innere Ordnung und Harmonie erreicht, dann wandelt sich im Laufe des II. Semesters auch die Umwelt in Ordnung und Harmonie. So ist das Wichtigste und Entscheidende zunächst der Sieg über uns selbst — gemäß einem Worte Buddhas: „Das eigene Ich zu bemeistern, ist der größte und heldischste aller Siege.“

1. WOCHE:

NEUBAU DES LEBENS

„Das einzige Mittel, dem Leben einen positiven Wert zu geben, ist, es möglichst gehaltvoll zu machen, ihm einen möglichst hohen Zweck zu geben und es damit zu erfüllen. Diesen Zweck hochschätzen und das Leben an sich geringwerten, ist die einzig wahre Philosophie." Immanuel Kant

„Von hier ab beginnt ein neues Leben!" – dies Dante-Wort erheben wir zu Beginn des JP als Selbstversicherung seiner erfolgreichen Durchführung zum *Entschluß*. Wir beginnen mit diesem Tage ein neues Leben, als ob alles, was hinter uns liegt, einem früheren Leben zugehört, von dem wir durch den Tod weltenweit getrennt sind.

Wir stehen an einem neuen Anfang. Mag unser bisheriges Leben sein, wie es wolle, – von nun ab beginnt ein neuer Aufbau, der uns Stufe um Stufe höherführt.

Wir brauchen nicht so weiter zu leben, wie wir bisher lebten. In jedem Augenblick können wir einen Schlußstrich unter das Bisher setzen und ein neues Leben voll neuer Möglichkeiten und Erfolge beginnen. In jedem Alter, in jeder Lage können wir eine Scheidewand zwischen uns und der Vergangenheit errichten und einen neuen besseren Weg einschlagen.

Um Platz zu schaffen für den Neubau unseres Lebens, müssen wir das Alte wegräumen, alles Vergangene vergessen, vergeben, wo wir bisher haßten, wiedergutmachen, wo wir fehlten – aber immer mit dem Blick in die Zukunft.

„Aller Anfang ist schwer!" sagt eines jener immer wieder nachgebeteten aber trotzdem falschen Sprichwörter. Weg mit diesem Wahn! In Wahrheit ist der Anfang genau so schwer oder leicht, *wie wir ihn denken*. Wer den Anfang als leicht ansieht, *macht* ihn leicht.

Denke keiner, daß es für ihn *‚zu spät'* sei zum Glücklichwerden, zum Aufbau eines neuen Lebens. Sage niemand, er sei zu alt. Jeder ist so alt, wie er sich fühlt. Man kann mit 90 Jahren jung und mit 25 Jahren alt und welken Herzens sein. *Beachte die Jahre nicht, und sie beachten Dich nicht!*

Und sage keiner, seine Kraft sei *‚zu schwach'*, um noch einmal von vorn zu beginnen. Denn die Kraft im Menschen ist niemals schwach, sondern immer gleich unerschöpflich stark.

Nichts, was wir brauchen, um unser Schicksal zu zwingen, kommt von außen. *Alles kommt aus den Tiefen unserer eigenen Seele.* Stellen wir uns darum auf unsere eigenen Füße! Erkennen wir unsere Kraft-Reserven! Stellen wir sie bewußt in unseren Dienst, um unser Schicksal nach unserem Willen zu wandeln! *Selbst müssen wir uns helfen, selbst müssen wir uns frei machen, selbst den Kampf um unsere Vollendung aufnehmen, selbst das Steuer unseres Lebens ergreifen, selbst das Himmelreich erobern!*

Mit dieser positiven Besinnung und Gesinnung wollen wir beginnen – entsprechend dem Wort: „Was im rechten Geist begonnen, ist so gut wie halb gewonnen." Der Gedanke, mit dem wir unsere Selbstschulung beginnen, ist das Horoskop ihres guten Ausgangs. Wie etwas beginnt, so endet es auch.

Grundlektion:

IN DIR IST DIE KRAFT!

Wenn man einen Neubau errichten will, prüft man zuerst, ob die nötigen Mittel, Kräfte und Materialien bereitstehen. Wie steht es in dieser Hinsicht bei uns? Wo *sind unsere Mittel?*

Wir befinden uns in der denkbar besten Lage: alle Mittel, deren wir zum Neubau unseres Lebens bedürfen, sind *in uns*, wir haben nicht nötig, irgendwo Anleihen zu machen.

Die Erkenntnis, daß *alle Kraft in uns ist*, ist die Grundlektion der LS: Wir sind mehr, als wir scheinen, und können mehr, als wir ahnen! In uns schlummern Kräfte, von denen wir erst den kleinsten Teil erweckt und ausgewertet haben. Diese Kraftquellen wollen wir auszunutzen lernen.

In jedem Menschen lebt der *Wunsch, immer höher zu kommen.* Dieser Trieb ist ihm von der Natur mitgegeben, die ihm auch die *Fähigkeit* verlieh, diesem Trieb zu folgen: eine Fülle von Anlagen, Kräften und Möglichkeiten hat sie ihm gegeben, die er entfalten und mehren soll.

Nichts hat seinen Gipfel erreicht; alles kann gesteigert werden, am meisten der Mensch. Denn der heutige Mensch ist nur ein Embryo des *vollkommenen Menschen*, der er einmal sein wird. Auf dem Wege zu dieser fortschreitenden Vervollkommnung wird uns die Wahrheit des Goethe'schen Wortes immer offenbarer werden: „Unsere Zustände schreiben wir bald Gott, bald dem Teufel zu und fehlen das eine wie das andere Mal; *in uns selbst* liegt das Rätsel, die wir Ausgeburt zweier Welten sind."

Die meisten wachsen nur deshalb nicht recht, weil sie ihren höheren Möglichkeiten in ihrem Denken und in ihrem Herzen keinen Raum geben. Sie denken *zu klein* von sich und ihrem Leben; darum bleibt ihr Leben so bescheiden und arm. *Groß aber wird, wer erkennt, daß seine Kraft unausschöpfbar ist.*

Lernen wir, unsere Gedanken und Erwartungen auf die *Gewißheit des Einsseins mit der Lebensfülle* umzustellen. Lernen wir, nicht nur in unserem Denken und Wünschen, sondern auch in unserem Wollen, unserer Haltung, unserem Tun dem Bewußtsein des *Einsseins mit unserer inneren Kraft* Ausdruck zu geben. Lernen wir, Größeres aus uns zu machen, als wir heute sind. Erkennen wir die Wahrheit des seherischen Wortes: *„Jeder Mensch ist ein Reich, das an Kraft und Macht stetig zunimmt!"*

In den Tiefen unseres Wesens schlummern Möglichkeiten und Talente, größer als alles, was wir in unseren kühnsten Träumen für erreichbar hielten. Die Möglichkeit zu *allem, was wir ersehnen, liegt keimhaft in uns.* Unsere Bestimmung ist es, sie zu entfalten und zu nutzen. Wir sind Schatzkammern unerschöpflicher Erfolge. Wir müssen uns nur uns selber öffnen und unser Gold münzen – durch rechtes Denken und Tun.

Denken Sie an die größten und erfolgreichsten Menschen, die Sie kennen: *bevor* sie groß wurden, wußten auch diese nichts von den gewaltigen Möglichkeiten, die in ihnen schlummerten, – bis ihnen plötzlich die neue Erkenntnis ward.

In der gleichen Lage sind Sie am Beginn des JP. Am Ende desselben aber können Sie so weit sein wie jene, die den Erfolg meisterten, weil sie einsahen, daß die *Kraft* dazu *in ihnen* liegt. Daß *auch in Ihnen* diese Kräfte nach Betätigung drängen und Sie aus Ihrer jetzigen Lage heraus- und höherführen wollen, beweist die Tatsache, daß Sie diesen Kursus begannen. Denn wenn Ihre Kraft noch schlummerte, würden Sie nicht nach weiteren Aufstiegsmöglichkeiten suchen und nicht mit der LS in Berührung gekommen sein.

Alles, was Sie suchen, ist *in Ihnen.* In Ihnen ist jene Kraft und Hilfe, auf die Sie sich immer restlos verlassen können, ohne je verlassen zu werden, – eine *Kraft* von höchster Machtvollkommenheit, deren Hilfe Ihnen in jedem Augenblick werden kann, – ein *Helfer,* der Ihnen immer unsichtbar zur Seite steht und nur auf Ihre Wünsche wartet und auf Ihr Vertrauen!

Diese Kraft in uns ist die erste und wichtigste Großmacht, die es gibt. Kraft ist das Element der *Bewegung,* und Bewegung ist *Leben.* Alle Kraft ist in uns, das heißt: wir sind Eigner der Fähigkeit, Dinge und Geschehnisse in einer Richtung in *Bewegung* zu setzen, die unserer Höherentwicklung förderlich ist.

Der Zweck des JP ist, diese Kraft in uns in rechter Weise zu aktivieren, zu entwickeln und in den Dienst unseres neuen Lebens zu stellen, das wir jetzt begonnen haben. Unter *,entwickeln'* verstehen wir buchstäblich ein ,Auswickeln' eines ursprünglich ,Eingewickelten', eines uns Innewohnenden. Entwicklung im Sinne der LS ist nichts anderes als eine *fortschreitende Verwirklichung unseres innersten Wesens* durch stufenweise Entfaltung unserer Seelenkräfte.

Jeder ist ein schlummernder Riese. Jeder ist stark genug, *hier und jetzt* mit dem Neubau seines Lebens zu beginnen. Er muß nur mutig den ersten Schritt tun, muß den Weg zum neuen Leben froh und unbeirrt gehen, nur ein Jahr hindurch, – und er wird ein Verwandelter sein, ein neuer Mensch.

Wo vorher ein schwacher Zwerg war, steht dann ein Recke, der um seine Kraft und um sein Ziel weiß.

So gewiß, wie wir uns als ,Ich' erkennen, so gewiß ist diese Kraft in uns. Denn die innere Kraft ist ja Wesen und Äußerung des Ich. Und diese innere Kraft *wächst beständig,* weil uns während unserer fortschreitenden Reifung immer mehr von ihr zum Bewußtsein kommt. Und ebenso wachsen unsere Talente, entwickeln sich unsere Fähigkeiten immerfort, wenn wir ihr Wachstum weise fördern.

Hier gilt das Wort des göttlichen Plato: „Ihr könnt auf weisere Art leben, wenn Ihr lernt, sie auszudenken und auszuarbeiten. *Ihr seid Euch Eurer eigenen Macht noch nicht bewußt!*"

Nur *scheinbar* sind wir mittellos und nackt auf die Welt gekommen. In Wahrheit haben der Bettler wie der Millionär, der Handwerker wie der Bauer, der Kaufmann wie der Dichter, der Angestellte wie die Hausfrau alle Anlagen und Kräfte mitbekommen, um ihr Leben glücklich und reich zu gestalten.

Bei keinem von ihnen war vorauszusehen, was in ihnen steckt, wie groß sie einmal werden würden. Denn das hing und hängt ja allein davon ab, ob und wieweit sie ihre schlummernden Anlagen entfalten und zu ihrem Vorteil verwenden. In zahllosen Kindern armer Leute hat die Not des Lebens das Bewußtsein dieser inneren Kraft erweckt; sie lernten, sich selbst zu vertrauen, stiegen mutig empor und wurden Millionäre an innerem oder äußerem Reichtum.

Das meiste wird nur deshalb nicht erlangt, weil es nicht unternommen wurde! Mit Recht spricht die LS von den schlummernden Kräften des Lebensschülers (wobei hier und weiterhin immer auch die *Lebensschülerin* mit angesprochen ist):

> *Jeder Lebensschüler ist ein werdender Lebensmeister. Nur an ihm liegt es, wieweit er die in ihm schlummernde Idee der Vollkommenheit verwirklicht. Sein Verlangen ist der Herold der in ihm herankeimenden Wirklichkeit. In Wahrheit ist er bereits der erfolgreiche Mensch, der er werden will. Es gilt nur, die innere Wirklichkeit auch zur äußeren zu machen!*

*

Kann tatsächlich *jeder* – auch der untergeordnetste und schwächste, jeder verzweifelnde, pessimistische Mensch die hier gezeigten Ziele erreichen?

Ja, er kann. *Es gibt keine Macht in der Welt, die einen Menschen, der über gesunden Menschenverstand verfügt, sich auf seine Kraft besinnt und ernstlich vorwärts will, auf die Dauer aufhalten könnte!* Er muß nur seine Kraft bejahen, sein Ziel mutig ins Auge fassen und im Vertrauen auf die innere Führung *seinen Weg beharrlich gehen*, ohne nach links, rechts oder rückwärts zu sehen. Dann *wird* er siegen!

Was wir an den Großen aller Zeiten bewundern – ihre unbändige Willenskraft, ihre erstaunlichen Talente, ihre grandiosen Leistungen, ihren überragenden Weitblick, ihr unerschöpfliches Wissen und Können, ihre reichen Inspirationen, ihre unbesiegbare Widerstandskraft gegenüber den Stürmen des Lebens – alles das ist *in jedem von uns* und wartet darauf, in rechter Weise entfaltet und genutzt zu werden.

Es kommt darauf an, daß wir *mehr* aus uns herausholen als bisher, daß wir lernen, Meister rechten Denkens, rechten Wirkens und rechten Lebens zu sein.

Warum leistet – bei scheinbar gleichen Kräften – der eine das Dreifache von dem, was der andere schafft? Weil er sich mehr zutraut, zielstrebiger wirkt und einen besseren Gebrauch von seinen Kräften macht. Bei rechter Anwendung seiner inneren Kraft *kann jeder* seine Leistungen und Erfolge vervielfachen, einerlei, wie hoch er heute schon steht.

Jeder von uns ist ein König – und weiß es nicht. Auf jeden von uns wartet ein Reich – wie lange schon. Jeder von uns besitzt einen Kronschatz unübersehbaren Reichtums – und nutzt ihn nicht. Jeder hat einen Schatzmeister in sich, seinen ‚inneren Helfer' – und beachtet ihn nicht.

Das Leben ist unendlich reich – nur unser falsches Denken und Tun machte es arm und hindert uns, aus der Fülle des Lebens zu schöpfen. Jeder schwimmt in einem Meer ungeahnter Möglichkeiten – und geht langsam am Mangel-Wahn zugrunde. Laßt uns die Augen aufmachen, die Tatsachen erkennen und – wirken.

Denn unser wirkliches Leistungsvermögen haben wir noch garnicht erkannt – und erst recht nicht ausgeschöpft.

Wir leben alle von einem Bruchteil unserer Kraft und machen selbst davon einen unzureichenden Gebrauch. Die Grenzen, die wir um uns sehen, sind Täuschung. Bei wachsendem Sehkreis rücken sie immer weiter ins Unendliche hinaus. Niemand kann darum von sich sagen, daß er schon alle Kräfte, die in ihm sind, zur Entfaltung gebracht hätte. Immer noch weckte jede neue Lage in ihm neue Kräfte.

Wir haben, wie *Mulford* sagt, „kaum noch den Saum unseres wirklichen Lebens berührt und *fangen eben erst an, zu ahnen, was es eigentlich heißt, zu leben.*"

Wissen wir, wieviele Keime kommender Möglichkeiten in uns

schlummern, um eines Tages aus uns ins Leben zu treten? Wir können es nicht sagen. Nur wenn wir in die Stille gehen und tief in uns selbst hineinschauen, ahnen wir die Wahrheit des Hebbel'schen Wortes: „Was einer *werden* kann, das *ist* er schon." Der *Größere, der Sie einmal sein werden, lebt heute schon in Ihnen.* Und Sie werden lernen, diesen Riesen in Ihnen von jetzt ab immer zielbewußter zu wecken, bis er sich bewegt, seine Glieder reckt und aufsteht!

Solange Ihre inneren Kräfte brach liegen, sind sie für Sie so wertlos, als ob Sie sie gar nicht hätten. Und hier liegt der *Trugschluß*, dem die meisten erliegen: da sie ihre eigenen Kräfte nicht erweckten und infolgedessen nicht spüren, wähnen sie, *keine zu haben.* Lebensblind, schließen sie aus ihrer Schwäche auf das *Nicht-Dasein* der inneren Kräfte, während der Weise daraus lediglich auf den *Nicht-Gebrauch* schließt. In Wirklichkeit sind wir alle Millionäre an innerer Kraft und an Erfolgsmöglichkeiten. Wir alle müssen lernen, die Möglichkeiten kühn zu bejahen und in Wirklichkeiten zu verwandeln. Henry Ford vergleicht den Menschen treffend mit einem Brunnen: „Es ist eine Menge in ihm, aber es muß aus der Tiefe herausgeholt werden." Alles Große, was Menschengeist je schuf, kam aus diesen Tiefen der Seele.

Keine Macht ist größer als die Kraft in uns! Von dieser Erkenntnis wollen wir ausgehen, auf dieser Grundlage den Neubau unseres Lebens errichten, mit dieser Gewißheit das neue Leben beginnen, das uns immer höher führt.

Die Kraft in uns befähigt uns, nicht vom Leben bestimmt zu werden, sondern unser Leben *selbst zu bestimmen.* „Große Männer sind die, die erkennen, daß geistige Kräfte stärker sind als materielle Kräfte, *daß Gedanken die Welt beherrschen.*" Mit diesem Wort will *Emerson* uns mahnen, die Kräfte, die bisher in uns schlummerten, den Reichtum, der in uns liegt, die Macht, die in uns nach Entfaltung drängt, durch bewußte Selbst-Besinnung und Selbstbestimmung zu entfesseln und planmäßig zum Wirken zu bringen.

Wie die einzelne Welle alle Salze des Meeres enthält, so bergen wir im Kleinen die Kräfte des Alls und haben die Aufgabe, diese Kräfte im Rahmen unseres Lebens zu höchster Entfaltung zu bringen. Jeder von uns ist eine Welle im unendlichen Kraft-Ozean des Lebens, die mit Wellen-Geschwistern geschäftig über die Oberfläche des Meeres dahineilt – aber im *Grunde* unauflöslich mit der Tiefe verbunden bleibt. Die gleiche Kraft, die in den Tiefen des Daseins lebt, lebt auch in der Welle, trägt die Welle; die gleiche Kraft, die im All wirkt, wirkt auch in uns.

Alle Kraft, die in uns wirkt, ist nichts anderes als Kraft des Alls; und aller Geist, der sich durch uns entfaltet, ist nichts anderes als der eine unendliche Geist des Lebens. *Wer die Kraft in sich bejaht, bejaht darum zugleich sein Einssein mit dem Geist des Lebens.*

Grundforderung:

BRICH ALLE BRÜCKEN HINTER DIR AB!

Das neue Leben beginnt mit einer neuen Blickrichtung: *Vorwärts!* Lichtwärts! Sonnenwärts!

Unter alles, was der Vergangenheit zugehört, machen wir einen endgültigen Strich. Nur was uns anspornt, uns froher stimmt, uns glücklich macht, darf uns auf unserer Wanderung ins neue Sein begleiten. Kein Lebensschüler sollte jenem Zauderer gleichen, der seine Vergangenheit wie eine Eisenkugel, mit stählerner Kette ans Bein geschmiedet, hinter sich herschleppt, an seiner Vergangenheit krankt und schließlich an ihr zerbricht.

Er soll auch nicht jenen gleichen, die von ihrer stolzen Vergangenheit zehren und glauben, damit für alle Zeiten ihre Ruhe erkauft zu haben. Trübe oder glanzvolle Vergangenheit – beides ist dem Lebensschüler kein Anlaß zur Rückschau, höchstens ein Ansporn zur Schaffung einer besseren Zukunft.

Auch die *Sehnsucht nach Gewesenem,* längst Verflossenem darf ihn nicht beirren. Es gibt nur *eine* schöpferische Sehnsucht: die nach Kommendem, nach dem, was wir schaffen wollen. Das Hängen am Alten macht es uns unmöglich, das Neue wahrhaft zu ergreifen und zu verwirklichen. Was *gewesen* ist, ist so gut wie *verwest* und geht den Lebenden, der vorwärts schreitet, nichts mehr an.

Vergessen wir auch alles, was wir *verloren* haben. Denn unsere Trauer bringt es nicht zurück; wohl aber bringt unser Wille zum Neubau des Lebens und unser Vertrauen auf die innere Kraft und auf den Geist des Lebens uns Besseres, als wir je besaßen.

Und hat der *Tod* uns das Liebste auf Erden entrissen? Auch diesen Kummer laßt uns beenden. Laßt uns vorwärts sehen in jene lichtere Zukunft, in der wir einst mit allem, was wir liebten und lieben, wieder *eins* sind. Dieser *Wiedervereinigung* dienen wir am vollkommensten, wenn wir unserer Lieben in Liebe gedenken und in der Gewißheit unseres immerwährenden Einsseins mit ihnen.

Auch das *Hadern* mit dem Geschick ist unproduktive und schädliche Rückwärtswendung. Der Lebensschüler rüste seine Seele und erkenne, daß es kein ‚blindes Ungefähr' gibt, sondern nur die Gesetze des Lebens, daß es seine eigene Nicht-Erkenntnis war, die ihn bisher hinderte, diese Gesetze wahrhaft zu meistern, und daß es von diesem Augenblick an nur noch darauf ankommt, das Gesetz des Schicksals bis ins Letzte zu erkennen und zu befolgen.

Allen Ballast der Vergangenheit müssen wir von uns werfen, wenn die Flügel unserer Seele sich regen und uns hinauftragen sollen zu den Höhen des Daseins. Wie jeder *die* Vergangenheit hat, die er verdiente, so auch die Zukunft. Während wir aber die Vergangenheit nicht mehr ändern können, liegt die Gestaltung der Zukunft in unserer Hand.

Keinem ist hier eine engende Grenze gesetzt. Jeder ist fähig, das zu erreichen, was er ersehnt. Dazu aber ist nötig, daß er sein Ziel unbeirrt im Auge hält, sich von allen inneren und äußeren Gebundenheiten frei macht und alle Brücken in die Vergangenheit hinter sich abbricht.

*

Um der Gefahr des ‚Nicht-Anfangen-Könnens' von vornherein zu begegnen, machen wir es uns bewußt unmöglich, stillzustehen oder gar zurückzuschreiten:

Wir überschreiten im Geiste die Brücke, die vom diesseitigen Ufer über den Strom des Vergessens in das Land des Neuen Lebens führt. Und dann brechen wir die Brücke hinter uns Stück um Stück ab, bis der Strom den letzten Brückenbogen mit sich reißt und jeden Weg zurück *unmöglich* macht.

Jetzt gibt es für uns nur noch *eine Wahl:* vorwärts zu schreiten!

Damit haben wir mehr als der Hälfte unserer Sorgen und Nöte

den Boden entzogen. Denn sie lebten von unserer Unentschlossenheit und unserem mangelnden Mut. Jetzt können wir den Blick zur Sonne wenden und uns laut, leise oder in Gedanken entschließen:

„Von hier ab beginnt ein Neues Leben, das immer höher führt! Ich werde von heute ab mit jedem Tage in allem und in jeder Hinsicht wachsende Erfolge haben!“

Und nun packen wir das neue Leben furchtlos an! Von nun an bringt uns jeder Schritt, den wir tun, unserem Ziele näher.

Es braucht uns nicht zu gereuen, daß wir die Brücke hinter uns in Trümmer schlugen. Denn damit haben alle Hindernisse, die noch vor uns liegen, *ihre Unüberwindlichkeit eingebüßt.* Wir haben seelisch umgeschaltet und dadurch bewirkt, daß von nun an die Kraft in uns stärker ist als jedes Hindernis.

Wir beginnen das neue Leben keineswegs mit nichts: *wir sind mit allen Möglichkeiten ausgerüstet, auch das Höchste zu erreichen.* Die gleichen Kräfte und Möglichkeiten stehen uns zur Verfügung, mit denen auch die Größten und Erfolgreichsten des Menschengeschlechtes ihren Siegeszug begannen. Wir gehen nun den gleichen Weg wie sie: den Weg, den uns der *Geist des Lebens* führt, der uns fortab begleitet.

Wir haben von nun an keine Vergangenheit mehr! Wir haben nur noch eine Zukunft, die täglich mehr zu herrlicher Gegenwart wird. In uns lebt nur noch der Wille zum Sieg! Wir kennen nur noch eine Gewißheit: „Ich *bin* – also *kann* ich!“

RECHTE VORAUSBESTIMMUNG DES TAGESLAUFS

Auf der anderen Seite des Stromes angelangt, ist das Nächste, daß wir uns über die *Richtung* klar werden, die wir nun in dem neuen Lande, das sich vor uns ausbreitet, einschlagen wollen.

Wir beginnen darum mit einer *vorläufigen Zielsetzung.* Die endgültige Zielsetzung kann erst erfolgen, wenn wir einige Kenntnis des neuen Reiches erlangt haben. Das ist nach der 10. LW der Fall.

Die vorläufige Zielsetzung besteht darin, daß wir lernen, dem einzelnen Tage eine neue Bestimmung, einen neuen Geist zu geben.

Denn ein erfolgreiches Leben ist das Produkt erfolgreicher Tage, und diese setzen sich aus erfolgreichen Stunden zusammen. Darum beginnen wir damit, die gegenwärtige Stunde, den heutigen Tag vollkommen zu gestalten, ihm einen neuen Rhtyhmus zu geben.

Was uns das erste Mal vielleicht schwer fällt, ist morgen schon leichter, und übermorgen noch mehr. Nach einer Woche entdecken wir schon eine kleine *Neigung*, auf die hier gezeigte neue Art zu leben, nach einigen Wochen verwandelt sich die Neigung in eine *Gewohnheit*, und nach einigen Monaten ist uns die Gewohnheit zur *zweiten Natur* geworden und am Ende des LS-Jahres zur *ersten Natur*.

Damit haben wir den Grundstein gelegt zum Erfolg jedes einzelnen Tages und zugleich zu unserem Lebenserfolg.

Der heutige Tag ist der Ausgangspunkt erfolgreichen Lebens. Nur er gehört uns ganz. Was hinter uns liegt, ist vergangen und kehrt nicht zurück; und was vor uns liegt, ist noch nicht da und entzieht sich noch unserem Einfluß. Das einzige, was wir sofort bestimmen können, sind die noch verbliebenen Stunden des heutigen Tages.

Der Lebensschüler erwarte hier *keine Schemata* für die Zeit von 5–6, von 6–7 und so weiter – am grünen Tisch ausgeheckt und nicht einmal von ihren Erfindern in die Tat umgesetzt. Was *neu* werden soll, ist nicht der äußere, sondern der *innere Tag*. Eine neue Einstellung zu allem, was die 24 Stunden des Tages an Aufgaben enthalten, soll unseren Alltag veredeln und adeln, durchsonnen und beseelen, zu einem immer sprudelnden Quell der Freude machen.

Wir werden sehen: es kostet die gleiche Kraft, etwas *willig und richtig*, als es unwillig und falsch zu tun – und es bringt zehnmal mehr ein! Der neue Mensch *belastet* sich nicht mit den Dingen des Alltags, sondern *belustigt* sich mit ihnen; er macht sie durch rechtes Denken aus Lasten zu Lastenträgern.

*

Richten wir nun unseren Blick auf den neuen Tag des neuen Menschen:

Der Tag des Lebensschülers beginnt nicht mit dem Augenblick seines Erwachens, sondern bereits am *vorhergehenden Abend:* mit der rechten Vorausbestimmung des neuen Tages, mit einer klaren Zielsetzung. Das ist eine grundsätzliche *Neueinstellung*, auf deren Wichtigkeit wir seit Jahrzehnten immer wieder hingewiesen haben.

Wenn die Schatten der Dunkelheit sich im Osten erheben und wir vom abendlichen Spaziergang heimgelangt sind oder den Kreis unserer Lieben oder unserer Freunde oder den Gedankenkreis eines guten Buches verlassen haben, sorgen wir, daß unser Tag rhythmisch abklingt und dem Rhythmus der Nacht weicht . . .

. . . Jetzt beschäftigen wir uns nur noch mit uns selbst, mit unserem Tag und mit unserem Innern. Wir lassen im Geiste den ganzen Tag an uns vorüberziehen und gedenken all der guten Dinge, die dieser Tag uns wieder überreichlich gab und die wir ihm gaben. Und dann tragen wir das Ergebnis unserer Besinnung, die Summe unserer Tageserfolge, in unser Erfolgstagebuch ein.

Diese Rechenschaft beschließen wir mit einem *Dank* an den Geist des Lebens für das Gute, das dieser Tag uns gebracht, und mit dem *Entschluß*, unser Leben morgen *noch* harmonischer, dynamischer und glückreicher zu gestalten. Denn wir wissen, daß nichts unsere schlummernden Kräfte sicherer weckt als die Gesinnung des Dankes für das, was uns gegeben ward.

Dem Entschluß folgt die *Zielsetzung* für den kommenden Tag, die bewußte Vorausbestimmung des Rhythmus und der Aufgaben des nächsten Tages, der mit dem Augenblick der Zielsetzung beginnt. Wie diese Zielsetzung im Einzelnen vor sich geht, werden wir in der 11. LW lernen.

Der Zielsetzung folgt, nachdem wir uns niedergelegt haben, unmittelbar vor dem Einschlafen ein positiver *Selbstbefehl*, die bewußte Bejahung unseres Erfolges am kommenden Tage, und die liebende Hingabe an den Unendlichen Geist des Guten, der uns Stufe um Stufe aufwärtsführt.

Und dann lassen wir uns vom Bewußtsein des inneren Friedens liebend umfangen und geben uns ganz dem All-Strom heilenden Schweigens hin . . .

*

In der 4. LW lernt der Lebensschüler im einzelnen, *wie* man richtig einschläft, richtig schläft und richtig aufwacht.

Richtig aufwachen heißt nicht zuletzt: rechtzeitig aufwachen. Die LS lehrt auf Grund reicher Erfahrung, daß die Stunden vor Mitternacht die für den Schlaf bekömmlichsten sind und daß man morgens nach einem zeitig begonnenen Schlaf ganz anders erfrischt und förmlich mit Lebensmagnetismus geladen ist. Infolgedessen wiegt eine Arbeitsstunde des frühen Morgens zwei Arbeitsstunden des Abends auf.

Das Sprichwort „Morgenstund hat Gold im Mund" verkündet eine buchstäbliche Wahrheit: wenn wir täglich nur *eine* Stunde früher als bisher aufstehen, verlängern wir auf diese einfache Weise unser Leben um jährlich 360 wertvolle Stunden oder um anderthalb Arbeitsmonate, den Tag zu acht Stunden gerechnet, – für einen vorwärtsstrebenden Menschen kein kleiner Gewinn!

Die LS mahnt also mit Recht: früh aufstehen! frisch aufstehen! bewußt aufstehen! – Denn wie der Tag beginnt, so bleibt er.

Einen Menschen, der schon morgens griesgrämig vor sich hinstarrt, fragt man wohl, ob er „mit dem linken Fuß aufgestanden sei". Ungleich diesem, steht der Lebensschüler stets *rechts* auf. Er geht keinen Augenblick von seinem Rechtsrhythmus ab. Er verankert in seinem gerade im Augenblick des Aufwachens besonders empfänglichen Unterbewußtsein den Gedanken:

> *„Ich trete mit dem rechten Fuß zuerst in den neuen Tag. Ich stehe rechts auf! Rechts heißt richtig. Und wie ich aufstehe, so bleibt der ganze Tag: ein Rhythmus des Rechten! Heute habe ich in allem und in jeder Hinsicht stets Erfolg!"*

Der Lebensschüler wälzt sich nach dem Erwachen nicht lange im Bett, sondern dehnt und streckt alle Glieder und springt dann in den neuen Tag hinein, trinkt vielleicht einen Schluck frischen Wassers, öffnet, wenn die Umstände es ermöglichen, die Fenster seines Schlafzimmers weit, daß die Morgenluft einströmt, und macht, um die Lebensgeister zu wecken, ein paar gymnastische Übungen, wobei er bewußt die reine Morgenluft einatmet – etwa mit dem Gedanken:

> *„Ich atme Kraft in mich hinein und alle Schlacken der Nacht hinaus! Die Kraft des neuen Tages durchströmt alle Zellen meines Leibes! Ich fühle mich wie neugeboren!"*

Auf die gymnastischen Übungen folgt das *Waschen*, das, wie alle

Verrichtungen des Erfolgstages, *bewußt* geschieht. Auch das Ankleiden geschieht bewußt, unter konzentrierter Beteiligung der Gedanken. Unsere Gedanken dürfen beim Ankleiden nicht tausend Meilen weit weg sein. Um *Erfolg in allem* zu haben, müssen wir uns gewöhnen, stets *alles*, was wir tun, *bewußt und ausschließlich zu tun.*

Diese Gewohnheit fördert das Konzentrationsvermögen ganz wesentlich und macht es uns möglich, uns auch bei anderen Dingen ausschließlich auf diese einzustellen und sie ganz und vollkommen zu tun. Wir beginnen schon hier, einer der wichtigsten Ursache aller Mißerfolge zu Leibe zu rücken: dem gedanklichen Leerlauf, der *Unkonzentriertheit,* der Zersplitterung, dem Mangel an innerer Einheit und Zielstrebigkeit.

Wir vermeiden beim Ankleiden jede Hast. Auch die kleinen Dinge wollen mit Ruhe und *Liebe* erledigt sein. Tun wir das, dann werden wir auch die übrigen Dinge des Tages mit gleicher Sicherheit vollenden und zu einem guten Ende führen.

*

Auch an das *Frühstück* gehen wir mit einer neuen Einstellung heran: wir vermeiden jede Übereilung und jedes Abschweifen unserer Gedanken auf zu erledigende Arbeiten oder gar auf unangenehme Dinge. Denn Speisen, die wir gedankenlos, in Mißstimmung oder Hast aufnehmen, wurden ungenügend gekaut und verarbeitet, vom Magen widerwillig verdaut und schaden uns. Hier gilt, was in der 3. LW über die Kunst rechten Essens gesagt wird.

Immer müssen wir das, was wir tun, *gern* tun, wenn es uns nützen soll. Wir werden darum für *frohe Stimmung* beim Frühstück wie bei jeder Mahlzeit sorgen. Sparen wir nicht mit freundlichen Worten; das erhöht die Stimmung am Frühstückstisch und wirkt günstig auf die Verdauung. Bringen wir zum Ausdruck, daß es uns schmeckt. Es schmeckt uns dann wirklich nochmal so gut, und zugleich ist es ein Ansporn für die Hausfrau, den Mahlzeiten noch mehr Liebe als bisher zuzuwenden, so daß das Gute, das wir anderen zudenken und sagen, wiederum zu unserem eigenen Segen ausschlägt.

Nach dem Frühstück schalten wir eine Zweiminutenpause der Besinnung ein, in der wir uns auf die nun beginnende Arbeit umstellen und uns gewöhnen, sie unter dem Gesichtswinkel der Ewigkeit zu betrachten, eingedenk unserer Einheit mit dem unendlichen Geiste des Lebens und der Gewißheit, daß wir in wachsendem Maße Herr unseres Schicksals zu sein bestimmt sind.

Ist der Weg zur Arbeitsstätte nicht zu weit, gehen wir zu Fuß dorthin.

Nun beginnt die *Arbeit* selbst, mit deren zweckmäßiger Verrichtung wir uns im Laufe des JP, insbesondere in der 5. und 11. LW eingehender befassen werden. Auch in unsere Arbeit tragen wir eine *neue Gesinnung* hinein, die alles, was wir tun, über den Alltagstrott hinaushebt und Freude und Schönheit hineinträgt.

Auf das *Mittagessen* stellen wir uns in gleicher Weise ein wie auf das Frühstück. Am besten gehen wir vor dem Essen einen Augenblick in die Stille, um unseren Sinnen die Möglichkeit zu geben, sich auf die Essensaufnahme umzustellen. Auch das Essen erfolgt *bewußt.* Was das heißt, werden wir in der 3. LW lernen.

Nach dem Essen schalten wir eine kurze Ruhepause ein, in der wir der darbenden Mitgeschöpfe gedenken, überlegen, was wir tun können, um das Los von Mensch und Tier zu erleichtern, und bestimmen, was wir dazu tun wollen. Nutzen wir die Geberstimmung des Sattseins und geben wir reichlich – um so größer wird die Fülle, die in unser eigenes Leben einströmt.

*

Der *Nachmittag* gehört wieder der Arbeit oder der Erholung. Um die Kräfte aufs neue zu beleben, besinnen wir uns darauf, daß wir mit allem, was wir tun, *für den Lebenserfolg trainieren.* Dadurch verhüten wir, daß Mißerfolge, Enttäuschungen oder Ärgernisse, die der Alltag mit sich bringt, uns infizieren, verstimmen oder gar vergiften.

Wir betrachten dann die Hindernisse, die sich uns in den Weg legen, als zu unserem Training gehörig und kommen leichter darüber hinweg – weil wir wissen, daß mit der beharrlichen Fortsetzung unseres Trainings ganz von selbst unsere Kraft wächst, die Hindernisse an Zahl wie an Stärke abnehmen, und der Sieg am Ende unser wird.

Indem wir unseren Tag so leben, machen wir ihn länger und erfolgreicher. Abends mögen wir dann müde sein, aber unsere Seele ist froh. Denn sie hat das Bewußtsein, den Tag gut vollbracht zu haben. Nun können wir uns ohne Sorgen und Hemmungen dem Vergnügen widmen, der Erholung, dem geselligen Beisammensein mit Gleichgesinnten, der besinnlichen Lektüre oder dem Ausspannen in der Natur, dem Spiel oder Sport.

Wenn wir abends heimkommen, werden wir unsern Lieben eine Freude bereiten durch ein kleines Geschenk oder ein frohes Gesicht, eine harmonische Stimmung oder ein gutes Wort. Wir werden uns erziehen, den Blick unserer Lieben nicht auf Dinge zu richten, die ihren Mut schwächen oder andere negative Gefühle erwecken, sondern nur auf solche, die Freude und Glück steigern, der Mehrung der Harmonie dienen oder der Besinnung auf das Ewige hinter dem Vergänglichen. – –

Wer seinen Tag so verbringt, der hat etwas von ihm; er *hat* seinen Tag, und nicht der Tag ihn, wie es bei den meisten der Fall ist. Er macht seinen Alltag aus einer Fron zu einer Freude; er *wird* nicht mehr gelebt, sondern er *lebt* sein Leben.

Und dann gilt es, in der gleichen Weise auch den folgenden Tag zu verbringen, und den übernächsten – und so Woche um Woche und Monat um Monat aufwärts schreitend, bis wir die Höhen des Lebens erstiegen haben, nach denen unser Sehnen ging, und höher noch, als unsere Wünsche umfaßten. *)

*

Die große Aufgabe erfolgbringender Lebensführung beginnt bei den kleinsten Dingen, bei den scheinbar unwichtigsten Verrichtungen des Alltags. Denn wie der Teil, so ist das Ganze. Wer Herr des Augenblicks ist, beherrscht den Tag und schließlich sein Leben.

Verachte darum niemand die kleinen Dinge! Denn der Lebenserfolg setzt sich aus kleinen und kleinsten *Teil*erfolgen zusammen

---

*) Wer eine ausführliche Sonderanleitung wünscht, *die 24 Stunden des Tages richtig zu leben* und mit dem neuen Geist dynamischen Fortschritts und wachsenden inneren und äußeren Gewinns zu erfüllen, findet sie in der Schrift des Verfassers: „*Selbst- und Lebensmeisterung durch Gedankenkraft. Dynamische Psychologie im Alltag*“ (176 Seiten, Baum-Verlag), die bereits in 6. Auflage im 255. Tausend vorliegt.

oder setzt sie voraus. So gilt es, zuvor die kleinen ‚Nichtse' zu bändigen, die einen Großteil des Lebens bilden und so vielen das Leben zur Hölle machen.

Um die Dinge zu meistern, müssen wir sie lieben. Nur die Liebe zwingt das Leben. Aber indem wir uns über etwas *ärgern,* machen wir es nur *ärger.* Stellen wir uns freundlich zu den Dingen ein, dann lächelt jedes von ihnen uns an und wird ein Quell heiterer Freude.

Unser ganzes Leben ist aus ‚Kleinigkeiten' zusammengesetzt. Die meisten Menschen liegen in einem täglichen Kleinkrieg mit den ‚Tücken der Objekte', um schließlich an ihnen zugrundezugehen. Denn die ‚kleinen Dinge' legen sich uns, wenn wir uns über sie ärgern, nicht nur in den *Weg,* sondern auch auf den *Magen,* ihre Last drückt uns nicht nur seelisch, sondern auch körperlich nieder. Wir werden vorzeitig nervös, müde, krank und alt.

Wer sich über die ‚dummen Dinge' ärgert, bringt sich um das Beste im Leben: seine Überlegenheit. Lebenskunst dagegen heißt auch im Kleinsten Herr sein, Überlegener, Genießer. Statt uns morgens zu entrüsten, daß die Seife nicht an ihrem Platz liegt, werden wir abends zeitig für Ordnung sorgen. Und statt verstimmt zu sein, wenn uns etwas aus der Hand gleitet und sich ein lauschig-verstecktes Plätzchen aussucht, werden wir lächelnd suchen und aufheben, was ja doch nicht von selbst aufsteht, sondern gemächlich wartet, bis *wir* so freundlich sind.

Gewöhnen wir uns an Ordnung, dann werden die kleinen Dinge mit erzogen. *Ist doch ihre ‚Tücke' nichts anderes als die Verkörperung eines unserer eigenen unerzogenen Gedanken.*

Was uns verstimmt, steckt nicht in den Dingen: es steckt in unseren undisziplinierten Gedanken. Alle Unordnung fängt im eigenen Kopfe an und erstreckt sich von da aus auf das ganze Leben. Die ‚Schwierigkeiten', die die Dinge uns bereiten, sind also geistiger Natur: ihre Quelle liegt in uns selbst, und wenn wir nicht mit der Änderung bei *uns selbst* und unserer geistigen Haltung beginnen, werden uns die Dinge in alle Ewigkeit weiter das Leben vergällen.

Statt die Dinge weiterhin zu unseren ‚Sündenböcken' zu machen, werden wir dafür sorgen, daß zuerst einmal *jeder Gedanke an seinen Platz* kommt. Indem wir unsere Gedanken ordnen, ordnen sich zugleich die Dinge nach einem weisen Plan, den wir durch rechtes Denken in sie hineinlegen. Und indem wir störende Fremdgedanken aus uns hinausjagen, verbannen wir zugleich die störenden Dinge aus unserem Leben.

Außer der Selbsterziehung zur Ordnung bedarf es der *Heiterkeit* und *Geduld*, um den Dingen gerecht zu werden. Lernen wir, nichts freudlos zu tun. Denn die Freudlosigkeit, mit der wir das Kleine ‚abtun', breitet sich wie Giftgas nach allen Seiten aus und verpestet die Atmosphäre des ganzen Tages.

Man kann auch das kleinste Werk im Lichte der Ewigkeit verrichten – und trägt dadurch den Geist des Sieges in sein Leben. Vergessen wir nie, daß der Alltag das Kampffeld ist, auf dem die wichtigsten Schlachten geschlagen werden, und daß nichts zu gering ist, um als Keim kommender Kraft und Fülle zu dienen!

Lernen wir, die kleinen Dinge groß zu sehen; dadurch entheben wir uns allem Kleinlichen und aller Enge. Lernen wir, auch aus dem Kleinsten Lebenslehren zu ziehen und es so zum Ausgangspunkt künftiger Erfolge zu machen. So erziehen wir uns, stets das Größte vom Leben zu erwarten, und machen uns fähig, große Gelegenheiten recht zu ergreifen.

2. WOCHE:

SELBSTBEMEISTERUNG ALS SCHLÜSSEL ZUR LEBENSMEISTERUNG

„Der echte Schüler lernt aus dem Bekannten das Unbekannte entwickeln und nähert sich so dem Meister." Goethe

Mit der Vorausbestimmung des Tageslaufs hängt aufs engste die Forderung rechter Selbstbestimmung zusammen, die wiederum die unerläßliche Voraussetzung rechter Lebens- und Schicksalsbestimmung ist.

Die Voraussetzung der Selbstbemeisterung wiederum ist die *Beherrschung der Gedanken*, Wünsche, Neigungen und Leidenschaften. Sie ist der Schlüssel zur Überlegenheit über die Dinge. Die Vielen zerbrechen an dem Wahn, sie könnten die Außenwelt beherrschen, ohne zuvor die Innenwelt, ihr eigenes Ich, zu meistern. Nein, wer nicht Herr im eigenen Hause ward, wird nicht seiner Umwelt Herr, sondern der Dinge Sklave.

Nur wer zuvor seinem *Denken* eine neue Richtung gab, gibt auch seinem Leben ein neues Ziel und neuen Inhalt. Der Erziehung zu diesem rechten Denken dient die LS. Aus ihrer Schulung geht der an Leib, Seele und Geist erstarkte, bewußt auf eigenen Füßen stehende *neue Mensch* hervor. Er ist sich seiner Einheit mit dem Geiste des Lebens bewußt und weiß, daß der Geist in ihm stärker ist als die Materie, der Mensch darum mächtiger als die Umwelt.

Es sind nie irgendwelche äußeren Umstände oder die ‚schlechten Zeiten', die einen Menschen am Glücklichsein verhindern, der Grund liegt vielmehr in ihm selbst. Auf die gleichen Verhältnisse werden zwei Menschen verschieden reagieren:

Der eine läßt sich niederdrücken, bleibt in den Niederungen des Daseins hängen und zerbricht an seinem Ohnmachts-Wahn. Der andere wächst an den Widerständen, lernt seine Lage zu meistern, zwingt sein Geschick und steigt zu den Sternen auf.

Die *Umstände* waren die gleichen, verschieden war die *Einstellung* beider zum Leben, ihr Vertrauen auf die innere Kraft – und dementsprechend auch ihr Erfolg.

Wir werden in der LS immer wieder Gelegenheit haben, die Steigerungsmöglichkeiten menschlichen Könnens festzustellen und zu erkennen, wieviel auch der scheinbar Ärmste aus seinem Leben zu machen vermag, wenn er seine reichen Innenkräfte bejaht und entfaltet.

Diese Erkenntnis – *Dein Leben ist das, was Du daraus machst* – ist der Punkt, von dem aus wir unsere Welt aus den Angeln heben. Ist diese Erkenntnis fest in uns verwurzelt, haben wir viel gewonnen.

An sich sind die Dinge weder leid- noch freudebringend. Unser *Denken* macht sie zum einen oder anderen. Unser Glück hängt darum von der Richtung unseres Denkens ab. Glücklich werden und glücklich machen ist aber unseres Lebens Sinn. Darum lehrt die LS:

Du kannst so glücklich werden, wie Du willst,
wenn Du das bejahst, was Du ersehnst!

Alles, was wir vom Leben erwarten, kann unser werden – aber nur *durch uns selbst*, als Frucht unseres rechten Denkens und Handelns. Lernen wir, unsere Welt als eine Schöpfung unseres Geistes zu erkennen; ihr Einfluß auf uns hängt allein von unserer Einstellung zu ihr ab. Die Welt, auf die wir einwirken und die auf uns zurückwirkt, ist durch uns und unser inneres Verhalten bedingt. Wir sind das Subjekt, die Welt ist das Objekt unseres Denkens, Wollens und Tuns.

Die meisten halten die *Umstände* für etwas *Feststehendes*, ihre *Umgebung* für etwas *Gegebenes* im Sinne eines Unabänderlichen; sie fühlen sich durch ihre Umgebung gebunden, bedingt – weil sie das sichtbare Außen seiner großen räumlichen Ausdehnung wegen für größer halten als das unsichtbare Innen, das sie auf den Raum ihres Körpers beschränkt wähnen.

Sie müssen umdenken, müssen lernen, die Dinge recht zu sehen.

Sie müssen erkennen, daß die Umstände dem Menschen und nicht der Mensch den Umständen untertan ist.

In Wahrheit ist unsere Umgebung als *Gegebenheit* eine *Gelegenheit*, aus der wir, weise wirkend, alles zu machen vermögen. Wir sind wie Auswanderer, die in eine fruchtbare Wildnis eindringen: zuerst scheint es, als wolle uns der Urwald erdrücken. Aber nach einigen Tagen ist Platz geschaffen für die ersten provisorischen Hütten. Dann wird ein größeres Stück des Urwaldes gerodet und der Boden für die Kultursaat vorbereitet. Und nach einem Jahr schon ist aus der Wildnis fruchtbares Land geworden, das seinen Bebauern reichen Ertrag bringt.

Genau so wird es nach einem Jahr mit unserer ‚Umgebung' stehen, mit den ‚Umständen', wenn wir lernen, sie nach dem JP zu kultivieren, wenn wir dem Boden unserer Seele die Saat rechten Denkens anvertrauen und richtig wirken.

Mancher versetzt sich in seinen Wunschträumen gern auf einen fernen Planeten, wo das Leben leicht ist, die Natur alles in Fülle bietet und die Schätze um einen herumliegen. Nun, dieser Planet ist – unsere *Erde*, auf die wir durch unsere Geburt versetzt sind. Unser ‚Raumschiff' ist das Leben, das uns das Licht der Sonne – einer von Myriaden eilenden Sonnen im All – erblicken ließ. Alles, was wir brauchen, bietet uns dieser Planet in Fülle, und auf allen

Wegen liegen die Schätze. Wir müssen nur die *Augen aufmachen,* sie erkennen, sammeln und münzen.

Wenn wir den Blick, statt auf uns selbst, auf die Dinge um uns und auf die Schwierigkeiten vor uns richten, dürfen wir uns nicht wundern, wenn unser Weg zum Erfolg steinig wird und dornenreich. Wenn wir nämlich an die *Schwierigkeit* einer Sache statt an ihre *Leichtigkeit* denken, *machen* wir sie schwer. Was uns feindlich oder schädigend gegenübersteht, hat seine Wurzeln in uns selbst. *In uns* müssen wir es überwinden, nur dann löst es sich auf.

So handelt der Lebensschüler: Er ist kein Sklave seiner Umgebung, kein Gefangener seiner Umstände, sondern ihr *Herr.* Er erkennt:

Eine ‚Macht der Umstände' gibt es nicht; es sei denn die Macht, die *ich* ihnen durch falsches Denken eingeräumt. Denn die *Umstände* sind die Dinge, die mich *umstehen,* die um mich herumstehen. Einerlei, ob ich selbst sie dorthin stellte oder andere, ober ob sie ‚schon immer' da standen – ihr Einfluß auf mich hängt von meiner *Einstellung* zu ihnen ab. Ich kann mich nun positiv oder negativ, das heißt: Gutes erwartend oder Böses fürchtend, zu ihnen einstellen – und *je nach meiner Einstellung erfolgt die Umstellung der Umstände.*

Um auf die Sonnenseite des Lebens zu gelangen, müssen wir *uns umstellen,* uns umwenden; denn wir stehen alle in der Sonne, aber die meisten wenden ihren Strahlen den Rücken zu und richten den Blick auf ihre eigenen Schatten ...

Die Dinge sind weder gut noch böse – erst unsere Gedanken geben ihnen die freundliche oder feindliche Färbung. Wir bewerten die Dinge; wir geben ihnen ihren Wert.

So ist das Wort Walt Whitman's wahr: „Die Erde wird dem vollkommen scheinen, der *selbst* vollkommen ist; die Erde ist nur für den verzerrt und gebrochen, der *selbst* verzerrt und gebrochen ist". Überall im Leben gilt das *Gesetz von Ursache und Wirkung,* nach diesem bleibt niemand, den wir angesichts von Mißerfolgen anklagen könnten, als wir selbst. Alles Schicksal ist selbstgeschickt, selbst-geschaffen.

Von dieser Erkenntnis ausgehend, gelangen wir zu einer ganz anderen Wertung der Ursachen unserer bisherigen Erfolge und Mißerfolge; wir werden von nun ab Glück und Erfolg nicht mehr von außen her erwarten, sondern aus uns selbst heraus schaffen, sie durch rechtes Voraus-Denken planmäßig vorausbestimmen.

Wir werden die Gesetze des Lebens immer aufmerksam beachten und dadurch wachsende Erfolge erringen; wir werden richtig denken und das Rechte tun, werden *Glück säen, um Erfolg zu ernten!*

*

Doch noch tiefer müssen wir sehen, um klar zu erkennen, *daß das Leben das ist, was wir daraus machen:*

Wer sich für einen ‚armen Sünder' hält, sieht um sich her nur Gelegenheiten zum Sündigen, und wird schließlich an den Sünden ersticken. Wer dagegen den ewigen Funken in seiner Seele bejaht, der wird sich über allen Irrtum und Wahn erheben und zur Harmonie und Vollkommenheit gelangen – in Erfüllung des Wortes Jesu: „*Werdet vollkommen,* gleichwie Euer Vater im Himmel vollkommen ist."

Jeder findet im Leben das, was er darin sucht, wonach er Ausschau hält: der Hund findet Knochen, der Pessimist Fußangeln, der Lebensschüler Erfolgsmöglichkeiten. Wer von seiner Umwelt das Schlimmste erwartet, wird selten enttäuscht. Aber auch der wird nicht enttäuscht, der dem Guten in seinem Nächsten vertraut: er *weckt,* was er bejaht.

Jeder Mensch ist ein lebendiger Diamant: wie seine *innere Verfassung,* so ist seine *äußere ‚Fassung':* seine Verhältnisse, sein Schicksal. Fassen wir diese Erkenntnis in eine Lebensregel, dann wird sie lauten:

Die Verhältnisse des Menschen hängen von seinem Verhalten ab.

Jeder zieht das an, was ihm gemäß ist. Der Magnet zieht Eisenfeilspähne, aber keinen Sand an. Noch wunderbarer ist der Mensch beschaffen: er kann den Magneten seiner Seele auf jede Art von Dingen, Kräften und Wesen einstellen und wird immer das anziehen, worauf er sein Denken richtet. Daraus ergibt sich die Möglichkeit der *Umstellung der Umstände durch Umwandlung unserer Einstellung* zu ihnen. Diese Kunst werden wir im Laufe des JP gründlich erlernen.

Alles ‚Geschick', das uns trifft, ist zuerst von uns in Gedanken und Taten hinausgeschickt und von den Dingen und Wesen um uns zu uns ‚zurückgeschickt' – vergrößert, verstärkt. Unser Leben ist die Verkörperung dessen, was wir bisher dachten; *jedes Ding um uns ist eine gelungene oder mißratene Materialisation eines Gedankens.*

Das Verhalten der Dinge zu uns ist durch unser Denken bestimmt. So sind die *Dinge* in Wirklichkeit *Bedingte* und wir ihre *Bedinger.*

Wer die Umstände als unabänderliche ‚Tatsachen' ansieht, sehe zu, daß er nicht neuem Wahn verfalle: Der Lebensschüler weiß, daß ihm immer nur das als ‚*Tatsache*' begegnet, was er zuvor selbst *in die Sachen tat,* was er durch rechtes oder falsches Denken und Tun in sie hineingelegt. Nicht die *Tatsachen,* sondern die *Ursachen* entscheiden. Und diese liegen *in uns selbst.* Wir sind die Ursache aller Tatsachen unseres Lebens. Alle Wandlung der Tatsachen muß darum bei uns selbst beginnen. –

Wer nach ‚besseren Verhältnissen' ausschaut oder nach einem ‚Berufswechsel', hat das Wesen des Erfolgs noch nicht erfaßt. Von zwei Menschen, beide aus der gleichen in dieselbe neue Umgebung gebracht, wird der eine ein anderer und glücklich, der andere bleibt was er war. Der erste wurde unter den neuen Verhältnissen erfolgreich, weil er zugleich *sich selbst erneuerte* und als neuer Mensch aus den neuen Verhältnissen neue Werte schuf. Der andere dagegen blieb der alte, der er war; infolgedessen glichen sich die neuen Verhältnisse binnen kurzem seiner unveränderten Gedankenhaltung an.

Nicht der Wechsel der Umgebung ist also das Entscheidende, sondern die *Wandlung unserer Einstellung,* die Erneuerung des Denkens.

Wer sich von seiner Umgebung – seiner alten oder einer neuen – entmutigen läßt, bleibt unten. Wer sich seiner inneren Kraft bewußt wird, der meistert seine Verhältnisse ‚unter allen Umständen'. Die Versetzung in andere Verhältnisse bedeutet nichts, wenn nicht das *Denken* sich erneuert. Denken wir falsch, werden die günstigsten Verhältnisse uns unbefriedigt lassen. Denken wir richtig, tragen wir auch in die armseligsten Verhältnisse den *Geist der Fülle* und beginnen sie von der geistigen Ebene her allmählich umzuwandeln, bis sie uns wachsenden Reichtum, Kraft, Freude und Fülle bringen.

Wir können nichts herbeiziehen, was nicht in uns seine Entsprechung hat.

Um aus ‚schlechten Verhältnissen' herauszukommen, müssen wir unser Denken auf bessere richten – ausschließlich und unbeirrt. Wir müssen uns innerlich ganz von den jetzigen Verhältnissen – den Folgen unseres bisherigen falschen Denkens – abwenden und uns mit allen Kräften des Denkens und Fühlens, des Wollens, Wünschens und Verlangens auf die neuen Verhältnisse einstellen, die wir schaffen wollen.

Alles, was ist, war *zuerst im Geiste,* in Gedanken. Darum müssen auch die ‚besseren Verhältnisse', die wir ersehnen, zuerst in unseren Gedanken, *in unserem Innern Wirklichkeit geworden sein.* Dann erst werden sie es auch äußerlich – gemäß der alten Regel: Wie innen, so außen!

Wir müssen im Geiste das *Idealbild der Verhältnisse* schaffen, wie wir sie wünschen. Und dann müssen wir dieses Idealbild unausgesetzt im Herzen bewegen und es *bejahen.* Wir müssen *fühlen,* daß es innerlich bereits Wirklichkeit *ist,* und müssen zugleich *handeln, als ob* es auch äußerlich schon Wirklichkeit sei. Durch rechtes Denken, Fühlen, Wünschen und Tun ziehen wir das Ideal in die Wirklichkeit herab: wir wandeln unsere Verhältnisse nach unserem inneren Bilde, das wir beharrlich in Gedanken, Worten und Taten bejahen und dadurch aus dem Reich der geistigen Wirklichkeit in den Bereich des sinnlich Greifbaren hinabziehen.

*

Unser Leben ist ein Garten. Die Verhältnisse sind die Bäume, Sträucher und Blumen. Der Gärtner sind wir selbst.

Wenn unser Lebensgarten unschön aussieht, sind nicht die Bäume und Blumen daran schuld, sondern wir selbst – der Gärtner, der aus seinem Garten nicht das gemacht hat, was er daraus hätte machen können. Aber jeder Garten kann aus einem Distelheim in ein Paradies verwandelt werden.

Was wir aus den Umständen herausholen wollen, müssen wir

ihnen zuvor zudenken, in sie hineinlegen. Wir können nicht Erfolg erwarten, wenn wir auf unsere Umgebung Gedanken des Zweifels, des Mißtrauens, der Mut- und Hoffnungslosigkeit ausstrahlen. Überall gilt das *Gesetz der Anziehung:* auch wir ziehen das an, was wir denken.

Die Geschichte jedes erfolgreichen Menschen ist hierfür Beweis: er denkt und fühlt, er will und wirkt *nichts als das, was Glück und Freude bringt und mehrt.* Dieses ‚nichts als' ist es, was die Magnetnadel seiner Seele vor Schwankungen bewahrt, allen Zweifel, alle Ungewißheit von ihm fernhält und ihn sein Ziel mit Sicherheit erreichen läßt.

Keine Zeit braucht solche innerlich gefestigten und starken Menschen mehr als unsere. Mehr denn je werden tüchtige Männer, mutige Vorkämpfer in allen Bereichen des Lebens und der Wirtschaft benötigt. Wer seine besten Kräfte zur Entfaltung bringt, hat heute mehr denn je Gelegenheit, rasch und erfolgreich aufzusteigen.

Für den, der weiß, was er will, bedeuten die Umstände nichts; sie werden ihm zum Mörtel und Stein, aus dem er sich das Haus seiner Sehnsucht erbaut nach dem Bilde, das in ihm lebendig ward.

Für den, der an seinen Sieg glaubt, wird die Umgebung zum Förderer und Helfer – oder zieht ihn sein erfolgbejahendes Denken dorthin, wo seine Ideale sich am vollkommensten zu verwirklichen vermögen.

So ist unser Leben das, was wir durch unser Denken und Fühlen, unser Wünschen, Wollen und Tun aus ihm machen. Und das alte Wort bleibt wahr:

Auf den Mann kommt es an, nicht auf die Umstände!

MACHE DEIN LEBEN ZU DEINEM MEISTERWERK!

Alle Großen der Welt wurden stark durch den Glauben an die Größe ihres Lebens und durch das Vertrauen auf ihre innere Kraft; während auf der anderen Seite der Wahn des Nicht-Könnens mehr Menschen erfolglos machte als alle Hindernisse der Welt.

Erkennen wir, daß die Natur keinen Mangel kennt, daß jedes ihrer Werke ihren Reichtum kündet. Schaffen wir in uns ein *Idealbild des Lebens, das wir von nun an führen wollen.* Und hegen und pflegen wir dieses Ideal in unseren täglichen Zielsetzungen als lebendige Vision des Werdenden, bejahen wir dieses Bild als innere Wirklichkeit und bauen wir es immer gegenständlicher aus, bis die Außenwelt beginnt, sich dem Bild der Innenwelt anzugleichen, nachzubilden.

Erkennen wir, daß alles für uns da ist und wir für alle, daß wir um des Ganzen willen da sind und gleichermaßen das Ganze um unseretwillen, daß eines nicht ohne das andere sein kann, daß in beiden die gleiche eine Kraft des unendlichen Geistes des Lebens west und wirkt. Erkennen wir uns als Kinder dieses Geistes – bejahen wir seine Kraft in uns – und sie wird unser und macht uns stark!

Daß wir hier stehen – in diesem Leben, in dieser Zeit, an dieser Stelle – ist eine Forderung des Weltengeistes an uns, unsere Mission zu erkennen und sie *hier und jetzt* zu erfüllen. Alle Kraft ist in uns, die Aufgaben unseres Lebens zu lösen.

> *Halte niemand sein Leben für etwas Fertiges. Alles, was ist, ist Ausgangspunkt eines Vollkommeneren. Und der, der das Vollkommenere schaffen soll, sind wir selbst. Und die Kraft und Fähigkeit, es zu schaffen, ist in uns. Unser Leben zu unserem Meisterwerk zu machen, ist unsere Berufung. Machen wir diese Erkenntnis zum Leitgedanken unseres Lebens. Lassen wir unser Denken, Wollen und Tun von ihm durchpulsen und bestimmen. Dann wird sich unser Leben mehr und mehr als Meisterstück enthüllen.*

Eines ist hier unerläßlich: *das Vertrauen auf die Kraft in uns.* Denn sie ist der innere Führer, der uns dorthin leitet, wo das vollkommene Leben sich entfalten kann. Sie ist es, die den Dingen um uns ein anderes Gesicht gibt, die die ‚Umstände' umstellt und alles, was uns bisher hinderte, in Stufen zu weiterem Aufstieg verwandelt. Sie ist es, die das Gesetz der Fülle zum Wirken bringt.

In jeder Stunde, morgens und abends, wenn wir einschlafen, wenn wir aufwachen, möge darum unser Herz diesen Gedanken bejahen:

„Durch die Kraft in mir wandle ich mein Leben zu einem Meisterwerk! Alles, was ich unternehme, schlägt zu meinem Segen aus!“

Dann werden wir bald fühlen, wie unser rechtes Denken von überall her ‚unsichtbare Helfer‘ herbeiruft, die zu Mitschaffern werden am Neubau unseres Lebens. Und wir lernen, die Materie zu beherrschen, ohne ihr zu verfallen, ohne ‚Materialist‘ zu werden.

Denn der Materialist ist nicht Herr, sondern Knecht der Materie. Der Lebensschüler dagegen lenkt die Sinnenwelt durch rechte Ordnung seiner Innenwelt. Er ist nicht Sklave des Geldes, sondern sein Herr, nicht der Knecht der Dinge, die doch nur von seinen Gnaden leben, sondern ihr Meister. Er schöpft sein Schicksal aus sich selbst, ordnet sein Leben aus eigener Kraft. Er macht sein Leben zu seinem Meisterwerk, indem er ihm einen hohen Sinn verleiht, diesen Sinn ständig *bejaht* und in diesem Sinne *wirkt*.

In dieser Feststellung liegt eine Mahnung:

Es genügt nicht, daß wir uns hinlegen, Gedanken der Fülle hegen und warten, bis die Fülle zu uns kommt.

Um den Erfolg zu *verwirklichen*, müssen wir immer auf beiden Ebenen zugleich *wirken:* auf der geistigen durch rechtes Denken, auf der physischen durch rechtes Tun.

Keineswegs macht rechtes Denken das rechte Wirken überflüssig. Wir müssen nach wie vor arbeiten; aber nun wir richtig denken, wird unsere Arbeit uns immer reicheren Segen bringen.

Richtig denken *ohne* rechtes Wirken verbürgt uns sechzig Hundertstel des Erfolgs, arbeiten ohne rechtes Denken vierzig Hundertstel. Beide vereint sichern den Lebenserfolg in seiner Gänze.

Das unterscheidet den Weisen vom Unerwachten: bei ihm sind Denken und Wirken stets lebendig *eins*.

3. WOCHE:
KÖRPERKULTUR

„Ein reger Geist verschafft sich auf alle körperlichen Bewegungen Einfluß und kommt zuletzt unmittelbar dahin, auch selbst die festesten Formen der Natur, die dem Willen unerreichbar sind, durch die Macht des sympathischen Spieles zu verändern. An einem solchen Menschen wird endlich alles Charakterzug, an seiner Gestalt alles Seele.“
Schiller

Wir haben in den beiden ersten LW das geistige Fundament für den Neubau unseres Lebens gelegt und sind uns über die wesentlichen Voraussetzungen des Lebenserfolgs klar geworden; jetzt können wir darangehen, Einzelheiten des Lebensneubaus ins Auge zu fassen.

Wir beginnen mit der Erneuerung des Werkzeuges unserer Seele, des *Körpers*, und der Dinge, die sein Wohlergehen bestimmen. Auch der Leib muß von innen her erneuert, mit neuem Geiste erfüllt werden; seine Gesundheit, seine Widerstands- und Leistungsfähigkeit bestimmen die Dauer unseres Lebenserfolgs.

Gesundheit ist eine der wichtigsten Voraussetzungen dauernder Erfolge. Denn ein gesunder Organismus liefert die Energien, die wir fortlaufend brauchen, um alle Gelegenheiten zum Fortschreiten erfolgreich zu nutzen.

Zwar wird der Geist selbst durch Schwächen des Körpers nicht beeinträchtigt – wie der Kraftstrom durch die Schadhaftigkeit einer elektrischen Birne nicht in Mitleidenschaft gezogen wird, wenn es ihm auch unmöglich ist, sich durch sie vollkommen oder überhaupt zu äußern –, wir sind dann aber mehr oder weniger außerstande, die reichen Kräfte unseres Geistes zu vollem Wirken zu bringen. Darum darf uns nichts zu teuer sein, wenn es gilt, die Gesundheit des Leibes zu erhalten und zu festigen.

Gesund ist unser Körper dann, wenn wir ihn nicht fühlen. Wer sich krank fühlt, bedarf der Hilfe des geistigen Arztes in ihm wie der Beratung durch seinen Hausarzt. Im übrigen werden wir durch rechte Ernährung, rechtes Essen, rechte Körperpflege und -Hygiene, rechtes Atmen und rechtes Schlafen, wie dies im nachfolgenden gezeigt wird, für die Gesunderhaltung unseres Körpers sorgen.

Wir werden dabei nicht nur dem *Gedanken der Hygiene*, sondern mehr noch der *Hygiene der Gedanken* unsere Aufmerksamkeit widmen, da es entscheidend nicht auf die Befolgung der einen oder anderen Lebens- und Ernährungsweise ankommt, sondern auf die rechte Richtung unseres Denkens.

Der intensiv schaffende, auf eine Aufgabe konzentrierte Mensch ist in der Regel gesunder als der weniger tätige oder der ziellos müßiggehende, nicht nur, weil seine Körpersäfte sich infolge der stärkeren Ausscheidung leichter rein halten und weil er nicht zu viel ißt, sondern weil er wenig Zeit hat, sich mit Krankheitsvorstellungen zu beschäftigen.

Viele Krankheiten bleiben dem fern, dessen Geist in beständiger Bewegung ist, während der Untätige ihnen leichter anheimfällt. Je aktiver und positiver der Geist, desto williger gehorcht ihm der Körper. Stets ist der Geist, der Gedanke das Primäre: die Gewohnheit heiterer Seelenstimmung hält viele Beschwerden fern. Die Gedanken werden nicht von der Krankheit bestimmt, sondern die Krankheit von den Gedanken!

Zuerst und vor allem ist unser Körper das, was wir *denken.* Unsere Vorstellungen, Wünsche und Gefühle geben ihm das *Geist-Gerüst,* nach welchem er durch unsere Lebensgewohnheiten ausgebaut wird. Ist unser Denken träge oder zerrissen – wie kann der Leib licht und heil sein?

Der unverbildete Mensch hat sich für diese Zusammenhänge ein sicheres Gefühl bewahrt. Der Volksmund sagt statt „wie er *denkt* und lebt" treffender und bildhafter: „wie er *leibt* und lebt". Man fühlt: jeder Gedanke wird *leibhaftige* Wirklichkeit, oder deutlicher gesagt:

Der äußere Mensch ist das leibhafte Ebenbild des inneren Menschen.

Jeder unserer Gedanken verkörpert sich in uns: er wird ein Teil unseres Körpers. Jeder Gedanke formt an unserem Leibe. Jede Zelle in unserem Körper ist, psychobiologisch gesehen, Inkarnation eines Gedankens, ist getränkt mit dem Geist dessen, der sie schuf, und mit der Stimmung, in der sie geboren wurde.

*

Der Körper der meisten Menschen ist belastet mit den Schlacken negativen Denkens, mit den Toxinen der Furcht und der Übellaune, die in den Zellen abgelagert sind. Daher kommt es, daß so viele leichter krank werden als gesund bleiben. Die Zellen, in denen die negativen Gedanken sich niederschlagen und ablagern, verlieren ihre Lebenskraft, gehen zugrunde und machen anderen Zellen Platz, die vom Geist des Lebens erfüllt sind.

Wer sich mit Krankheitsgefühlen beschäftigt und andern seine Leiden klagt, der ‚erfreut' sich in der Regel einer entsprechend schlechten Gesundheit oder legt den Keim zu ihr. Mit dieser Feststellung soll die *Notwendigkeit leib-seelischer Abhärtung* unterstrichen werden. Viele kleine Leibesbeschwerden, die der Tag mit sich bringt, werden durch Nichtbeachtung von selbst ins Nichts, aus dem sie kamen, zurückgejagt. Bleiben sie trotzdem, mag der Arzt prüfen und bestimmen, was zu tun ist.

Lernen wir, in einem Großteil unserer Leiden Folgen falschen Denkens und Verhaltens zu erkennen und von nun ab richtig zu denken und richtig zu leben, unserm Instinkt zu folgen und alles zu meiden, was uns Schaden bringt. Lernen wir weiter, den jedem Leib-Seele-Geist-Organismus innewohnenden natürlichen Heilwillen durch Bejahung seiner Macht zu entfesseln. Kein Arzt kann mehr tun als diesen inneren Heilwillen eines Menschen zu erwecken. Alle Heilung ist Selbstheilung, oder sie bleibt Scheinheilung.

Das beste Mittel zur Steigerung des inneren Heilwillens ist die Erziehung zu rechtem Denken und Wollen. Wenn ein Mensch sein Denken höheren Idealen und Aufgaben zuwendet, wird die Tätigkeit seiner Zellen automatisch eine lebendigere, die Beschaffenheit seines Blutes eine reinere, sein Nahrungsverlangen ein edleres und der Gesundheitszustand aller Organe ein besserer.

Auf der anderen Seite wissen wir, daß negative Gedanken wie Ärger, Furcht, Sorge, Neid, Haß, Ichsucht unser Blut vergiften. Wer von Krankheit zu Gesundheit gelangen und seine Gesundheit steigern will – die Gesundheit ist steigerungsfähig, es gibt sehr unterschiedliche Grade des Gesundseins –, der lerne, sie durch rechtes Denken von innen heraus zu verwirklichen, der denke, fühle und spreche nur noch das, was er verwirklicht wünscht!

Gesundheit ist ihrem Wesen nach etwas Geistiges, ein Ergebnis rechten Denkens und Tuns, ein Produkt unserer Gesinnung. Merken wir uns die LS-Regel:

Recht gesinnt sein heißt recht gesund sein!

Recht gesinnt sein heißt: die Kraft in uns als Quelle unserer Gesundheit erkennen und in kranken Tagen als unseren „inneren Arzt" unser Heil wirken lassen. Es heißt erkennen, daß der Geist den Körper geschaffen hat und ihn auch wieder instand zu setzen vermag, wenn wir die Heilkraft des Geistes in Tätigkeit setzen.

Rechtes Denken vermag Großes zu leisten, „der Geist muß nur dem Körper nicht nachgeben", wie Goethe fordert. Der Geist in uns ist frei von Krankheit und Leid. Und *auch wir* werden davon frei in dem Maße, wie wir uns auf die Kraft in uns besinnen. Der Geist in uns ist ewig jung und stark. Und *auch wir* werden jung und stark, wenn wir uns mit dem Geist in uns vereinen. Denn der Leib ist des Geistes wichtigstes Werkzeug: der Erfüller seiner Gedanken. Gewiß ist der Körper auch den Gesetzen des Stoffs unterworfen und hat dem Kreislauf des Lebens seinen natürlichen Tribut zu zahlen, aber die Grenzen des biologisch Möglichen können sehr weit hinausgerückt werden.

Worauf es ankommt, ist folglich, daß wir lernen, den Geist in uns ungehemmt durch uns wirken zu lassen, ihm nicht den Weg zu verlegen durch Gedanken der Furcht und des Zweifels, des Mißmuts und der Sorge. Dann wird der Geist in uns zum *‚geistigen Arzt'*, dessen Hilfe wir jederzeit mit Erfolg anrufen können. Er wird uns nicht nur heilen, sondern auch Krankheiten vorbeugen.

Wir können diesem *‚geistigen Arzt in uns'* restlos vertrauen und ihm unsere Heilung überlassen. Je fester wir überzeugt sind, daß er uns heilen wird, desto rascher gesunden wir. Er ist der weise Erbauer und Lenker unseres Leibes, ist dessen Zell- und Selbstheilkraft; er weiß am besten, was unserem Leibe frommt.

Um seine Kraft zu entfesseln, müssen wir im Geiste ein Idealbild unseres Körpers schaffen, so wie wir ihn wünschen, und dieses Ideal beharrlich bejahen. Nach und nach wird dann der sichtbare Körper sich dem inneren Bilde nähern und angleichen.

Die Bejahung der heilenden Macht des Geistes erfolgt durch häufige Besinnung auf diese Erkenntnis:

„Meinem wahren Wesen nach bin ich frei von Schwäche, Krankheit und Not. Mein innerstes Wesen wird von ihnen nicht berührt. Der Geist ist des Leibes Herr. Die Kraft meines Geistes durchströmt meinen ganzen Körper und erfüllt jede Zelle meines Leibes mit erneuerndem Heil- und Lebens-Willen. Ich werde gesund! Der Geist in mir macht mich gesund! Ich bin gesund!"

Wenn wir dabei lebendig fühlen und empfinden, wie in Wahrheit jede Zelle unseres Leibes sich erneuert und neu erkraftet, dann wird unser Körper mehr und mehr zu dem, was er zu sein bestimmt ist: ein würdiger Tempel des Geistes, der in ihm wohnt.

RECHTE ERNÄHRUNG

Außer durch rechtes Denken wird der Lebensschüler durch rechte Ernährung dafür sorgen, daß sein Leib ein lichter Tempel der Geistes in ihm wird. Hier ist gleich zu Beginn vor Einseitigkeiten und Übertreibungen, die zum Gegenteil des Erstrebten führen, zu warnen.

Der Lebensschüler nimmt die Ernährungsfrage nicht wichtiger, als sie ist; er macht keine Religion aus ihr. Allzu große Beachtung der Ernährungsfrage ist nicht anzuraten, weil diese zu Ernährungs-Hypochondrien führt, zu depressiven Stimmungen infolge falscher Bewertung des Einflusses der Nahrung.

Um die Frage der Ernährung recht zu lösen, muß man *darüberstehen.* Die LS gibt weder einer Über- noch Unterschätzung der Ernährungsfrage das Wort. Die Ernährung, sagt sie, ist weder ein ‚notwendiges Übel' noch die Hauptsache des Lebens, sondern ein Genuß mit dem Zwecke der Kräftig- und Gesunderhaltung des Leibes. Wir essen, um unserem Körper die Stoffe zuzuführen, die er braucht, um stark zu bleiben. Mit weiser Absicht hat die Natur den verschiedenen Nahrungsmitteln ihre besonderen *Reize* verliehen, ihre Aufnahme zu einem *Genuß* gemacht. Diesen Charakter sollen wir der Nahrungsaufnahme nicht nehmen. Dazu ist nötig, daß wir lernen, *bewußt zu essen,* wodurch wir zugleich vermeiden, daß der Genuß zum Selbstzweck wird und wir zu viel essen.

Was man ißt, ist weniger entscheidend als die *geistige Einstellung beim Essen.* Nicht die Nährwerttabelle oder der Vitamingehalt entscheidet letztlich, vielmehr kommt es zuerst darauf an, daß die „Seelen-Vitamine", die Reizstoffe sonniger Geisteshaltung, dem Körper beim Essen als Verdauungsanreger mit verabreicht werden.

Die LS legt das Gewicht nicht auf ein bestimmtes Ernährungssystem, sondern darauf, daß der Lebensschüler lernt, seinen *Instinkt* zu erwecken für das, was ihm bekommt und was nicht. Er soll seinen *eigenen Lebensrhythmus* finden, statt anderen zu folgen, die nicht wissen können, was gerade für ihn das Gesundeste ist. Er soll sich frei machen von Ernährungs-Bekenntnissen, die nicht seiner eigenen Erkenntnis entstammen.

Die LS empfiehlt darum eine *naturgemäße Ernährung* und warnt vor der Festlegung auf einseitige Ernährungsformen, die für eine kurze Diätkur gut, als Gewohnheit aber nachteilig sein können. Nirgends ist der *Wechsel* für die Gesunderhaltung unentbehrlicher als in der Ernährung.

Die LS gibt hier die *Grundregeln rechter Ernährung,* deren erste lautet:

Laß alle Nahrung fort, die nicht lebenswichtig ist! Der Lebensschüler sei kein Sklave seines Magens, sondern dessen Herr, und beweise seine Herrschaft über Magen und Gier durch Mäßigkeit.

In der Tat ist *Mäßigkeit* die oberste Ernährungstugend: Grundlage dauernden Wohlbefindens ist die Befolgung der Erkenntnis, daß jedes Zuviel – und die meisten essen zu viel! – zur Auslösung jenes ‚Gesetzes der das Gegenteil bewirkenden Anstrengung' führt, das Demokrit in die klassische Form gefaßt hat: „Wenn man das Maß überschreitet, wird die größte Lust zur größten Unlust."

Ebenso wichtig ist es, *langsam* zu essen. Denn das *Rasch*essen verleitet zum *Viel*essen und damit zum *Schlecht*essen. Also: besinnlicher essen, weniger, einfacher und dennoch abwechslungsreich.

Der Lebensschüler wird sich weiter gewöhnen, regelmäßig zu den *gleichen Zeiten* zu essen, wobei sich Zahl und Umfang der Mahlzeiten nach dem Grad des Hungers, nicht des Appetits, richten. Wer keinen Hunger hat, sollte nichts essen oder nur wenig. Je weniger wir essen, desto besser schmeckt und bekommt die Nahrung uns. Wer mehr als dreimal täglich ißt, ißt sich langsam krank. Wer zweimal täglich ißt, ißt immer noch genug. Niemand soll sich zum Hungern erziehen; das wäre wiederum eine Verkehrung des Segens in sein Gegenteil. Aber Selbstbeherrschung soll der Lebensschüler üben; denn wie will, wer nicht einmal seinen Gaumen zu zähmen weiß, sich selbst und gar sein Leben meistern?

*

Wir kommen damit zur Frage: *Was* sollen wir essen?

Wir essen, wonach unser Körper Verlangen trägt und was uns schmeckt. Und meiden das, von dem wir fühlen oder wissen, daß es ihm nicht bekömmlich ist.

Es bedarf keiner großen Reform der Ernährung. Was reformiert, was erneuert werden muß, ist das *Denken.* Ist das Denken erneuert, wird alles übrige von selbst richtiger und besser. Kein Geringerer als der Begründer des Christentums hat uns gelehrt, daß nicht das, was zum Munde *hineingeht,* den Menschen verunreinigt, sondern was *hinausgeht:* was er an Ungutem spricht und denkt. Wie konnte Jesus mit diesem Wort dem Streit um die rechte Ernährung ein Ende machen? Aus einer wichtigen Erkenntnis heraus:

Wer sich mit neuem Geiste erfüllt, sein Denken aufwärtsrichtet, sich zum Guten wendet, sich mit dem Geist des Lebens eins weiß und schrittweise zur Harmonie mit den Gesetzen des Lebens gelangt, der wandelt mit seinem Denken unmerklich auch sein Nahrungsverlangen: sein *Instinkt für das Rechte* wird wach, er verlangt feinere Reize; er verliert den Geschmack an manchen Nahrungsmitteln und beginnt dafür andere zu bevorzugen; er gewinnt wieder das natürliche Gefühl für das, was ihm gemäß und bekömmlich ist.

Neue Denk-Gewohnheiten bewirken neue Ernährungs-Gewohnheiten, nicht umgekehrt. Der harmonische Mensch verlangt nach anderer Nahrung als der disharmonische, der Geistesmensch nach anderer als der Sinnenmensch. Durch die Umstellung des Denkens entstehen neue Wahlverwandtschaftsbeziehungen zwischen Mensch und Nahrung.

Da der Lebensschüler lernen soll, in allem das *eigene Gefühl für das biologisch Richtige* zu erwecken, brauchen hier Anweisungen für die Wahl der Nahrungsmittel nicht gegeben zu werden. Er mag sich zunächst so weiter ernähren wie bisher; seine Umstellung erfolgt im Laufe der Zeit von selbst, – um so eher, wenn er die im weiteren gegebenen Regeln rechten Essens befolgt. Zuvor noch einige Winke:

1. *Sorge für Abwechslung in der Ernährung!* Jede einseitige Kost wirkt, längere Zeit genossen, auf die Lebenskräfte ermüdend. Der Körper braucht von allem etwas; und was im Augenblick gerade für ihn das beste ist, muß der Lebensschüler selbst herausfinden.

2. *Iß die Nahrung vorwiegend in ihrem natürlichen, lebensnahen Zustand!* Um so bekömmlicher und gesunder ist sie. Man esse weniger verkünstelte Nahrung; man entwerte sie nicht durch vieles Kochen. Was roh gegessen werden kann, esse man roh; was gedämpft werden kann, dämpfe man, Kartoffeln koche man in der Schale; und was notwendig gekocht werden muß, das koche man. Sonst aber verändere man den organischen Aufbau der einzelnen Speisen so wenig wie möglich.

3. *Iß vor allem, was frisch ist!* In der Ernährung soll die Sonnenkost – Frischgemüse, frisches Obst – einen nicht zu kleinen Raum einnehmen. Normalerweise genügt eine Zukost zu den Mahlzeiten von Salaten, frischem Obst, Nüssen, Tomaten, gedämpften Gemüsen (soweit diese nicht roh genossen werden können) und Milcherzeugnissen.

4. *Iß, was grob und hart ist!* Die Erhaltung der Zähne ist für die Gesunderhaltung des Körpers wichtig. Die Zähne aber erhält nur, wer ihnen gründlich zu tun gibt. Man esse viel Hartbrot, grobes Schwarz-, Vollkornbrot – je fester, desto besser. Sind die Zähne schadhaft, sorge man für die Erhaltung, indem man oft bewußte Kaubewegungen macht und sie langsam an immer festere Kost gewöhnt. Nach und nach bekommen die Zähne dann wieder das Bewußtsein, daß sie etwas leisten, verlieren ihre Minderwertigkeitsgefühle und damit die Neigung, abzusterben und auszufallen.

5. *Meide Körper-Gifte!* Genieße Alkohol, Tabak und verwandte Reizmittel wenig oder garnicht. Es ist ein Irrtum, daß diese Reizstoffe den Lebensgenuß erhöhen; sie lähmen und schwächen im Gegenteil die edelsten Nerven- und Hirnkräfte. In *kleinsten* Mengen wirken sie anregend, in kleinen erregend, in größeren schädi-

gend, in großen Mengen tötend. Sie peitschen die Leistungsfähigkeit im Anfang auf, nachher aber tritt die Ermüdung um so rascher ein und die Leistungen sinken unter den Durchschnitt. Für den Fleischgenuß gilt ähnliches.

6. *Achte auf geregelte Verdauung!* Verdauungsstörungen machen müde, arbeitsunlustig, gereizt und unschöpferisch. Man sorge durch häufigen Wechsel in der Nahrung dafür, daß auch der Darm erzogen wird, seine Pflicht zu erfüllen. Das geschieht außerdem dadurch, daß man abends vor dem Einschlafen und morgens beim Aufwachen sich auf den Gedanken einstellt, daß die Entleerung morgens nach dem Aufstehen stattfindet. Man lege die Zeit fest und halte sie ein; binnen kurzem hat sich der Darm daran gewöhnt und wird ebenso pünktlich auf den Befehl reagieren wie das Unterbewußtsein, dem wir aufgeben, uns zu einer bestimmten Stunde erwachen zu lassen.

RICHTIG ESSEN

Entscheidender als das, *was* man ißt, ist, *wie* man ißt. Hier gibt die LS folgende erprobte Regeln:

1. *Laß Dir zum Essen Zeit!* Hat man keine Zeit, stelle man das Essen zurück. Denn schnell essen heißt schlecht essen, und das ist schlimmer als garnicht essen. Unmittelbar vor dem Essen empfiehlt sich ein kurzes Stillesein, eine Entspannung des Gemüts, eine innere Harmonisierung und stille Besinnung auf die kommende Mahlzeit.

2. *Sorge für Ruhe während des Essens!* Lärm wirkt verdauungstörend, Ruhe verdauungsfördernd. Man wählt darum mit Recht das ruhigste und freundlichste Zimmer des Hauses zum Eßzimmer. Auch hell muß das Zimmer sein; denn die Stimmung, die ein Raum ausstrahlt, wird von den Sinnen über die Nerven auf die Verdauungsorgane übertragen.

3. *Sorge für frohe Stimmung beim Essen!* Sie erhöht den Wohlgeschmack und die Bekömmlichkeit der Nahrung. Man setze sich nur zu Tisch, wenn man guter Laune ist; fehlt diese, muß sie erst geschaffen werden. Jedes Mahl soll eine frohe Feier sein, dann bekommt es nochmal so gut. Freudige Einstellung zur Nahrung erhöht den Genuß, steigert den Nutzen und fördert die Gesundheit.

4. *Lies nicht beim Essen!* Durch das Lesen wird dem Magen Blut entzogen und sein Leistungsvermögen herabgesetzt. Sorge statt dessen für heitere Plauderei. Man passe sich beim Tischgespräch den Interessen der anderen an, meide ernste, politische, konfessionelle oder persönliche Themen wie die Erörterung geschäftlicher Fragen oder negativer Dinge, die zur Mißstimmung führen, die Säfteabsonderung stören und die Verdauung hemmen. Und man gebe sich dem Genuß der Speisen ungestört hin und konzentriere sein ganzes Gefühl auf die Nahrungsaufnahme.

5. *Meide jeden Verdruß bei Tisch!* Jeder Ärger hemmt sofort den Speichelfluß und läßt die Verdauungsdrüsen stocken. Die trotzdem genossene Nahrung wird mangelhaft ausgewertet. Wenn einem „der Appetit vergangen" ist, sollte man nicht essen. Ein Butterbrot, in fröhlicher Gesellschaft genossen, bekommt einem besser als die üppigste Mahlzeit, in gedrückter oder ärgerlicher Stimmung eingenommen. – Je frohgestimmter wir essen, desto mehr wird, mit einem Wort Mulfords, „jeder Bissen ein stoffliches Mittel, dem Geiste Leben zuzuführen. Denn mit der Nahrung nehmen wir mehr in uns auf, als das Auge sehen kann: die Elemente der Gesundheit, Kraft und Ruhe."

6. *Iß bewußt!* Bewußt essen heißt beim Essen die Aufmerksamkeit auf die Speisen richten, die wir zu uns nehmen: auf ihren Wohlgeschmack und die Geschmacksabstufungen, die uns beim Kauen zum Bewußtsein kommen. Es heißt: beim Essen das Bewußtsein haben: *Es mundet mir! Es bekommt mir!* Was wir bewußt und mit Genuß essen, bringt uns wiederum Genuß. Um uns dazu zu erziehen, üben wir es, indem wir während des Essens etwa bejahen:

> *„Die in den Speisen enthaltene Kraft löst sich völlig und wird allen Teilen meines Leibes zugeführt. Durch langsames Kauen bereite ich die Speiseteilchen für die Verdauung im rechten Sinne vor. Das Essen schmeckt mir, es macht mir Freude!"*

Man weiß heute, daß weder der Kauvorgang an sich noch die durch die Nahrung ausgeübten chemischen Reize zur Magensaftabsonderung führen, sondern der *Appetit*, die *Lust* am Essen, also etwas Gedankliches. Je größer die Eßlust, desto reichlicher die Magensaftabsonderung, desto größer die Verdauungskraft des Magens und desto gründlicher die Nahrungsauswertung.

Richtig essen ist die Kunst, die Verdauungsdrüsen anzuregen. Richtig essen heißt: durch rechte Einstellung für den nötigen ‚Appetitreiz' sorgen, der wiederum die Verdauungsdrüsen zu erhöhter Tätigkeit anspornt. Je *schmackhafter* wir uns eine Speise *vorstellen,* desto lebhafter wird die Tätigkeit der Speicheldrüsen, der Magendrüsen und der Bauchspeicheldrüse, und desto besser bekommt uns die Nahrung.

Zur Kultur des Essens gehört ferner die Beachtung des Äußerlichen: ein gut gedeckter Tisch, ein paar Blumen, die „gute Aufmachung" der Speisen, und was sonst die Eßlust anregt.

Warum ‚garniert' die Hausfrau manche Gerichte? Damit schon ihr *Anblick* den Appetit reizt und ihre Bekömmlichkeit erhöht. Eine gute Hausfrau weiß instinktiv, daß *Augen und Magen zusammenhängen,* daß etwas, was gut aussieht, besser schmeckt und gut bekommt. Außer vom rechten Denken hängt der Appetit auch vom *Sehen* ab. Die Nahrung muß also schmackhaft aussehen, um den Verdauungsorganen und -Drüsen die richtigen Arbeitsimpulse zu vermitteln.

Dem gleichen Zweck dienen das freundliche Aussehen der Tafel, das frische Weiß des Linnen, der Glanz des Geschirrs und des Silbers, das Funkeln der Gläser. Auch mit den bescheidensten Mitteln lassen sich hier hohe Wirkungen erzielen.

Sehr treffend sagt man von einer Hausfrau, die diesen Dingen ihr Augenmerk zuwendet: ‚*Sie hat Geschmack*'. Denn sie *erweckt* den Geschmack und die Eßlust.

Beachten Sie die hier gelehrten Regeln einige Zeit hindurch, bis sie Ihnen zur Gewohnheit geworden sind, dann entdecken Sie eine wachsende Zahl neuer Geschmacksabstufungen, die Ihnen bisher beim Essen kaum zum Bewußtsein kamen. Sie werden ein ‚Feinschmecker' im edelsten Sinne des Worts.

Zugleich dankt Ihnen Ihr Magen diese neuen Eßgewohnheiten: Ihre Verdauung wird besser, Stoffwechselstörungen verschwinden, und zwar um so rascher, je lebendiger Sie sich beim Essen auf das Gefühl einstellen, daß Sie aus der Nahrung neue Nerven- und Muskelkraft und neues Leben gewinnen. Sie werden desweiteren bald spüren, daß Sie zur Kräftigerhaltung Ihres Körpers weit *weniger* Nahrung brauchen als früher, daß Sie also jetzt billiger leben und dennoch einen größeren Genuß und Gewinn vom Essen haben.

Im übrigen wird durch die Gewohnheit bewußten Essens und gemächlichen Kauens nicht nur die Gesundheit von Zähnen und Magen gefördert; auch der seelische Verdauungsapparat wird dadurch dazu erzogen, alles Aufgenommene gründlicher zu verarbeiten. Wer alles sorgfältig kaut, der fördert zugleich die Gewohnheit gründlichen Durchdenkens. Leib-Seele-Geist sind eben eine lebendige Einheit.

RECHTE KÖRPERPFLEGE

Von gleicher Wichtigkeit wie die rechte Ernährung und Eßkultur ist die *Kräftigerhaltung* des Körpers. Auch hier verzichtet die LS auf jeden einseitigen Schematismus. Sie überläßt es einerseits dem gesunden Instinkt des Einzelnen, sich die für ihn passenden körperlichen Übungen auszuwählen, andererseits verweist sie ihn auf den hier berufensten Berater: den Arzt oder Sportlehrer.

Je nach dem Beruf, den wir ausüben, werden einzelne Gruppen von Muskeln weniger in Tätigkeit gehalten als andere. Diese gilt es durch *Ausgleichsgymnastik* aus ihrer Untätigkeit herauszureißen. Darüber hinaus werden wir unseren Körper so stärken und stählen, daß er immer Größeres zu leisten, immer mehr Strapazen auszuhalten vermag. Solche Widerstands- und Kräftigungs-Übungen sind alle gymnastische Übungen, die wir *bewußt machen*, wie wir gleich sehen werden.

Man vergesse darüber aber nicht das Wichtigste: *tägliche Bewegung in frischer Luft*. Übungen, die in der freien Natur bei leichter Bekleidung ausgeführt werden, wirken belebender als die im Zimmer vorgenommenen. Neben ihnen ist *Wandern*, Rudern, Laufen und jede andere Betätigung im Freien, die rhythmisch erfolgt und Durchübung aller Organe und Muskeln ohne Übermüdung des Körpers und der Seele erlaubt, von Vorteil.

Wer es kann, sollte sich täglich eine Stunde in der frischen Luft bewegen und einmal wöchentlich einen Marsch durch Wälder und Felder oder in die Berge machen. Die regenerierende Wirkung kommt uns um so mehr zustatten, je *bewußter*, das heißt mit je wacheren Sinnen wir uns dem belebenden Einfluß der Natur hingeben: Stellen wir uns innerlich auf diese Wirkungen ein, geben wir uns den heilsamen Kräften der Natur hin, fühlen wir uns ganz mit ihnen eins!

Wir kommen damit zum wichtigsten Punkt:

Beständige Erhöhung des Wohlbefindens, dauernden Gewinn bringen gymnastische und andere Übungen nur, soweit sie bewußt, mit entsprechend positiven Gedanken durchgeführt werden, mit der richtigen Einstellung.

Es ist der Geist, der den Leib stark macht. Es gibt manche, die jahrzehntelang kaum ihren Schreibtisch verlassen haben und doch körperlich zäh und widerstandsfähig sind, weil ihr immer bewegter Geist alle Zellen und Organe des Körpers beständig mit sich riß, weil die Aufgabe, der sie mit ganzer Hingabe dienten, sie nicht nur lebendig, sondern stark erhielt und erhält.

Auf der anderen Seite wissen wir, daß sportliche Übungen wenig für die Gesund- und Kräftigerhaltung bedeuten, wenn sie gedanken- und lustlos oder gar unlustig vorgenommen werden. Immer geben die begleitenden Gedanken den Ausschlag.

Sport ohne Konzentration ist weder eine Kraft- noch eine Willensschule. Erst wo Gymnastik *bewußt* geschieht, durchgeistigt wird, werden Wille und Muskeln, Gedanke und Entschlußkraft, Zielstrebigkeit und Geistesgegenwart meisterhaft geschult.

Alles Körperliche ist vom Gedanklichen, vom Geistigen abhängig. So ist *der* zum Sieg disponiert, der mit seinen Muskeln in bewußtem Kontakt steht, dessen Geist den Zellenstaat seines Körpers beherrscht, dessen Konzentrationsfähigkeit die des Gegners übertrifft.

Wer alles bewußt tut, ist immer auf der Höhe seiner Kraft, stets frisch und tatbereit und holt aus jeder Situation das Beste heraus. Er steigert nicht nur seine Muskelkraft, sondern auch seine Zähigkeit und Ausdauer und Fähigkeit, die immer wieder sich bietenden Chancen beim Sport wie im Leben in der richtigen Sekunde zu nutzen und von Erfolg zu Erfolg zu schreiten.

*

Dem Lebensschüler sollen gymnastische Übungen vor allem dazu dienen, das lebendige Bewußtsein seiner *inneren Kraft* zu erwecken und zu erhöhen. Es ist mit solchen Übungen wie mit der Ernährung:

es kommt weniger darauf an, *was* man übt, alles aber darauf, *wie* man übt: mit welchen begleitenden Gedanken und Gefühlen. Wer das beachtet, der hat von einigen wenigen bewußt vollzogenen Übungen mehr als ein anderer von einem zehnmal so langen Training.

Um diese Bewußtheit bei den Übungen zu fördern, können wir die Übungen in der ersten Zeit vor dem Spiegel ausführen.

Einige praktische Beispiele aus vielen:

1. Übung: Wir stellen uns aufrecht hin, Beine breit, Arme parallel nach vorn gestreckt. Dann Konzentration auf den Atem: Tief ausatmen. Beim darauffolgenden langsamen Einatmen Arme seitwärts-rückwärts schwingen, einen Augenblick in dieser Stellung lassen, dabei Atem anhalten und Muskeln anspannen. Dann Arme wieder nach vorn schwingen, dabei tief ausatmen. Übung mehrmals wiederholen.

Und wo waren hierbei unsere *Gedanken?* Wir taten während der Übung folgendes: Beim *Einatmen* und Arme-seitwärts-Schwingen wurden alle Gedanken auf das Gefühl *‚Kraft!'* konzentriert. Wir fühlen, wie die Kraft belebend in uns einströmte. Beim Atem-*Anhalten* und Anspannen der Muskeln fühlten wir diese Kraft uns erneuernd durchpulsen und alle Glieder erfüllen. Und beim *Ausatmen* schleuderten wir in Gedanken alles Schwache und Kranke aus uns hinaus.

2. Übung: Aufrecht und fest hinstellen. Dann Rumpf langsam vorwärts beugen, Arme abwärtsstrecken, bis sie möglichst die Erde berühren. Knie dabei gestreckt lassen. In *Gedanken* beugen wir uns zugleich vor der Allmacht des Lebens und vor der Erde, die uns Leben und Gesundheit gibt. Nun langsam aufrichten, dabei Arme aufwärtsstrecken und tief einatmen. In *Gedanken* ziehen wir die Kraftströme des Alls herbei und saugen sie gewissermaßen mit den ‚Antennen' unserer Finger und Haare in uns hinein. Dann stellen wir uns auf die Zehenspitzen, recken uns in Gedanken gewissermaßen himmelwärts, schwingen uns auf und erheben uns triumphierend über alles, was uns halten und niederdrücken will. Danach ausatmen und in die Anfangsstellung zurückkehren.

3. Übung: Entspannt hinstellen. Alle Glieder recken und strekken. Kräftig gähnen und tief atmen. Muskeln spannen und entspannen. Alle Gedanken auf die hierbei freiwerdenden Lust- und Kraft-Gefühle konzentrieren; lebendig fühlen, wie man mit jeder Übung im Strecken frischer, entspannter, innerlich gelockerter, freier, zuversichtlicher und schaffensfreudiger wird.

Diese Übung des Streckens und Sich-Reckens, bei der die Ermüdungsstoffe aus den Muskeln gelöst und vom Blut fortgeschwemmt werden und alle Dumpfheit aus dem Hirn hinausgejagt wird, sollte während jeder Arbeit häufiger vorgenommen werden. Wenn wir dabei unwillkürlich herzhaft gähnen, um so besser; es zeigt, daß wir einige Tiefatemübungen nötig haben.

4. Übung: Aufrecht hinsetzen. Fäuste in Brusthöhe ballen und mit dem Rücken der Finger mit aller Energie gegeneinanderstemmen. Muskeln kräftig anspannen. Dabei bald der rechten, bald der linken Faust einen stärkeren Druck und damit Vorsprung gebend. Hierbei Konzentration der Gedanken auf unsere wachsende Willenskraft, die wir beliebig spielen lassen und mit deren Hilfe wir Hindernisse im Leben nach links und nach rechts beiseite schieben können. – Dann Muskeln entspannen, Hände abwärtssenken, Arme und Hände kräftig schütteln, dabei Gedanken auf die Lockerung und Entspannung aller Muskeln richtend. Es kommt hier darauf an, daß wir uns *fühlbar lockern* und zusammensinken wie ein Luftballon, dem das Gas entströmt.

Bei jeder Übung ist zu beachten, daß einer *Anspannung* stets restlose *Entspannung* folge, damit sie zu einer Leistungssteigerung führt. Wir müssen dabei *fühlen,* wie alle Spannungen der Muskeln, alle Ungelöstheiten in unserem Körper und alle Unerlöstheiten in unserer Seele sich *lösen,* wie Gelassenheit, Ruhe und Friede in uns einziehen.

5. Übung: Rückenlage; Körper ausstrecken, Hände am Körper. Nun Beine langsam heben, dabei einatmen; dann Beine wieder senken, dabei ausatmen. Jetzt tief einatmen, dann wieder ausatmen. Oberkörper langsam heben und ebenso langsam wieder senken. Während dieser Übung stellen wir uns vor, wie unser Wille durch jede Kraftanspannung wächst und gestählt wird. Jede Bewegung muß Ausdruck unseres wachsenden Willens und eiserner Selbstbeherrschung sein.

Eine gleiche Gedankenkonzentration nehmen wir bei allen

Übungen vor: beim Springen, Rumpfbeugen, -drehen und -rückwärtsbeugen, beim Laufen und Laufen auf der Stelle, bei der Holzhackübung, bei den Kniebeugen, beim Aufschnellen aus der Liegestellung, Seitwärtsschwingen der Beine usw.

Ebenso werden wir, am Gerät turnend, jede Gelegenheit wahrnehmen, uns während der Übung auf die Stärke unserer Willens- und Widerstandskraft zu konzentrieren, sie lebendig zu fühlen und sie dadurch zu steigern. Die Bejahung: *„Ich bin Kraft! Ich bin stark! Meine Widerstandskraft wächst!“* ist es, die unsere Muskeln spannt und kräftig. Der Lebensschüler spricht darum nicht von Muskelkraft, sondern von *geistiger Kraft.* Denn Muskeln wachsen durch Vermehrung des Mukelgewebes, ihr Kraftzuwachs aber ist geistiger Natur. Oder mit einem Worte Mulford's: „Die Kraft unserer Muskeln sind die Gedanken.“

RICHTIG ATMEN EINE SCHULE DER KRAFT

Ohne feste Nahrung kann der Mensch wochenlang leben, ohne Luft muß er in wenigen Minuten ersticken. Atem ist Leben; das Atmen ist somit die wichtigste Körperfunktion.

Es ist nun nicht gleichgültig, *wie* man atmet, ob mit Bewußtsein oder unbewußt, gedankenlos. Nur *bewußtes* Atmen erfrischt und stählt uns und gibt uns die Widerstandskraft, die wir brauchen, um im Leben allen Stürmen zu trotzen.

Viererlei verstehen wir unter richtigem Atmen: *voll, entspannt, rhythmisch, bewußt* atmen. Wo diese zusammenkommen, werden alle Teile der Lunge voll beansprucht und der Luft die größtmöglichste Menge lebenssteigernder Kräfte entzogen.

Richtig atmen verleiht Macht über den Körper, die Gesundheit, die Gedanken, die Seele und – das Leben. Es vertreibt Furcht und Zweifel, erhöht die Lebens- und Erfolgs-Fähigkeit, steigert Lebensfreude und Erfolgssicherheit.

Zwischen Atmen und Wollen, Atem und Gedanken sind vielfältige Zusammenhänge und Zusammenklänge. Ebenso bestehen wesentliche Zusammenhänge zwischen Atem und Erfolg. Wie die meisten von einem Bruchteil ihrer Kraft leben, so atmen sie auch nur unvollkommen. Da sehen wir Halbatmer, Viertelatmer, Achtel- und Zehntelatmer. Je hoffnungsloser, pessimistischer und erfolgloser ein Mensch, desto bescheidener ist sein Atem.

Der Kranke atmet unregelmäßig, der Gesunde rhythmisch. Der Feigling hat einen schwachen Atem; der Mutige ist Tiefatmer. Die meisten Menschen haben den ‚Armsünder-Atem': sie halten sich für elende Pechvögel oder hilflose Erdenwürmer, für vom Glück Verlassene, vom Unglück Verfolgte; und wie sie *denken*, so *atmen* sie auch. Oder denken sie so niedrig von sich selbst, weil ihr Atem so schwach ist? Jedenfalls besteht zwischen Atem- und Geisteshaltung eine unauflösliche Wechselwirkung.

Wer unzureichend atmet, denkt unzureichend – und umgekehrt. Das eine kann durch das andere gemindert und gesteigert werden. Die meisten atmen aber nicht nur unzureichend, sondern *falsch*. Sie sind nicht nur Flachatmer und Flachdenker, sie sind auch Falschatmer und infolgedessen mehr krank als gesund. Und sie wundern sich dann, wenn ihr falsches Atmen zur Folge hat, daß sie leicht müde werden, geschwächt, gereizt, gleichgültig, bedrückt, daß sich bei diesem Atmen, das kaum ausreicht, um das Leben zu erhalten, Arbeitsunlust, Dumpfheit, Kopfschmerzen, Verstimmungen, Herzbeschwerden einstellen.

Je schlechter wir atmen, desto mehr kommen wir in Disharmonie mit der Natur und ihren Kräften. Je freier und voller wir atmen, desto freier werden wir innerlich. Je tiefer wir atmen, desto durchdringender und klarer wird unser Denken.

Wer kurz atmet, ist nervös, reizbar und in seinen Entscheidungen und Handlungen kurzsichtig. Um weit zu blicken, muß man einen weiten Atem haben. Kleiner Atem macht kleinlich – das ist der Atem der Geizhälse, die am liebsten garnichts ausatmen möchten. Großer Atem macht großzügig und offen. Wer tief atmet, empfängt tiefe Inspirationen. ‚Inspiration' heißt wörtlich ‚Einatmung'. Allen großen Männern eignet ein großer Atem. Anders gesagt:

Die Männer des großen Atems sind die Männer der großen Erfolge.

Wer sein Denken ändert, ändert auch seinen Atem. Und wer seinen Atem ändert, beeinflußt immer auch sein Denken entsprechend. Erziehen wir uns also zu rechtem Atmen, um unseren schlummernden Lebensmut zu wecken! Wer aufwärtssteigen will, muß sich hinauf-atmen, muß oft aufatmen, sich Kraft eratmen und seinen Blick aufwärtswenden. Indem er seinen Blick lichtwärts wendet, atmet er unwillkürlich tiefer – und sogleich wächst seine Kraft.

Bei alledem ist das rechte Atmen kein ‚Universalheilmittel', wohl aber ist es eine wichtige physiologische Voraussetzung stabiler Gesundheit und dauernden Lebenserfolgs.

Und warum das?

Jeder Vollatemzug verbrennt Schlacken im Körper. Wir nehmen mehr Sauerstoff auf, schlechtes Blut wandelt sich in gutes und reines Blut. Richtig atmen heißt: seine Gesundheit festigen. Und zugleich: klarer denken. Denn ein mit gesundem Blut genährtes Hirn gibt gesunderen, klareren, erfolgreicheren Gedanken Wohnung. Zudem atmen wir nicht nur Sauerstoff, sondern auch etwas ein, was wir als ‚Lebensstoff' bezeichnen könnten, und zwar um so mehr, je bewußter wir atmen.

*

Wir kommen damit zur *Praxis rechten Atmens*, das aus drei Etappen besteht:

1. dem Tiefatmen oder Zwerchfell-Bauch-Atmen, wobei die unteren Lungenpartien mit Luft gefüllt werden,

2. dem Mittelatmen oder Rippen-Atmen,

3. dem Hochatmen oder Schlüsselbein-Atmen, wobei die oberen Lungenpartien mit Luft gefüllt werden.

Beim *Vollatmen* werden also nicht nur Teile der Atemfläche unserer Lungen in Anspruch genommen, sondern die ganzen Lungen.

Um das Vollatmen zu erlernen, mache der Lebensschüler recht oft folgende Grundübung:

Aufrecht sitzen, Rumpf senkrecht, zunächst langsam, tief und gründlich *ausatmen.* Dann langsam tief *einatmen,* und zwar

a) in den *unteren* Teil der Lungen, indem man das Zwerchfell anspannt, so daß die vordere Bauchwand leicht nach außen gedrückt wird,

b) in den *mittleren* Teil der Lungen, so daß sich die unteren Rippen und der Brustkorb nach außen heben,

c) in den *oberen* Teil der Lungen, so daß sich der obere Teil der Brust nach vorn drängt und hebt. Hier wird der untere Teil des Bauches leicht eingezogen; dies stützt die Lungen und hilft mit, ihren oberen Teil voll zu füllen.

Das Ganze geschieht jedoch nicht in drei getrennten Etappen, sondern in *einem* Zug; es sind nur drei Stufen eines einzigen ungeteilten Atemprozesses.

Nun wird die Luft einige Sekunden zurückgehalten. Und dann wird wieder langsam und allmählich ausgeatmet. Der Brustkorb bleibt dabei in seiner Haltung. Der Bauch wird ein wenig eingezogen. Nachdem alle Luft ausgestoßen ist, werden Bauch und Brust entspannt.

Dieses Vollatmen muß dem Lebensschüler durch beständige Wiederholung zur zweiten Natur werden. Es ist so wichtig, daß über Ausatmen, Atemanhalten und Einatmen noch ein paar Worte gesagt seien:

Ausatmen: Die Vollatmung beginnt immer mit einer tiefen *Ausatmung,* die wichtiger ist als die Einatmung. Denn wer tief ausatmet, der muß von selbst auch tief einatmen. Das Ausatmen geschehe ohne Anstrengung, krampflos, liebend gelassen, entspannt, langsam und tief. Das eine Atemübung einleitende *erste* Ausatmen geschehe ausnahmslos durch den Mund, und zwar mit leichtem Pfeifen, sonst aber geschieht das Ausatmen ebenso wie das Einatmen durch die Nase.

Beim Ausatmen beuge man den Körper ein ganz klein wenig vor. Gleichzeitig sammle man die Gedanken während des Ausatmens auf die Vorstellung, daß man Kohlensäure, Wasserdampf und viele Schlackstoffe hinausstößt, ebenso alle negativen Stimmungen, Hemmungen und seelischen Selbstvergiftungen.

Einatmen: Das Einatmen geschehe nicht stoßweise, sondern gleichmäßig, ruhig und rhythmisch. Die Zeitdauer des Einatmens sei ebenso lang wie die des Ausatmens.

Beim Einatmen beuge man Kopf und Rumpf etwas zurück, damit die Lungen sich weiten. Um den Atem noch mehr zu vertiefen und die Lungen ganz zu füllen, kann man beim Einatmen die Arme seitwärts strecken, in gleicher Höhe mit den Schultern; beim Ausatmen senke man die Arme wieder nach vorn.

Vor allem aber atme man *bewußt* ein: man trinke die Luft und die Lebenskraft wie einen erquickenden Labetrunk in vollen Zügen in sich hinein, als wolle man die ganze Welt mit ihrer Lust in sich trinken. Man fühle dabei lebendig, wie Frische und Kraft, Gesundheit und Leben durch Adern und Nerven strömen.

Atemanhalten: Das Atemanhalten soll nicht zu lange ausgedehnt und nicht gewaltsam vorgenommen werden; jede Atempressung ist zu vermeiden! Das Atemanhalten geschehe leicht, ungezwungen, krampflos, rhythmisch, harmonisch, hingegeben.

Die Zeitdauer des Atemzurückhaltens sei höchstens halb so lang wie die des Einatmens.

Das Zurückhalten des Atems dient der Kräftigung und Entwicklung der Atemmuskulatur sowie der Erweiterung des Brustkorbes. Es geschehe bewußt, unter Konzentration aller Gedanken auf die Vorstellung, daß während des Zurückhaltens des Atems der Luft die ‚Lebenskraft' entzogen und im Körper gespeichert wird. Man fühle förmlich, wie neue Kraft den Körper durchpulst, sich auf Blut, Nerven, Hirn und alle Organe verteilt und überall leben- und kraftsteigernd wirkt.

Hieran schließt sich dann wieder das Ausatmen.

*

Bei Übungen im rechten Atmen sind folgende Regeln zu beachten:

Der Atem sei stets rhythmisch. Unruhiger, hastiger, ungeregelter Atem ist ein Zeichen von Nervosität. Innere Unruhe überwinden wir durch Konzentration auf den Atemrhythmus.

Atemübungen führe man möglichst leicht-bekleidet durch, wenn es geht, bei geöffnetem Fenster, am besten im Freien.

Der Körper sei bei allen Atemübungen entspannt. Man stehe aufrecht oder setze sich auf einen Stuhl, blicke nach vorn oder schließe die Augen und lege die Hände auf die Kniee. Nichts Körperliches darf beim Atmen die Gedanken ablenken.

Man atme stets durch die Nase. Nur die Nase reinigt die Luft von Schmutz, wärmt sie vor und sättigt sie so mit Wasserdampf, daß die Schleimhäute der Atmungsorgane nicht gereizt werden. Mundatmen dagegen führt leicht zu Austrocknung der Schleimhäute, Katarrhen und Erkältungen, außerdem ist der Mundatmer ansteckenden Krankheiten leichter ausgesetzt.

Man verbinde die Atemübungen mit Luft-, Licht- und Sonnenbädern, damit auch die Haut mitatmet. Man sorge auch sonst für frische Luft in seinen Arbeitsräumen sowie im Schlafzimmer.

Man halte sich oft im Walde auf, pumpe seine Lungen leer, um sie dann mit würziger, heilsamer Waldluft zu füllen. Wer täglich im Freien arbeitet, braucht keine besonderen Atemübungen zu machen, er wird meist von selbst durch die Körperbewegung zu vollem Atmen genötigt. Er übe sich aber im bewußten Atmen.

Man vermeide im übrigen jede Übertreibung bei Atemübungen, jede Überanstrengung. Bei zu hastigem oder übertriebenem Atmen stellt sich zuweilen Benommenheit ein. An sich ist das kein Grund zur Beunruhigung, es zeigt aber, daß weniger hier besser ist. Auch Kranke werden sich mit Gewinn zu bewußtem Atmen erziehen; nur bei Lungenbluten und Bluthusten sind Atemübungen zu meiden. –

Damit diese Regeln in Fleisch und Blut übergehen, müssen sie einige Zeit hindurch täglich befolgt werden. Man höre mit der Übung rechten Atmens während der kommenden LW keineswegs auf, sondern erst dann, wenn es zur Gewohnheit geworden ist. Vor allem aber achte man darauf, daß man bewußt atmet!

Was ist bewußtes Atmen? Im allgemeinen geschieht die Atmung unbewußt, *unwillkürlich*, automatisch. Das diesen Automatismus regelnde, die Zusammenziehung und Entspannung der Muskeln veranlassende Atemzentrum im Zentralnervensystem steht nun aber mit der Großhirnrinde in Verbindung, so daß wir unseren Atem *willkürlich* zu bestimmen vermögen.

Die Sauerstoffzufuhr, die durch das Tiefatmen bewirkt wird, beseitigt an sich Müdigkeit und Unfrische. Geschieht das Atmen aber *bewußt* rhythmisch, voll und tief, dann bewirkt es über diese Erfrischung und Hochstimmung hinaus die Beseitigung von Schwäche, Energie- und Ziellosigkeit. Es weitet die Brust und den Blick und hebt den Willen. Wir können geradezu Kraft einatmen und alles Schwache ausatmen – nicht nur als gedankliche, psychologische Wirklichkeit, sondern auch als materielle, physiologische Wirklichkeit.

Wer bewußt atmet, wer seine Gedanken und Gefühle bewußt auf den Atem gerichtet hält, der spürt, wie die Lebenskraft alle Glieder, alle Organe seines Leibes wohlig durchströmt, alle Hemmungen löst und ihn frei macht. Zugleich weckt das bewußte Atmen die feineren seelischen Kräfte und stellt sie in den Dienst seiner Neuerkraftung und Erfolgsmehrung.

Das bewußte Atmen vertreibt Nervosität und Zerrissenheit, stärkt das Gedächtnis und steigert das Konzentrationsvermögen. Es ist eine gute Drüsen- und Nervenpflege und eine wunderbare Kraftquelle.*)

Bewußt atmen heißt Bedrückung, Furchtgefühle und Spannungen wegatmen. Es verbindet uns mit dem Unendlichen und seinen Kräften und gestaltet diese Verbindung immer dynamischer, schöpferischer und glückspendender.

4. WOCHE:

RICHTIG SCHLAFEN

> „Der Schlaf versiegelt gleichsam das Auge des Kummers, nimmt dem Staatsmann die schwere Bürde der Regierung ab, gießt Lebenskraft in die Adern des Kranken und Ruhe in seine zerrissene Seele. Alle Sorgen und Lasten der Geschöpfe begräbt der Schlaf, setzt alles ins Gleichgewicht, rüstet jeden mit neugeborenen Kräften aus, die Freuden und Leiden des kommenden Tages zu ertragen."
>
> Schiller

Der Schlaf ist für den Menschen wichtiger als die Nahrung; er kann wochenlang hungern, aber kaum eine Woche ohne Schlaf leben. Es war die schlimmste Todesstrafe im alten China, daß man Verbrecher Tag und Nacht wach hielt und sie durch Schlaflosigkeit tötete.

Störungsreicher oder ungenügender Schlaf ist die Ursache vieler nervöser Schwächezustände, raschen Kräfteverfalls, leichter Verstimmbarkeit und Gereiztheit, während viele dieser Übel von selbst

*) Ausführliche Unterweisungen in der Praxis des *dynamischen Atmens* und der Entfaltung der Heilkräfte des Atems werden in dem Lebensbuch *„Kraft durch Atmen"* (3. erweiterte Auflage, 104 Seiten, Baum-Verlag) gegeben.

weichen, wenn man sich gewöhnt, gut und richtig zu schlafen. Wer schlecht schläft, ist nur ein halber Mensch und nicht fähig, sich zu den Höhen des Lebenserfolgs hinaufzuschwingen. Lernt er, gut zu schlafen, fühlt er sich täglich stärker, frischer und freier und bringt zuwege, was ihm vorher ‚unmöglich' schien.

Die alten Griechen sprachen mit Recht vom „gliederlösenden Schlaf", denn der Schlaf lockert und entspannt alle Glieder, beruhigt, gleicht aus und harmonisiert. Er ist die natürlichste Entspannungsübung, die wir kennen, wobei sich am vollkommensten entspannt, wer sich dem Schlaf *bewußt* hingibt.

Wir kehren im Schlaf in die Heimat der Seele zurück und finden in ihr Frieden, Genesung und Erfüllung unseres Sehnens. Die Beherrschung der Kunst segenbringenden Schlafens ist darum eine wichtige Forderung seelischer und körperlicher Hygiene.

Wie lange soll man schlafen? In der Regel gelten folgende Schlafzeiten beim Menschen als die besten: beim Säugling: 20 bis 22 Stunden täglich; im 2. Jahr 18 Stunden; im 3. bis 5. Jahr 12 bis 14 Stunden; im 6. bis 18. Jahr 10 Stunden; im 19. bis 50. Jahr 7 bis 8 Stunden; im 51. bis 65. Jahr 5 bis 7 Stunden; und im 66. bis 90. Jahr 3 bis 4 Stunden.

Für die Zeit vom 18. bis 90. Lebensjahr stellen die angegebenen Zahlen keine absolute Norm dar; manche brauchen mehr, viele erheblich weniger Zeit, um wirklich auszuruhen; außerdem gibt es Abend- und Morgenschläfer, wie es ‚Abendarbeiter' gibt, die abends am regsten sind, und ‚Morgenarbeiter', die am erfolgreichsten in der Morgenstille schöpferisch tätig sind. Jeder hat seinen persönlichen Schlafrhythmus und ebenso seine günstigste Schlafenszeit, die er selbst herausfinden muß. Wir haben uns hier vor Übertreibungen und Überschätzungen nach der einen wie nach der anderen Seite zu hüten; ein zu langer Schlaf macht träge, zu kurzer Schlaf gereizt.

Die Schlaflänge hängt vor allem davon ab, wie hoch der Spannungsgrad unserer Nerven und Muskeln tagsüber war. War er hoch, brauchen wir entsprechend längeren Schlaf; war er niedrig, werden wir auch lange, aber leicht schlafen; war er normal und gesund, genügt ein kürzerer Schlaf. Je *entspannter* wir tagsüber denken und schaffen, desto geringer ist unser Schlafbedürfnis.

Und wenn wir lernen, richtig einzuschlafen, richtig zu schlafen und in rechter Weise aufzuwachen, holen wir aus fünf Stunden Schlaf mehr heraus, als andere aus neun Stunden, weil die gesundheitfördernde und erneuernde Wirkung des Schlafens weniger von seiner *Dauer* als von seiner Intensität, seiner *Tiefe* abhängt. Je größer die Schlaftiefe, desto kürzer darf die Schlafzeit sein. Wer die hier dargelegten Regeln beachtet, erreicht bald eine erhebliche Schlaftiefe, was sich an seiner wachsenden Ausgeruhtheit und Frische am Morgen zeigt, und gewinnt Zeit durch die Kürzung des Schlafbedürfnisses und der Schlafdauer.

Die Schlaftiefe ist am größten etwa 1–2 Stunden nach dem Einschlafen, bleibt bis etwa Mitternacht gleich und geht mit dem Wiederaufsteigen der Sonne langsam zurück.

*

Welche Schlafenszeit ist die beste? Hier läßt sich keine Regel für alle aufstellen. Im allgemeinen gilt, daß wir unser Bett aufsuchen, wenn wir müde werden, und nicht aufbleiben, wenn wir uns nicht mehr frisch fühlen.

Ein Mittel, *gut* zu schlafen, ist: *früh* schlafen zu gehen. Es ist bekannt, daß Neurotiker meist spät ins Bett gehen und spät und schwer aufstehen. Sie wollen ‚ausschlafen', in den Tag hineinschlafen, und das heißt –: sie wollen möglichst viel vom unliebsamen Tag verschlafen, um sich weniger mit ihm auseinandersetzen zu müssen.

Anders der Lebensbejaher: Wenn der Langschläfer sich endlich mühsam erhebt, hat er schon einen Teil seines Tagewerks geschafft. Und von Jahr zu Jahr spürt er mehr, wie wahr die Devise ist: *Früh zu Bett und früh wieder auf, verlängert Deinen Lebenslauf!*

Ein dreifacher Gewinn ist mit dem Frühschlafengehen und Frühaufstehen verbunden: erstens bleibt die Frische des Körpers und des Geistes sich gleich oder nimmt zu, nie ab. Zweitens sind Frühschläfer in den Morgenstunden am regsten: sie leisten in dieser Zeit oft das Doppelte ihrer Nachmittagsleistungen. Drittens haben sie Zeit gewonnen und das Bewußtsein, andern um Stunden voraus zu sein, was die Selbstachtung und das Überlegenheitsgefühl automatisch steigert und die Arbeitsfreude hebt, größere Sicherheit gibt und insgesamt die Wahrheit des alten Wortes bekräftigt, daß „Morgenstunde Gold im Munde hat“.

Machen Sie einmal den Versuch, von morgen früh ab eine Stunde früher als bisher aufzustehen. Nach 14 Tagen kann Ihnen das Frühaufstehen zum Bedürfnis, ja zur Gewohnheit geworden sein, von der Sie, wenn Sie dann den Nutzen erkannt haben, kaum wieder abgehen. Wenn möglich, wiederholen Sie dieses Vorschieben der Aufstehzeit halbstundenweise, und gleichermaßen das der abendlichen Schlafenszeit, bis Ihr Gefühl Ihnen sagt, daß sie das Optimum erreicht haben: die für Sie vorteilhafteste Schlafens- und Aufstehzeit, bei der Ihr Körper sich am wohlsten fühlt und sich am vollkommensten erholt. Es bringt nur Vorteile, wenn Sie einige Zeit hindurch solche Schlafexperimente machen. Denn die meisten Menschen schlafen falsch und zur unrechten Zeit.

Im allgemeinen darf die Zeit vor Mitternacht als die für die Mehrzahl günstigste Schlafenszeit angesprochen werden. Jede Stunde vor Mitternacht ist zwei Stunden nach Mitternacht gleichwertig. Die Erfahrung bestätigt: je früher vor Mitternacht wir schlafen gehen, desto rascher erholen wir uns und desto weniger Zeit zum Schlafen brauchen wir.

Nun würde uns aber die Beachtung dieser Hinweise in der Praxis wenig nützen, wenn wir nicht lernen, die Forderung der LS, in alles, was wir tun, lebendige *Bewußtheit* hineinzutragen, auch auf den *Schlaf* auszudehnen, so paradox dies klingt.

Dazu ist nötig, daß wir lernen, *richtig einzuschlafen* und Schlaflosigkeiten erfolgreich zu überwinden, *richtig zu schlafen* und *richtig aufzuwachen* und in den neuen Tag hineinzuschwingen.

RICHTIG EINSCHLAFEN

Bei allen Dingen ist der Anfang das Wichtigste – auch beim Schlafen. Gut schlafen setzt voraus, daß wir richtig einschlafen. Dazu können wir eine Reihe erfolgbringender physiologischer und psychologischer Verhaltungsmaßregeln anwenden, wobei wir zugleich das Gespenst der Schlaflosigkeit in die Flucht schlagen.

Physiologische Verhaltungsmaßregeln:

Erstens sollte man spät abends keine schwere Nahrung mehr zu sich nehmen. Magen und Nabelgegend machen sich nachts leicht bemerkbar; viele Angstträume sind Leibreizträume. Wer gern vor dem Schlafengehen ißt, nehme nur Leichtverdauliches zu sich: Obst, Brot, Dickmilch und dergleichen, alles gründlich gekaut.

Zweitens vermeide man vorm Schlafengehen Alkohol, Tabak und andere Narkotika, ebenso schwere geistige Arbeit.

Drittens ist ein Spaziergang am Abend, der die Glieder leicht ermüdet, für viele – nicht für alle – ein guter Schlafspender, ebenso abendliche Gymnastik, jedoch ohne Übertreibung und Anspannung, die schlafhemmend wirkt.

Viertens sollten wir als Schlafzimmer den größten und luftigsten Raum unserer Wohnung wählen und tagsüber für gute Durchsonnung und Lüftung des Zimmers wie der Betten sorgen. Nachtsüber ist es nicht unbedingt nötig, bei offenem Fenster zu schlafen; die Bauern schließen meist die Fenster, und die Hunde zum Beispiel kriechen gern unter eine Decke. Jeder möge hier seiner persönlichen Neigung folgen.

Fünftens sorge man, wenn möglich, für das Vorherrschen der blauen Farbe im Schlafzimmer – bei Tapeten, Gardinen, Vorhänge usw. –: sie wirkt beruhigend, entspannend und schlaffördernd. Günstig ist auch grün, während gelb erregend, rot aufregend und grau verdüsternd wirken.

Sechstens halte man Geräusche fern durch schwere Vorhänge, Filzstreifen an der Schlafzimmertür. Wenn Geräusche uns auch nicht immer wecken, so bewirken sie doch, wie Versuche ergeben haben, Spannung der Muskeln und Erhöhung des Blutdrucks. Alles, was unsere Sinne reizt – Lärm, Licht, Kälte, interessante Dinge und Probleme, Sorgen – muß aus unserem Umkreis verschwinden.

Siebtens achte man darauf, daß man sich nicht mit mehr Dekken einhüllt, als zum Warmhalten nötig ist. Das Bett sei luftig und luftdurchlässig, um den Hautstoffwechsel nicht zu behindern.

Achtens mache man sich mit den naturgemäßen Schlafhelfern vertraut, zu denen Wechselfußbäder mit anschließenden Wadenwickeln für die Nacht gehören, ebenso körperwarme Fichtennadelbäder vor dem Schlafengehen, der Genuß eines Apfels oder von Sauermilch, Dickmilch, einem Glas Zuckerwasser, einigen Tropfen Baldrian oder das von Kneipp empfohlene Wassertreten.

Neutens kann man sich die entspannende Wirkung der ätherischen Öle zu nutze machen: man träufelt etwas Kölnisch Wasser, Lavendel oder einen sonstigen sympathischen Duftstoff, Fichtennadelessenz oder ein Minzöl oder Eukalyptusöl aufs Kopfkissen. Das ätherische Öl, durch die Körperwärme zum Verdunsten gebracht, dringt durch Nase, Mund und Haut in den Körper ein und entfaltet seine beruhigenden, entspannenden, schlaffördernden Wirkungen. Eine winzige Dosis genügt; ein Zuviel wirkt erregend.

Zehntens kann man die Bettstellung berücksichtigen, indem man dafür sorgt, daß das Kopfende des Bettes nach Norden zeigt. Manche Schlaflosigkeit ist allein dadurch beseitigt worden. Sensitive Menschen bekunden, daß ihnen die Lage mit dem Kopf nach *Norden,* in der Richtung des Kompasses, am angenehmsten sei. Erträglich, für manche sogar angenehm ist auch die Lage mit dem Kopf nach *Osten,* entsprechend der Rotation der Erde. Fördernd ist auch die Gewohnheit des bewußten Einnehmens der körperlichen Lage, in der wir am besten schlafen.

Damit kommen wir zu den

psychologischen Verhaltungsmaßregeln:

Der Eintritt des Schlafs vollzieht sich nie plötzlich. Zuerst setzt Müdigkeit ein, der die allmähliche Verdunkelung des Wachbewußtseins folgt. Die Müdigkeit wird zu Schläfrigkeit: die Glieder werden schlaffer, die Muskeln lockern sich, das Bewußtsein der Gegenwart der Umwelt engt sich ein, unsere Anteilnahme an der Umwelt nimmt ab. Nach und nach stellen die Sinne ihre Tätigkeit ein: zuerst das Gesicht, dann Gefühl, Geschmack, Geruch und zuletzt das Gehör.

Im gleichen Maße wandelt sich der geistige Sehkreis: An die Stelle der Bilder des Tages treten die der Nacht: das Rätselreich der Träume steigt herauf: Die bewußten Gedankenverbindungen stokken, an ihre Stelle tritt das freie Spiel der Gedanken, bis schließlich das Unterbewußtsein die Zügel in die Hand nimmt und den Gedanken seine Gesetze auferlegt.

Indessen fand im Körper eine Abnahme des Blutdrucks statt, eine Verminderung der Herzarbeit, des Pulsschlages und der Atemfrequenz. Der Blutstrom, der während des Tages das Gehirn durchspült, fließt langsamer. – – –

Was können wir tun, um diesen natürlichen Einschlafvorgang von der seelischen Seite her zu fördern? Sehr viel. Denn das Einschlafen hängt vom *rechten Denken* ab. Mit der Anhäufung von Ermüdungsstoffen oder irgendwelcher ‚Abnutzung' hat die Entstehung des Schlafes wenig zu tun. Er ist vielmehr eine jener periodischen Naturerscheinungen, die wie Tag und Nacht, Ebbe und Flut zu den Gegebenheiten unseres derzeitigen Planetendaseins gehören. Wir müssen hier den natürlichen Schlaf von der Erschöpfung unterscheiden.

Solange wir nun grübeln, uns mit Sorgen und Aufgaben beschäftigen, bleiben unsere Muskeln gespannt! Da aber das Wesen des Schlafs *Ent*spannung ist, bleibt der Schlaf uns natürlich fern oder fallen wir in einen unruhigen Halbschlaf, aus dem wir am Morgen „wie gerädert" aufschrecken.

Hieraus ergibt sich die Notwendigkeit, vor dem Einschlafen unsere Gedanken zum Abklingen zu bringen, unsere Muskeln wie unser Gemüt bewußt zu entspannen, alle Sinne zum Schweigen zu bringen, uns seelisch wie körperlich zu entkrampfen.

Wir können uns auch müde machen, indem wir uns die eben erwähnten Vorgänge beim Einschlafen möglichst lebendig und plastisch vorstellen, uns in sie einfühlen: wie unsere Glieder schwer wie Blei werden, unsere Muskeln erschlaffen, der Körper zusammensinkt, wie die Bilder des Tages zerfließen, wie wir dem Zauber der Selbst-Aufgabe verfallen und in den Armen des Schlafes entsinken.

Vorher ist aber nötig, daß wir in unserem Bewußtsein reinen Tisch machen. Wir müssen ‚innerlich aufgeräumt' sein, um gut einzuschlafen und ohne Sorgen zu schlafen. Solange wir noch an etwas interessiert sind, bleibt der Schlaf uns fern. Zum Wesen des Schlafes gehört ja die Interessenlosigkeit gegenüber der Umwelt.

Vor allem aber müssen wir uns aller Sorgen entledigen; denn Sorgen wirken schlafvertreibend, ebenso Ängste und Befürchtungen, Ärger und Unruhe über dies und jenes, die eine Lockerung unmöglich machen und damit auch das Einschlafen. Alle diese Gedanken und Gefühle müssen wir aus uns entlassen, müssen ganz gelassen sein. Von allem unbelastet, müssen wir uns in das Schweigen der Nacht hineinschwingen, müssen erst selbst unbewegt und voll Frieden sein, ehe der Friede der Nacht uns umfangen und mit neuen Kräften laden kann.

Um frisch zu erwachen, müssen wir unbeschwert, beschwingt und lächelnd in den Schlaf eintreten. Hiermit hängt die alte Erfahrung zusammen, daß Optimisten gut schlafen, während Pessimisten, die sich ständig von Gefahren und Sorgen umstellt sehen, schlecht oder unruhig schlafen.

*

Hier sind noch einige weitere praktische Hinweise zu geben:

Zunächst: wie steht es mit dem *Lesen im Bett?* – Im allgemeinen wirkt es schlafhindernd. Es kommt aber darauf an, *was* man liest. Zu meiden ist jedenfalls anregende und aufregende Lektüre, während leichte Unterhaltungslektüre ebenso wie – philosophische Lektüre und religiöse Erbauungsschriften entspannend und schlaffördernd wirken können.

Ein besseres Schlafmittel aber ist die Versenkung in Erinnerungen an frühe Kindheitserlebnisse. Da Schlaf eine Rückkehr in Urzustände, in die Kindheit des Menschseins ist, müßte das Einschlafen durch die Einstellung auf lustbetonte Erinnerungsbilder aus früher Kindheit gefördert werden können. Dieser Schluß wird durch die Erfahrung bestätigt. – Jeder hat glücklichstimmende Erinnerungen aus seiner Kindheit. Jeder kann sich das Einschlafen durch die Versenkung in solche Bilder erleichtern. Probieren Sie es einmal aus.

Kann man den Schlaf durch den *Willen* herbeizwingen? – Diese Frage ist zu verneinen, weil das Wesen des Willens dem des Schlafes entgegengesetzt ist. Willensspannung verscheucht den Schlaf. Dagegen bewirkt die spannungslose Hinwendung auf Vorstellungsbilder des Müdeseins schlaffördernd.

Versuchen Sie einmal folgendes: Konzentrieren Sie beim Einschlafen ohne Willensanspannung Ihre Gedanken auf Ihre Füße und Ihr Gefühl auf das Bewußtsein, daß die Füße immer wärmer werden. Dadurch wird ein um so stärkerer Blutstrom in die Füße gelenkt, je lebendiger Sie sich diesen Vorgang vorstellen und ihn fühlen. Im gleichen Maße wird das Gehirn entlastet, der Kopf wird kühler und das Einschlafen leichter.

Vermeiden Sie bei diesem Spielenlassen Ihrer schöpferischen Phantasie jede Anstrengung. Um so leichter tritt dann in den Füßen das Gefühl der Wärme und Schwere und im Kopf Kühle und Entspannung ein, und um so leichter schlafen Sie ein. –Mancher bringt diesen Versuch garnicht zu Ende, weil er schon vorher einschläft.

Gleich gute Einschlafmittel sind *gefühlsbetonte Selbstbefehle*, die wir z. B. in Form eines positiven Wandspruchs neben unserem Bett aufhängen können, etwa mit folgendem Text:

> *„Ich werde heute nacht ruhig schlafen. Mein Atem wird gleichmäßig und harmonisch sein und mir neue Kraft zuführen. Ich werde morgen früh frisch aufstehen und einem neuen frohen Tag sieggewiß entgegengehen!"*

Oder wir werden vor dem Einschlafen bejahen, daß der Schlaf uns erquicken und mit neuer Kraft erfüllen wird. Wir konzentrieren uns auf den Atem, bis er rhythmisch ist, entspannen alle Muskeln und murmeln oder denken etwa folgendes:

> *„Ich bin müde. Ich werde fest schlafen und morgen früh froh, frisch und mit neuer Kraft aufwachen. Ich bin müde, meine Glieder sind schwer wie Blei, schwer wie Blei . . . Ich schlafe, schlafe, schlafe . . ."*

Wir fühlen dabei, wie der Schlaf uns umfängt, wie es langsam dunkel wird und wie der Geist des Lebens, der in uns und durch uns wirkt, uns in seine Arme aufnimmt wie eine Mutter ihr Kind.

*

Auch *Schlafstörungen* werden durch rechtes Denken überwunden, sind sie doch in erster Linie Folgen falschen Denkens und Lebens, also durch Schlafmittel kaum zu beseitigen. Viele Schlafmittel bringen nicht Schlaf, sondern Betäubung; manche sind Nervengifte oder haben sonstige ‚unerwünschte Nebenwirkungen'. Schlafheilung ist durch ein Schlafmittel nicht zu erreichen, es ist immer nur eine Hilfe für den Augenblick, die manchmal notwendig sein mag, wobei aber zu bedenken ist, daß Schlafmittel in der Regel die natürliche Schlaffähigkeit mindern, insbesondere wenn eine Gewöhnung an Schlafmittel einsetzt und man dann „ohne diese Mittel nicht mehr schlafen kann".

Wer glaubt, zeitweilig nicht ohne Schlafmittel auskommen zu können, verwende statt der Narkotika und Hypnotika naturgemäße unschädliche Schlafmittel. Im weiteren Verlauf unserer Selbst- und Lebensschulung werden wir erkennen, daß diese äußeren Mittel kaum notwendig sind, daß das letztlich Entscheidende der *Gedanke* ist.

Wer die rechte Einstellung zum Schlaf findet, ist Meister seines Schlafes, wird auch aus dem kürzesten Schlaf größte Erquickung schöpfen und sich in wenigen Stunden regenerieren, sich innerlich harmonisieren und Auswirkungen früherer Disharmonien und Spannungen, zu denen die Schlafstörungen oft gehören, beseitigen.

Er wird ferner alle Gedanken der Ichsucht, des Grollens, Neidens und Gierens, die ihn spannen und einengen, von sich streifen, sich mit dem Gefühl der Liebe und dem Willen zu gegenseitiger Hilfe erfüllen und dadurch innerlich freier und entspannter werden. Er wird die Wurzeln der Schlafstörungen — uneingestandene, unbewußte unlustbetonte Vorstellungen — aufdecken und lustbetonte Vorstellungen an ihre Stelle setzen.

Das größte Schlafhindernis ist die *Angst vor der Schlaflosigkeit.*

Denn Angst ist Spannung, und Spannung hält den Schlaf fern. Es gibt hier sogar eine Über-Spannung: Die Angst, daß die Angst vor der Schlaflosigkeit einen überkommt und dann nicht schlafen läßt.

Wer seinen Schlaf nicht vertreiben, sondern leicht einschlummern und gut schlafen will, der sorge sich nicht unnötig um den Schlaf. Er erwarte auch den Schlaf nicht, denn auch gespannte Erwartung verscheucht ihn.

Er denke nicht tagsüber: „Werde ich diese Nacht wohl Schlaf finden, oder nicht?", auch nicht: „Dies darf ich nicht essen und jenes nicht tun, denn dann schlafe ich nicht", oder: „Dies muß ich tun, um nicht schlaflos zu werden", oder „Diese Regel habe ich nicht beachtet; wie soll ich dann schlafen können?" oder: „Wenn doch der Besuch bald gehen wollte; ich bin müde, verpasse den psychologisch günstigsten Moment des Einschlafens und werde dann nachher nicht schlafen können!" oder einen der zahlreichen anderen an den Schlaf geknüpften Furchtgedanken oder Unlustgefühle. Furcht spannt und hält wach, während Gelassenheit, Gleichmut und Furchtlosigkeit entspannend und schlaffördernd wirken.

Der Unglaube an die Fähigkeit, gut zu schlafen, ist die Quelle vieler Schlafstörungen; während der Glaube, unter allen Umständen und überall gut schlafen zu können, ein nieversagendes Schlafmittel bildet.

Auch *Willensverkrampfungen* sind zu vermeiden: „Ich will wohl schlafen, aber ich kann nicht". Natürlich kann er nicht; denn der Schlaf ist die bekannte Ausnahme von der Regel, daß der, der will, auch kann. Mit dem Wollen hat das Schlafen nichts zu tun, sondern mit dem Denken.

Hier liegt der Fehler der meisten: Ihre Gedanken sind statt auf den Schlaf auf Schlafstörungen eingestellt. Ihr Denken kreist nicht um entspannende Vorstellungsbilder wohliger Ruhe, sondern um wirkliche oder vermeintliche Störungen, die den Schlaf, wie sie wähnen, von ihnen fernhalten. Sowie dies Falschdenken erkannt und abgestellt ist, verschwinden die Schlafstörungen oft von einer Nacht zur anderen und kehren nie wieder.

Schlaf-Nervöse tun gut, so wenig wie möglich an den Schlaf zu denken, sich gleichgültig dagegen zu machen, ob der Schlaf kommt oder nicht. Diese Gleichgültigkeit löst oft innere Verkrampfungen am raschesten – und schon ist der natürliche Schlaf da.

Je weniger tragisch wir schlaflose Stunden nehmen, je mehr wir sie einfach mit positiven und produktiven Gedanken ausfüllen, desto weniger Schaden werden sie anrichten und desto seltener kommen sie.

Wir brauchen keine Angst von „schädlichen Folgen der Schlaflosigkeit" zu haben. Das einzig Schädliche ist die Angst selbst. Gelegentliche Schlafstörungen schaden der Gesundheit nicht. Und wenn wir eine ganze Nacht nicht schlafen, holt der Körper sich von selbst in einer späteren Nacht das, was er braucht. Denn der Schlaf ist etwas Natürliches und kommt, wie alles Natürliche, *von selbst*, ohne unser Zutun, wenn wir nur nichts dagegen tun!

Was macht der Lebensschüler mit gelegentlich auftauchenden *schlaflosen Stunden?*

Er verwendet sie zu seelischer Selbstschau, zum In-die-Stille-

Gehen und Mit-sich-selbst-ins-Reine-Kommen. Denn er weiß: Oft will eine schlaflose Stunde uns etwas lehren, uns zeigen, daß wir ein Gesetz des Lebens verletzten, und was zu tun ist, um den Schaden wieder gutzumachen. Er wird darum fragen: Was soll ich tun? Und dann mag ihm das eine oder andere einfallen, was er hätte tun, unterlassen oder anders machen sollen. Vielleicht wird ihm ein hartes Wort gegen einen andern zum Bewußtsein kommen, ein Ärger, der ungelöst in ihm versank, eine Sorge, die Klärung heischt oder überflüssig war und nun ihren Abschied wünscht, oder sonst etwas, das in ihm nach Lösung und Erlösung drängt.

Nun weiß er, was er zu tun hat: er wird die Not durch den notwendenden Entschluß und Selbstbefehl für den nächsten Tag beseitigen. So macht er aus der Not eine Tugend: ein Mittel zur Wende der Not.

Und indem ihm der Grund seiner Schlaflosigkeit ‚einfiel' und bewußt ward, das Ungelöste seine Lösung fand, ist zugleich die Ursache der Schlafstörung behoben, die Schlafstimmung kehrt wieder und die Schlaffähigkeit ist wieder da, aus der inneren Stille wird die größere Stille des erquickenden Schlafes.

*

Und wenn wir nichts Ungelöstes in uns finden und der schlaflosen Stunde ein Ende machen wollen? Nichts leichter als das. Das Geheimnis der Umschaltung auf Spannungslosigkeit, also Schlaf, liegt in der Hingabe:

Statt an den Gedanken „Ich kann nicht schlafen" oder „Ich schlafe nicht" geben wir uns dem *Ich bin müde*"-Gedanken hin, lassen uns ganz in dieser Vorstellung versinken. Wir ziehen unser Bewußtsein aus allen Gliedern zurück: aus dem rechten Fuß, aus dem linken, aus dem rechten Bein, dem linken, dann aus den Händen, den Armen, dem Unterleib, Brust und Rücken, Schultern, Hals und Kopf. Wir vergleichen uns mit dem Gas, das aus einem geöffneten Ballon ausströmt. Der ‚Ballon' ist unser Körper. Indem wir ausströmen, sinkt der Körper in sich zusammen, nur noch der Schwerkraft unterworfen.

Wir können nun kein Glied mehr heben, denn wir sind nicht

mehr darin. Unser Körper ist jetzt so, als ob kein Leben mehr in ihm wäre.

Wer es fertig bringt, sich dieser Vorstellung gänzlich hinzugeben, wird in wenigen Augenblicken einen Schlaf von großer Tiefe herbeiführen, der ihn wunderbar erquickt.

RICHTIG SCHLAFEN

Die Nacht des Körpers ist der Tag der Seele. Wachsein, Schlaf und Tod sind verschiedene Grade des gleichen Bewußtseins. Jeder von ihnen ist für die andern ein Gegen-Sein, keiner aber ein Nicht-Sein.

Der Schlaf ist kein passives Sein, sondern ein Anderssein als das Wachbewußtsein: auch im Tiefschlaf findet unterbrechungslose Bewußtseinsarbeit statt. Nicht nur die Träume, auch andere Phänomene künden die freiere Entfaltung der Tiefenkräfte des Bewußtseins während des Körperschlafes.

Für das Oberbewußtsein ist der Tag die Zeit der Flut, die Nacht die der Ebbe. Für das Unter- und Unbewußte ist die Nacht die Zeit der Flut: die Tiefen der Seele tun sich auf und der Reichtum des Innern wird offenbar.

Diese ‚Flutzeit' des Unterbewußtseins stellt der Lebensschüler bewußt in den Dienst höherer Lebensführung: er nutzt sie zur Seelenaufschließung, zur Mehrung der Geisteskräfte, zur Festigung der inneren Sicherheit, zur Steigerung der Kräfte, zur Lösung von Fragen, zur Fortführung der am Tage begonnenen Erneuerung, zur Sicherung des Erfolges.

Denn wenn die Körpersinne schlafen, kann die Kraft in uns ungehindert wirken; die Seele entfaltet ihr Schwingen und hebt an, die *letzten* Gedanken des Tages weiterzuführen und zu verwirklichen. Genauer gesagt: *Der letzte Gedanke, mit dem wir einschlafen, gibt während der Nacht dem Unbewußten die Hauptrichtung seines Wirkens an.*

Je edler, kraftbewußter und erfolgbejahender der letzte Gedanke ist, mit dem wir in den Schlaf hinübergehen, desto sicherer wirken wir auch während der Nacht unser Wohl. Wie das?

Im Augenblick des Einschlafens sind wir am entspanntesten; alle

Störungen sind ausgeschaltet, der Weg nach innen ist frei. Jede Vorstellung, die in diesem Augenblick erlöschenden Tagdenkens im Herzen entzündet wird, bestimmt die Willensrichtung des Unbewußten und sein Wirken während der Nacht.

Der Lebensschüler wird keinen Abend einschlafen, ohne seinem Nacht-Ich eine Aufgabe gestellt zu haben, die bis zum Morgen ihrer Lösung näher- oder zuzuführen ist. Er richtet unmittelbar vor dem Einschlafen seine Gedanken auf das, was geschehen oder werden soll, oder auf eine Aufgabe des kommenden Tages, bei der er dann am anderen Tage erlebt, daß sie ihm nun bedeutend leichter fällt, ja daß die Dinge und Geschehnisse ihm oft geradezu entgegenkommen. Der Selbtbefehl, mit dem er einschläft, klingt in seinem Unbewußten weiter und wird zur Tendenz, das Vorgestellte zu verwirklichen.

Es bedarf hier keiner willensmäßigen Anstrengung; was not tut, ist ruhiges, selbstvertrauendes *Bejahen des Gewünschten.* Probieren Sie es aus:

Üben Sie es als erstes, zu bestimmten Zeiten zu erwachen, die Sie sich abends kurz vor dem Einschlafen anschaulich auf dem Zifferblatt einer Riesenuhr vorstellen. Denken Sie: *„Morgen früh werde ich um . . . Uhr frisch und froh erwachen!“* – Meist genügt ein Versuch, seltener bedarf es mehrerer Wiederholungen, um in der vorgenommenen Minute aufzuwachen. Wenn sich Fehler zeigen, liegen diese nicht in der Arbeit des Unbewußten, sondern in der Ungenauigkeit und Unschärfe Ihrer Bejahungen.

*

So könnten wir uns im Schlaf erziehen und veredeln?

Durchaus. Es gilt nur, uns entsprechende Selbstbefehle zu erteilen. Auch hier wird Sie ein Versuch von der Brauchbarkeit dieser Methode überzeugen:

Richten Sie einige Abende hindurch vor dem Einschlafen Ihre Gedanken auf diesen Selbstbefehl:

„Morgen werde ich den ganzen Tag hindurch heiterer Stimmung sein!“

Es dauert nur kurze Zeit, bis Ihr Stimmungsbarometer auf ‚Schönwetter‘ zeigt. In gleicher Weise können Sie sich dazu erziehen, bei allem ruhig zu bleiben oder entschieden und energisch oder freundlicher als bisher.

Nach und nach werden wir uns schwierigere Aufgaben stellen, unserem Nacht-Ich ungelöste Fragen zur Lösung übergeben, indem wir uns diese Fragen vor dem Einschlafen lebendig vergegenwärtigen und uns vertrauensvoll auf den Gedanken konzentrieren, daß die Lösung uns am Morgen beim Erwachen oder in dem Augenblick, wo wir sie brauchen, als selbstverständlich einfallen wird.

Zu beachten ist bei diesen Selbstbefehlen, daß sie eindeutig und *positiv* gefaßt sind, ferner, daß wir unserem Unterbewußtsein jeweils nur *einen* Befehl zur Zeit erteilen. Wird es erforderlich, zwei oder mehrere Dinge gleichzeitig zu bejahen, bringen wir sie in einen inneren Zusammenhang. Auf diese Weise lernen wir, unser Erfolgsvermögen durch zielbewußte Erziehung unseres Unterbewußtseins auf dem Wege über den Schlaf zu steigern, gewissermaßen *im Schlaf unser Glück zu machen.*

Sie können auch allgemein das Erwachen Ihrer inneren Kräfte fördern, indem Sie im Augenblick des Einschlafens etwa denken und fühlen:

> *„Du, Geist des Lebens, gibst mir, indes mein Körper schläft, neue Kraft und neue Weisheit. Du machst mich stark und fähig, mein Leben liebend zu meistern. Du erfüllst mein Sehnen und wirkst, daß meine Wünsche über Nacht ihrer Vollendung entgegenreifen!"*

Nennen wir dies ‚Abendgebet', ‚Autosuggestion', oder ‚Bejahung', — einerlei, je mehr wir uns auf diese Weise vertrauensvoll nach innen wenden, desto rascher wächst im Schlafe unser Schöpfertum: Wir tauchen hinab in die tiefsten Schächte unseres Nacht-Ich und haben am nächsten Morgen Schätze verborgenen Weistums zutagegefördert, das in den Tiefen unserer Seele seit Aeonen schlummerte.

Wie machen wir nun praktisch im Schlaf unser Glück, wie nutzen wir das umfassendere Wissen unseres Überbewußtseins, um über Nacht zur Meisterung von Aufgaben, deren Lösung unser Tages-Ich vergeblich zu ergrübeln suchte, zu gelangen? Auf folgende Weise:

Wenn Körper und Gedanken ganz stille geworden sind, wenn wir nichts mehr fühlen als den harmonischen Rhythmus unseres Atems, stellen wir die zu lösende Frage in den Mittelpunkt unseres

Bewußtseins und geben alsdann mit aller Inbrunst und Überzeugung dem folgenden Gedanken Ausdruck:

„Die Lösung dieser Frage wird sich in mir gestalten. Die ersehnte Klarheit wird mir werden. Sowie ich erwache, wird die Lösung, die Gewißheit, da sein!“

Der Fortgeschrittene wird den letzten Satz des Selbstbefehls vielleicht so fassen: *„Ich erwache, sowie die Lösung gefunden ist!“* Denn er weiß, daß das Unterbewußtsein in der Freude über die gefundene Lösung ihn oft mitten in der Nacht erwachen läßt, und daß es gilt, auf dem Nachttisch Bleistift und Papier zur Hand zu haben, um das Gefundene und ihm Einfallende sofort zu notieren – und dann entspannt weiter zu schlafen.

Sonst aber werden wir morgens beim Erwachen erneut in die Stille gehen und ohne Spannung und Zweifel den kommenden Eingebungen lauschen. Meist fallen uns die Lösungen von selbst ein – Lösungen von oft erstaunlicher Einfachheit und Treffsicherheit, wie sich erweist, wenn wir dem inneren Rate folgen.

Unser Unterbewußtsein fordert unser Vertrauen. Denken wir darum: *„Ich vertraue meinem Unterbewußtsein; es hat mir immer geholfen und hilft mir auch jetzt“*, dann spornen wir es an, unser Wohl zu wirken und uns zu helfen, eine Not zu überwinden.

*

Die eben gezeigte Methode können wir je nach dem Ziel unseres Strebens mannigfaltig abwandeln und nutzbringend anwenden. Solche Auswertungsmöglichkeiten sind auch die folgenden:

Wir haben etwas verloren, das wir gern wiederfinden möchten. Unser Wachbewußtsein hat nicht die leiseste Erinnerung, wo der Gegenstand verloren sein könnte. Es besteht die Wahrscheinlichkeit, daß das Unterbewußtsein, das ja hundertmal mehr wahrnimmt und in sich aufnimmt, uns helfen kann. Wir wenden dann die vorstehende Methode an, wobei wir uns etwa auf diesen Gedanken einstellen:

„Mein Unterbewußtsein verbindet mich mit dem verlorenen Gegenstand. Morgen früh weiß ich, wo er ist.“

Es würde zu weit führen, hier auch nur einige der zahllosen

Beispiele anzuführen, wie auf diese einfache Weise tausend verlorene Dinge wiedergefunden worden sind.

Oder wir erstreben die Verwirklichung eines besonderen Wunsches. Wir stellen dann etwa diesen Gedanken in den Mittelpunkt:

„Heute Nacht bringt mein Unterbewußtsein mich in lebendige Verbindung mit dem ersehnten ... Ich erreiche es bestimmt. Morgen beim Aufwachen wird mir lebendig gegenwärtig sein, was am besten zu tun ist, um das Ersehnte zu erreichen!"

In der Regel fallen uns die brauchbarsten Lösungen im Augenblick des Aufwachens ein, in anderen Fällen auch erst in dem Augenblick, da wir sie benötigen. Wir haben hier die Möglichkeit, allein während des Schlafes jährlich mehrere hundert Fragen durch unser Unterbewußtsein lösen zu lassen.

Wir können von unserem Unterbewußtsein verlangen, was wir wollen – immer wird es sein Möglichstes tun, unseren Wünschen zu entsprechen, wenn wir sie auf die hier gezeigte Weise an unser Inneres richten.

Der Erfinder kann im Schlafe die Lösung eines technischen Problems suchen; wenn es eine solche gibt, vermag er sie zu finden. – Der Anwalt kann über Nacht die Hauptpunkte eines wichtigen Schriftsatzes in seinem Innern sich gestalten lassen, so daß er sie morgens beim Aufwachen nur zu notieren braucht und den ganzen Text im Büro sofort in einem Guß diktieren kann. – Der Student, der Examinand, der fortbildungsbeflissene Angestellte kann seinem Unterbewußtsein allabendlich befehlen:

„Was ich heute lernte, wird mir morgen lebendig gegenwärtig sein und immer in mir haften bleiben!"

kurz: jeder kann den Schlaf vielfältig nutzen, um seine Ziele rascher zu erreichen.

RICHTIG AUFWACHEN

Der Lebensschüler braucht weder Wecker noch andere Mittel, um zur rechten Zeit zu erwachen; er weckt sich selbst durch entsprechenden abendlichen Selbstbefehl.

Jeder Mensch besitzt einen inneren Zeitsinn, der bei den meisten nur ungeschult ist, also der Übung bedarf. Erfahrungsgemäß wissen Menschen, die keine Uhr haben oder ihre Uhr nicht viel befragen, meist auf ein paar Minuten genau, wie spät es ist, während der Zeitsinn, die innere *„Kopfuhr"* bei denen, die beständig nach der Uhr schauen, verkümmert oder unentwickelt bleibt.

Wie wird nun die Kopfuhr praktisch eingestellt?

Auf eine sehr einfache Weise: wir stellen uns abends unmittelbar vor dem Einschlafen den Zeitpunkt, zu dem wir erwachen wollen, im Geiste auf einer großen Uhr anschaulich vor und geben uns zugleich einen entsprechenden positiven Selbstbefehl. Wollen wir um 4 Uhr erwachen, dann sehen wir im Geiste auf einem großen Zifferblatt den Minutenzeiger auf 12, den Stundenzeiger auf 4, und denken oder sprechen zugleich in uns hinein:

> *„Ich werde um 4 Uhr erwachen, sofort aufstehen und mit frischen Kräften an meine Arbeit gehen. Punkt 4 Uhr erwache ich!"*

Das Wort ‚aufstehen' fügen wir deshalb hinzu, weil Langschläfer zwar zur vorgenommenen Zeit aufwachen, nach Feststellung der Zeit aber sich gern auf die andere Seite legen und weiterschlafen.

Bei rechter Konzentration auf die gewünschte Erwachenszeit werden wir genau zur vorgestellten Minute wach.

Noch wichtiger nun als das rechtzeitige ist das *richtige Erwachen:* die bewußte, positive Hinwendung zum neuen Tag. Unser Erwachen muß einer Neugeburt gleichen. Wir recken und strecken uns und vertreiben dadurch den Schlaf aus allen Gliedern. Dann atmen wir tief ein und aus, wobei wir bewußt Kraft ein- und Freude ausatmen. Wir öffnen uns den lebenspendenden Einflüssen des frühen Morgens, den trefflichen Gedanken, den fördernden Erkenntnissen und Anregungen, die er mit sich bringt.

Wo wir diese innere Bereitschaft schaffen, da fallen uns die über Nacht von der Seele gewirkten Lösungen unserer Fragen und Sorgen ein oder gehen uns auf: es wird uns plötzlich bewußt, wie wir diese oder jene Arbeit am besten einrichten, jene Aufgabe meistern, ein Geschäft am erfolgreichsten durchführen. Und nun geht es mit größerer Sammlung, Zielsicherheit und Durchsetzungskraft in den neuen Tag hinein.

Davon, wie wir die ersten Minuten des Morgens bewillkommnen

und verbringen, hängt die Erfolgsrichtung des ganzen Tages ab. Wie unser Erwachen, so ist unser Tag. Wer mit dem Öffnen der Augen bewußt und froh Glück und Erfolg dieses Tages bejaht, der erfüllt seinen Tag mit dem Geist des Gelingens.

Der Lebensschüler erwacht mit dem Bewußtsein, daß er die Nacht hindurch unter dem Schutz des unendlichen Geistes des Lebens stand und allen Grund hat, froh zu sein über den neuen Tag voller Möglichkeiten, der ihm geschenkt ward. Sein erster lebendiger Gedanke ist dieser:

„Ich grüße den neuen Tag und sende allen Wesen Gedanken der Liebe. Heute wird der Erfolg in allem und in jeder Hinsicht mein sein!"

und er ergänzt diese Bejahung vielleicht wie folgt:

„Heute will ich wieder einem Menschen eine Freude machen und so das Glück der Welt und damit auch mein eigenes Glück bewußt mehren!"

Wird er dann, so denkend, von seinem Schicksal auf die Probe gestellt, so sorgt er, daß er sich bewähre, daß er auch halte, was er sich für diesen Tag versprach. Oft wird dann das, was er morgens bejahte, schon am Abend sichtbar sein.

Es ist eines der Geheimnisse eines erfolgreichen Lebens, diese Gewohnheit, den Tag auf die rechte Weise zu beginnen, jeden Morgen zu wiederholen, bis sie in Fleisch und Blut übergegangen ist.

5. WOCHE:

RICHTIG ARBEITEN

„Kein Segen kommt dem der Arbeit gleich, und nur der Mensch, der sein Leben lang gearbeitet hat, kann sagen: ich habe gelebt!"
Goethe

Viele, oft die Besten, sind ständig müde, leiden an nervösen Beschwerden der verschiedensten Art und an mangelndem Lebens- und Lust-Gefühl. Ihre ‚Überarbeitung' macht sie teilnahmlos für ihre Umwelt, deren Sorgen und Interessen, ja selbst gegenüber den Freuden des Lebens, ungeduldig, leicht gereizt, und läßt ihnen

‚keine Zeit' selbst für lebensnotwendige Dinge, zerstört ihre Aufnahmefähigkeit für Neues, ihr Entspannungsvermögen und ihre Kraft, sich jederzeit über den Alltag zu erheben.

Woran leiden sie? An mangelnder Kultur der Arbeit. Ihnen wollen die folgenden erprobten Erfolgsregeln dienen. Sie werden erfahren, daß die Hinwendung auf eine bessere, bewußte, dynamische Art zu arbeiten eine weitere Voraussetzung dauernden Lebensglücks bildet. Sie werden lernen, ‚Überarbeitungen' vorzubeugen, ihr Entstehen zu verhindern, sich weniger zu verbrauchen, also mit weniger Kraft mehr und Besseres zu leisten.

Ohne Arbeit kein Erfolg! Nun ist aber zwischen ‚Arbeit' und Arbeit ein Unterschied: die eine ist oder scheint mühevoll, die andere leicht, die eine mißglückt, die andre gelingt. Die Arbeit allein macht es also nicht, – es kommt darauf an, *wie* man arbeitet.

Man kann falsch und richtig arbeiten, kann sich die Arbeit schwer oder leicht machen, kann ohne Erfolg, mit geringem oder mit großem Erfolg tätig sein. Wir haben darum nicht allein auf die Arbeit zu sehen, sondern ebenso auch auf die *richtige Arbeitsweise.*

Was heißt *richtig arbeiten?* Es heißt:

1. *Denkend arbeiten:* Wer aus seinem Schaffen Erfolg ziehen will, muß selbst denken, voraus-denken und stets richtig denken. Denkend arbeiten heißt: die günstigsten Arbeitsbedingungen für Leib, Seele und Geist erkennen und sich danach einrichten.

2. *Bewußt arbeiten:* „Allein durch Arbeit wird unser Denken schöpferisch, allein durch rechtes Denken wird unsere Arbeit zu einer Quelle des Glücks", sagt die LS mit Ruskin. Bewußt arbeiten heißt: mit Bewußtsein schaffen, mit allem Denken, Fühlen und Wollen stets bei der Arbeit sein, jede körperliche Handlung immer zugleich zu einer geistigen zu machen. Das vertreibt Zerstreutheit, Müdigkeit, Willensschwäche und Ziellosigkeit aus unserem Leben.

3. *Mit Interesse arbeiten:* Lebendige Anteilnahme ist eine weitere Voraussetzung des Lebenserfolgs. Hier gilt das Wort: was man mit Interesse tut, das geht noch mal so schnell und gut. Es gelingt, ohne uns anzustrengen; er verbraucht weniger Kraft und wird dabei doch immer besser.

4. *Konzentriert arbeiten:* Es heißt, das, was man tut, in dem Augenblick, wo man es tut, ganz, gründlich und ausschließlich zu

tun, mit aller Aufmerksamkeit, deren man fähig ist. Es heißt auch das Kleinste restlos erledigen. Während der Arbeit darf keiner unserer Gedanken sich mit anderen Dingen, Aufgaben und Sorgen beschäftigen. Jedes „Nebenausdenken“ führt zu Mißerfolgen. Die Arbeit will uns ganz. Konzentriert arbeiten heißt seine Arbeitsleistung beständig steigern.

5. *Liebend arbeiten:* Wer mit Lust und Liebe wirkt, macht aus mühsamem ‚Schuften‘ frohes Schaffen. Liebend arbeiten heißt seine Arbeit mit freudigem Schöpferbewußtsein erledigen, seine Seele in die Arbeit hineinlegen, sie leicht machen. Wer dies tut, gibt auch der unerfreulichsten Arbeit Bedeutung und Wert und macht sie zu einem Quell der Freude. Liebe ist eine Vereinigung von Interesse und Konzentration, ein völliges Einssein mit der Arbeit und die beste Gewähr für den Arbeitserfolg.

6. *Positiv arbeiten:* Wer bei seinem Schaffen positiv und dankbar gesinnt ist, dabei immer zuerst und überall das Sonnige sieht, der mehrt seine Arbeitsfreude und -kraft und macht sein Schaffen segensreich. Positiv arbeiten heißt in jede Arbeit planmäßig die Dynamik des Erfolgs hineintragen, alles, was man tut, mit liebender Achtsamkeit tun.

7. *Ausdauernd arbeiten:* Ausdauer ist eine weitere Erfolgsvoraussetzung. Sie ist oft mehr wert als Genialität; denn ein zäh Ausharrender schafft mehr als ein Genie, dem die Beharrlichkeit fehlt. Andererseits kann man mit Carlyle Genialität auch als die „unbegrenzte Fähigkeit, sich anzustrengen“, definieren. Auch Byron meinte bekanntlich, daß „das Genie in nichts anderem bestehe als in dem Vermögen, täglich sechzehn Stunden zu arbeiten.“

8. *Zielstrebig arbeiten:* Leichter und erfolgreicher arbeitet, wer planmäßig, zielbewußt, nach vorher durchdachter Ordnung schafft, als der, der erst während der Arbeit an das Nötige denkt. Zielstrebig arbeiten heißt immer auch zweckmäßig arbeiten, erspart also übermäßige Anstrengung. Darüber wird in der 11. LW mehr zu sagen sein.

9. *Erfolgbewußt arbeiten:* Das heißt, daß man jede Arbeit, die man tut, zu seiner besten macht, sie bewußt so gut verrichtet, daß niemand es hätte besser machen können. „Ganz gewöhnliche Dinge ganz ungewöhnlich zu machen“, darin liegt das Geheimnis vieler

Erfolge. Machen wir jedes Werk zu unserem Meisterstück, jedes Ziel zu einem Teilziel unseres höchsten Lebensziels!

Wenn wir auf diese Weise bewußt und lustbetont schaffen, werden wir aus Arbeitssklaven zu Rittern der Arbeit und lernen, mit immer weniger Mühe immer mehr und besseres zu leisten. Was wir tun, muß uns Lust bereiten, muß uns ein Sport sein. Es gibt keinen kürzeren Weg zum Erfolg als den, unsere Arbeit zu unserem Steckenpferd zu machen. Denn was lustbetont ist, steigert nicht nur Lebensfreude und -kraft, sondern auch unsere Erfolgsfähigkeit und unser Durchsetzungsvermögen.

BEFREIUNG VON DER SKLAVEREI DER ARBEIT

Um von der ‚Sklaverei der Arbeit', unter der so viele stöhnen, aus eigener Kraft frei zu werden, ist oft nichts anderes erforderlich als eine neue Einstellung zur Arbeit. Wie überall im Leben, entscheidet auch hier die geistige Einstellung, die gedankliche Haltung, über den Erfolg.

Bewillkommnen wir eine Arbeit von vornherein mit Ärger und Mißmut, dann brauchen wir garnicht erst anzufangen, denn diese Arbeit wird schlecht oder mißlingen. Lernen wir dagegen, Arbeit als sichtbar werdende Liebe zu begreifen, dann macht uns die Arbeit Freude, und auch der Erfolg bleibt nicht aus. Und mit den Erfolgen wiederum nimmt die Lustbetontheit der Arbeit, die Arbeitsbegeisterung zu, und diese führt wiederum zu erhöhten Leistungen und neuen Erfolgen. So folgt immer eins aus dem anderen auf der spiraligen Bahn des Erfolgs, die der Lebensschüler beschreitet, wenn er gelernt hat, richtig zu arbeiten.

Ob wir als Hausfrau in der Küche stehen oder als Handwerker in der Werkstatt, ob wir ein Haus bauen oder ein Buch schreiben – für jede Arbeit gelten die gleichen Erfolgsregeln, wie sie hier gegeben werden. Jeder kann aus diesen Regeln das herausziehen, was gerade *seine* Arbeit licht und leicht macht, dynamischer, wertbetonter, schöner und erfolgträchtiger.

Zunächst einige *arbeitshygienische Hinweise:*

Der Arbeitsraum sei möglichst hell und stets gut gelüftet. Das Licht soll von links oder von vorn auf den Arbeitsplatz fallen, Lampenlicht von links oben, wobei darauf zu achten ist, daß möglichst kein Licht von der Seite her ins Auge fällt.

Der Schreib- oder Arbeitstisch sei möglichst groß, damit nicht nur das gerade gebrauchte Arbeitsmaterial darauf Platz findet, sondern auch über einen entsprechenden Raum verfügt werden kann. Je mehr man sich auf seinem Arbeitstisch entfalten kann, desto mehr weiten und desto besser ordnen sich die Gedanken.

Beim Arbeiten stehe, sitze oder gehe man nach Möglichkeit *aufrecht.* Die Brust muß stets frei sein. Ferner sorge man dafür, daß Störungen während der Arbeit nach Möglichkeit ferngehalten werden, desweiteren, daß möglichst keine Arbeitsreste bleiben.

Schreib- oder Arbeitstisch und Arbeitsraum eines Erfolgsmenschen sind ein Spiegelbild der Ordnung in seinem Kopf: sie sind immer aufgeräumt, und ins Auge fällt immer nur, was gerade getan werden muß. Alles notwendige Handwerkszeug ist in greifbarer Nähe, ohne die Aufmerksamkeit abzulenken. Und ebenso ‚aufgeräumt' ist auch die Stimmung des Erfolgreichen.

Ordnungsliebe ist das Merkmal aller Großen. Mit fälschlich ‚genial' genannter Schlamperei sind keine Dauererfolge zu erreichen.

Mit der *Arbeitsteilung* werden wir uns in der 11. LW ausführlicher zu befassen haben. Dagegen wollen wir jetzt ein anderes wichtiges Moment ins Auge fassen, den rechten Arbeitsrhythmus:

Der Rhythmus, das heißt die Bewegung in bestimmter Ordnung, in gleichbleibendem Takt, in bestimmter Wellenform, in periodisch wiederkehrendem Wechsel, ist etwas allen Organismen Zugrundliegendes und Gemäßes. Der Rhythmus ist der Harmonie verwandt und wie diese ein Erfolgsförderer.

Je rhythmischer und harmonischer unsere Arbeitsbewegungen sind, desto glatter, leichter und erfolgreicher verläuft unsere Arbeit. Alles Schaffen wird durch bewußte Rhythmisierung leichter und lustbetonter. Diese Erkenntnis gilt es in unserer täglichen Arbeit auszuwerten, indem wir alle Arbeit, die irgendwie rhythmisierbar ist, im Takt verrichten.

Schon der Rhythmus der Musik vermag manche Arbeitsleistungen zu steigern, ohne daß ein Energiemehraufwand stattfindet, ebenso der bestimmte Rhythmus eines beliebigen Geräusches, das nicht als störend empfunden wird. Jede Arbeit, die *bewußt rhythmisiert* wird – und darauf kommt es an, daß wir lernen, auch dies eine Weile *bewußt* zu tun –, hat den Vorzug, weniger zu ermüden. Alles Arhythmische, Unperiodische macht infolge der größeren und unregelmäßigen Beanspruchung des Willens, der Aufmerksamkeit, überhaupt des Bewußtseins, schneller müde als das Rhythmische.

Es genügen oft kleine Tricks, um eine Arbeit, die einem vorher langweilig erschien, mit Takt, mit ‚Musik' zu erfüllen – und sie dadurch angenehmer und leichter zu machen. Straßenarbeiter, denen ich als Kind beim Einrammen von Pflastersteinen zuschaute, haben mich zuerst darauf gebracht:

Meist waren es drei Gruppen zu je zwei Mann, die die Rammblöcke in gleichmäßigem Takt – erst die 1., dann die 2., dann die 3. Gruppe, dann wieder die 1., und so weiter – auf die Steine niedersausen ließen. Da jeder Stein einen anderen Klang hatte, gab es jedesmal den gleichen Dreiklang. Man konnte es den Gesichtern der Arbeiter ansehen, daß diese Rhythmisierung ihnen die Arbeit erleichterte.

Zu Gruppen hatten sie sich wohl zusammengetan, damit die Zwischenräume zwischen den einzelnen Takten nicht zu groß wurden. Denn hier gilt die Regel:

Je kleiner die Intervalle, desto leichter wird die Arbeit,

desto größer ist der Nutzeffekt. Ebenso wichtig ist – darin liegt ja das Wesen des Rhythmus, –, daß sie einander gleich bleiben. Um so größer ist die Lustbetontheit der Arbeit und die Schwungkraft des Schaffenden, gerade als ob die Befriedigung seines Rhythmus-Sinnes auf seine innere Kraft auslösend und anspornend wirke.

Rhythmisierung bedeutet also Ökonomisierung der Arbeitshandlungen: bei gleichbleibendem oder zurückgehendem Kraftaufwand werden größere und bessere Arbeitsresultate erzielt, der Mensch nähert sich dem Arbeitsideal der größten Leistung bei kleinstmöglichem Kraftaufwand.

Und noch ein weiteres gewinnen wir auf dem gleichen Wege: die zum erfolgreichen Schaffen nötige *Arbeits-Gelassenheit.* Um Bestes zu leisten, gilt es ruhig und gelassen zu schaffen, uns von nichts und niemand ‚unter Druck' setzen zu lassen – der zwar zu schnellerer, aber meist schlechterer Arbeit führt –, es sei denn ein freiwilliger Druck, unter den wir uns selbst setzten, ein positiver Ansporn irgendwelcher Art, dessen jeder Schaffende bedarf.

Der Lebensschüler lerne, besonnen zu schaffen. *Besonnenes Schaffen ist besonntes Schaffen,* das Licht und Freude auf seinen Schöpfer zurückstrahlt. In der Regel heißt ruhiger arbeiten rascher arbeiten.

Daneben werden wir uns während der Arbeit häufiger dadurch anspornen, daß wir uns möglichst anschaulich vorstellen und ausmalen, wie es ist, wenn die Arbeit vollendet ist, wieviele Freude sie uns machen wird, wieviel Nutzen sie anderen bringt, welche Erfolge sie nach sich zieht, wieviel Segen sie direkt und indirekt denen bereiten wird, die wir lieben und denen wir das Leben leicht und sonnig machen wollen.

Wer bei seiner Arbeit denkt, welche Freude sie andern bringt, wer alles, was er tut, bewußt verrichtet, um für andere ein Segen zu sein, der macht sein Schaffen lustbetont, leicht und erfolgreich.

Arbeiten wir eigentlich für uns oder für andere? – Der Egoist sagt: für uns. Der Altruist: für andere. Beide haben Recht: denn wir können nichts für uns tun, was nicht zugleich andern dient, und können nichts für andere tun, was nicht zugleich uns selber fördert. In Wahrheit ist alle Arbeit sichtbar gemachte Liebe. Und Liebe ist die Brücke vom Ich zum Du.

Das Gesetz des Ausgleichs bewirkt, daß der Egoist im Grunde mehr für andere denn für sich selbst wirkt und der Altruist wiederum selbst den größten Gewinn aus seinem Schaffen für andere empfängt.

*

Wenn wir diesen Gedanken weiterverfolgen – und wir kommen damit dem Kern des Problems rechter Arbeitseinstellung immer näher –, dann erkennen wir ein weiteres: um glücklich zu sein, müssen wir unser Glück vor allem in unserer Arbeit suchen und finden.

Dazu ist jener in der LS gepflegte Glückssinn nötig, der aus allem, was kommt, das Gute und Beglückende zieht, jene Glücks-

Gesinnung, die aus dem Unscheinbarsten noch Freude schöpft, der jede Arbeit Freude macht. Der Psychiater Kraepelin hat einmal folgenden Versuch angestellt: In einer Fabrik wurde den Arbeitern, ohne daß sie wußten, daß es sich um einen Versuch handelte, eine freudige Nachricht mitgeteilt. Sofort gingen die Leistungen sämtlicher Arbeiter an diesem Tag ganz bedeutend in die Höhe. Ähnliche Erfahrungen hat wohl jeder schon selbst gemacht.

Und welche praktischen Konsequenzen ziehen wir aus dieser Feststellung? Vor allem die, unsere Arbeit mit Freude zu erfüllen, sie lustbetont zu machen, und dadurch unsere Arbeitskraft, -ausdauer und -leistung zu erhöhen. Denn: *Seine Arbeit lieben heißt sie leicht und erfolgreich machen!*

Schaffen ist Leben. Und Leben will Freude und Mitfreude zu seiner Entfaltung. Jedes Lustgefühl mehrt unsere Arbeitskraft und -gründlichkeit. Jede bewußte Lusterfüllung der Arbeit bedeutet Kraftersparnis bei zunehmender Leistung und abnehmender Ermüdbarkeit.

Erfahrungsgemäß ermüden drei Stunden *Fron*arbeit mehr als zehn Stunden *Froh*arbeit. Wie Zwang und Drohungen, Ärger und Schimpfen die Arbeitsfreude ersticken, so wirken Lob, Selbstanspornung, Liebe und Lust zur Tätigkeit fördernd und krafterwekkend. Es macht sich bezahlt, wenn wir in alles, was wir tun, unsere Hoffnung, Freude und Liebe, unseren Mut, unsere Schaffenslust, unseren Ehrgeiz, unser Siegvertrauen und unseren Erfolgsglauben hineinlegen.

Denn gut und erfolgreich wird, was mit Begeisterung getan wird. Wir können täglich erleben, daß wir besser und schneller schaffen, wenn wir freudig schaffen, und daß frohes Wirken auch für unseren Körper heilsam ist: Alle Organe funktionieren lebendiger, lustvoller, besser; sie werden gründlicher durchblutet und gesunder ernährt; unser Atem wird tiefer und rhythmischer; der Körper strengt sich weniger an und leistet dennoch mehr; und unsere Kraft wächst mit der Leistung, statt durch die Anstrengung geringer zu werden.

Keineswegs liegt das Glück erst im erreichten Ziel, sondern schon im Streben nach dem Ziel, im Schaffen selbst, in der freudig und gut getanen Arbeit. Der Kampf, der Wettstreit, der ‚Sport' des Schaffens, das Abenteuer der Arbeit ist es, das den Vollmenschen beglückt. Und dieses Glück kann jeder jederzeit aus seiner Arbeit ziehen, wenn er die Augen aufmacht und sich immer wieder darauf besinnt, daß es der Zweck der Arbeit ist, Freude zu machen.

Niemand weiß die Wahrheit dieses Wortes höher zu schätzen als der Kaufmann. Er weiß um die Wirkung der rechten Einstellung im Geschäftsleben; er weiß, daß ein positiv eingestellter und freudig tätiger Geschäftsmann zehnmal mehr Erfolg hat als ein negativ und lustlos Schaffender.

Darum gilt es auf alle Fälle die rechte positive Einstellung zur Arbeit herbeizuführen und unseren Arbeitserfolg bewußt zu bejahen:

> *„Meine Arbeit macht mir Freude und gelingt mir. Ich ruhe nicht, bis ich eine Aufgabe, die an mich herantritt, mit Erfolg bewältigt habe. Jede Arbeit fällt mir leicht und wird mir, weil ich sie liebe, zu einem Weg zu Glück und Erfolg!"*

Wer so denkt und wirkt, dem schlägt, wie tausendfache Lebenserfahrung zeigt, alles zum Segen aus. Er macht sein Werk groß und weltbedeutend. Zugleich gibt er damit der Arbeit ihren ursprünglichen Sinn zurück: er macht sie wieder zu einem Mittel fortschreitender Selbst-Verwirklichung.

ARBEITS-HEMMUNGEN

Mit den Arbeitshemmungen ist es wie mit den Brennesseln: greifen wir sie zaghaft an, dann spüren wir Schmerzen, packen wir sie energisch und mit festem Griff, dann verletzen sie uns nicht.

Die wohl häufigste Arbeitshemmung ist das *Nicht-Anfangen-Können.* Es ist ebenso wie die ‚toten Punkte' beim Schaffen durch rechte Selbstbesinnung und Bejahung zu überwinden.

Erstens überwinden wir die Scheinlähmung des Nicht-Anfangen-Könnens, indem wir den Wahn des Nichtkönnens zu durchschauen suchen. Wer das nicht tut, gleicht jenem Arbeiter, der seinen Kameraden, die ihn um Hilfe bitten, antwortet: „Ich kann nicht!" und auf ihre Frage: „Warum nicht?" erwidert: „Ich habe die Hände in der Tasche!" Dieser Art sind viele Arbeitshemmungen: man hat im Geiste ‚die Hände in der Tasche', verwechselt unbewußt ‚Nichtkönnen' mit ‚Nichtwollen'. Besonders bei unangenehmen oder schwer erscheinenden Arbeiten stellt sich diese negative Reaktion gern ein; man redet sich da ein, daß man nicht kann, was man nicht mag.

Zweitens überwinden wir den Wahn des Nichtkönnens und die ihm verwandten ‚toten Punkte' des ‚Nichtweiterkönnens' vor neuen Etappen, indem wir uns gewöhnen, in Gedanken jeden Anfang einer neuen Arbeit oder Arbeitsphase wie einen Eisenbahnwaggon hinten an unseren Tagesarbeits-Zug anzuhängen: wir verbinden die neue Aufgabe mit dem schon von uns Geleisteten, sehen sie als Glied in der Kette des schon von uns Gewirkten an. Wir lassen uns von dem Schwung, der noch von der letzten Arbeit her in uns steckt, gleich in die neue Arbeit hineinschleudern und wirken da sofort weiter, als ob die neue Arbeit nur ein Rest der alten sei. Ehe wir es merken, haben wir den toten Punkt hinter uns.

Drittens überwinden wir solche Arbeitshemmungen, indem wir das scheinbar unübersteigbare Hindernis einengen: wir sondern alles von ihm ab, was nicht eigentlich zu ihm gehört. Hierbei müssen wir nur die drei Hauptetappen genau beachten:

1. die Analyse und Einengung der Hemmung und bewußte Abstreifung alles nicht wesentlich zu ihr Gehörenden,
2. die rasche Lösung der Kern-Hemmung, das Durchhauen des gordischen Knotens, und im unmittelbaren Anschluß daran
3. die Benutzung des nicht zur Hemmung selbst Gehörenden als Anlaufstrecke und Sprungbrett zur Überwindung der Hemmung.

Dieser ganze Denkvorgang nimmt nur wenige Augenblicke in Anspruch. Es gilt, blitzschnell das Wesentliche vom Unwesentlichen zu scheiden, das Unwesentliche sofort zu erledigen und dadurch zugleich das übrige im Sturm zu nehmen.

Wir kommen zu einem anderen, schon tiefer wurzelnden Übel: der *Unlust zur Arbeit.*

„Die Arbeit liegt mir augenblicklich nicht!" das ist eine der vielen Entschuldigungen, mit denen wir Selbstvorwürfen vorzubeugen pflegen. Diese psychologisch oft sehr feinen Selbstausreden zeigen uns, daß eine falsche Einstellung zu der betreffenden Arbeit vorliegt.

Gerade diese falsche Einstellung raubt uns die Kraft, die Arbeit sofort mühelos zu bewältigen. Der Gedanke „Es liegt mir nicht", der ausgewickelt „Ich kann nicht“ heißt und noch weiter ausgewickelt „Ich mag nicht“, weckt im Unterbewußtsein wachsende Gefühle der Unlust und des Unvermögens, reichert sich mit trüben Erinnerungen an ähnliche Fälle an, wo wir versagten, bis die seelische Selbstlähmung vollendet ist: der Sargdeckel der Unfähigkeit, eine Arbeit zu leisten, schließt sich über uns.

Der Lebensschüler wird hier dem weisen Rat Ovid's folgen: „Principiis obsta!“ Widerstehe den Anfängen! Die ganze Stelle heißt bei Ovid:

„Gleich widersteh' dem Beginn! Zu spät wird Heilung bereitet,
wenn durch länger'n Verzug ärger das Übel schon ward!“

Und wie macht der Lebensschüler das? Sowie er eine Unlust fühlt, ermannt er sich:

„Jetzt erst recht! Kleinigkeit, die Arbeit zu leisten! Sofort ans Werk!“

Er ruft bewußt die dem Unlustgefühl entgegengesetzten positiven Gedankengeister im Unterbewußtsein wach und mit ihnen Kraft und Lebensfreude und das Vermögen, die Arbeit leicht und – erfolgreich zu machen. Er überwindet Arbeitsunlust durch die *Steigerung des Interesses an der Arbeit*, indem er versucht, mit einer gewissen Sportsgesinnung an sie heranzugehen, um sie kurzweiliger zu machen. Das kann beispielsweise auf nachstehende Art geschehen:

Er konzentriert seine Aufmerksamkeit jeweils nur auf das, was er *im Augenblick* gerade tut, und kümmert sich um nichts sonst, wobei er sich gewöhnt, an der einzelnen Teil-Arbeit, die er gerade vorhat, *nur das Angenehme zu sehen.* Das gelingt nach einiger Übung sehr gut. Dadurch wird diese Teilarbeit leicht und im Zusammenhang damit wird die ganze Arbeit leichter. Auch die größte Arbeit wird angenehm, wenn man sie auf diese Weise zerlegt und jede Teilarbeit bewußt durchsonnt.

Denn indem wir eine Arbeit als Mühe ansehen, machen wir sie mühevoll. Wir füllen in unsere Arbeit immer das hinein, was wir von ihr denken. Denken wir sie leicht, dann wird sie so leicht, daß sie uns noch mit erhebt.

Wir folgen also der Regel: *Mache die einzelnen Teile leicht, dann wird auch das Ganze leicht!*

Dabei ist jede bewußte Anstrengung zu vermeiden. Lebendiges Interesse ist nicht erzwingbar; es will liebend herbeigezogen werden. Wo das Interesse geweckt wird, da wächst die Kraft, Frische und Freude am Werk, da wird alles unschwer und erfolgreich.

Wir können alles, was wir tun, jederzeit auf eine ganz neue Art ansehen und erledigen und neue Freuden daraus ziehen. Wir können auch bei der langweiligen Arbeit neue Möglichkeiten entdecken, sie nach der oder jener Seite eleganter, geschickter, leichter, rascher oder besser zu bewältigen. Wir müssen nur die Augen öffnen und sie mit *Liebe* auf unsere Arbeit richten, dann öffnen sich die Zauberbrunnen der Tiefe und die Welt um uns erhält ein neues Gesicht.

*

Ein nützliches Gegengewicht gegen eintönige Berufsarbeit ist bekanntlich die Beschäftigung mit einem oder mehreren Steckenpferdchen. Schon der griechische Philosoph Demokrit wies auf diese Möglichkeit hin: „Freiwillige Arbeit macht das Ertragen unfreiwilliger Arbeit leichter."

Aber Steckenpferde bleiben Notbehelfe und Umwege. Der direkte Weg ist immer der Bessere. Und hier bleibt wahr: um eine Arbeit leicht zu machen, muß man sie nur ein wenig gern haben. Suchen wir unsere Arbeit zu lieben; dann wirken wir das Wunder der Wandlung, das uns in vielen Märchen dergestalt geschildert wird, daß sich der Dämon, dem der Ritter sich mutig naht und den er liebend umarmt, in die anmutige Königstochter verwandelt, die den Ritter zu ihrem Gemahl erwählt.

In der Tat: auch die langweiligste Arbeit kann uns, wenn wir sie *bejahen* und dadurch das Lichte, das auch in ihr liegt, zur Offenbarung bringen, zum König des Tages machen, zum Beherrscher unseres Lebens.

In jeder Arbeit stecken Unlust- und Lustgefühle in großer Fülle. Der Weise läßt die Unlustquellen unbeachtet und sucht aus den Lustquellen zu schöpfen, indem er sein Werk mit Liebe erfüllt. Er weiß: es gibt keine Tätigkeit, aus der man nicht Genuß ziehen könnte, die nicht als Ausgangspunkt kommender Erfolge zu dienen vermöchte.

Das Dornröschen des Märchens war von Dornen umgeben. Diese ‚Dornen' sind die Unlustgefühle, mit denen wir eine ‚langweilige' oder ‚eintönige' Arbeit umranken. Dringen wir mutig durch die Dornenhecke hindurch und erlösen, wecken wir das schlummernde Dornröschen mit einem Kuß, bringen wir unserer Arbeit Liebe entgegen – und müßten wir auch zuerst nur so *tun, als ob* wir sie liebten! – dann öffnet sie ihre Märchenaugen und – der *Erfolg* lächelt uns an.

*

Die *Überwindung der Müdigkeit bei der Arbeit* geschieht auf die gleiche Weise. Ermüdung ist entweder eine Folge der Erschöpfung der Muskeln oder die Folge falscher Arbeitseinteilung und unzweckmäßiger Arbeitsmethodik. Im letzteren Falle sprechen wir von ‚Überarbeitung'.

Überarbeitung ist fast nie die Folge eines Übermaßes an Arbeit, sondern meist einer falschen Art zu arbeiten: der Überarbeitete schafft unrationell, programmlos, unbedacht, unzweckmäßig – und schafft so Hemmungen, wo von Haus aus keine sind. Was Wunder, wenn sich dann *Ermüdung* einstellt, das heißt, jener Zustand, in welchem die Arbeit mit wachsender Mühe, mit dem Gefühl des sich Anstrengenmüssens und mit abnehmendem Erfolg getan wird. Gefühlte Mühe macht müde. Im weiteren Verlauf wird aus der Ermüdung schließlich *Erschöpfung*, das ist der Verlust der Reaktions- und Arbeitsfähigkeit des Körpers wie der Seele, der sich im Überhandnehmen von Fehlreaktionen offenbart und zur Quelle von Arbeitsunfällen wird.

Die Muskeln des Körpers sind in Wirklichkeit fast unermüdbar, wenn nichts Unmögliches von ihnen verlangt wird. Das gleiche gilt von Nerven und Gehirn. Wir ermüden also nicht vom Körper, sondern von der Seele her.

Man kann sich in wenigen Augenblicken so müde denken, daß man kein Glied mehr rühren kann. Jeder weiß, daß die Müdigkeit zunimmt, sobald man an sie denkt, und daß sie nachläßt, sowie man die Gedanken auf etwas Interessantes konzentriert. Wenn wir eine Arbeit freudig tun, vermögen wir ohne Mehranstrengung das

Mehrfache des Bisherigen zu leisten, weil wir die Ermüdbarkeit weitgehend ausgeschaltet haben.

WAS DU TUST, DAS TUE GANZ!

Das Geheimnis des Glücks besteht nicht nur darin, daß man *das* tut, *was man liebt,* sondern mehr noch darin, daß *man das liebt, was man tut.* Je mehr wir ein Werk lieben und uns ihm hingeben, desto größere Wirkungen üben wir aus und desto größere Fülle ziehen wir dadurch an. Bekanntlich geht alles, was man ‚mit Lust und Liebe' tut, wo man ‚mit Leib und Seele bei der Sache' ist, mit größerer Schnelligkeit und Leichtigkeit vonstatten. Wer die Wahrheit dieses Satzes erkannt hat, wird fürderhin bejahen:

> *„Ich erfülle jede Aufgabe, die an mich herantritt, mit unermüdlicher Konzentration und Ausdauer, mit Liebe und Lust. Bei allem, was ich tue, denke ich an nichts als an mein Werk und an das Ziel. Die Arbeit, die ich gerade vorhabe, wird die beste werden, die ich bisher schuf!"*

Ob wir einen Garten umgraben, die Küche kehren, einen Staat regieren, einen Kranken pflegen, ein Geschäft abschließen, oder andere lehren – was wir tun, ist gut und unserer ganzen Hingabe wert. Alle großen Taten waren möglich nur durch solch absolute Konzentration aller körperlichen und geistigen Kräfte auf das Ziel – das die großen Erfolgreichen solange vor Augen hatten, bis sie es als Sieger erreichten.

Bei jeder Arbeit kommt es auf die *Qualität* an, und diese wiederum hängt von unserer Konzentration ab. Erfolge hat man, sagt Ford, „wenn man sich ganz auf eines konzentriert. Alles, was man tut, muß darauf Bezug haben, und vor allem muß man sehr viel geistige Kraft darauf verwenden. Darin liegt alles – Phantasie und innerer Schwung muß da sein.

Zuerst muß man sich darüber klar sein, was man will, – dann muß man sich daran machen und dabei bleiben und stets das Beste leisten! Das ist eine Grundregel: alles, was man tut, muß man so gut wie möglich machen. Jede Aufgabe, an die man herangeht, enthält alle die Elemente, die zum Aufbau des inneren Menschen wesentlich sind. Schließlich gibt es keinen Erfolg, der außerhalb des Menschen liegt, sondern alles kommt von innen."

Glück liegt im Ganz-Tun und Ganz-Sein. „Ich habe", sagte Goethe einmal zu Frau von Stein, „glückliche Menschen kennen gelernt, die es nur sind, weil sie *ganz* sind. Auch der Geringste, wenn er ganz ist, kann glücklich und in seiner Art vollkommen sein."

Jede ganz getane Arbeit wirkt aufbauend und anspornend auf Körper, Seele und Leben; sie weckt Freude am eigenen Können, steigert unsere Leistungen, ruft unsere edelsten Kräfte wach und bringt immer wertvollere Seiten unseres inneren Wesens zur Entfaltung. Sie wird zur Wünschelrute, die über dem Erdreich unserer Seele ausschlägt und Quellen lebendiger Kraft erschließt. Sie erhöht zugleich unseren Wert für die Umwelt und damit unser Erfolgsvermögen.

Was Du tust, das tue ganz! das heißt zugleich: Was Du tust, das tue gut! Jede Arbeit muß so sorgfältig durchgeführt werden, als sei sie unser letztes Werk. Merken wir uns der LS-Regel:

> Wer sein Bestes gibt, hat getan, was nottut, um Erfolg zu haben.
> Wer gewohnheitsmäßig sein Bestes gibt, der erkennt beglückt, daß er aus einer Fülle gibt, die ohne Grenzen ist!

*

Etwas ganz tun heißt zugleich: es *bewußt* tun. Der Lebensschüler muß sich täglich darin üben, jedes Werk bewußt zu verrichten. Das Ziel des JP ist ja, nach und nach in alle Verrichtungen des Alltags und Berufs lebendige Bewußtheit hineinzutragen und dadurch die Erfolgträchtigkeit des Lebensschülers fortschreitend zu steigern. Nur auf diese Weise wird der Lebensschüler mehr und mehr ein seiner selbst und seiner Kraft bewußter Vollmensch.

Prüfen Sie Ihr tägliches Wirken zunächst einmal eine Woche hindurch daraufhin, wieviel von dem, was Sie tun, Sie bereits bewußt tun, *bewußt und gut.* Sorgen Sie dafür, daß Sie von jetzt ab auch die kleinste Arbeit ganz tun. Wenn andere ihre Arbeit weiter nur halb erledigen, Sie machen diese erfolghindernde Gewohnheit *nicht* mehr mit! Sie werden sich einige Zeit hindurch morgens beim Erwachen den zielbewußten Selbstbefehl geben:

„Heute und alle kommenden Tage werde ich alles, was ich beginne, ganz tun und gut, und alles bewußt und erfolgreich zu Ende führen!“

Es gibt keinen besseren Erfolgshelfer als die Gewohnheit, jedes Werk mit ausschließlicher Konzentration auf das gerade zu Erledigende zu verrichten, mag es nun wichtig oder unwichtig scheinen, groß oder klein. Diese Gewohnheit befähigt uns zudem, uns jederzeit sofort auf eine dringliche neue Aufgabe voll und ganz umzustellen und sie mit Erfolg zu meistern. So wichtig ist die Forderung der LS: Was Du tust, das tue bewußt!

Wo wir nur ‚mit halbem Herzen‘ dabei sind, stellt sich auch nur ein halber Erfolg ein. Ein Werk, das uns größer, glücklicher und erfolgreicher machen soll, verlangt unser ungeteiltes Herz. Nicht erst das Ziel, schon der Weg zum Ziel soll uns bei jedem Schirtt erfreuen, jedes Momentziel soll uns beglücken. Das geschieht, wenn wir alles, was wir tun, stets bewußt tun.

*

Die Aufgabe, das, was wir tun, ganz zu tun, schließt noch eine Forderung in sich: das Begonnene stets zu Ende zu führen.

Möge die Unsumme halbfertiger Arbeiten, an denen die Welt voll ist, uns stets hieran erinnern! Denn nichts wirkt schädigender auf den Charakter wie auf das Erfolgsvermögen eines Menschen als die Gewohnheit, alles nur halb zu erledigen.

Der letzte Nagel ist so wichtig wie der erste! Wenn Wasser auf hundert Grad erhitzt wird, kocht es und wird dann seinen Zweck erfüllen. 70 oder 90 Grad nützen nichts, selbst 99 Grad sind nicht genügend; es müssen 100 sein. – Genau so ist es mit dem Erfolg einer Arbeit: wir müssen hundertprozentig an ihr beteiligt sein, wenn sie gelingen soll.

Nicht selten gibt der letzte Schritt den Ausschlag. Wie manche Arbeit wurde aufgegeben, als gerade noch ein Prozent fehlte. Ein anderer kam, erkannte den Wert der Arbeit, fügte mühelos das Fehlende hinzu und – erntete den ganzen Erfolg. So ist es manchen Erfindungen und Entdeckungen ergangen.

Der Lebensschüler erzieht sich dazu, vor Abschluß jeder Arbeit zu prüfen, ob nichts vergessen, ob alles so vollkommen wie möglich verrichtet wurde. Mit Recht: denn wie ein Mensch arbeitet, so wird sein Leben. Wer jede begonnene Arbeit beendet, ehe er eine neue anfängt, zeigt, daß er den Erfolg zu meistern weiß. Nachlässige Arbeit dagegen ist der Ausgangspunkt eines nachlässigen und freudenarmen Lebens.

Eine Arbeit, die wir ganz tun, erfüllt uns mit *Genugtuung* – das heißt mit dem Gefühl, *genug getan* zu haben, um den Erfolg zu sichern. Wer so wirkt, macht sein Werk anziehend für alles, was Glück, Freude und Gewinn bringt.

RICHTIGE ENTSPANNUNG

Arbeit ist *An*spannung. Fortgesetzte Anspannung und Übung der Kräfte ist aber nur möglich, wenn jeder Spannung die nötige *Ent*spannung und Sammlung neuer Kräfte folgt. Eines hat das andere zur Voraussetzung, keines kann ohne das andere bestehen.

Neben die Kultur der Arbeit stellt die LS darum die Kultur der Ruhe. Der Lebensschüler muß lernen, sich nicht nur bewußt in eine Arbeit einzuschalten, sondern sich auch bewußt wieder auszuschalten und auszuspannen.

Es ist nun eine vielbeklagte Tatsache, daß die wenigsten Menschen sich wirklich zu entspannen vermögen. Darum gibt es auch so wenig erfolgreiche Arbeiter. Die meisten sind ständig gespannt, oft über-spannt; was Wunder, wenn sie nervös und reizbar sind, schlecht schlafen, nur noch halbe Menschen sind, denen sich die Göttin des Erfolgs mehr und mehr versagt!

Erlernen wir darum als nächstes die Kunst jederzeitiger restloser Entspannung, ohne deren Meisterung dauernde Erfolge nicht möglich sind.

Vor allem wollen wir lernen, uns von dem Ungeist der Hast und Eile frei zu machen und uns vor und nach jeder Arbeit bewußt körperlich und seelisch zu entspannen. Denn je besser wir uns entspannen, desto mehr wächst unser Vermögen, uns anzuspannen und abermals Besseres zu leisten.

Ohne solche ‚schöpferische Pause', ohne dies bewußte Atemholen unserer Seele vermögen wir nur einen Bruchteil unserer Kraft zu nützen. So notwendig ist es, daß wir uns täglich entspannen. Die gegebenen Entspannungszeiten sind frühmorgens vor der Arbeit, dann nach dem ersten großen Arbeitsabschnitt, gegen Mittag, und zwar vor dem Essen, ferner vor der Nachmittagsarbeit, und abends vor dem Schlafengehen, endlich während der Arbeit, so oft wir fühlen, daß eine Entspannung nottut.

Wer diese Zeiten beachtet, wer sich bewußt entspannt, wer Leib und Seele lockert, sich aller Gebundenheit entledigt, alle Spannungen löst, alles Interesse entläßt, ganz in sich selbst versinkt, alles Äußere ruhen läßt und ganz gelassen wird, der spürt bald die Überlegenheit solcher Lebenskunst über die Ichverkrampftheit des ‚zivilisierten' Gegenwartsmenschen.

Zweierlei haben wir beim rechten Entspannen zu unterscheiden: die eigentlichen Ruheübungen, die der raschen Erkraftung während und nach angestrengter Tätigkeit dienen, und die Erholung, die dem längeren Ausspannen und Ablenken von Leib-Seele-Geist nach längerer Schaffenszeit dient.

KRAFT DURCH RUHE!

Alles Große wächst aus der Stille. Diese Weisheit der Alten hat heute mehr denn je Gültigkeit, denn der ruhelose und darum haltlose Mensch unserer Zeit ist dem Glück weit weniger geöffnet als der besinnlichere Mensch früherer Zeitalter.

Die meisten rasen wie wildgewordene Raketen durchs Leben, bis ihr Brennstoff, ihr Energievorrat erschöpft ist oder irgendein Hindernis sie zur Explosion bringt. Sie sind immer aufs höchste angespannt, immer unter Druck, immer betriebsam, immer von irgendetwas besessen, immer ‚in Eile'.

Und bei alledem wollen sie, so nebenher, noch – glücklich sein . . .

Sie haben ganz vergessen, daß im Worte *„Weile"* das Wörtchen *„Eile"* eingeschlossen ist, daß gut wirken nicht schnell, sondern richtig wirken heißt, daß im rechten Ruhen der Keim erfolgreichen neuen Tuns gelegt wird. In der Tat: das Ruhen des Weisen ist ein tätiges Ruhen, und sein Wirken ein ruhiges Tun, bei dem nichts ungetan bleibt.

Solange uns das Schaffen Freude und Genuß bereitet, brauchen wir keine Ruhe. Aber sowie das Interesse erlahmt, müssen wir uns entspannen.

Sowie die *Inspiration* nachläßt, müssen wir durch *Respiration* für neuen Gedanken- und Kraftzustrom sorgen: wir müssen Leib und Seele eine Atempause gönnen, in denen sie sich auf sich selbst und ihre Kraft besinnen können. Wer das nicht tut, der verkrampft Leib und Seele und macht sie schwach und schwindsüchtig. Inspiration und Respiration, Spannung und Entspannung müssen wechseln wie Flut und Ebbe. Die Kraft kommt mit der Stille, das Glück im Schweigen der Sinne und der Gedanken.

Der Lebensschüler wird jeder Anspannung eine entsprechende Entspannung folgen lassen, wobei er sich bewußt vom Geist des Lebens erfüllen und durchkraften läßt. Nur indem er sich entspannt, macht er es ja dem Geist des Lebens möglich, alle Zellen seines Leibes, alle Nerven, alle Ganglien im Großhirn mit neuen Impulsen zu versehen und dafür zu sorgen, daß das gesunde Gleichgewicht des Leibes wie der Seele erhalten bleibt.

Sagen Sie nicht, Sie hätten zu solcher Entspannung „keine Zeit"! Gar zu leicht und unerwünscht könnten Sie sonst in Bälde Zeit in Überfülle haben . . . Besinnen Sie sich vielmehr auf sich selbst:

Prüfen Sie: hat die Zeit Sie oder haben Sie die Zeit? Ist die Arbeit Ihr Tyrann oder sind Sie Herr Ihrer Arbeit? Haben die Dinge Sie oder sind Sie der Dinge Meister? – Ist das letztere der Fall, dann haben Sie Zeit für die notwendigen Augenblicke der Ruhe und Stille. Und werden dann bald befriedigt spüren, daß jede Viertelstunde, die Sie der Entspannung widmen, Ihnen mindestens eine Stunde schöpferischer Arbeit einbringt, sich also vier- bis zehnfach bezahlt macht.

*

Wir kommen damit zu den *Entspannungs-Übungen,* bei denen wir darauf zu achten haben, daß wir – solange wir die Technik der Entspannung noch nicht restlos beherrschen – allein sind.

Der Anfänger vermag sich nur dann völlig zu entspannen, wenn er sich ungestört ganz auf sich und in sich zurückziehen kann. Die Gegenwart anderer Menschen wirkt auf die meisten spannend und hindert sie, zur Ruhe zu kommen, alle Gedanken und Bewegungen auszuschalten, völlig gelassen zu werden.

Die Körperhaltung sei völlig spannungslos, einerlei, ob man sitzt oder liegt.

Beim Sitzen bewahre man aufrechte Haltung, stelle die Füße gut auf, damit jeder Muskel entspannt werden kann, lehne den Rücken leicht gegen den Stuhl, so daß die Wirbelsäule nicht gekrümmt ist, und lege die Hände entweder mit ausgestreckten Fingern auf die Knie oder falte sie leicht.

Die einfachste Entspannungsübung ist das *In-die-Stille-Gehen:* Wir setzen uns hin, wie eben dargelegt, schließen dann die Augen, entspannen den Körper, atmen tief aus und ein und geben uns dabei in steigendem Maße dem Gefühl hin, daß mit dem Rhythmus unseres Atems die Kleinlichkeiten des Alltags, die quälenden Sorgen und Widerwärtigkeiten des täglichen Lebens, sich lösen und von uns abfallen.

Auftauchende negative Gedanken bekämpfen wir nicht, sondern ziehen unsere Aufmerksamkeit und damit unsere Kraft von ihnen ab und wenden uns lustbetonten positiven Vorstellungsbildern zu. Nach und nach wird es in uns stiller. Im gleichen Maße wenden wir uns immer bewußter dem Gefühl unserer Harmonie mit dem Unendlichen zu, beginnen, den Rhythmus des Alls in uns als unseren innersten Eigen-Rhythmus zu fühlen, bis wir nichts mehr empfinden als den ruhigen Atem des Alls in uns . . .

Wir denken und fühlen Rhythmus – Harmonie – Ruhe – Frieden . . . und geben uns diesem Gefühl solange hin, als wir es festzuhalten vermögen. Je tiefer das Schweigen, desto mehr Kraft strömt aus dem Grunde unseres Seins in Leib und Seele ein und macht uns schöpferisch.

Und dann öffnen wir die Augen wieder, erheben uns, strecken die Glieder und wenden uns erneut unserer Arbeit zu.

*

Zur *Praxis bewußter Entspannung* ist folgendes zu sagen:

Sie kann im *Sitzen* oder *Liegen* vorgenommen werden, wobei wir die Augen schließen. Bei der Entspannung im Sitzen ist es zweckmäßig, einen möglichst bequemen Sessel zu verwenden, auf dessen Armlehnen man die Arme entspannt auflegen kann, wobei auch die Hände aufliegen oder locker herabhängen. Sind die Armlehnen nicht bequem, werden die Hände auf dem Schoß gefaltet.

Das Entscheidende bei der Ruheübung ist die Ausschaltung aller störenden Gedanken, Gefühle und Strebungen, die Entkrampfung des Willens, das Abstellen jedes Gedanken-Empfanges und jeder Gedanken-Sendung, das Abklingenlassen aller Gefühle der Furcht und Sorge, des Unmuts, der Hast und Eile. Indem wir unsere Gedanken entspannen, entspannen wir zugleich unseren Körper, unsere Nerven und Muskeln.

Ein Mittel rascher Gedankenentspannung ist die Konzentration der Aufmerksamkeit auf den *Atem.* Der Lebensschüler hat in der 3. LW bereits gelernt, bewußt alles Störende wegzuatmen und neue Kraft einzuatmen. Jetzt gilt es, gewissermaßen alle Spannungen wegzuatmen und Freude und Ruhe einzuatmen. – Drängen sich störende Gedanken in den Mittelpunkt des Bewußtseins, lassen wir sie vom Atemstrom erfassen und atmen sie mit hinaus.

Wir müssen lernen, uns dem Genuß der Ruhe völlig hinzugeben. Wie der innerste Mittelpunkt eines drehenden Rades kaum bewegt ist, so müssen wir uns in unser Innerstes zurückziehen, in das unbewegte Ewige in uns, und die Welt der Zeit eine Weile ohne uns weiterstürmen lassen. Wir lassen uns ganz erfüllen von dem friedevollen Bewußtsein:

„Ich bin Ruhe. Ich bin Harmonie. Ich bin Stille. Ich bin Kraft!“

So vorbereitet gehen wir zur Entspannungsübung selbst über:

Wir haben uns bequem hingesetzt oder ausgestreckt hingelegt, haben jede Möglichkeit des Abgelenktwerdens durch Druck, unbequeme Lage, beengende Kleidung usw. ausgeschaltet. Wir haben durch die Konzentration auf den Atem und durch Entlassung aller störenden Gedanken bereits den Grund für die Entspannung gelegt.

Wir beginnen nun mit der bewußten Lockerung der Gefäße und Muskeln. Wir machen uns durch und durch schlaff, ziehen nach und nach alles Fühlen und Wollen, alle Spannungen aus unserem Körper heraus, bis auch die letzte Verkrampfung gelöst, geschwunden ist.

Diese Entspannung beginnt bei den Armen. Wir entlassen zuerst das Gefühl, als müßten Arme und Hände noch irgendeine Arbeit leisten. Sie dürfen sich ganz entspannen. Wir richten dabei unsere Vorstellung zuerst auf das der Muskelentspannung dienende Gefühl zunehmender *Schwere* der Arme, erst des rechten, dann des linken Arms. Diese gefühlsbetonte Vorstellung bewirkt, daß ein stärkerer Blutstrom in die Arme gelenkt wird und im Zusammenhang damit das Gefühl zunehmender *Wärme* sich einstellt. Dies Wärmegefühl bleibt keineswegs eine bloße Vorstellung, es findet tatsächlich eine Temperatursteigerung in den Armen und Händen statt um etwa 1–2 Grad, die mit dem Wärmestrahlungsmesser festgestellt werden kann. Wir können das Wärmegefühl durch die Hilfsvorstellung steigern, als ob eine Heizsonne uns ihre Wärmestrahlen zusende.

Sowie das Schwere- und Wärmegefühl da ist, sind Arme und Hände entspannt. Wir können dann dazu übergehen, auf gleiche Weise auch die Beine und Füße zu entspannen: wir erinnern sie daran, daß sie ruhig herabsinken und sich gänzlich dem Gesetz der Schwere überlassen können. Wir brauchen sie nicht mehr; sie hören auf, ein bewußter Teil unserer selbst zu sein.

In der gleichen Weise entziehen wir auch dem Rumpf und Hals in Gedanken alle Kraft. Wird das einige Male geübt, fällt es immer leichter, und zugleich nimmt unsere Macht über den Körper beständig zu.*)

Ist der ganze Körper gänzlich gestillt und spannungslos, wird die Entspannung der Gedanken, mit der wir bereits den Anfang gemacht haben, vollendet.

Wir haben alles, was uns belastet, die Aufgaben, Interessen und Sorgen der Stunde, entlassen und uns entlastet, haben uns abgeschaltet und sind unempfänglich geworden für jeden Gedanken und Wunsch, für jede Sorge und Befürchtung.

Nun löschen wir das Licht, das das Blickfeld unseres Bewußtseins erhellt, bewußt gänzlich aus, schalten gewissermaßen die Stromzufuhr ab, so daß alle Empfangs-, Sende-, Bildfunk-, Assoziations-

---

*) Man vergleiche hierzu auch das in der 9. LW Angeführte. Wer über diese Kurzanleitung hinaus ausführliche Unterweisungen in der Kunst der ‚*Großen Entspannung*‘ mit ihren mannigfachen positiven Anwendungsmöglichkeiten wünscht, findet sie in dem Lebensbuch „*Der geheimnisvolle Helfer in Dir.* Dynamik geistiger Selbsthilfe“. (6. Auflage, Baum-Verlag).

und Projektions-Maschinen unseres Bewußtseins stillestehen und nur noch die lebenswichtigen Funktionen weitergehen: Herzschlag, Atmung usw.

Wir sind jetzt auf nichts mehr eingestellt. Das einzige Bewußtsein, das uns erfüllt, ist das völliger Ruhe, in der wir ganz aufgegangen, von der wir gänzlich umfangen sind.

Wir sind zur Stille selbst geworden, zu einem Tropfen am Grunde des Meeres des Schweigens, ohne Gebundenheit an Raum und Zeit und Not ...

... Wir sind jenseits des Alltags im ewigen inneren Tag – und sind *frei,* gelöst, erlöst. Da in diesem Reich Augenblick und Ewigkeit eins sind, mag es uns scheinen, als weilten wir in dieser Unbewegtheit äonenlang. In Wirklichkeit werden wir nicht länger als fünf Minuten in dieser schweigenden Stille weilen, um dann langsam wieder in den Alltag zurückzukehren.

Wir erfüllen unseren Körper aufs neue mit dem Bewußtsein unserer selbst, öffnen die Augen, erheben uns, strecken und recken uns, um den neuen Kraftzuwachs lebendig zu fühlen, und gehen dann mit neuer Energie und Schöpferkraft an unsere Arbeit, die jetzt noch mal so gut vonstatten geht. –

RECHTE ERHOLUNG

Ebenso notwendig wie die Gewöhnung an rechte Entspannung ist die bewußte Erholung. *Erholung* bedeutet dem Wort wie dem Ziele nach nicht ein sich Zerstreuen, sondern ein sich Zurück-Holen, ein sich Sammeln, ein Sammeln neuer Kraft zu neuem Werk. Auch dies ist eine Kunst, die nur der meistert, der gelernt hat, recht zu denken und zu leben.

Schon Demokrit vergleicht ein Leben ohne Erholung einer „Wanderung ohne Einkehr". Unser Körper ist keine Maschine, die man Tag und Nacht laufen lassen kann, ohne ihr Ruhe zu gönnen, sondern ein lebendiger Organismus, der den Gesetzen der Natur, der Notwendigkeit des Wechsels von Ebbe und Flut, von Tag und Nacht, von Spannung und Entspannung, von Wirken und Ruhen untersteht.

Die Erholung ist für den Erfolg ebenso wichtig wie das rechte

Denken und Wirken. Erholung stärkt die Spannkraft der Nerven, erneuert den Körper und legt zu neuen Leistungen den sicheren Grund.

Rechte Erholung setzt wiederum die rechte Einstellung zum Leben, zur Arbeit wie zum Ausspannen voraus. Sie muß lustbetont sein, freudeerfüllt, volle Hingabe an die Freuden der Stunde, des Tages.

Kein Ärger darf sich in unsere Erholung eindrängen. Denn er verringert unser Vermögen, Kraft zu sammeln, und macht es uns später unmöglich, Vollkommenes zu leisten. Ohne freudige Einstellung nützt aller Wechsel und alle Ortsveränderung wenig. Die Kunst, sich zu freuen, ist eines der wichtigsten Geheimnisse der „Wissenschaft der Erholung". Haben wir gelernt, uns wieder zu freuen, dann werden wir aus unserem Wochenende wie aus unseren Ferien das Vielfache an Gewinn herausholen.

Die Gestaltung der Ferien im einzelnen bleibt dem Ermessen, den Neigungen und dem Vermögen des Einzelnen überlassen. Worauf es ankommt, ist, daß wir in unseren Ferien möglichst viele neue Eindrücke aufnehmen, mit den geistigen Strömungen unserer Zeit in Berührung kommen und uns vielfältig anregen lassen, um später mit neuer Schwungkraft unsre Arbeit wieder aufzunehmen.

Vor allem aber sollten wir die Natur aufsuchen und lernen, uns ihrem Rhythmus anzugleichen. Wir müssen wieder die Felder und die Blumen, die Berge, das Meer und den Wald lieben lernen, uns dem Bewußtsein unseres inneren Verbundenseins mit Bäumen und Wolken, mit Fluß und Hügel hingeben und unseren Atem dem ewigen Atem der Natur gleichschwingen lassen.

Und nicht vergessen wollen wir, abends und nachts unsere Blicke auf den Himmel zu richten und uns im Anblick der Sterne unseres Einseins mit dem All lebendig bewußt zu sein.

So gewinnen wir aus der Natur Frieden, Kraft und neuen Lebensmut, tieferes Verstehen für die Dinge des Lebens und größere Harmonie. Die schöpferischen Kräfte unserer Seele beginnen zu erwachen und sich zu entfalten. Und indem wir durch die Natur wandern, erwandern wir uns wachsende Weisheit und erleben die Wahrheit des Dichterworts: „Es würde alles besser gehen, wenn alle mehr gehen würden."

6. WOCHE:

POSITIVE LEBENSEINSTELLUNG

„Ich will immer mehr lernen, das Notwendige an den Dingen als das Schöne zu sehen: so werde ich einer von denen sein, welche die Dinge schön machen. Ich will nicht anklagen, ich will nicht einmal die Ankläger anklagen. Wegsehen sei meine einzige Verneinung! Und alles in allem und großem: Ich will irgendwann nur noch ein Jasagender sein!"
Nietzsche

An sich ist das Leben licht und voller Freude und Glück. Aber um dieses Glückes teilhaftig zu werden, müssen wir es erkennen und *bejahen.* Die meisten tun das Gegenteil: sie erwarten Pech statt Glück, Krankheit statt Gesundheit, Unglück statt Erfolg. Und indem sie so verneinend denken und leben, bewirken sie, daß die Dinge ihnen überwiegend ihre dunkle Seite zeigen.

Wenn uns unser Leben schwer und leidvoll erscheint, zeigt das, daß in unserer Einstellung zum Leben und Schicksal ein Fehler vorliegt. Denn das Leben gibt uns immer genau das, was wir von ihm erwarten.

Lernen wir, die Welt mit den Augen der Seele anzuschauen. Dann verbinden wir uns dem Besten in allen Dingen und gewahren mehr und mehr, wie der Geist des Lebens uns aus allen Wesen und Dingen mit gütigem Lächeln anblickt und uns segnet.

Unsere vorherrschende Gedankenrichtung und Seelenstimmung entscheidet über unser Glück: sind wir innerlich furchtsam, fühlen wir uns schwach und klein, dann *werden* wir es. Erkennen wir uns als groß und stark und von der inneren Kraft zum Erfolg geführt, zu Größtem berufen, dann bewirken wir eine allmähliche Änderung der inneren Schicksalsschaltungen: Wir werden nicht mehr an leidvolle Verbindungen angeschaltet, die uns abwärtsziehen, sondern mit Kraftquellen des Glücks und Erfolgs verbunden, deren Energien nun in uns einströmen und uns vorwärtstragen.

Je positiver unsere Seelenstimmung, desto größer ist unser Erfolgsvermögen, desto mehr günstige Gelegenheiten zum Voranschreiten werden uns als solche bewußt und von uns genutzt. Wer lächelnd das Beste erwartet, dem lächelt das Leben, dem neigt es sich zu.

Wir müssen uns freundlich zum Leben einstellen, wenn es sich uns von der heiteren Seite zeigen soll!

Von uns selbst hängt es ab, wie unser Leben wird. Denn der Mittelpunkt unseres kreisenden Lebensrades liegt in uns. Warum also etwas fürchten, wenn alle Kraft, das Leben zu meistern, in uns ist! Warum uns beunruhigen, wenn alle Dinge, die uns berühren, ihren Ursprung in uns selber haben! Warum verzweifeln, wenn die Kraft, die unser Leben reich oder arm macht, in uns ist! Warum sorgen, wenn alles Gute im Grunde bereits unser ist!

Unsere Seele ist die Schatzkammer tausendfacher Kräfte, Fähigkeiten und Möglichkeiten und zugleich das Werkzeug zur Herbeiziehung und Verwirklichung all dessen, was wir wünschen.

Die Weisheit des Weisen besteht in der vertrauensvollen Hingabe an den Geist des Lebens und in der Bejahung seiner inneren Kraft. Er macht sich für die Hilfe von Innen, die Hilfe von Oben empfänglich, läßt sich vom Geist des Lebens führen und befruchten und läßt durch sich zum Reifen bringen, was sich in seinem Schicksal gestalten will. Er weiß sich mit den Gesetzen des Lebens in bewußtem Einklang und Einsklang.

Mit dem Geist des Lebens verbündet, erkennen wir uns allem überlegen. Vom Geist des Lebens erfüllt, erfühlen und bejahen wir alles, was kommt, als notwendig und gut.

LIEBE DEIN SCHICKSAL!

Der Lebensschüler mache in dieser Woche die folgenden Erkenntnisse zur Grundlage seiner Selbst- und Schicksals-Besinnung:

Mancher glaubt, sein Herz zu erleichtern, indem er sich beschwert; aber er täuscht sich: wer sich beschwert, macht sich schwerer, macht sich's schwerer, sinkt im Meer des Lebens weiter abwärts statt emporzusteigen.

Um das Leben zu meistern, muß man es *lieben* – mit allem, was es enthält und bringt. Wo wir lieben und bejahen, wandelt sich das Gesicht der Dinge, hellt sich auf und strahlt unsere eigene Sonnigkeit auf uns zurück.

Seinem Schicksal feige auszuweichen suchen heißt seine Freiheit aufgeben, unsichtbare Fesseln fester schnüren. Sich sträuben, heißt seine Schwäche bekunden. Wir müssen dem Schicksal mutig entgegentreten und das Leben bejahen; denn das heißt zugleich unsere Kraft bejahen, sie entfesseln und von ihr über die Not des Augenblicks hinweggetragen werden.

Schwierigkeiten wollen kein Gegenstand des Bejammerns sein, sondern ein Ansporn, uns auf unsere Kraft zu besinnen, den Kampf zu wagen und Not in Segnung zu verwandeln. Unser Ja! zu allem macht uns fähig, auch mit dem Schwersten fertig zu werden und darüber wegzuschreiten.

Wir sagen treffend: wir leiden *unter* etwas, aber: wir lächeln *über* etwas. Das sind die beiden Möglichkeiten, die wir haben: uns einem Leid zu unterstellen oder uns lächelnd darüber zu erheben.

Damit ist der Weg gezeigt, den wir zu gehen haben:

Es gilt, alle *Not* unter uns zu bringen, das Schicksal durch Bejahung zu meistern. Indem wir uns im Geiste darüber erheben, machen wir uns ihm überlegen und wecken die Kraft, es zu überwinden. Indem wir uns *über* etwas stellen, stellen wir uns *darauf* und machen es aus einer Last zu unserem Träger.

Diese Weisheit aber wird erst in uns lebendig, wenn wir sie betätigen. Nehmen wir das Nächste, das uns trifft, und erproben wir daran die Trefflichkeit dieser Gesinnung. Versuchen wir, allem positiv und aktiv zu begegnen, nicht wehleidig und passiv.

Wer freudig tut, was nottut, der tut zugleich, was die Not vertreibt! Und indem er entschlossen das Nächste tut, kommt er zugleich dem Fernsten und Höchsten näher und bringt immer Besseres und Größeres in seinem Leben zur Entfaltung. In dem, was uns gerade entgegenkommt, liegt unsere Aufgabe – nicht in irgendetwas anderem. Ihm gilt es positiv entgegenzutreten, mit rückhaltlosem *Ja*, – nicht ‚notgedrungen‘, nicht widerwillig, größere Hemmungen heraufbeschwörend, sondern bereitwillig, mit dem Willen zum Überwinden.

Der Lebensschüler geht keinem Übel aus dem Wege; er schreitet ihm mutig, wie einem spannenden Abenteuer, entgegen und über es hinweg – im Vertrauen auf seine innere Kraft, vor der keine Not zu bestehen vermag. Er weiß: *„Ich bin stärker als jede Not, denn mein Schicksal – das bin ich selbst!“* So macht er die Not zum

Prüfstein seiner inneren Kraft und erweist seine innere Unabhängigkeit von allem Äußeren.

*

Der Weise betrachtet die Welt als Aufgabe, und alles, was zu ihm kommt, als Stufe zu Höherem. Gleichermaßen der Lebensschüler, der strebt, durch fortschreitende Selbstverwirklichung über Leid und Not hinweg zu Glück, Kraft und Erfolg emporzuschreiten und ein wachsender Segen für andere zu sein: Er erfüllt sein Gemüt mit jenem gesunden Aktivismus, der in allem das Gute aufspürt und bejaht und aus allem das Bestmögliche zu machen trachtet. Er verschiebt die Lebensschwierigkeiten nicht ins Metaphysische, klagt weder Gott noch das Geschick noch den Zufall an, sondern nimmt Erfolg und Mißerfolg als Ansporn, zu seinem Teile an der Mehrung des Glückes aller beizutragen.

Indem er so sein Leben, und was darinnen ist, immer lustbetonter macht, erhöht er sein Glücks- und Erfolgs-Vermögen und bringt die Hindernisse, die den Lebensblinden halten und aufhalten, entschlossen handelnd immer rascher unter sich und hinter sich. Denn nur wer passiv bleibt, erleidet das Leben und leidet am Leben. Den Tätigen leitet das Leid zur Läuterung seiner selbst und aus dem Kerker des Erleidenmüssens hinaus in die Freiheit seiner fessellosen Seele.

Alles, was kommt, ist Stufe zu Höherem. Das gilt es zu erkennen. Manchmal fällt uns das Stufensteigen schwer, aber es ist der einzige Weg, höher zu kommen und Besseres zu erreichen. Befreunden wir uns mit diesem Gedanken! dann wandeln sich die Dinge, die uns bis heute hinderten und schreckten, mählich in Helfer zu Höherem.

Bei allem, was uns trifft, wollen wir lernen, nicht an ihm zu leiden, sondern unsere Unabhängigkeit zu bewahren und unsere Überlegenheit zu bewähren. Je größer die Aufgabe, die unser Schicksal uns stellt, desto größer sind unsere Wachstumsmöglichkeiten.

Das unterscheidet den Leidenden und den Handelnden, den Lebensverneiner und den Schicksalsbejaher: was dem einen *furchtbar* ist, macht den anderen *fruchtbar*, was dem einen als *Last* erscheint, wird dem anderen zur *Lust:* zum Wecker seiner Kräfte und des Glückes seines Schöpfertums. So ist der eine Amboß und Erleidender, der andere Hammer und Verwandelnder.

Dem einen zu entwachsen und zum anderen heranzuwachsen, an allem zu wachsen und mehr und mehr dem Leben gewachsen zu sein — *das* ist unsere Bestimmung.

DER MUT ZU DIR SELBST

Aus der rechten Einstellung zum Leben erfließt die Kraft, unser eigenes Leben zu leben, uns selbst zu vertrauen und uns selbst zu helfen — das heißt der zweiten Forderung erfolgreicher Lebensführung zu folgen: *Habe den Mut zu Dir selbst!*

„Es ist nicht zu berechnen, welchen Vorteil wir hätten, gewöhnten wir uns, eine Stunde des Tages mit inniger Aufmerksamkeit auf unser Herz, unsere Kräfte und Neigungen zu richten. Haben wir nur erst die Kenntnis von unserem Innern, dann ist ein ernster, ja beinahe der schwerste Schritt zur Vollkommenheit geschehen." Diese Stunde der Selbstbesinnung und Selbstermutigung im Sinne *Schillers* ist die der abendlichen Rechenschaftsablegung über den schwindenden und der Zielsetzung für den kommenden Tag. Darüber wird in der 11. LW mehr zu sagen sein. In diesen Stunden erlangen wir mehr und mehr die „Kenntnis von unserem Innern" und den Mut zu uns selbst.

Wir verlernen dann mehr und mehr, darüber zu klagen, daß andere leichter vorwärtskommen und wir selbst so schwer. Wir lernen, uns selbst zu erkennen und zu behaupten, unsere Innenkraft zu entfesseln und anzuwenden, und stark zu werden. Denn ein Schwächling ist der Mensch nur, solange der Mut zu sich selbst noch nicht in ihm erwachte.

Das ist es, wozu die LS aufruft:

Fort mit allen Schwäche-, Kleinheits- und Minderwertigkeitsgefühlen und -Gedanken, die Euch noch lähmen und hemmen! Erwacht zur Erkenntnis Eurer inneren Freiheit! Und laßt Euch von keinem einreden, daß Eure Zukunft hoffnungslos sei! Verloren ist für Euch nur, was Ihr selber aufgebt!

Ihr seid keine Sklaven, sondern Könige! Falsches Denken nur täuschte Eure Sinne. Ändert Euer Denken, dann ändert sich Euer Geschick! Denn nur „wer hat, dem wird gegeben“: Habt Ihr *Mut*, dann wird Euch auch die *Kraft!* Habt Ihr *Vertrauen* zum Leben und zu Euch selbst, dann wird Euch auch der *Erfolg!*

Ihr seid keine Geschöpfe Eurer Umwelt, sondern Eures Denkens. Die Umwelt hat immer nur soviel Macht über Euch, als Ihr durch falsches Denken und Leben ihr einräumt. Rafft Euch darum täglich aufs neue zu rechter Selbstermahnung und Selbstermannung auf:

„Ich bin frei! Ich bin Herr meiner selbst und meines Lebens!
Ich bin meines Schicksals Schmied – und niemand sonst!“

Alle Erlösung kommt von innen, nie von außen! Rechte Seelenhaltung macht Euch frei, rechtes Denken, rechtes Wollen.

In uns selbst liegen die Ursachen zu allem, was in unserem Leben geschieht! Aus uns selbst kommt die Kraft, unser Leben nach unserem Willen zu wandeln. Ziehen wir uns darum auf uns selbst zurück – auf unser Höheres Selbst, dessen Blick weit über den engen Umkreis eines Erdentages hinausreicht.

Und richten wir uns an den *Vorbildern großer Menschen* auf. Das ist so lange heilsam und muterweckend, als wir nicht zu Nachahmern werden und, statt wir selbst zu bleiben, zu Kopien eines andern werden. Wir sind nicht bestimmt, anderen zu gleichen, – jeder von uns soll ein Eigener sein gemäß der Einmaligkeit und Einzigartigkeit seines Wesens.

Nicht Nachahmung will die LS, sondern Selbstschöpfung. Der Lebensschüler muß sein eigenes Leben zu leben lernen, er soll nicht im Geiste beständig in andern wohnen, sondern endlich einmal bei sich selber Wohnung nehmen und die eigenen Seelenschätze erkennen und nutzen.

Gleiches meint der Rat Herders: *„Vermeide jeder, so viel er kann, der Sklave einer fremden Bestimmung zu sein, und baue sein eigenes Schicksal!“*

*

„In unserer Brust sind unseres Schicksals Sterne“, nicht von fremden Mächten, sagt Schiller, hängen wir ab; wir bestimmen uns selbst. Und an uns selbst liegt es, ob wir das Leben meistern oder nicht.

Was immer wir erstreben und ersehnen – es kommt niemals *zu* uns, sondern immer nur *durch* uns. Es fließt aus der Welt der inneren Wirklichkeit durch uns hinaus in die Welt der äußeren Greifbarkeit.

Und wodurch bringen wir es zum Fließen? Durch unsere *Bejahung*, durch unsere Liebe zum Schicksal, durch unser Vertrauen zur inneren Kraft, durch rechtes Denken und Tun. Damit haben wir alle Verantwortung für unser Leben selbst übernommen. Das bedeutet eine grundsätzliche Abwendung und Loslösung von der schwächlichen Lebenseinstellung der Menge. Es verlangt entschlossene Selbstbejahung.

Statt über ein Ungemach zu jammern, werden wir darauf sehen, was sich daraus Gutes machen läßt. Nur wer zögert, wird verworfen; wer aber sofort das Mögliche tut, stets das Größte von sich und das Beste vom Leben erwartet, der wird angenommen vom Geist des Lebens und wird von ihm gesegnet.

Wir müssen den Mut haben, bewußt aus jeder Beschränktheit, die immer nur Selbst-Beschränkung ist, herauszuwachsen, nicht in Irrtümern und Fehlern zu verharren, sondern fortzuschreiten und höher zu steigen. Niemand braucht zu bleiben, was er ist und wo er ist: jeder kann wachsen, er muß nur wollen.

So denkend lernen wir, immer weniger zu fürchten, immer mehr zu wagen und immer den Sieg vor Augen zu haben! So denkend, werden wir nicht mehr vom Leben getrieben, sondern treiben es selbst dorthin, wohin *wir* wollen. Wir lassen uns nicht mehr gehen, und lassen auch die Dinge nicht mehr gehen, wie sie wollen, sondern bestimmen uns selbst und die Dinge um uns.

So denkend, wachsen wir über jedes ‚Muß' hinaus und machen es zu einem Teil unseres Wollens. Wir erheben uns über jede Unfreiheit und machen sie zu einem Unterpfand unserer Freiheit. Wir sagen *Ja!* zu uns selbst und zu dem, was unser selbst gewirktes Schicksal uns bringt.

So denkend, bringen wir die innere Kraft zu freier Entfaltung und wecken unser Vermögen, das Leid zu meistern. Darum wird die LS nicht müde, uns immer aufs neue zu ermutigen:

> *Ihr seid Kinder des Unendlichen, Teile der gleichen Kraft, die im All pulst und wirkt.*

Ihr seid nicht nur Geschöpfe, sondern auch Schöpfer. Darum fort mit dem Wahnglauben Eures Sklaventums! Ihr habt mehr Kräfte und Möglichkeiten in Euch, als Ihr ahnt! Sucht Euer Heil in Euch selbst! Entzündet den göttlichen Funken in Euch durch stete Selbst-Besinnung, und macht Euch frei!
Erkennt, daß Ihr Euch und Euer Leben von innen her meistern könnt! Glaubt an Eure Kraft! Habt den Mut zu Euch selbst! Erwartet Glück und Aufstieg als etwas Selbstverständliches! Und gedenkt in jedem Augenblick Eurer Einheit mit dem Geist des Lebens, der der Quell der Fülle ist!

KÜMMERE DICH UM DEINE EIGENEN ANGELEGENHEITEN!

Aus der Forderung, unser eigenes Leben zu leben, ergibt sich als weitere Konsequenz, zuerst unsere eigenen Angelegenheiten zu ordnen, ehe wir uns ungebeten in fremde mischen. Was für die meisten nottut, damit sie sich und ihr Leben zu meistern lernen, ist die innere Selbständigkeit dessen, der statt auf fremden auf seinen eigenen Füßen steht und nicht an fremden Schicksalen herumbastelt, sondern zuerst das eigene in Ordnung bringt.

Nicht fremde Ströme sollen wir regulieren, sondern den eigenen Strom. Nur wer selber besser ward, erlangt das Recht, von anderen zu fordern, daß sie sich nach ihm richten. Aber gerade ein solcher fordert nichts mehr von anderen.

„Jeder hüte *seinen* Garten, dann hat er genug zu warten“, sagt ein altes deutsches Sprichwort. Das heißt: solange unsere eigenen Angelegenheiten nicht geklärt sind, ist es Selbstschädigung, uns in fremde einzudrängen. Das heißt nun keineswegs, daß wir, statt nach Splittern in den Augen unsrer Nächsten zu suchen, auf Balken-Jagd in unseren eigenen Augen gehen sollen. Sondern es heißt, über die eigenen Fehler hinweg auf die schlummernden Stärken zu sehen, diese durch Bejahung zu wecken und durch Übung zu steigern, wodurch die Fehler von selber sterben. Es heißt: die Kraft, die wir bisher mißbrauchten, um andere zu bemängeln – wodurch wir nur uns selber mangelhafter machten –, darauf zu richten, selbst größer und glücklicher zu werden.

Uns selbst müssen wir richten – nicht im negativen Sinne dieses Wortes, indem wir uns als Sünder verdammen und bedauern, sondern im guten Sinne: indem wir uns nach dem Rechten richten, *aufrichtig* werden gegen uns selbst und uns dadurch *aufrichten*, uns dem Guten und Edlen zuwenden in Gedanken und Taten.

Um aus der Fülle des Lebens zu schöpfen, gilt es zu den Quellen des Lebens zurückzukehren. Diese Quellen fließen in uns selbst. Ununterbrochen wirkt durch uns der unendliche Geist des Guten. Werden wir uns seines Wirkens und seiner hilfreichen Gegenwart in uns bewußt, dann ziehen Harmonie und Fülle in unser Leben ein.

Die Besserung der Umwelt beginnt bei uns selbst. Jedes Verurteilen anderer ist ein Urteil über uns selbst. Das ist der Sinn der Mahnung des großen Liebenden: „Richtet nicht, auf daß Ihr nicht gerichtet werdet!" – Die sichere Richtschnur des Lebensschülers ist hier die ‚Goldene Regel': „Wie Du willst, daß die andern Dich behandeln, behandle Du sie zuvor!"

Tausend kleine Hausregeln lassen sich aus dieser ‚Goldenen Regel' ableiten. An einige davon wollen wir uns hier erinnern:

Man mache sich selbst zu einer Sackgasse für ungute Worte, die einem über andere zu Ohren kommen. Man wandle, wo das möglich ist, üble Nachrede, die einem zugetragen wird, in gute Nachrede um, dadurch nach allen Seiten harmonische Kontakte schließend.

Man sehe seinesgleichen nicht als Raubtiere an, die zu meiden sind, und nicht als ‚Pöbel', der beherrscht werden muß, noch als Kinder, denen man imponieren muß, sondern als Kameraden, mit denen man zum gemeinsamen Wohl zusammenwirkt.

Man erwarte von jedem das Beste und suche bei jedem das Edelste hervorzurufen, indem man stets den Grundsatz des ‚fair play', des ritterlichen Spiels, befolgt. Man richte den Blick nicht auf den Unwert anderer, sondern auf ihren Wert, auf das, was sie zu sein bestimmt sind und einmal sein werden.

Denn sich auf Fehler anderer konzentrieren heißt sie bei sich selbst in die Erscheinung rufen. Und das Selbstvertrauen eines anderen beeinträchtigen heißt den Grund zu eigenen Unwertgefühlen legen.

Der Lebensschüler folgt dem Harmonie-Gesetz. Und das verlangt, daß wir jeden nach seiner Art leben lassen und ihn nicht zwingen, sich unserer oder irgendeiner anderen ihm fremden Lebens-Weise anzugleichen.

Jeder hat seinen eigenen Lebensrhythmus, den er finden und nach dem er sich richten muß, wenn er glücklich werden und der Gesamtheit sein Bestes geben soll!

Darum fordert der Lebensschüler niemals von anderen, was er nicht zuerst bei sich selbst zur Durchführung brachte. Und auch dann verlangt er nichts von anderen, sondern alles nur von sich selbst.

Indem er andere zu verstehen sucht, macht er zugleich sich selbst den andern verständlicher.

Indem er andere ermutigt, weckt und steigert er zugleich den eigenen Mut.

Indem er das Gute in allen bejaht, ruft er es im eigenen Leben hervor.

Und indem er anderen hilft, macht er sie zugleich sich selbst zu Helfern.

7. WOCHE:

RICHTIG DENKEN

> „Um durch die Natur glücklich zu werden, muß man die größte ihrer Wohltaten und das Werkzeug aller übrigen, die Empfindung, unverdorben erhalten haben, und zum richtigen Empfinden ist ein *richtiges Denken* eine unentbehrliche Bedingung." Wieland

Leben ist in die Tat umgesetztes Denken. Aus dem bisher Gelernten haben wir bereits ersehen, daß wir nicht richtig leben können, ohne die Gesetze des Denkens zu kennen und zu befolgen. Mit der Erlernung dieser Dinge wollen wir jetzt den Anfang machen.

Unter ‚Denken' verstehen wir nicht den bloßen Ablauf der Gedanken, sondern die zielbewußte Lenkung der Gedanken, die bewußte Regulierung des Gedankenstromes, das Herr-Sein über die Gedanken – im Gegensatz zu den Vielen, die Treibholz ihres Gedankenstroms zu sein scheinen.

Unter ‚richtigem Denken‘ verstehen wir ein Denken, das immer höher führt: zur Mehrung unserer Kraft, zu Glück, Gesundheit und Erfolg, zu siegreichem Aufstieg im Leben und zur Harmonie mit dem Ganzen.

Richtig denken ist der Hammer des Seelenschmieds, sein wichtigstes Werkzeug. Für den Lebensschüler sind die Gedanken nicht nur Mittel, sich mit den Dingen und Wesen der Umwelt auseinanderzusetzen, sondern zugleich Kräfte, mit deren Hilfe er auf sich selbst und auf die Umwelt umgestaltend wirkt. Damit haben wir es hier vor allem zu tun: mit dem Denken nicht als Mittel zum *Begreifen,* sondern zum *Meistern* der Welt, nicht mit der *Mechanik,* sondern mit der *Dynamik* der Gedanken.

Gedanken sind keineswegs nur Erkenntnismittel; sie sind *schöpferisch.* Und bewußt *schöpferisch* zu denken soll der Lebensschüler jetzt lernen. Er soll erkennen: Die Gedanken sind die Ursachen alles Geschehens in und um uns: nicht nur wir selbst werden so, wie wir vorwiegend denken, sondern auch unsere Umgebung und unser Leben.

Den größten Teil aller Not und allen Elends schuf *falsches Denken.* Falsches Denken ist negatives, pessimistisches, grübelsüchtiges, unkonzentriertes, zielloses Denken, das Stufe um Stufe abwärtszieht – zu Zerrissenheit, Energielosigkeit, Nervosität und Mangel an Selbstbeherrschung, zu Willensschwäche, Rat- und Rastlosigkeit, Zerfahrenheit, Furchtsamkeit, Sorgsucht, Zwangsgedanken und Mißerfolg.

Von alledem ist *richtig denken* das Gegenteil. Es ist:

1. *Volldenken:* Die meisten Menschen leben von einem Bruchteil ihres Denkvermögens, ihrer Denkkraft; sie denken nur mit einem Teil ihrer Hirn- oder mit einem Quäntchen ihrer Herzkraft. Volldenken heißt: Mit Hirn und Herz zugleich denken, nicht nur mit dem Körper, sondern zugleich mit Seele-Geist, nicht nur mit dem Tagesbewußtsein, sondern zugleich mit unserem Unbewußten und unserem ganzen Wesen.

2. *Bewußt-unbewußt denken:* Wir müssen lernen, verstandesmäßig über eine Sache oder Frage nachzudenken und uns zugleich nach innen empfangend einzustellen: aktiv zu warten, daß uns eine Lösung ‚einfällt‘, daß uns ‚ein Licht aufgeht‘. Das heißt: Wir tun

alles, was in der Kraft unseres *Verstandes* steht und überlassen uns gleichzeitig willig den Eingebungen unserer *Vernunft*, lassen „Es" in uns denken und mitraten.

3. *Kraftbewußt denken:* Beim Denken der meisten verrichtet die Hälfte der Gedanken Leerlaufarbeit. Das Denken des Lebensschülers dagegen ist vom Bewußtsein erfüllt: In mir ist eine gewaltige Kraft, die vorwärts drängt nach Verwirklichung!

4. *Vorausdenken:* Der Lebensschüler muß ein Prometheus, ein Voraus-Denker sein, er muß sich dazu erziehen, *vor* anderen über eine Sache nachzudenken und sie zu Ende zu denken. Solch Voraus-Denken gibt nicht nur einen klaren Überblick, sondern Überlegenheit über eine Lage oder über die Dinge.

5. *Folgerichtig denken:* Es heißt klar bewußt Wesentliches von Unwesentlichem unterscheiden, zu jedem Ereignis die Ursachen finden und die Folgen erkennen. Das Ergebnis folgerichtigen Denkens ist der *Erfolg*. Beim folgerichtigen Denken erkennt und bestimmt man, was sich aus einer Sache, Ursache oder Erkenntnis ergibt und was nicht.

6. *Zielstrebig denken:* Um Erfolg zu haben, muß man ein Ziel haben. Je genauer wir wissen, was wir wollen, je klarer wir die Mittel übersehen und den Weg zum Ziel vor uns sehen, und je entschiedener wir diesen Weg dann gehen, desto sicherer werden wir unser Ziel erreichen. Zielstrebig denken heißt also: bewußt ein Ziel ins Auge fassen, dann überlegen, wie es in kürzester Zeit bei geringstem Mittel- und Kraftaufwand am sichersten erreicht wird, und dann das Notwendige tun. Zielstrebiges Denken ist das Gegenteil von Grübeln. Es ist vorwärtsstrebend, freudebetont, lusterfüllt, schöpferisch und aufbauend. Grübeln dagegen ist Falschdenken: traumhafte Gedanken-Nebelwanderung, die in die Irre geht.

7. *Bildhaft denken:* Wer richtig denkt, denkt gegenständlich, plastisch, in lebendigen farbigen Bildern. Bildhaft denken heißt anschauend denken, anschaulich denken. Der Gedanke ist eine Vision, das heißt: wir denken immer in Bildern; aber der Lebensschüler muß lernen, das *bewußt* zu tun und alle unlustbetonten Gedanken dabei durch lustbetonte Vorstellungsbilder zu ersetzen. Bildhaftes Denken ist ein den Dingen und Geschehnissen auf den Grund dringendes Denken, ein Denken mit den Augen.

8. *Selbständig denken:* Das heißt: nicht andere für sich denken lassen, nicht gedankenlos das, was ‚alle Welt' für gut hält, als gut hinnehmen, sondern es auf die Probe stellen, selbst darüber nachdenken und urteilen. Es heißt: nicht Sprachrohr und Werkzeug fremder Gedanken sein, von Schlagwörtern – die das Selbst-Denken niederschlagen sollen – unbeirrt bleiben, fremdes Wissen durch Erprobung seines Wahrheitsgehalts in eigenes Wissen und Erkennen wandeln, kurz: die Forderung „Sei Du selbst" auch auf das Denken auszudehnen und ihr nachzuleben.

9. *Positiv denken:* Wer mit seinen Gedanken ständig Widerwärtigkeiten, Haßgefühle, Krankheiten, Elend und Schicksalsschläge umkreist, der ruft nach dem Gesetz der Anziehung ungute Folgen herbei. Der Lebensschüler denkt darum positiv: das Gute bejahend und herbeiziehend, sonnig und liebevoll, sieggläubig und erfolgvertrauend. So schafft er Gedankenkraftfelder, die auf das Vorgestellte anziehend wirken.

10. *Lustbetont denken:* Etwas lustbetont machen heißt es dynamisch und wirkungsvoll machen. Wie unsere geistige Haltung beim Denken, so ist der Ausgang unseres Denkens und Tuns. Was wir geistig schaffen, das wird schließlich greifbare Wirklichkeit. Erfolg im Leben hat nur, wer sich allen guten Kräften liebend öffnet, alles, was kommt, Wesen und Dinge, bejaht als ihm gesandt zur Freude und Hilfe. Es heißt: nur denken, was gut ist, fühlen, was der Liebe entspringt, sprechen, was edel ist, erwarten und tun, was gut und förderlich ist. Dann kommt der Lebenserfolg von selbst – als Folge der ausgesandten Schwingungen der Liebe.

11. *Schöpferisch denken:* Jeder Gedanke ist ein Saatkorn – zu guter oder schädlicher Frucht. Um Erfolg zu haben, müssen wir bewußt die Saat guter Gedanken ausstreuen: Jahr um Jahr geht dann die Ernte auf. Überall sind unbetretene Pfade, auf denen es möglich ist, durch dynamisches, erfinderisches, konstruktives, schöpferisches Denken zu neuen Findungen und Erkenntnissen zu gelangen, Pionier des Besseren zu werden, Schöpfer neuer Werte. Man muß nur die Augen offen halten, um vorhandene Möglichkeiten zu erkennen, scheinbar einander Fernliegendes zu neuer Einheit zu verbinden, sich dabei von Vorurteilen und ‚Unmöglich!'-Suggestionen nicht beirren lassen, sich mutig ins bislang Unbegangene, nur vermeint-

lich Unzugängliche hineinwagen und, produktiv denkend, geahnte Möglichkeiten in Wirklichkeiten wandeln.

12. *Handelnd denken:* Der Erfolg des Denkens zeigt, wie weit man in lebendigen Bildern, in Handlungen dachte, handelnd dachte. Wie Arbeit das Produkt aus Kraft und Weg ist, so ist Erfolg das Produkt aus rechtem Denken und rechtem Tun.

Die Gewohnheit, richtig zu denken, führt unweigerlich zu rechtem Handeln und rechtem Leben. Rechtes Denken und rechtes Tun sind wie siamesische Zwillinge: man kann sie nicht voneinander trennen, ohne beide zu töten. Nur vereint vermögen sie die Brücke zu schlagen vom Ideal zur Wirklichkeit. Wie wir uns das Heim, das wir ersehnen, zuerst im Geiste bauen, um dann die Menschen, Mittel und Kräfte in Bewegung zu setzen, damit das innerlich Vorgestellte äußere Wirklichkeit wird, so müssen wir bei allem, was wir erstreben, handelnd denken und denkend handeln. Wir müssen unsere Ideale *leben*, dann spinnen sie erfolganziehende Schicksalsfäden von Seele zu Seele und von uns zu den Dingen und Kräften, die uns vorwärtstragen.

Solch rechtes Denken lernt man naturgemäß nicht in einer Woche, es will Woche um Woche und Monat um Monat täglich geübt sein; denn täglich sind neue Hindernisse zu überwinden, frühere Fehler, hemmende Gewohnheiten, die sich den neuen Denk- und Lebens-Gewohnheiten entgegenstemmen. Aber wer beharrt, wird Sieger.

DER GEDANKE – DIE ENTSCHEIDENDE MACHT

Der Gedanke ist der Anfang einer Bewegung, der Ursprung einer Wirkung, der Keim eines Geschehens. Er ist so wirklich, wie nur irgendetwas wirklich ist; denn wirklich ist, was wirkt.

Jeder Gedanke ist eine lebendige Schwingung im Geist-Äther, bewegter Geist, bewegende, verwandelnde Kraft – danach strebend, sich auszuwirken, sich zu verwirklichen, ihre Bestimmung zu erfüllen.

Jeder Gedanke ist ein Kraft-Komplex, gewissermaßen eine ‚ätherische Wesenheit', deren Lebens- und Durchsetzungvermögen von der Konzentration, Zielstrebigkeit und Bewußtheit des Denkens bestimmt wird. Wir können diese Kraft nicht sehen, wenigstens nicht mit unseren körperlichen Augen, und wir können sie einstweilen mit keinem Apparat direkt messen. Aber wir spüren und erleben ihre Wirkung.

Und woher kommt der Gedanke?

Er entspringt nicht dem Hirn, sondern der Seele. Nicht das Hirn denkt, auch nicht das Unterbewußtsein, sondern der Denker in uns. Der schöpferische, wirkende Gedanke kommt aus den Tiefen unseres Selbst, als ein Impuls des Denkers in uns, – wobei Unterbewußtsein und Hirn nur Vermittler, Werkzeuge zur Formgebung sind.

Wie man an einem elektrischen Schlag die Stärke der elektrischen Kraft spürt, so kann man die Wirkungen eines starken ‚Gedanken-Schlages' an den vielfältigen physiologischen Veränderungen wahrnehmen, die er spontan hervorruft: das Herz stockt oder schlägt schneller, die Nerven erbeben, die Muskeln erschlaffen oder spannen sich, die Leber ‚verkleinert' oder ‚vergrößert' sich, das Blut schießt in den Kopf oder weicht zurück, Speichel und Blut verändern ihre Zusammensetzung, die Drüsen arbeiten langsamer oder fieberhafter, die Verdauung wird gehemmt oder explosionsartig beschleunigt, der Atem langsamer, unregelmäßiger oder hastiger.

Die Kraft, die hier wirkt, wollen wir bemeistern lernen.

*

Alles, was geschah und geschieht, war zuerst Gedanke. Was immer uns trifft, ist Folge einstigen Denkens. Alles Gewordene war zuerst *Idee* – Innenwirklichkeit – und wurde schließlich *Tat* – Sinnenwirklichkeit –.

Alles Gewordene ist kristallisierter Gedanke. Was wir heute sind, ist das Produkt unserer bisherigen Gedanken, und was wir heute und fernerhin denken, werden wir einst sein – nach dem Gesetz: Erst innen, dann außen, erst im Unsichtbaren, dann im Sichtbaren.

Einem Saatkorn gleich ist der Gedanke: einmal gedacht, beginnt er zu keimen, zu reifen, zu blühen und je nach seiner Stärke zwie- oder tausendfältig Frucht zu tragen.

Wir legen das Saatkorn in den Boden und überlassen es ihm, daraus die Nahrung zu ziehen, die es braucht, um zu keimen, zu wachsen und Träger reicher Frucht zu werden. Was das Wachstum der Saat bewirkt, nennen wir ‚Leben', ohne sagen zu können, was dieses Leben ist.

Genau so wenig wissen wir heute, was das Wachsen eines Gedankens von der Idee bis zur Verwirklichung bewirkt. Auch hier muß es uns genügen, die Saat des rechten Denkens dem Acker unserer Seele anzuvertrauen und zuversichtlich zu warten, bis der zarte Keim aus der Erde bricht, wächst und schließlich mannigfache Frucht bringt.

Wie das Saatkorn im Dunkel der Erde sich entfaltet und aus ihm in das Licht des Tages hinaufwächst – zur Nahrung des Leibes für viele, so wächst die Saat des rechten Denkens in der Stille der Seele heran, bis es in die Sinnenwirklichkeit hinausdringt – zur Nahrung der Seele für viele.

Wie die unscheinbare Eichel aus dem Boden des Waldes die Kraft zieht, zum Tausendfachen ihrer Größe aufzuwachsen, so zieht der Gedanke aus dem Grund der Seele die Kraft, zum herrschenden Gedanken Tausender sich zu entwickeln. In beiden Fällen ergreift uns Ehrfurcht ob des Wunders des Lebens.

So mannigfach wie die Pflanzenwelt des Waldes, so bunt ist der Reichtum unserer Gedanken – Nützliches und Edles, Schädliches und Feindliches in buntem Gemisch. Wie aber der Förster im Wald und der Gärtner in seinem Garten die Förderung des Guten und die Vernichtung des Schädlichen erstreben, so müssen wir durch rechtes Denken Sorge tragen, daß wir nur Gutes und Glückverbürgendes in unserem Bewußtsein aufziehen und heranziehen. Denn jeder wird und zieht das heran, was er vorwiegend denkt.

≈

Wieviel bedeutet oft schon *ein* kraftbejahender Gedanke: er gleicht einer geistigen Lawine, die wir auf der Höhe eines Abhanges lösen und einem bestimmten Ziele im Tale zusenden. Solange die Gedankenlawine rollt, gilt es für uns, das Ziel beharrlich im Auge zu behalten, nicht nebenaus zu denken, damit die Lawine nicht von ihrer Bahn abweicht. Sowie ein negativer Gedanke uns nach links blicken läßt, nimmt auch unsere Gedankenlawine den

Weg nach links – und verfehlt ihr Ziel. So wichtig ist es, daß wir unausgesetzt bejahen, was wir erstreben.

Von uns hängt es ab, wie weit wir diese Macht, Dinge und Geschehnisse von innen her zu wandeln, nutzen. Alle Schranken, die uns einzuengen scheinen, sind, wie *Marden* sagt, nur „in unserem eigenen Geiste aufgerichtet. Wir empfangen wenig, weil wir wenig verlangen und erwarten, weil wir uns scheuen, nach unserem Erbe zu greifen, dem Reichtum an allem Guten. So fließt der Strom der Fülle an unserer Türe vorüber, während wir an seinen Ufern schmachten und hungern."

Wir beobachten hier einen ähnlichen Entwicklungsgang wie bei der Nutzung der elektrischen Kraft: wie die Elektrizität immer da war, aber erst spät vom Menschen erkannt und allmählich immer vollkommener ausgewertet wurde, so war die Gedanken-Kraft seit jeher da, wurde aber erst spät erkannt, und erst heute beginnt man eigentlich, sie planmäßig zu aktivieren und zu nutzen.

Erst heute fangen wir an zu ahnen, daß die Gedankenkraft ein Teil der Kraft in uns ist, und diese wiederum ein Teil des unendlichen Geistes des Lebens. So ist alle Gedankenkraft im Grunde kosmischer Herkunft; und diese Abstammung wird um so offenbarer, je lebendiger wir uns derselben bewußt sind.

Von der Macht der Gedanken überzeugen Sie sich am besten durch einen *praktischen Versuch:*

Stellen Sie sich mit dem Rücken gegen eine Liege aufrecht hin oder sorgen Sie, daß hinter Ihnen reichlich Kissen liegen oder daß ein anderer in Hilfsstellung hinter Ihnen steht.

Nun schließen Sie die Augen, entspannen Gedanken und Muskeln und richten Ihr ganzes Gefühl auf die Vorstellung:

„Ich falle ... Es zieht mich rückwärts ... Ich falle rückwärts ... Ich falle ... falle!"

Fühlen Sie dabei, wie Sie allmählich nach hinten fallen. Je nach der Lebendigkeit Ihres Vorstellungsvermögens werden Sie mehr oder minder rasch hintenüber fallen.

Was bewirkt den Sturz? – Der *Gedanke* des Fallens.

Sie können den gleichen Versuch auch mit einem andern machen:

Nachdem Sie ihm erklärt haben, um was es sich handelt, lassen Sie ihn sich aufrecht hinstellen, die Augen schließen und sich entspannen. Sie treten nun hinter ihn, um ihn rechtzeitig aufzufangen, was der andere wissen muß, damit das die Gedankenverwirklichung hemmende Gefühl der Gefahr entfällt. Nun geben Sie ihm den gesprochenen oder gedachten Befehl, nach hinten zu fallen: „Du fällst langsam nach hinten . . . Du fällst!“

Achten Sie darauf, daß die Tonart Ihrer Worte absolut entschieden ist. Dann nehmen Sie die Auffangstellung ein; denn in wenigen Augenblicken wird Ihr Freund rückwärts fallen.

Ein weiterer einfacher Versuch:

Nehmen Sie ein Pendel – einen Ring an einem Seidenfaden – in die rechte Hand und halten Sie es über ein leeres Blatt Papier. Halten Sie das Pendel still.

Nun stellen Sie sich auf dem Papier einen großen schwarzen Kreis vor und lassen in Gedanken das Pendel auf diesem Kreis rotieren. Nach einigen Sekunden wird das Pendel anfangen, sich zu bewegen, hin- und herschwingen und schließlich den Kreis beschreiben, den Sie sich vorstellten.

Lassen Sie nun den Kreis in Gedanken sich in eine Ellipse verwandeln. In wenigen Augenblicken wird das Pendel der neuen vorgestellten Bahn folgen und eine Ellipse beschreiben.

Wer zwingt das Pendel, sich zu bewegen? – Ein *Gedanke.*

Damit aus der Ahnung sicheres Wissen um die Schöpferkraft des Gedankens werde, seien zwei Beispiele aus hunderten gegeben. Der Nervenarzt Dr. Lomer berichtet folgenden Fall:

„Einem zu Tode verurteilten Verbrecher wurde eröffnet, daß er als besondere Gunst durch einen Aderlaß sterben dürfe. Man entkleidete ihn, band ihn fest, ritzte ihm den Rücken mit einer Nadel und ließ zugleich warmes Wasser über seinen Rücken in ein Becken laufen. Der Mann war nach 40 Minuten tot.“

Ein anderes vielzitiertes Beispiel:

Ein Schaffner auf der sibirischen Eisenbahn war versehentlich in einen Kühlwagen eingeschlossen. Als dieser geöffnet wurde, fand man den Mann tot auf dem Boden liegen. An die Wand des Wagens hatte er Worte über die Leiden gekritzelt, die die Kälte ihm bereitete. Als Letztes war mit zittriger Hand hingeschrieben. „Lebt wohl. Ich sterbe . . .“ – Zum Erstaunen aller fand man die Temperatur des Wagens durchaus normal, denn die Kühlvorrichtung hatte, wie sich herausstellte, einen Defekt. Die Kälte hatte nur in der Einbildung des Unglücklichen bestanden, und diese Einbildung hatte den Mann getötet.

Die Reihe dieser mehr negativen Beispiele läßt sich beliebig vermehren. Sie zeigen, welche Macht eine innerlich als Wirklichkeit erlebte gefühlsbetonte Vorstellung auszuüben vermag. Wenn wir alle uns bekannten Tatsachen in Bezug auf den Einfluß der Gedanken auf Körper, Leben und Schicksal des Menschen zusammenfassen, gelangen wir zu folgender Erkenntnis:

> *Kein Gedanke bleibt ohne Wirkung. Jeder Gedanke, der durch das Blickfeld unseres Bewußtseins huscht oder gar länger darin verweilt, fügt zu dem Maß an guten und schädlichen Tendenzen in uns und in unserem Leben ein entsprechendes Teilchen hinzu.*

Die Kraft des Gedankens ist zweipolig: je nachdem unsere Gedanken *positiv* oder *negativ* gerichtet sind, anziehend oder abstoßend, führen sie uns aufwärts oder abwärts, werden sie unsere unsichtbaren Helfer oder unsere geheimen Feinde.

Jeder unserer Gedanken, ob gut oder böse, wird ein Teil von uns selbst und verändert unsere Gesamtschwingung, unser seelisches Kraftfeld um ein weniges. Aber nicht nur das: er zieht uns zugleich in Bedingungen, in Verhältnisse hinab oder hinauf, in denen er sich am vollkommensten auswirken kann. Und infolge seiner Affinität zieht er nach dem Grade seiner Kraft hunderte oder tausende gleichgerichtete Gedankenhelfer an.

Nicht nur in unserem Leibe und Leben wirkt er zerstörend oder aufbauend, sondern auch in anderen. Negatives Denken vergiftet nicht nur unsere Stimmung, unseren Körper, unser Glück, sondern auch die Menschen um uns. Je positiver wir denken, desto harmonischer wird die Welt in und um uns, desto rascher werden wir Herr aller Widrigkeit des Daseins und mehren die Macht des Guten auch um uns. Um das schematisch darzustellen:

Die *Gedanken*-Richtung	bestimmt	die *Lebens*-Richtung:
überwiegend bewußt positiv	=	Erfolg und rascher Aufstieg, zahlreiche Mithelfer

überwiegend bewußt negativ	=	Unheil, Sturz, Feinde
überwiegend unbewußt positiv	=	Glück, „günstige Zufälle“
überwiegend unbewußt negativ	=	Mißgeschick, „Pechsträhnen“
abwechselnd positiv und negativ	=	Wechsel von Glück und Enttäuschungen, „Berg- und Talbahn“.

Wir lernen daraus, daß wir gut tun, negatives Denken und Fühlen zu meiden, um seinen üblen Wirkungen auf unser Inneres und unsere Umgebung und seinen Rückwirkungen auf unser Schicksal zu entgehen. Keinen Augenblick dürfen wir vergessen, daß wir anziehen, was wir denken.

Nun ist zwar jeder ein König im Reich seiner Gedanken. Aber er muß lernen, seine Millionen Untertanen weise zu regieren. Er muß seine Macht bewußt anwenden. Die wichtigste praktische Wissenschaft ist die *Wissenschaft rechten Denkens*, deren Grundzüge wir hier behandeln. Denn es gibt nichts, was nicht von der Macht unserer Gedanken bestimmt oder mitbestimmt würde. Wer lernt, seine Vorstellungen zu bestimmen, statt von ihnen bestimmt zu werden, der bleibt allen Lagen gegenüber der Überlegene und bestimmt mit dem ersten Schritt zugleich den letzten.

Die erste Voraussetzung dazu ist, daß wir unserem Bewußtsein nie erlauben, bei negativen Gedanken, Gefühlen, Vorstellungen und Neigungen zu verweilen, um diese nicht zu stärken. Der Blick muß stets auf das Positive gerichtet sein als auf das, was genährt, gemehrt und gesteigert werden soll.

Die zweite Voraussetzung ist, daß wir uns im Laufe unserer Selbstschulung mehr und mehr zur Immunität gegen die Bazillen der Furcht und Sorge, des Schwäche- und Mißerfolg-Denkens erziehen und alles Positive um so beharrlicher festhalten. So zieht das Licht in uns ein, und die Finsternis schwindet von selbst.

In eine Regel zusammengefaßt:

Prüfen wir jeden Gedanken, bevor wir ihm in uns Raum geben, darauf, ob er uns besser, stärker, mutiger und erfolgreicher macht. Nur *solche* Gedanken wollen wir denken; alle anderen Gedanken, die dieser Anforderung nicht genügen, wollen wir aus unserem Bewußtsein verbannen.

Indem wir so denken und handeln, mehren wir die Macht des Guten in uns und in unserem Leben und erheben uns mehr und mehr über Elend und Ungemach.

*

Jeder Gedanke ist ein Heinzelmännchen. Von solchen *Gedankenwesen* sind wir myriadenweise erfüllt und umgeben. Und in einem fort rufen wir neue Gedankenwesen aller Art ins Leben, nehmen gleichgerichtete fremde Gedankenwesen in uns auf und werden Herren oder Sklaven der jeweiligen Gedankenmeeresströmungen. In einem fort schaffen wir uns neue Scharen von Helfern und Feinden:

Jeder Gedanke an Krankheit erzeugt Gedankenwesen, die sich zu vermehren und ihresgleichen herbeizuziehen trachten und den ‚Geistern der Krankheit' in unserem Körper ein Heim bereiten. Und gleichermaßen jeder andere negative oder positive Gedanke.

Ein Gedanke, häufig wiederholt, ruft eine *Stimmung* wach, aus der Stimmung geht schließlich eine *Neigung* hervor, aus der Neigung wächst eine *Gewohnheit,* aus der Gewohnheit erfließen ihr entsprechende *Taten,* und aus diesen ergibt sich das *Schicksal* – gut oder böse, nach der Richtung des ursprünglichen Gedankens.

Damit kommen wir zum *Grundgesetz der Gedanken-Dynamik:*

(1) Jeder Gedanke, einmal geweckt, hat das Bestreben, sich im Rahmen des Möglichen in Wirklichkeit zu verwandeln.

Erläuterung: Jeder Gedanke hat die Tendenz, die Bewegung, die ihm innewohnt, auf andere Gedanken wie auf Wesen und Dinge zu übertragen. Er strebt, einen ‚Komplex' zu bilden, sich wie ein wachsender Kristall mit ihm gleichen Kräften oder Stoffen anzureichern; und zwar setzt er dieses Wachstum und damit die Mehrung seiner Macht so lange fort, als der ursprüngliche Impuls, der ihn hervorrief, anhält. Je stärker der Impuls, desto stärker ist das Bestreben des Gedankens, als Handlung zum Ausdruck zu kommen, sich zu realisieren.

Den ‚Rahmen des Möglichen' dürfen wir uns dabei nicht zu klein denken, andererseits dürfen wir nichts biologisch Unmögliches in diesen Rahmen einbeziehen. Unmöglich ist es zum Beispiel, ein verlorenes Bein durch Gedankenmacht wieder wachsen zu lassen, weil die Voraussetzungen dazu fehlen. Unmöglich ist es auch, durch Gedankenmacht Natur- und Lebensgesetze zu umgehen oder aufzuheben.

Aus dem obigen Grundgesetz leiten wir unter Berücksichtigung der Erfahrungen des Lebens die weiteren Regeln ab:

(2) Die Selbstverwirklichungs-Tendenz eines Gedankens wächst mit seiner Schärfe und Zielgerichtetheit.

(3) Das Selbstverwirklichungs-Vermögen eines Gedankens wächst mit seiner Konzentration und Gefühlsbetontheit und mit der Beharrlichkeit, mit der er wiederholt oder festgehalten wird.

Ob wir dabei etwas erwarten oder fürchten, ist gleichgültig: in beiden Fällen wird die Verwirklichungskraft des im Blickfeld des Bewußtseins festgehaltenen Gedankens gesteigert.

Die *allgemeine Denk-Regel*, die wir aus dem obigen Gesetz ableiten, ist die folgende:

(4) Halte die Gedanken, deren Verwirklichung Du wünschest, eindeutig, zielstrebig und beharrlich in positiven Bildern im Bewußtsein fest. Schaffe Dir lebendige Gedankenbilder dessen, was werden soll, bejahe sie und glaube an ihre Verwirklichung.

Wie die Bilder eines Films klar und scharf umrissen sein müssen, wenn die auf die Leinwand geworfenen Abbilder deutlich und scharf werden sollen, so muß das Bild unseres Zieles, das Idealbild des zu Verwirklichenden, scharf und klar umrissen in uns lebendig sein und vom Licht unserer Überzeugungs- und Willenskraft hinausgestrahlt werden; um so getreulicher wird seine Projektion auf der Ebene der Wirklichkeit, seine Materialisation im Bereich des sinnlich Greifbaren.

Und wie ein Filmbild einige Zeit weilen muß, um zum Bewußtsein der Zuschauer zu dringen und dort zu haften, so müssen unsere Gedankenbilder genügend lange festgehalten werden, um ihre volle Kraft zu entfalten. Je länger wir einen positiven Gedanken festhalten, desto schwächer wird zugleich das Energie-Potential seines negativen Gegen-Gedankens, er wird neutralisiert und durch den positiven ersetzt.

In diesem Zusammenhang wollen wir uns weiter bereits merken, daß der *gefühlsbetontere* Gedanke den weniger gefühlsbetonten verdrängt und auflöst. Mit der Gefühlsbetontheit wächst die Vitalität, die Lebenskraft eines Gedankens. Wir werden also dafür sorgen, daß unsere positiven Gedanken den negativen stets an Gefühlsbetontheit überlegen sind.

Und wir werden als weiteres aus dem bisher Gelernten die *Goldene Regel rechten Denkens* ableiten und ihr nachzuleben suchen:

(5) Denke und bejahe Dich selbst und andere Wesen wie auch die Dinge, Umstände und Verhältnisse so, wo Du wünschest, daß Du und sie werden und seien.

Diese ‚Goldene Regel' kehrt in allen Lebensbezirken in mannigfachen Variationen wieder und wird sich im Verlauf unserer Lebensschulung mehr und mehr als die Hauptregel erfolgreichen Denkens und Lebens enthüllen.

*

Bei Erläuterung der Grundregel der Gedankendynamik wurde auf die Neigung des Gedankens hingewiesen, *‚Komplexe'* zu bilden und die Bewegung, die ihm innewohnt, fortzupflanzen. Darüber ist noch folgendes zu sagen:

Vorstellungen, die einander verwandt sind, verbinden sich gern zu Gruppen und üben einen um so stärkeren Einfluß im Unterbewußten und von dorther auf das Tun und Denken eines Menschen aus, je mehr sie durch tägliche Zufuhr gleicher oder ähnlicher Gedanken und Gefühle vergrößert werden.

Jeder Gedanke verändert zudem nicht nur um ein weniges die Züge unseres Gesichts, die Funktionen unserer Sinnes- und anderen Körper-Organe, den Klang unserer Stimme, die Elastizität unserer Haltung und unseres Ganges, die Art unseres Benehmens und unserer Reaktion auf die Umwelt, sondern auch die Reaktion der Umwelt auf uns.

Nicht nur Körper und Können, auch unsere Umgebung, unsere Freunde, unser Einkommen, unser Besitz, unsere ganzen Lebensverhältnisse hängen davon ab, welche Gedanken in uns vorherrschen. Jeder Gedanke bringt uns mit Wesen, Dingen und Kräften der Umwelt in Verbindung, die uns fördern oder hemmen; er zieht die unser Denkrichtung verwandten herbei und stößt die gegenpoligen ab.

So werden Menschen mit uns verwandter Einstellung von uns angezogen, ebenso unserem Denken gemäße Umstände und Geschehnisse: entweder ändern sich unsere Verhältnisse nach unserem Denken oder zieht unser Denken uns in neue ihm entsprechende Umgebungen.

Gleichermaßen ziehen wir die Dinge herbei, die wir fürchten. Denn Furcht ist gefühlsbetonte Konzentration der Gedanken auf das, was wir fürchten, und damit die Ingangsetzung des geistigen Mechanismus, der die unserer Furcht entsprechende Wirklichkeit herbeiführt.

Wir werden und bekommen immer das, was wir vorwiegend denken, und gelangen dorthin, wo unsere Gedanken weilen. Unser Wunsch verbindet uns mit dem Ersehnten und zieht es in den Kreis unseres Lebens. Daran ist nicht das geringste Wunderbare oder Übersinnliche; hier wirken Gesetze des Lebens, die der Lebensschüler immer bewußter zu meistern lernt.

Wie unser Gedanken-Kraftfeld, so ist unser Lebens-Kampffeld

Ob unsere Siege überwiegen oder unsere Niederlagen – von unserem Denken hängt es ab. Jeder Gedanke ist ein Stück Geschick. Machen wir uns die praktischen Konsequenzen klarer:

Wir werden automatisch in die Zustände hineingezogen, in denen wir uns im Geiste bewegen: Ein armer Mensch, dessen Denken um nichts kreist als um Bilder des Reichseins, bleibt nicht arm, sondern verbindet sich Menschen, Dingen und Umständen, die ihn Schritt um Schritt dorthin führen, wo er im Geiste seit langem weilt.

Wer das Bild eines eigenen Heims ständig im Geiste trägt, die Verwirklichung dieses Ideals gläubig bejaht, sie mit allen Fasern seines Herzens ersehnt, und zugleich handelt, als ob die Verwirklichung bereits vor der Türe stehe, der zieht mit steigender Kraft die Menschen, Dinge und Umstände herbei, die der Erfüllung seines Sehnens am förderlichsten sind, und wird, wenn er die ihm günstigen Umstände dann mutig und geschickt ergreift und nutzt, in kurzer Zeit aus der geistigen Wirklichkeit sinnlich greifbare Wirklichkeit geschaffen haben: das ersehnte Eigenheim.

Ob er – oder sie – bereits die nötigen Kapitalien besitzt oder nur einen Teil oder garnichts, ob ‚die Zeit' günstig erscheint oder nicht, ob die Umwelt dazu nein oder ja sagt – alles das ist sekundär, wenn er selbst von der Verwirklichung seines Ideals unerschütterlich überzeugt ist, das Ideal beharrlich bejaht und jede Gelegenheit ergreift, um dem Ziel näher zu kommen.

Alles ist in uns und kann durch kraftvolle Bejahung aus uns entfaltet werden – durch bewußte Anziehung förderlicher Menschen, Dinge und Umstände. Wir müssen nur Geduld und Ausdauer im Bejahen des Ersehnten entwickeln. Denn nicht immer tritt der Erfolg gleich ein und nicht immer gleich vollständig. Oft scheint es, als führe unser Schicksal uns auf Umwegen ans Ziel, oft, als seien die neuen Verhältnisse, in die wir geraten, uns eher ungünstig als vorteilhaft ... Aber schließlich erkennen wir jeden Schritt als notwendig und jedes Geschehnis als eine Stufe zum Glück, und selbst Hindernisse als erforderlich und förderlich, um unseren Blick auf bestimmte Notwendigkeiten zu richten. Ebenso wichtig wie die Bejahung ist darum das unerschütterliche Vertrauen auf die innere Führung.

Wenn wir uns in dieser Weise auf ein Ziel einstellen, erleben wir stets das gleiche: Menschen begegnen uns, die uns durch neue Anregungen und praktische Hilfen die Erfüllung unserer Wünsche erleichtern; Dinge und Möglichkeiten kreuzen unseren Weg und kommen uns zustatten; günstige Gelegenheiten stellen sich ein; neue Erkenntnisse werden in uns wach und lassen uns Wege finden, unsere Arbeit zu erleichtern und unser Ziel rascher zu erreichen.

*

Damit Sie immer mehr Mut bekommen, die Gesetze des Denkens erfolgreich anzuwenden, wollen wir uns die *Reichweite der Anziehungskraft rechten Denkens* noch etwas klarer machen:

Schon bei einem gewöhnlichen Magneten beobachten wir eine Fernwirkung ohne Leitung oder Berührung. Bei der Fernwirkung der Gedanken findet ein ähnlicher Vorgang statt. Wie beim Radio eine Kraftübertragung von einem Zentrum auf ein oder viele beliebig entfernte andere Zentren erfolgt, so auch beim Denken: der von einem bestimmten Gedanken erfüllte Mensch strahlt fortgesetzt nach allen Seiten entsprechende Impulse aus, die von den auf gleiche oder ähnliche ‚Wellenlänge' eingestellten Seelen aufgenommen werden und sie zu entsprechenden Wandlungen ihres Fühlens, Denkens und Wollens und damit zu Handlungen veranlassen.

Es genügt, hier auf die jedem bekannte Tatsache der *Telepathie*, der Gedankenübertragung zu verweisen und darauf, daß jeder Gedanke einem *Bumerang* gleicht: er schwingt hinaus, trifft sein Ziel und kehrt zum Aussender zurück – ihn nach dem Grade seiner Lust- oder Unlustbetontheit beglückend oder schädigend.

Man spricht von einer ‚chemischen Affinität', um den Grad der Leichtigkeit auszudrücken, mit der sich zwei Elemente verbinden. Noch treffender kann man von einer *Affinität gleichpoliger Gedanken* sprechen und von einem von der Technik noch unerreichten Vermögen des Menschen, auf die verschiedensten Gedankenschwingungen mit wunderbarer Präzision positiv oder negativ zu reagieren.

Tausendmal feiner als die Gehörklaviatur des Ohres, als die Lichtwellen-Registrierapparate im Augenhintergrund, feiner als das übrige höchstempfindliche Wahrnehmungs-, Melde- und Reaktions-Instrumentarium unseres Körpers ist das Gedankenempfangs- und Sende-Schaltwerk unserer Seele:

In jedem Augenblick empfängt die Seele aus der eigenen Tiefe wie von außen her eine Unzahl von Botschaften verschiedenster Art; in jedem Augenblick schießen Telegramme durch alle Teile ihres Systems; in jedem Augenblick reagiert sie sinn- und zweckvoll auf die verschiedensten Reize der In- und Umwelt, sendet sie Energien durch das Medium der Gedanken, der Willensstrebungen, durch Wunschbilder und Handlungen hinaus, um entsprechende Wirkungen auszulösen; in jedem Augenblick rüstet sie tausend Gedanken-Boten mit der Kraft aus, die ihnen mitgegebene ‚Polarität' auf fremde Gedanken, Wesen und Dinge zu übertragen, sie sich gleichzurichten, sie anzuziehen.

Wie im physischen Kosmos das Gesetz der Gravitation herrscht, das bewirkt, daß die Körper sich entsprechend der Größe ihres Gravitationsfeldes gegenseitig anziehen und in ihren Bewegungen zu beeinflussen suchen, so herrscht im seelischen Kosmos das *‚Gravitationsgesetz der Gedanken'*:

(6) Gleiches zieht Gleiches an und wird durch Gleiches verstärkt. Ungleiches stößt einander ab. Das stärkere Gedanken-Kraftfeld bestimmt das schwächere und richtet es sich gleich.

Und wie die Gedanken ihresgleichen anziehen, so ziehen sie auch Menschen verwandten Denkens und Wesens in unseren Lebenskreis. Starke geistige Fäden verbinden uns mit Gleich-Gesinnten, das Gravitationsgesetz läßt unser Denken in ihnen und ihr Denken in uns eine Resonanz, ein Echo finden und bewirkt, daß wir in ihr und sie in unser Leben treten.

So ziehen wir Menschen herbei, deren Interessen den unseren gleichgerichtet sind, oder werden wir von ihnen angezogen, wenn ihr Denken stärker, gefühlsbetonter und entschiedener ist. Menschen mit starken Überzeugungen – mögen diese nun richtig oder falsch, gut oder schlecht sein – ziehen ständig gleichgestimmte Menschen an. So entstehen Gesellschaften, Vereine, Sekten, Parteiungen, Bewegungen, religiöse und andere Gemeinschaften. Ebenso ziehen Menschen mit starken Wünschen oder Leidenschaften ihnen gefühlsverwandte Menschen an.

Wie das? Sowie wir uns auf einen bestimmten Gedanken konzentrieren, rufen wir Schwingungen hervor, die alles ihnen Verwandte und Förderliche zu stärkerem oder schwächerem Mitschwingen bringen, sie uns mehr oder minder gleichrichten und uns verbinden – einerlei, ob es Gedanken, Wesen, Dinge oder Kräfte, Umstände, Ereignisse oder Möglichkeiten sind.

Alles, was der Schwingung unseres Gedankens gemäß ist, tritt mit uns in Verbindung, leiht uns ein weniges von seiner Kraft. Das ist günstig für uns, wenn wir *positiv* dachten, aber verhängnisvoll, wenn unsere Gedanken *negativ* waren. Denn im letzteren Falle wird das Schicksal negativer Menschen mit dem unseren verknüpft solange, bis unser Denken sich von Grund auf ändert. Ändert es sich nicht, dann wird es chronisch – und am Ende warten Armut, Siechtum, Tod.

Dem, der auf dieser Bahn ist, hilft nur eines: die bewußte Ingangsetzung des gegenteiligen Schicksalsmechanismus durch beharrliches positives Denken, das bewirkt, daß alte Verbindungen sich lösen, bessere geschaffen werden, und daß sein Weg mählich wieder aufwärts führt.

Unser Denken, sagt Mulford, ist „ein unsichtbarer Magnet: es zieht dasjenige, was in der Welt mit ihm übereinstimmt, unaufhörlich an. Je klarer wir dies erkennen, desto mehr werden wir darauf achten, unser Denken stets in die rechte Richtung zu leiten ... Je länger einer, im Guten oder Bösen, seine Gedanken auf ein Ding konzentriert, desto stärker macht er seine unsichtbare Wesenheit. Endlich muß es, immer mit neuer Gedankensubstanz genährt, in der ‚sichtbaren Welt' – sie ist nur die dichteste Stufe der ‚unsichtbaren' – als Quell von Freude oder Leid aufbrechen."

Die vorherrschenden Gedanken, Gefühle, Wünsche und Neigungen eines Menschen bestimmen seine ‚geistige Atmosphäre', das *Gedanken-Kraftfeld des Menschen,* das wiederum auf das Tun dieses Menschen, seine Umwelt und sein Schicksal bestimmend einwirkt und die Menschen seiner Umgebung sympathisch oder antipathisch reagieren läßt. Es hängt von uns selbst ab, ob wir eine Atmosphäre der Bedrücktheit mit uns tragen oder eine Aura des Erfolgs verbreiten, die alles herbeizieht, was uns förderlich ist. Denn die Schwingungen unseres psychischen Kraftfeldes werden beständig gewandelt durch neue Gedanken, die wir hegen.

Jeder fühlt das ‚gewisse Etwas', das einen anderen Menschen umgibt. Der ‚Eindruck', den er ausübt, ist nichts als der Ausdruck unseres Empfindens der Besonderheit seines Gedankenkraftfeldes, woraus wiederum das Gefühl der Sympathie, Antipathie oder Gleichgültigkeit erfließt.

Die Stärke des Einflusses unseres Gedankenkraftfeldes auf uns wie auf andere hängt vor allem von der Gefühlsbetontheit und Zielstrebigkeit unseres Denkens ab. Mit der Zunahme der Konzentration eines herrschenden Gedankens wächst der Wirkungsbereich des Gedankenkraftfeldes. Das magnetische Feld unseres Willens kann sich vom nächsten Umkreis unseres Körpers auf einen Raum, ein Haus, eine Stadt, ja über Land und Meer erstrecken.

Ein Redner oder Schauspieler, der seine Zuhörer in seinen Bann zieht, dehnt sein Gedankenkraftfeld so weit aus, als sein Blick und seine Stimme reichen – von den Zuhörern abgesehen, die sich seinem Einfluß bewußt entziehen. Das seelische Kraftfeld eines Christus oder Buddha dehnt sich über Länder und Zeitalter, weil es ständig durch gleichgerichtetes Denken von Millionen unterhalten wird.

Zwischen den einzelnen Gedankenkraftfeldern findet eine ununterbrochene gegenseitige Einwirkung statt, wobei das stärkere das schwächere bestimmt. Großen Menschen, überlegenen Persönlichkeiten eignet ein besonders starkes Gedankenkraftfeld: wenn sie unter einen noch so großen Kreis von Menschen treten, bewirken sie eine spontan oder allmählich erfolgende Gleichrichtung der Gedanken der meisten. Die ‚Autorität' einer Führernatur besteht in ihrer bewußten oder unbewußten Fähigkeit, ihre starken Eigenschwingungen auf fremde Gedankenkraftfelder zu übertragen. Je nach Einstellung der andern erweckt ihr Wille Aufmerksamkeit, Interesse, Ablehnung, Haß, Achtung, Zuneigung, Liebe, Begeisterung, Unterwerfungssucht, Ehrfurcht.

*

Prüfen Sie zunächst einmal Ihr eigenes Gedankenkraftfeld, – und zwar an Ihren bisherigen Lebenserfolgen. Führt Ihr Lebensweg beständig aufwärts? Wenn nicht, tut eine bewußte Umwandlung des Gedankenkraftfeldes not. Ihr Gedankenkraftfeld kann so einflußreich werden wie das der größten Menschen, die über diese Erde gingen, Sie müssen es nur bewußt zum Positiven wandeln, so daß es auf alles Gute in der Welt anziehend wirkt, hilfreiche Menschen sympathisch berührt und sie Ihnen verbindet, und Verhältnisse herbeizieht, in denen Ihre Wünsche sich so vollkommen wie möglich verwirklichen können.

Die Wandlung des Gedankenkraftfeldes erfolgt durch beharrliches positives Denken, durch beständiges *Bejahen* dessen, was werden soll. Wir müssen das Idealbild unserer selbst uns wieder und wieder vor Augen halten, bis wir allmählich mit ihm verschmelzen. Indem wir so unser Denken wandeln, wandeln wir unseren Charakter zum Guten, unsere Gesinnung, unser seelisches Kraftfeld und – unser Leben und Schicksal.

Das Gesagte wäre unvollständig, wenn wir hier nicht auch der Erfahrung gedächten, daß das Gedankenkraftfeld eines Menschen auch die Dinge um ihn beeindruckt, sich seinem Heim und seinem Eigentum ‚mitteilt'. Unsere Gedanken-Strahlungen werden von den Dingen um uns und von dem Ort, an dem wir vorwiegend weilen, absorbiert, gespeichert und langsam wieder ausgestrahlt, – wie das Licht, das ein phosporeszierender Körper in sich aufgenommen hat und wieder aussendet. Sensitive Menschen fühlen beim Eintritt in eine fremde Wohnung oft spontan die hier vorherrschenden Gedanken – auch ohne mit einem Menschen gesprochen zu haben.

Wie der Hund die Spur seines Herrn erfühlt, so ‚fühlt' der Psychographologe aus einem Brief das Wesen seines Schreibers heraus, als sei das Papier nicht nur mit physischer Tinte benetzt, sondern auch mit einer geistigen ‚Tinte', das heißt Färbung versehen – gemäß den Gedanken des Schreibers des Briefes. Ein weniges von diesem Feingefühl besitzt jeder, wenn ihm dieses Reagieren seines Unbewußten auch nicht immer gegenwärtig ist. Denn jeder Ort ist mit den Gedanken der Menschen, die an ihm weilten und weilen, geladen. Wir verstehen nun, warum ein Raum uns harmonisch stimmt, ein anderer uns niederdrückt, oder warum – um eines aus vielen Beispielen zu nennen – einem Wallfahrtsort besondere ‚Kräfte' eignen, die erfahrungsgemäß proportional der bejahenden Einstellung der Gläubigen wachsen, und wie manche andere Wunder sich auf natürliche Weise erklären.

Auch das Wesen der friedvollen Stimmung einer Kirche wird uns nun klar, der herbstliche Hauch eines Friedhofs, die Stimmung eines Krankenhauses, eines Gefängnisses, eines Hotels, eines Gerichtssaales, eines Klosters, eines Warenhauses, einer Kneipe.

Jedes dieser ‚Kollektiv-Gedankenfelder' hat die Tendenz, das ihm Verwandte, ihm Entsprechende herbeizuziehen. So zieht die Kneipe Vergnügungssüchtige und Trinklustige an, die Kirche Besinnliche und Andächtige, ein Kaufhaus mit erfolgbejahender Leitung Käufer, die gut zahlen, das Geschäft eines Pessimisten faule Kunden, die Geld schuldig bleiben. Überall wirkt das Gesetz der Anziehung, das diejenigen zusammenführt, die gleiches Denken einander innerlich verbindet.

Kann man nun auch die Gedankenkraftfelder der Dinge und Orte umwandeln?

Ja. Wir nehmen ihnen ihre negative Kraft und laden sie mit positiver Energie, indem wir ihnen häufig und beharrlich starke positive Kräfte ‚zudenken', sie gewissermaßen bewußt mit unserem Denken durchtränken, bis wir fühlen, daß sie mit uns „eines Wesens" sind, daß nichts ‚Fremdes' mehr an ihnen haftet.

Wie man ein Krankenzimmer durch geeignete Desinfektionsmittel von den Krankheitskeimen befreit, so neutralisiert und verwandelt man die störende geistige Atmosphäre eines Raumes oder Ortes durch bewußte Erfüllung desselben mit harmonischer und freudiger Stimmung.

WER DENKT, ER KANN, DER KANN!

Wenn der Gedanke die entscheidende Macht in unserem Leben ist, wie wir eben gesehen haben, dann müßte der, der diese Macht bewußt anwendet und meistert, eine fühlbare Überlegenheit gegenüber denen besitzen, die die Notwendigkeit rechten Denkens nicht oder wenig beachten.

Das ist in der Tat der Fall. Wer sich bei einer Sache, die er unternimmt, von vornherein bewußt auf den Erfolg einstellt, wer bejaht, was er erstrebt, der zieht es um so rascher herbei. Wer denkt, daß er eine bestimmte Arbeit meistert, der wird sie leisten.

Eines der größten Erfolgshindernisse ist der Ich-kann-nicht-Gedanke. Von ihm müssen wir uns frei machen. Und wie das? Versuchen Sie zunächst einige Male, mutig zu handeln, *als ob* Sie könnten. Sie werden bald zu Ihrer freudigen Überraschung feststellen, daß es gelingt, daß Sie mehr können, als Sie wußten.

Der Ich-kann-Gedanke ist es, der Ihre schlummernden Kräfte weckt, wenn er einmal in Ihr Denken und Leben eingezogen ist.

„Cogito, ergo sum. Ich denke, also bin ich“ – lautet der Fundamentalsatz der Philosophie des Renatus Cartesius. Von der lebenspraktischen Seite gesehen, können wir diesen Satz wie folgt erweitern:

Ich denke – also bin ich. Ich bin – also kann ich!

Wenn wir uns auf diese Tatsache besinnen, dann fühlen wir, wie sie unsere innere Kraft weckt, und spüren, daß die so geweckte Kraft, indem wir unser Vertrauen darauf hinwenden, immerfort wächst.

Ich bin – also kann ich! Das ‚*Ich bin*‘ ist unser eigentliches ewiges Selbst, jener von keiner Vergänglichkeit berührbare Teil unseres Wesens, der allein von sich sagen kann: „Ich bin Kraft! Ich bin das immer Triumphierende. Ich bin alles, darum vermag ich alles!“

Dieses „Ich-Bin"-Bewußtsein ist Kraft an sich. Wenn es in uns erwacht, macht es uns zum Herrn unserer selbst und unseres Lebens. Die bewußte Einung mit diesem Funken aus dem Lichtmeer des Unendlichen befähigt uns, unser Schicksal mit der Kraft des Unendlichen zu meistern.

Die meisten treibt erst die Not dazu, mehr zu leisten, als sie zu können glaubten und bisher geduckte Kräfte zu betätigen. Die jahrelang gelähmte Mutter, die ihr Kind im brennenden Hause erblickt, plötzlich aufspringt, es im letzten Augenblick rettet und dann erkennt, daß ihre Lähmung verschwand, ist kein Einzelfall. So ergeht es jedem, der kühn aufspringt und handelt, als ob er könne, der sich so lange auf das ‚Ich bin – also kann ich!' besinnt, bis er fühlt, daß es so ist!

Der Lebensschüler wird diese bewußte Erkraftung durch die tägliche Selbstbejahung fördern:

> *„Ich bin – also kann ich! Ich kann, was ich will. Ich bin größer, als ich scheine. Ich habe Erfolg in allem, was ich beginne. Denn ich bin eins mit der Kraft in mir, und diese Kraft ist schöpferisch und allvermögend!"*

Wenn wir beharrlich denken, daß wir etwas zuwege bringen, wenn wir von unserm Können überzeugt sind, an unsere Fähigkeit glauben, dann schaffen wir das, was wir denken. *Jeder Ich-kann-Gedanke ruft das ihm entsprechende Vermögen wach.*

Damit ein Gedanke an sein Ziel komme, muß er aber auch ein Ziel haben. Mit anderen Worten: wir müssen stets wissen, *was* wir wollen, und mit der Überzeugung auf unser Ziel lossteuern, daß wir es bestimmt erreichen. Es genügt nicht, daß wir ‚im allgemeinen' wissen, was wir möchten; wir müssen bis in die letzte Einzelheit genau wissen, was wir wollen. Wenn wir einen Nagel einschlagen, dann haben wir ein klares Ziel: den Nagelkopf. Solange wir ihn im Auge haben, treffen wir ihn. Sowie wir danebendenken, werden wir danebenschlagen. Jeder verschwommene Gedanke bedeutet eine Gefahr, am Ziel vorbeizuschießen.

Wir müssen den ‚Nagelkopf' einer Sache scharf ins Auge fassen und nicht lassen, damit alle unsere Kräfte darauf und auf nichts sonst gerichtet sind. Anders gesagt: je klarer das Bild des Erfolges vor unserem geistigen Auge steht, desto vollkommener ist die äußere

Verwirklichung. Je schärfer umrissen wir das denken, was wir können und wollen, desto sicherer werden wir es erreichen.

Wie wir nur dann kräftig zuschlagen können, wenn wir den Nagel und sonst nichts im Auge haben, so kann die Kraft in uns nur dann wirkend zupacken, wenn wir ihr ein klares Ziel setzen. Und wie wir den Nagel nicht mit *einem* Schlag so weit in die Wand treiben, wie es nötig ist, sondern durch *viele* Schläge, so müssen wir das, was wir wollen, *beharrlich bejahen*, uns wieder und wieder darauf einstellen. Unser Wunsch und Wille muß heute, morgen und solange unverrückbar bleiben, bis das Ziel erreicht ist. Nicht einmal am Tage, sondern zehn-, ja fünfzigmal muß der Erfolggedanke in das Blickfeld unseres Bewußtseins gerückt werden, bis er stark genug ist, sich durchzusetzen.

Durch beständiges Festhalten einer besseren Vorstellung können wir jeden unerwünschten Zustand ändern, uns von mancher Fessel befreien, von Armut wie von Krankheit und Unglück; nur dürfen wir nicht erwarten, daß, wenn wir ein halbes Leben lang an unseren heutigen Verhältnissen bauten, diese in einigen Tagen oder Wochen andere werden. Alle *Wandlung* ist einem *Wandeln* gleich: Schritt um Schritt erfolgt sie, in stufenweisem Aufwärtssteigen.

Das sind die starken und erfolgreichen Denker, die so denken. Ihre Leistungen erweisen die Wahrheit des Worts, daß der Mensch das ist, was er denkt, und kann, was er will, daß er seines Glückes Schmied ist, daß er sich von den erhabensten Gipfeln in die Nacht der Hölle stürzen und sich aus den tiefsten Niederungen zu den Höhen des Glücks erheben kann.

RECHTE DENKSCHULUNG

Wie jede Fähigkeit wird auch das rechte Denken durch *Übung* geschult, gefestigt und verfeinert. Die erste Notwendigkeit, auf die wir hier stoßen, ist die Schaffung klarer Begriffe. Den Erfolgreichen zeichnet in der Regel praktische Logik aus.

Für den Lebensschüler heißt logisch denken: gesund, vernünftig und zielstrebig denken. Das Denken der meisten ist alles andere als zielgerichtet und einheitlich. Darum erreichen sie so wenig. Hier setzt die rechte Denkschulung ein, wozu hier einige Hilfsmittel gegeben werden, die es dem Lebensschüler erleichtern, sich rechtes Denken zur Gewohnheit zu machen, in seinem Denken und Tun immer bewußter den Gesetzen der Vernunft zu folgen, seine geistige Leistungsfähigkeit ständig zu steigern. Zunächst einige einfache Denk-Übungen:

1. *Kombinationsübung:* Nehmen Sie ein Fünfpfennigstück und werfen Sie es auf die gegenüberliegende Textseite dieses Buches. Versuchen Sie nun, den Absatz, auf dem das Geldstück liegt, zu lesen und die verdeckten Teile ohne Verrückung des Geldstücks zu rekonstruieren. Prüfen Sie nach Wegnahme des Geldstücks, ob die Ergänzung richtig ist.

Wiederholen Sie das gleiche auf anderen Seiten des Buches. Gelingt die Übung leicht, setzen Sie sie mit größeren Münzen fort, schließlich mit Papierstücken in verschiedener Form und Größe.

Machen Sie die gleichen Text-Ergänzungsversuche alsdann mit Ihrer Tageszeitung – mit dem politischen, wirtschaftlichen, Unterhaltungs- und Anzeigenteil. Fallen Ihnen diese Übungen leicht, gehen Sie zur nächsten über.

2. *Laut denken:* Wir stellen uns eine Aufgabe, die durch Nachdenken zu lösen ist, gehen aber den Weg über die verschiedenen Für und Wider bis zur Lösung nicht unbewußt, wie wir es bisher zumeist taten, sondern bewußt, und zwar in Form eines lauten Selbstgesprächs, bei dem wir uns über jeden Gedankenschachzug Rechenschaft geben. Dadurch machen wir zahlreiche Gedankenzüge, die uns bisher nie als Teile unserer Überlegungen gegenwärtig waren, bewußt. Das ist sehr reizvoll und gibt lehrreiche Einblicke in die Arbeitsweise unseres Geistes, zugleich gewinnen wir Verständnis für unsere Denk- und Beweggründe, lernen unklares Denken zu meiden und erlangen bei der Begleitung unserer Gedanken auf ihrem Wege von der Aufgabe bis zum Ziel wie im Spiel wachsendes Selbstvertrauen.

3. *Schreibend denken:* Diese Übung geht genau so vor sich wie das Lautdenken, nur daß wir unsere Gedanken so, wie sie kommen, mit allen Details niederschreiben – als Reisebericht über die Gedankenwanderung von der Aufgabe bis zu ihrer Lösung. – Sowie wir etwas niederschreiben, sind wir noch mehr als beim lauten Denken gezwungen, klar zu denken, und je häufiger wir das tun,

desto geschulter wird unser Denkvermögen. Reizvoll wird diese Aufgabe besonders für die, die stenographieren, also so schnell schreiben, wie sie denken.

4. *Schweigend denken:* Wir nehmen ein Problem vor, das zu lösen ist. Statt es aber sofort zu durchdenken, machen wir uns zunächst einmal ganz leer und still, entspannen uns völlig, wie es in der 5. LW gezeigt ist. Wir verweilen dann zwei Minuten in dieser Stille und stellen nun das Problem in das Blickfeld unseres Bewußtseins. Das ist eine neue Art Nach-denken – erst schweigen, nachher denken! Der Gewinn ist dieser: wir erkennen jetzt mit Klarheit das Wesentliche einer Frage und finden rascher eine brauchbare Lösung. Wir erkennen: Jede Minute des Schweigens erspart uns fünf Minuten nutzlosen Grübelns. Im Schweigen wächst die Durchdringungskraft unseres Geistes.

5. *Bewußtes Wiederholen:* Wir nehmen ein Buch mit einfacherem Inhalt, später Bücher mit schwierigerem Stoff zur Hand, lesen einen Absatz, schließen dann die Augen und wiederholen den Inhalt des gelesenen Absatzes in Gedanken, dann laut und schriftlich. Das Geschriebene vergleichen wir mit dem gedruckten Absatz. Aus den gemachten Fehlern kann man sehr viel lernen. – Wer dies einige Zeit hindurch übt, wird merken, daß ihm die Reproduktion eines Gedankengangs immer leichter fällt und daß zugleich sein Vermögen, einen Gedanken in Worte zu kleiden, wächst.

6. *Stellungnehmen:* Diese Übung ist eine Ergänzung der vorigen: nachdem wir das Gelesene schriftlich wiederholt haben, üben wir unser Urteilsvermögen, indem wir den möglichen gegensätzlichen Standpunkt zu dem Gelesenen herausschälen und mit möglichst wenig begründenden Worten niederschreiben. Darauf suchen wir das beide Standpunkte Einende, Verbindende oder Gemeinsame heraus, und schreiben auch das nieder, so zur These und Antithese die Synthese fügend.

7. *Definitionsübung:* Diese Übung ist das beste Mittel, sich klare Begriffe zu schaffen. Die meisten denken in unscharfen Vorstellungen. Sowie man sie fragt: „Was meinen Sie eigentlich mit dem, was Sie eben sagten?“ werden sie unsicher. Der Lebensschüler muß Mutmaßungen meiden, wo Gewißheit möglich ist. Wir bringen Ordnung in unser Gedankenleben, indem wir uns im Definieren üben.

Definieren heißt erklären, umgrenzen, eine Sache beim rechten Namen nennen, einen klaren Begriff hinstellen, den man von allen Seiten umfassen, erfassen kann; es heißt, den Sachgehalt einer Erscheinung oder einen Sachverhalt kennzeichnen, das einem Wort zugrundeliegende innere Bild festlegen und umschreiben. Die einfachsten Definitionen sind Zweck-Angaben, die schwierigsten sind die Umschreibungen abstrakter Begriffe. – Zu den einfachsten Übungen der ersten Gruppe gehört die Berufs-Definition. Geben Sie in einem Satz Zweck oder Hauptmerkmal des Berufs an, den Sie ausüben, ohne Spitzfindigkeiten. Sodann üben Sie sich darin, Begriffe wie Eisenbahn, Gedanke, Fenster, Buch, Lampe, Haus, Mensch, Geschäft, Linie, Liebe, Krankheit, Idee zu definieren.

Indem wir so unsere Begriffe schärfen, steigern wir zugleich unser Vermögen, *folgerichtig und praktisch zu denken.* Wir werden uns mehr und mehr bei jedem Ding fragen: Welches sind seine wesentlichen Elemente oder Teile? Bei einem Zustand: Welches sind seine Hauptmerkmale? Und bei beiden: Welches sind ihre Wirkungen? In welche größeren Gruppen sind sie einzureihen?

Auf diese Weise kommen wir zu eigenen Urteilen, zu klarem, selbständigem Denken, zu steigendem Beobachtungs- und Vergleichsvermögen, zur Überlegenheit gegenüber weniger Denkgeschulten.

DENKFEHLER UND IHRE VERHÜTUNG

Um eine Kraft zu schulen, ist es unerläßlich, die Hindernisse fortzuräumen, die ihrer vollen Entfaltung störend im Weg stehen. Hierzu gehört die Erkenntnis, Verhütung und Überwindung von Denkfehlern. Denn aus Denkfehlern entstehen Denkhemmungen, seelische Hemmungen und Erfolgs-Unvermögen.

Denkfehler verhüten und beseitigen wir durch Beachtung vor allem der folgenden Regeln:

1. *Nichts für schwierig halten!* Viele neigen dazu, alles als schwer anzusehen und es sich dadurch schwer zu machen. Sie glauben auch, die hier gezeigte Lebensschulung sei schwer. In Wirklichkeit ist sie einfach und leicht und wird von jedem sofort verstanden, der die

Mahnung des Seelenkenners Jesus befolgt, „wie ein Kind zu werden“: unverbildet, unbehaftet mit Vorurteilen, Befürchtungen und Besorgnissen. Jede Aufgabe ist so leicht, wie man sie ansieht.

2. *Nicht zweifeln!* Manche neigen zur Sorge, ob das Erwartete oder Bejahte auch eintritt. Solche Besorgnis quillt aus der uneingestandenen Furcht vor möglichem Mißerfolg. Und diese Furcht wiederum hebt die Bejahung auf und zieht das Gegenteil, eben das Gefürchtete, herbei. Ohne Selbstvertrauen und zweifelsfreie Bejahung des Sieges keine Erfolge!

3. *Geduld haben!* Die meisten können nicht warten. Sie haben vielleicht beobachtet, wie ein anderer durch rechtes Denken und Wirken sich überraschend schnell eine neue Stellung verschafft hat, und möchten nun ebenso rasch die Früchte ihres positiven Denkens sehen. Das ist zuweilen, aber nicht immer erreichbar. Wir können die Vorbedingungen zur Verwirklichung eines Wunsches schaffen – aber Tag und Stunde der letzten Auswirkung der durch rechtes Denken ausgelösten Ursachenketten können wir selten genau vorausbestimmen. Ungeduld macht zum Zweifeln und Fürchten geneigt oder führt zu Hetze und Selbstverkrampfung. Beides hält den Erfolg fern.

4. *Vorurteile meiden!* Viele urteilen, bevor sie etwas gründlich prüfen, oder lassen sich von halben Erkenntnissen zu Entscheidungen verleiten: eine Quelle vieler Mißerfolge. Der Lebensschüler muß selbst denken und sachlich denken. – Viele Vorurteile sind mißratene Kinder fremden Denkens, von unserer Denkträgheit genährt, sich breit zwischen uns und das Glück schiebend. Andere Vorurteile sind Kinder der Leidenschaft und gleich leidbringend. Wenn das Gemüt erregt und getrübt ist, neigen wir dazu, das Angenehme für wahr und das Unerwünschte für falsch zu halten.

5. *Für Klarheit sorgen!* Die meisten begnügen sich mit verschwommenen oder verworrenen Begriffen, aus dritter Hand geborgten Fremdgedanken. Sie legen den Dingen und Umständen Bedeutungen bei, die ihnen nicht zukommen, geraten von falschen Wertungen zu falschem Tun und zu Mißerfolg. Der Lebensschüler übt sich darin, *selbst* zu denken und alles zu Ende zu denken, Selbsttäuschungen, Scheinbeweise und falsche Schlüsse zu meiden und sein Wissen und seine Gewißheit ständig zu mehren.

6. *Aberglauben ausrotten!* Das, was wir Aberglauben nennen, kann in einigen Fällen instinktsicherer Über-Glaube im Sinne inneren Wirklichkeitswissens oder Erkennens höherer Gesetzmäßigkeiten sein; er ist dann positiv und förderlich. Aber in der Regel ist er ein After-Glaube, der nicht auf Tatsachen gründet, sondern unbegründeten Annahmen, Hoffnungen und Befürchtungen entquillt wie ein Irrlicht dem Sumpf. Die Irrlichter des Aberglaubens sind aus dem Sumpf der Nicht-Erkenntnis herausgekrochen. Diesen Sumpf trocknet der Lebensschüler aus durch Mehrung seines Wissens und Erkennens.

Das gilt auch vom ‚religiösen Aberglauben': Mit Religion hat Aberglaube nichts zu tun. Denn Religion ist kein Fürwahrhalten, sondern ein Tun. Je mehr Bekenntnis, desto weniger Erkenntnis. Religion ist *Leben,* Aberglaube seine buchstäbliche Umkehrung: *Nebel,* ein Gedankennebel, in dem man im Kreis geht und nie ans Ziel kommt: zu schöpferischer Selbstverwirklichung. Religion erzieht zum Selbstdenken, zum eigenen Gott-Erleben; Aberglaube verpestet die Luft mit faulen Suggestionen, deren Wahrheitsgehalt sich nicht nachprüfen läßt, weil keiner da ist.

Der Lebensschüler erziehe sich dazu, solche Phantome fremden Wahns wegzudenken, indem er sich zum Licht der Wahrheit wendet. Er gewöhne sich, fremde Behauptungen nachzuprüfen, die Trugschlüsse im Denken anderer als solche zu erkennen und darüber zu wachen, daß er selbst von solchen Irrtümern freibleibt.

7. *Spannungen vermeiden!* Zu den Voraussetzungen erfolgreichen Denkens gehört das innere Entspanntsein. Solange unser Denken von Sorgen besessen oder verkrampft ist, kann die innere Kraft nicht frei in uns aufströmen und der Verwirklichung des Ersehnten dienen. Hier sind die Entspannungs-Anweisungen der 5. und 9. LW zu beachten.

8. *Störende Gedanken fernhalten!* Das geschieht durch die um so gefühlsbetontere Hinwendung auf den Gegenstand unseres Interesses, unserer Konzentration, und durch Erkenntnis der Nichtigkeit der störenden Gedanken. Ein Gedanke wird in der Regel durch das Hervorrufen und Festhalten eines entgegengesetzten Gedankens überwunden; je lustbetonter der neue Gedanke ist, desto rascher verläßt der störende Gedanke das Blickfeld des Bewußtseins.

Für den Lebensschüler genügt die Bewußtmachung dieser Fehlerquellen, um sie hinfort nach Möglichkeit zu meiden. Gleiches gilt von den Denkhemmungen.

DENKHEMMUNGEN UND IHRE BESEITIGUNG

Wie bei der Verhütung von Denkfehlern, so kennt der Lebensschüler auch bei der Ausrottung von Denkhemmungen keine Kompromisse: ohne Einschränkung fegt er aus dem Bewußtsein hinaus, was zielstrebigem, erfolgvertrauendem rechten Denken im Wege steht.

Bei einem Gehemmten sind die Denkfunktionen verlangsamt oder gestört. Sein Auffassungsvermögen ist eigeengt, er hört Worte, ohne ihren Sinn zu erfassen, liest, ohne sich des Inhalts recht bewußt zu werden; alles erscheint ihm mühselig, teigig, bedrückt ihn, macht ihn zaghaft, unentschlossen und unfähig, das Rechte zu tun oder am Widerstand zu wachsen. Rücken wir den wichtigsten Denk-Hemmungen zu Leibe:

1. Die *Trägheit des Geistes:* Viele Denkhemmungen sind nichts als verkappte Denkfaulheit. Den meisten eignet ein Hang zu bequemem, oberflächlichem Denken, das keine Mühe macht. Wenn eine freie Stunde lockt, überwiegt das Verlangen, sie nichtstuend zu genießen, bei weitem das Streben, diese Stunde gehaltvoll zu machen. Sie lassen lieber etwas ‚auf sich beruhen', als daß sie es aufscheuchen, indem sie darüber nachdenken und womöglich zu ungemütlichen Schlüssen und Konsequenzen kommen.

Anders der Erfolgreiche: Ihn lockt ein Widerstand, sich daran zu versuchen. Er schleudert ihm sein ‚Nun erst recht!' entgegen und erlebt beim Schaffen, daß die Frische mit dem *Tun* kommt, nicht aus dem Nichtstun.

2. *Angstgebundenes Denken:* Manche Vorstellungen, Gewohnheiten, Sitten, Ansichten und Glaubensmeinungen, in der Kindheit uns eingeimpft, sind zu Ketten geworden, die wir mühsam mitschleppen. Von solchen Denkhemmungen müssen wir uns lösen, indem wir die Unsinnigkeit oder Wesensfremdheit dieser Vorstellungen erkennen und sie aus unserem Bewußtsein hinausweisen:

„Du gehörst nicht zu mir, du bist mir wesensfremd, suche dir anderweit Wohnung!“

Das Denken des Kindes ist weitgehend von seinen Erziehern bestimmt. Viele Menschen nun sind unbewußt auf dieser Kindheitsstufe stehengeblieben: sie denken immer noch, was und wie sie als Kind zu denken gezwungen wurden. Diese Schalen falschen Denkens gilt es abzustreifen, sie mit dem ‚alten Menschen‘, der überwunden werden soll, hinter sich zu lassen, von fremdem Denkzwang frei zu werden. Denn niemand wird glücklich, ehe er sich nicht auf sich selbst besinnt und auf eigenen Füßen zu stehen lernt.

3. *Zwangsvorstellungen:* Fanatismen, fixe Ideen, Zwangsgedanken, die sich in unser Denken eingefressen haben wie die Caries in ein vernachlässigtes Gebiß, sind Todfeinde selbständigen Denkens. Wer beispielsweise wähnt, nur eine bestimmte Ernährungsweise oder die Meinungen irgendeiner Sekte seien die alleinige Glücksgewähr, dessen Denken ist so eingeengt, daß er selten zu allseitigem Lebenserfolg gelangt.

Solche Fesseln wird der Lebensschüler durch rechtes Denken lösen. Und er wird, solange er noch nicht völlig fest in sich verankert ist, nach Möglichkeit den ständigen Umgang mit geistig Trägen, Abergläubischen, Sektierern meiden; denn sie verleiten zum Nichtdenken.

Kein lebensabgewandter oder lebensfeindlicher Gedanke darf uns beherrschen, keiner sich gegen unseren Willen im Blickfeld unseres Bewußtseins breit machen und sein Spiel mit uns treiben. Haben wir erkannt, daß alle Vorstellungen, die uns zu hemmen suchen, von unserer Gnade abhängen, nicht wir von ihrer, dann werden wir sie durch rechtes Denken meistern und überwinden.

*

Haben Sie sich einmal beim Aufwachen beobachtet? Solange Sie die Augen geschlossen halten, gehen Ihnen alle möglichen Traumreste durch den Kopf, als wären Sie in einem Raum mit vielen Menschen, die alle durcheinanderreden.

Sowie Sie das Licht entzünden und die Augen öffnen, ist der Spuk weg. Sowie Sie aber die Augen wieder schließen, geht die ‚Vorstellung‘ weiter.

Gleichermaßen: sowie wir die Augen gegen das Leben *verschließen* und uns mit unseren Hemmungen beschäftigen, spielen sie mit uns, während wir vielleicht noch wähnen, mit ihnen zu spielen.

Sowie wir die Augen aufmachen, eine Aufgabe, eine Pflicht, eine Arbeit fest ins Auge fassen und zu *handeln* beginnen, ist der innere Spuk weg, die Hemmung versunken.

Wenn wir aber grübelnd innehalten und ins Träumen abgleiten, ist die Hemmung wieder da. Wir können auf diese Weise mit den inneren Kräften exerzieren und – sie überlisten: allmählich folgen sie uns, gehorchen aufs Wort wie der Besen dem Befehl des Meisters in Goethes ‚Zauberlehrling', und werden, auf einen neuen Befehl, zu toten Dingen, die wir wegstellen und nie wieder ansehen.

Wir können den Traumspuk also jederzeit vertreiben. Der Zwangsdenker ist ein Traumdenker, der sich seines Schlummers nicht bewußt ist, nicht um seine Fähigkeit weiß, die Augen zu öffnen und den Spuk zu vertreiben. Ihn aufzuwecken und zum Herrn seiner Träume zu machen, ist das Ziel der Lebensschulung. Die LS beweist ihm, daß es keine Denkhemmung und keine Übel gibt, die er nicht aus eigener Kraft zu meistern vermöchte!

8. WOCHE:

MACHT DES GLAUBENS

> „Der Glaube ist ein großes Gefühl von Sicherheit für die Gegenwart und Zukunft, und diese Sicherheit entspringt aus dem Zutrauen auf ein übergroßes, übermächtiges Wesen. Auf die Unerschütterlichkeit dieses Zutrauens kommt es an." Goethe

Wir setzen die in der vorigen LW begonnene Denkschulung fort, indem wir die dem Denken verwandten Kräfte des Gemüts – die Glaubens-, Wunsch-, Vorstellungs- und Willens-Kraft – einer ähnlichen Bewußtmachung und Dynamisierung unterziehen. Wir beginnen mit der Schulung der Glaubenskraft.

Wenn hier vom *Glauben* gesprochen wird, dann nicht im Sinne eines Fürwahrhaltens irgendwelcher konfessionellen, weltanschaulichen oder sonstigen Lehrmeinungen; für uns ist der Glaube eine *Kraft,* die wir in den Dienst wesentlicher Lebensführung stellen, ein Aspekt der Kraft in uns. Es irrt, wer annimmt, die Glaubenskraft gehöre nur in den Bereich des Religiösen und habe mit dem praktischen Leben nichts zu tun. In Wahrheit spielt sie im Leben und Beruf der meisten Menschen eine entscheidende Rolle.

Was in der 7. LW über die Macht der Gedanken gesagt ist, gilt in gleicher Weise von der Kraft des Glaubens. Denn es handelt sich bei beiden um dieselbe Grundkraft der Seele. Setzen Sie in den Unterweisungen der vorigen LW überall an die Stelle des Wortes ‚Gedanke' das Wort ‚Glaube' und lesen sie die Lektion noch einmal durch; Sie werden dann zu einer Reihe wertvoller Erkenntnisse über das Wesen der Glaubenskraft kommen. Selbst anstelle der These: „Wer denkt, er kann, der kann!" dürfen wir zutreffend setzen: *„Wer glaubt, er kann, der kann!"*

Prüfen Sie, unter diesem Gesichtspunkt, nun den Lebensglauben Ihres Herzens – was finden Sie da? Glauben Sie, daß Krankheit, unfrohe Tage und Mißerfolge nun einmal zum Leben gehören? oder daß alle Kraft in Ihnen ist und daß Sie alles können, was Sie bejahen?

Glauben Sie, daß es gottgewollt ist, daß einige reich und viele arm sind? oder glauben Sie an die Fülle für alle? Glauben Sie, daß es nutzlos ist, sich gegen das Schicksal aufzulehnen? oder sind Sie von der Gewißheit erfüllt, daß der Mensch seines Schicksals Schmied ist?

Prüfen Sie Ihr Leben! *Denn wie Ihr Glaube, so ist Ihr Leben.* Ist Ihr Leben ohne Kraft und Erfolg, dann war es auch Ihr Glaube, und Sie brauchen eine *Glaubens-Schulung*, müssen lernen, die volle Herzkraft des Glaubens für die Verwirklichung eines besseren Lebens frei zu machen, müssen erkennen, daß Glaube keineswegs der Gegenpol des Wissens ist, sondern das gewisseste innere Wissen um die wahre Wirklichkeit, und daß uns nach unserem Glauben geschieht.

Das Merkmal des rechten, erfolgbringenden Glaubens ist sein Freisein von Zweifeln, seine Unbedingtheit und Unbeirrbarkeit, seine entschiedene Beharrlichkeit in der Zielrichtung, sein Überzeugtsein von der Anziehung oder Verwirklichung des Geglaubten.

Rechter Glaube ist das *Feuer* des Seelen- und Schicksals-Schmiedes und ebenso unentbehrlich wie der Hammer rechten Denkens.

*

Was Wirklichkeit werden soll, bedarf des dreifachen Glaubens an unsere Kraft, an unser Ziel oder Ideal, und an unseren Sieg. Ohne Glauben kann nichts werden, gedeihen und Frucht tragen.

Glaube ist die stärkste positive Geisteshaltung: vertrauensvolles Erwarten der Erfüllung eines Wunsches, des Eintretens einer Sache, der Erlangung eines Dinges. Der Glaube versetzt Berge, lehrt schon die Bibel – und in der Tat: Der Glaubende ist der All-Macht verbunden, die ihm nach der Inbrunst und Beharrlichkeit seines Vertrauens die Kraft gibt, Wunsch in Wirklichkeit zu wandeln.

Wo Glaube ist, Vertrauen auf die Hilfe von innen und oben, da hört alle Verzagtheit auf. Glaube an den Sieg der guten Sache, für die Du kämpfest, und Du trägst den Sieg davon. Glaube an das Gute im Nächsten, und Du rufst es hervor. *Was man glaubt, das nährt und verwirklicht man!*

Alle großen Menschen waren Meister des Glaubens, und der größte unter ihnen wurde nicht müde, uns auf die Notwendigkeit rechten Glaubens hinzuweisen: „So Ihr Glauben habt, wird Euch alles, was Ihr wünscht, zufallen."

Für jedes Unternehmen ist der Glaube an den Erfolg wichtiger als das vorhandene Kapital. Denn wo der Glaube fehlt, rinnt das Geld einem leicht unter den Händen davon. Wo aber der Glaube an den Erfolg alles Wollen und Tun bestimmt, da beginnt selbst das Wenige vielfältig zu wachsen und sich zu mehren.

Ohne Glauben keine Erfüllung. Ohne Glauben keine Fülle. Aus der Fülle des Glaubens blüht die Fülle des Lebens. Das sind in tausendfacher Lebenserfahrung gewonnene Erkenntnisse, deren Wahrheit jeder jederzeit erproben kann. –

Wenn wir uns auf einen bestimmten Erfolg konzentrieren, dann haben die durch die Konzentration dynamisierten (durchkrafteten) und zielwärts gerichteten Gedanken das Bestreben, im Rahmen des Möglichen die ihnen entsprechende Wirklichkeit zu schaffen. Nun ist aber diese Konzentration meist nicht vollkommen: oft ist das

Bewußtsein an eine Idee hingegeben, während das Unbewußte mürrisch opponiert, leise Zweifel einstreut, hämisch Bedenken äußert oder die Konzentration durch Nebengedanken stört. So heben sich Kraft und Gegenkraft teilweise auf. Diesem Übel begegnen wir durch gläubiges *überzeugtes Vertrauen* auf die Verwirklichung.

Wir müssen an die Kraft in uns glauben; dadurch setzen wir sie in Tätigkeit. Wir müssen uns auf die Kraft verlassen, wie sich ein Kind auf seine Eltern verläßt. Wie mancher hat sein Ziel nur erreicht, weil er bis zum letzten Schritt und Augenblick unerschütterlich an sich selbst und seinen Sieg glaubte. Sein Glaube versetzte Berge von Zweifeln und Hindernissen, sein Glaube spornte ihn an, machte ihn mutig und stark und ließ ihn erfahren: *Alles ist möglich dem, der Glauben hat!* Denn glauben heißt: *bejahen.* Jedes Ja! aber ist ein „Es werde!" an die Dinge der unsichtbaren Welt, ein Ruf, aus Zukunft Gegenwart, aus innerem Zustand Gegenstand zu werden. Zahllose Dinge, die der Mensch geschaffen, sind, mit den Augen des Geistes gesehen, geformter Glaube, kristallisierte Glaubenskraft.

Wer gläubig erwartet und bejaht, daß er bei einem Werk die nötige Hilfe durch andere findet, der setzt die Kräfte in Bewegung, die bewirken, daß die rechten Helfer zu ihm kommen. Hier gilt:

Wenn wir an unseren Erfolg glauben, dann wecken wir in der Innenwelt unserer Seele die zum Erreichen unseres Zieles nötige Kraft und rufen zugleich aus der Umwelt die Kräfte und Wesen herbei, die uns helfen, das innerlich Bejahte in Wirklichkeit zu wandeln. Jeder überzeugte Glaube setzt unsichtbare Kräfte in Richtung auf das Ziel in Tätigkeit.

Je gefühlsbetonter die Erwartung, desto unwiderstehlicher ist die geweckte Durchsetzungskraft. Wir müssen etwas nur ernsthaft und einschränkungslos erwarten und glauben, dann setzen wir jene feinsten spirituellen Energien des Lebens in Bewegung, die das Ersehnte zu uns oder uns zum Ziele führen.

VON DER DYNAMIK DES GLAUBENS

Glaube ist die bewußte Lenkung der konzentrierten, aufmerksamen Erwartung auf ein Ding oder Ziel, die dessen Erreichung erleichtert oder uns mit größerer Sicherheit das Zweckmäßigste tun läßt.

Der Glaube ist jene Kraft, die die Materialisation unserer Ideale und Wünsche und die Idealisation der Materie – die Wandlung der Dinge nach unserem Willen – am raschesten bewirkt.

Solcher Glaube ist weder blind noch ein Gegensatz zur Vernunft, sondern ein klar bewußtes überzeugtes Ins-Auge-Fassen eines Ziels, dem Glauben des Wissenschaftlers an die Gültigkeit der von der Wissenschaft erkannten Gesetzmäßigkeiten und Tatsachen nicht ungleich: die *Überzeugung, daß etwas so und nicht anders ist.*

Wenn ihm etwas noch nicht völlig feststehend erscheint, spricht der Wissenschaftler von einer *‚Hypothese‘*, das heißt, er ‚unterstellt‘ etwas als wahr. Der Lebensschüler ‚unterstellt‘ auch als wahr – nur im vollen Sinne des Wortes ‚Hypothese‘: er gibt einem Ideal das *geistige Unter-Gestell,* das Fundament, die innere Grundlage, von der aus es sich aufbaut, aus der Innerlichkeit in die Sinnenwirklichkeit hinauswächst.

Für den Lebensschüler ist der Glaube jene „intuitive Kraft, eine Wahrheit zu empfinden, die die Sphäre unseres Gehirns noch nicht erreicht hat“, so wie die aufgehende Sonne den Horizont noch nicht erreicht hat, aber dennoch ‚gläubig‘ von uns erwartet wird, im Vertrauen auf die tausendfach festgestellte Gesetzmäßigkeit ihres Aufgangs.

Glaube heißt Überzeugtsein von der Wahrheit eines vorgestellten Zustandes. Und gläubige Überzeugung heißt *Zeugung*, Schöpfung des Geglaubten. *Zeugen* – im Mittelhochdeutschen ‚ziugen‘ – heißt *zeigen,* sichtbar machen. Es ist der Blick des inneren Auges auf die unsichtbare innere Wirklichkeit.

Überzeugung ist *Über-Zeugung:* eine Zeugung aus dem Geiste in die Materie hinab, eine innere Zeugung, eine geistige Schöpfung, eine gedankliche Vor-Verwirklichung dessen, das sinnliche Gestalt annehmen soll. Es ist die Ingangsetzung der Anziehungskraft der Seele für das von ihr Ersehnte.

Praktisch wirkt sich das so aus: wir sammeln uns auf einen Erfolg, wir schaffen in uns eine lebendige klare Vorstellung des Erfolgs. Nun tritt kraftsteigernd das Moment der Überzeugtheit hinzu: wir erleben nun den ersehnten Erfolg als innere Wirklichkeit. Wir sagen nicht mehr: „Ich werde dies Ziel erreichen“, sondern „ich erreiche es“, und statt „ich werde gesund“ sagen wir „ich bin gesund“.

Statt in die Zukunft verlegen wir die Verwirklichung in die innere Gegenwart. Mit vollem Recht; denn in dem Augenblick, wo wir ein Ideal bewußt bejahen, wird es innerlich bereits zu Wirklichkeit. Das Geist-Gerüst des Kommenden ist dann geschaffen, die innere Voraussetzung vorhanden, die äußere Verwirklichung gesichert.

Unsere innere Kraft ist ein Teil der All-Kraft und wie diese schöpferisch. Unsere Überzeugung ist der Leitungsdraht, durch den die All-Kraft zu uns hinströmt und unsere Menschenkraft vervielfacht.

Wir werden, was wir denken, und erlangen, was wir wünschen, soweit wir von dem überzeugt sind, was wir wollen. Wo Überzeugung ist, da ist Selbstvertrauen, und dort haben auch die widrigsten Umstände nichts mehr zu bedeuten. Wo aber die Kraft der Überzeugung fehlt, da bricht auch das mit größtem Lärm begonnene Werk bald schweigend in sich zusammen.

Ein Meister überzeugten Glaubens war *Jesus*. Treffend sagte *Trine* von ihm, er habe restlos erkannt, „daß der Gedanke eine Kraft ist, die, wenn wir sie richtig lenken, für uns wirkt. ‚Dir geschehe, wie Du geglaubt hast', oder ‚alle Dinge sind möglich dem, der da glaubt' – wieder und wieder sagte er das. Es scheint eine der großen Wahrheiten zu sein, von der er die Welt gern überzeugt hätte, und sie beruht auf der Tatsache, daß der Gedanke eine Kraft ist, die beständig Bedingungen um uns her schafft, die der Art der Gedanken entsprechen, mit denen wir uns beschäftigen. Immer ist unser Leben so beschaffen, wie unsere Gedanken sind. Das ist eine der größten Lebenswahrheiten."

Gerade bei der Verwirklichung der Gedanken spielt der Glaube, die Kraft der Überzeugung, eine entscheidende Rolle. Durch den Glauben wird der Gedanke vitalisiert, belebt, die anziehende Kraft der Gedanken aktiviert und erhöht. Daraus ergibt sich die *Goldene Regel rechten Glaubens:*

(7) Was Du zu empfangen oder zu verwirklichen wünschest, das verwirkliche zuvor innerlich in vertrauend bejahendem Glauben!

Versuchen Sie einmal einige Zeit hindurch folgendes:

Glauben Sie einschränkungslos an die Dinge oder Umstände, die Sie ersehnen, als ob sie bereits Wirklichkeit wären. Und handeln Sie dementsprechend. Glauben Sie, daß Sie selbst bereits – im Grunde

Ihres Wesens – so sind, wie Sie sein möchten. Denken, fühlen, reden, handeln und leben Sie, *als ob* das Ersehnte schon gegenwärtig wäre; glauben Sie mit aller Inbrunst, deren Sie fähig sind, an seine Wirklichkeit. Je besser Ihnen das gelingt, desto rascher rufen Sie – nach dem Gesetz der Anziehung – das Geglaubte in die Sinnenwirklichkeit.

Wo der Glaube vollkommen ist und ausschließlich auf das Erwartete konzentriert, da ist auch die Erfüllung vollkommen.

*

Ob wir etwas wünschen oder wollen, etwas fordern oder tun, immer muß unsere Glaubenskraft positiv mitwirken, soll der Erfolg unser sein.

Die Gesetze der Glaubens-Dynamik sind die gleichen wie die der Gedankendynamik. Die Haupt-Regel lautet hier:

(8) Die anziehende Kraft des Glaubens wird durch die gläubige Erwartung des Ersehnten entfesselt und durch die Beharrung in diesem Glauben gesteigert. Ihre Reichweite ist um so größer, je freier der Glaube von Ungeduld und Zweifel ist, je selbstverständlicher die Erfüllung bejaht und so jeder Gegen-Gedanke schon im Kein erstickt wird. Wie die Wirkung der Ursache folgt, so folgt solchem Glauben die Erfüllung.

Von dieser Hauptregel leiten sich die übrigen Glaubens-Regeln und -Richtlinien ab, die wir nun zu besprechen haben.

Die wichtigste Forderung ist die, daß unser Glaube von selbstverständlicher *Ausschließlichkeit* ist. Er muß heiß sein. Ein lauwarmer Glaube ist fruchtlos; hier heben Kraft und Gegenkraft sich auf. Ein „möchte gern" enthält schon seinen Gegengedanken „ich kann nicht"; ein „ja, aber" verrät die Halb-und-halb-Gesinntheit; ein innerliches „Vielleicht" oder „Hoffentlich" die Kraftlosigkeit des Glaubens.

Nur wo der Glaube ausschließlich ist, erwacht das Wissen um die innere Kraft und die Gewißheit: „Ich kann und ich will!"

Dementsprechend gewahrt der eine im Garten des Lebens vor allem die Dornen des Mißerfolgs, der andere die Rosen des Erfolgs. Der eine erkennt schließlich: „Was ich gefürchtet habe, ist über mich gekommen!" und der andere: „Wer hat" – nämlich den felsenfesten Glauben –, „dem wird gegeben" – was er bejaht –.

Nicht minder wichtig ist die Forderung, daß unser Glaube *frei von Zweifeln* sei. Die meisten mischen ihre Erfolgshoffnungen mit Bedenken und Befürchtungen – und wundern sich dann, wenn so wenige ihrer guten Erwartungen in Erfüllung gehen, aber so viele ihrer Sorgen. Sie sehen nicht, daß der Zweifel die Gegenkraft des Erfolgsvermögens ist.

Nichts ist schädlicher für den Aufwärtsstrebenden als der Zweifel an seiner Kraft, seinem Können, seinem Ziel und Sieg. Denn jeder Zweifel bedeutet nicht nur eine Minderung seiner Erfolgssicherheit, sondern ruft zugleich bei andern, auf die es ankommt, auf dem Wege über deren Unterbewußtsein entsprechend negative Rückwirkungen hervor.

Der Kaufmann, der an die Güte seiner Waren glaubt, besitzt eine größere Durchsetzungs- und Erfolgskraft als jener, an dessen Herzen der Zweifel nagt. Der Redner, der von der Tatsache der Notwendigkeit des Gesagten innerlich durchdrungen ist, der an das Ideal glaubt, das er predigt, besitzt eine andere Schwung- und Überzeugungskraft als jener, der für Geld, aus Ehrgeiz oder anderen nicht in der Sache liegenden Gründen für etwas eintritt. Ein Schaffender, der an den Erfolg der von ihm Gewirkten glaubt, ist jedem Wettbewerber, dem diese Überzeugung fehlt, weit überlegen.

Solange unser Erfolgsglaube von Zweifeln getrübt ist, wird auch die Wirklichkeit ein Gemisch aus Erfüllung und Enttäuschung. Es ist, als säten wir Weizen und Unkraut zugleich. Gar zu leicht überwuchert das Unkraut die edle Saat. So schwächt jeder Zweifel unsere Erfolgskraft.

Und wo Zweifel und Mangel an Selbstvertrauen gar überhand nehmen, da zieht sich die Herzkraft des Glaubens ganz nach innen zurück, und das Ende ist der Mißerfolg. Wir schließen uns so selbst vom inneren Zustrom und Nachstrom der Fülle aus.

Jeder Zweifel bewirkt eine Störung in unserem Seelen-Empfänger. Solange diese Störung nicht beseitigt ist, ist ein reiner Empfang neuer Kraft nicht möglich. Solange Bedenken sich in uns breitmachen, ist ein vollkommener Empfang der Dinge, die wir ersehnen, unmöglich.

Darum setzt der Lebensschüler jedem Zweifel den gefühlsbetonteren Gedanken rückhaltlosen Vertrauens auf den Geist des Lebens und auf die innere Kraft entgegen. Er überprüft und festigt nicht nur die Zielgerichtetheit seines Glaubens an den Sieg, sondern macht seine Glaubensvorstellungen bewußt willens- und lustbetont: er kleidet sie in so lebendige, sonnige, frohstimmende Bilder, daß der Nebel düsterer Gegenstimmungen, die Wolken der Zaghaftigkeit und des Zweifels oder der trübe Herbstregen ungläubiger Verneinung gar nicht aufkommen können. Bald spürt er dann, wie sein Glaube stärker, sein Leben reicher wird und sein Alltag sich allmählich verwandelt in jenes Leben, das immer höher führt.

*

Die Erweckung der Glaubenskraft geschieht vor allem durch beharrliche vertrauende *Bejahung.* Stellen wir uns ein großes Gefäß voll unsauberen Wassers – zweifelsüchtigen Denkens – vor, in das wir fortgesetzt reines Wasser – selbstvertrauenden und bejahenden Denkens – hineingießen. Wird dieses Zugießen von reinem Wasser Tag für Tag fortgesetzt, dann wird schließlich alles unsaubere Wasser und selbst der Schlamm am Boden das Gefäß verlassen und reinem Wasser Platz gemacht haben. An die Stelle der Zweifel und Befürchtungen sind dann kraft- und siegbejahende Vorstellungen getreten. Im gleichen Maße hören die bisherigen Mißerfolge auf.

Entscheidend ist die *Richtung* unseres Glaubens. Durch die Richtung unseres Glaubens wirken wir auf das Unterbewußtsein ein – die Heimat wirkstarker seelischer Kräfte – und zugleich auf die Bildekräfte der Umwelt. Einerlei, ob das, was wir glauben, richtig oder falsch ist, gut oder schädlich, – immer entspricht die Wirklichkeit der Richtung unseres Glaubens:

Der Abergläubische, der an die üblen Wirkungen bestimmter ‚Vorzeichen' glaubt, ruft durch seine Glaubenskraft eben diese Wirkungen hervor. Und wer sich dazu erzogen hat, in allem nur positive Vorzeichen zu erblicken, dem bringt alles nur Glück.

Wer ängstlich sein Geld zusammenscharrt – ‚für kommende Zeiten der Not' –, der darf sich nicht wundern, wenn diese Zeiten der Not, an die er glaubt, schließlich kommen. Wer dagegen sein Geld ausgibt im Vertrauen darauf, daß immer wieder neues kommt und daß die innere Kraft und die Hilfe Gottes niemals ein Ende nehmen, der hält das spielend fern, was der Ängstliche vergeblich zu vermeiden trachtet.

Er erreicht ohne Mühe, was der Furchtsame bei aller Mühe nicht erreicht.

Worauf es weiter ankommt, ist, daß man sich ein lebendiges Bild dessen schafft, was man ersehnt, daß man dieses Bild gläubig im Herzen trägt und seine Verwirklichung mit unerschütterlichem Vertrauen erwartet.

Der Glaube wird oft als *‚weiße Magie'* bezeichnet – mit Recht: der vertrauensvolle Glaube an den Sieg wirkt magisch. Das besagt auch die Grundregel rechten Glaubens: *Was man glaubt, das ruft man in Erscheinung!*

Nicht nur unser Wollen und Handeln, auch unsere Umgebung, unser Glück, unser Schicksal wird geformt und bestimmt durch die Richtung unseres Glaubens.

Wie geht das zu?

Wenn wir etwas fest glauben und erwarten, erfüllen wir das Blickfeld unseres Bewußtseins mit lebendigen gefühlsbetonten Bildern dessen, was wir ersehnen oder fürchten, und verbinden uns mit den entsprechenden Dingen und Geschehnissen. Alles, was mit der Richtung unseres Glaubens gleichgestimmt ist – Menschen, Dinge, Umstände –, wird uns lebendiger bewußt, wir erkennen rascher günstige Gelegenheiten oder tun instinktiv gerade das, was der Verwirklichung unseres Glaubens am dienlichsten ist.

Uns begegnet und wir gewahren immer vor allem das, was in unserem Bewußtsein den ersten Platz einnimmt. Wir sind eben auf diese Dinge eingestellt, während andere Dinge unbemerkt an uns vorübergleiten. Wer hat nicht schon erstaunt beobachtet, daß, nachdem er sich für etwas zu interessieren begann, immer mehr damit in Zusammenhang stehende Dinge auf ihn einstürmten. Es ist fast, als beschäftigte sich plötzlich alle Welt mit dem Gegenstand seines Interesses. In Wirklichkeit kamen ihm diese Dinge bisher nur deshalb nicht zum Bewußtsein, weil er nicht auf sie eingestellt war und sie darum übersah. Nun er sich erwartend auf sie einstellt, treten sie scharenweise aus dem Dunkel in das erhellte Blickfeld seines Bewußtseins, ihre Beziehungen zu dem Gegenstand seines Interesses offenbarend.

In Wahrheit fand diese Wandlung der Dinge nicht in der Außenwelt statt, sondern in unserem *Innern,* in unserem Bewußtsein. Sender und Empfänger unserer Seele wurden auf neue Schwingungsgruppen umgestellt – und schon wandelte sich das Gesicht unserer Welt. Unsere Seele sucht und findet in der Umwelt immer das ihrer Denk- und Glaubensrichtung Gemäße. Diese Richtung unseres Glaubens – das ist die ein- oder vielfarbige Brille, durch die unser Bewußtsein die Welt sieht.

So kommt es, daß wir in die Erscheinung rufen, was wir glauben. So kommt es, daß unserer gläubigen Bejahung des Erfolgs eben dieser Erfolg folgt.

Es ist notwendig, daß der Lebensschüler sich diese Zusammenhänge so klar macht, daß sie ihm selbstverständlich werden. Er erkennt dann leichter, daß der Mensch *stets* von günstigen Gelegenheiten, besonderen Möglichkeiten und nutzbaren Dingen und Umständen umgeben ist und seinen Seelenmagneten nur recht abstimmen muß, um die rechten Dinge anzuziehen.

In der Tat ist jeder stets von ihm förderlichen Dingen, Menschen, Gelegenheiten und Möglichkeiten umgeben – er muß nur die Brille rechten Glaubens, Wünschens und Wollens aufsetzen, um ihrer auch bewußt zu werden und sie erfolgreich zu nutzen. Er wird dann hellsichtig für alles, was ihm helfen kann, seinen Erfolgglauben zu verwirklichen. Er gewahrt immer mehr Dinge, die seinem Glauben gemäß sind, und tut immer instinktsicherer das, was der Erfüllung seines Glaubens dient, während er zugleich unempfänglicher für alles wird, was der Eigenschwingung seiner Seele zuwiderläuft.

Auch sein Gedächtnis stellt ihm immer mehr gerade die Gedankenbilder und Daten zur Verfügung, die er braucht, und wird zugleich taub, blind und stumm für alle Dinge, die seiner gegenwärtigen Seelen-Einstellung ungleichgerichtet sind.

Zugleich steigert der durch nichts abgelenkte Glaube an den Erfolg seine Sicherheit und seine Zielbegeisterung: sein Glaube läßt ihn mit wachsender Kraft und Zielgerichtetheit das zur Erreichung des Ziels Nötige tun.

Ein erfolggläubig Schaffender wirkt mehr und Besseres als zwei ohne diesen Antrieb Tätige, oder als vier an Wert und Erfolg ihrer Arbeit Zweifelnde, oder als acht den Mißerfolg Fürchtende, oder als sechzehn von vornherein von der Nutzlosigkeit ihres Tuns Durchdrungene. Auf dem Sportplatz wie im Leben entscheidet beim Wettstreit nicht die größere Kraft, sondern der stärkere Glaube an die eigene Kraft und an den Sieg.

*

Doch wir müssen einen Schritt weiter gehen. – Beim Examen entscheidet bekanntlich selten das Maß des erworbenen Wissens, sondern der davon unabhängige Grad selbstvertrauender Sicherheit. Dieser Glaube an das eigene Können ist es, der vom Prüfling auf den Prüfer überspringt, in diesem das Gefühl erweckt, einen tüchtigen, wohlvorbereiteten Prüfling vor sich zu haben, der den Stoff beherrscht und den man nicht lange zu fragen braucht.

Die Wirkung des Glaubens bleibt also nicht auf das Bewußtsein des Glaubenden beschränkt; sein Glaube strahlt von ihm aus, wirkt positiv magnetisch auf die Wesen, Dinge, Geschehnisse und Gedanken, die seiner Verwirklichung dienlich sind. Wie unser Glaube, so ist unser bewußtes und unbewußtes Denken, Fühlen und Tun, so ist die Welt, die wir um uns sehen, und so ist auch die *Reaktion der Umwelt auf uns.*

Ein starker Glaube wirkt umstimmend auf die Umwelt. Wenn wir gläubig erwarten, daß bestimmte Dinge zu uns kommen oder gewisse Geschehnisse eintreten, dann bewirken wir eine entsprechende Wandlung in der Welt der Ursachen, der eine parallele Veränderung in der Welt der Erscheinungen folgt. Unser Glaube wirkt auf dem Wege über das Gemeinsame Unbewußte auf andere Wesen, Dinge und Umstände umstimmend. Jeder Glaubensimpuls breitet sich als kreisförmige Schwingung nach allen Seiten aus und ruft entsprechende Vorstellungen und Tendenzen in gleichgestimmten Seelen wach.

Je unerschütterlicher ein Mensch von dem überzeugt ist, was er denkt, sagt, will, desto größer ist die Durchsetzungskraft seiner Gedanken, seiner Worte, seines Willens, und um so schwerer wird es für andere, sich der von ihm ausgestrahlten Gedankenschwingung ernstlich zu widersetzen: früher oder später geraten sie in den Stromkreis seines Denkens und Glaubens.

Der Lebensschüler zieht aus diesen Tatsachen die Lehre, von nun ab nur noch solche Glaubensvorstellungen in sich zu nähren, die er auch auf andere zu übertragen wünscht und deren Verwirklichung er ersehnt. Er empfängt die Hilfe, die er gläubig von anderen erwartet, und ruft die Umstände herbei und die Dinge hervor, die er vertrauend bejaht.

*

Der Glaube ist die Grundkraft des Herzens, die uns, recht entfesselt, mit den Herzen der Dinge und mit den Seelen anderer Wesen sympathisch verbindet. Rechter Glaube macht uns für die unserem Ziel günstigen Dinge, Wesen und Umstände ‚anziehend'. Das Ergebnis: die Geschehnisse entwickeln sich im Sinne unserer Erwartungen; ‚Zufälle' ereignen sich, die uns wunderbar zustatten kommen, wir erleben uns als ‚vom Glück begünstigt'; die Dynamik rechten Glaubens offenbart sich.

Was die größten Männer aus kleinsten Anfängen rasch emportrug, war in der Regel ihr bedingungsloser Glaube an ihren Erfolg, ihr Vertrauen auf die innere Kraft, auf die Hilfe von oben.

Der berühmte Waisenhaus-Müller begann, als er seine Bestimmung erkannte, eltern- und heimatlosen Kindern eine neue Heimat zu schaffen, ohne einen Pfennig Geld – nur mit dem Glauben an die Hilfe von oben; bald strömten tausende und schließlich hunderttausende von Mark herein. Ebenso bei Pestalozzi!

Wie war es möglich, daß dies Geld dem Unbekannten von Unbekannten ins Haus getragen wurde? Sein unerschütterlicher Glaube, sein vertrauendes Gebet fand in den Seelen von immer mehr Menschen lebendigen Widerhall, ließ den gleichen Gedanken in ihnen lebendig werden, leitete sie – wie von unsichtbaren Helfern geführt – zu ihm, um sein Werk zu fördern.

In gleicher Weise glaubt der rechte Lebensschüler daran, daß er sein Ziel erreicht. Und eben dieser Glaube gibt ihm die Sicherheit, gerade die Dinge zu tun, die die Verwirklichung seines Ideals am besten fördern.

Er glaubt, daß Gesundheit, Glück, Fülle und Erfolg das Wirkliche und ihm Gemäße sind, Krankheit, Mangel und Mißerfolg ein Abweichen von der Helle des Wirklichen ins Zwielicht des Scheinhaften, ein Abirren von der Quelle des Lebens.

Er glaubt an das Leben und daran, daß er ein Kind der Gottheit und Eigner der Fülle des Guten ist. Eben dieser Glaube wandelt Möglichkeit in Wirklichkeit und führt ihm zu, was er ersehnt.

Er erwartet Großes von sich und vom Leben und ruft dadurch Großes hervor. Sein Glaube weckt und steigert seine Kraft und ruft die Fülle des Lebens herbei.

Er legt aber nie träumend die Hände in den Schoß, sondern *handelt* und tut in gläubigem Vertrauen die Dinge, die der Erreichung seines Zieles dienen. Sein Tat-Glaube ist hellsichtig: er spürt im Keim das Kommende und macht ihm durch die Tat die Bahn frei. Er erwartet von allem das Beste – und eben diese Erwartung läßt ihn die Wahrheit des Wortes erleben:

Was man beständig gläubig im Geiste festhält, das hält man bald fest in der Hand!

VOM RECHTEN GOTTVERTRAUEN

Ihre höchste Vollendung findet die Kunst rechten Glaubens in dem unerschütterlichen Gott-Vertrauen des seiner Gotteskindschaft bewußten Vollmenschen, in dem Glauben an die immerwährende göttliche Fürsorge und Hilfe.

Im Grunde ist alles Selbstvertrauen ein Aspekt des Vertrauens zum Ewigen; es wurzelt darin und führt dorthin. Und im Grunde ist aller Glaube ein Bewußtwerden der lebendigen Verbindung des Menschen mit Gott und ein Entfalten der in uns angelegten Gottkraft.

Solch Gottvertrauen ist an kein Bekenntnis gebunden, es kann sich innerhalb wie außerhalb jedes Bekenntnisses entfalten. Es ist das erlösende Erwachen des vollen Vertrauens zur inneren Kraft, die als Funke der All-Kraft erkannt wird.

Dies Gottvertrauen hält uns keineswegs davon ab, stets mutig das zu *tun*, was nötig ist, um ein Ziel zu erreichen. Denn Gott hilft uns jederzeit, aber er hilft uns vornehmlich durch uns selbst, indem er uns fähig macht, das Rechte zu denken und das Beste zu tun.

Im unverbildeten Menschen schlummert nicht nur die natürliche Anlage zu solchem Gottvertrauen, er hat auch ein unentreißbares Recht dazu. Die Macht, die die Sterneninseln, die Milchstraßen, Sonnen, Planeten und Monde aus chaotischen Urnebeln erstehen ließ und ihre Bahnen bestimmte, die alles Leben auf allen Welten behütet, die die Bahnen der Atome und Elektronen bestimmt und gütig auch über das Schicksal des kleinsten Lebens wacht, die milde ist selbst dort, wo sie uns hart und grausam erscheint, die uns bis in die letzte Zelle erfüllt und uns mit jedem Atemzug durchpulst – diese Macht leitet uns und wacht darüber, daß auch in uns und um uns alles dem Gesetz der Harmonie, der Liebe folgt.

Dieser Macht dürfen wir vertrauen, ihr dürfen wir uns hingeben, aus ihr in jeder Stunde neue Kraft und neuen Lebensmut empfangen. Wir können immer beten: „Gott, den ich tief im Herzen trage, sei Du mit mir!" denn wir stehen immer unter dem Schutz des Höchsten, der uns seinen ‚Engel' in dem Gottesfunken in uns gab.

Versuchen wir, uns in nächtlicher Stunde beim Anblick des Sternenhimmels mit dieser Macht, die jeder Sonne das Gesetz ihres Lebens gab, lebendig eins zu fühlen, uns ihr liebend hinzugeben, uns als ihr ‚anderes Ich' zu erleben – ausgerüstet mit den Kräften der Gottheit, von denen wir bis heute nur den kleinsten Teil entfaltet haben.

Erkennen wir die Wahrheit jenes Wortes des weisen Heraklit: „Unglaube nur ist der Grund, warum das Göttliche sich größtenteils der Erkenntnis entzieht." Erkennen wir, wie in allem, was geschieht, der Geist des Lebens wirkt und waltet; und lernen wir, unsere Kraft um die des Göttlichen zu mehren.

Wenn alle uns verlassen, – der einzige wahre Helfer, den wir haben, der Gott in uns, verläßt uns nicht. So gibt es nichts, was wir im Ernst zu fürchten hätten.

Dieser Flammengeist im Seelengrund, dieses ewige Licht aus dem flammenden Herzen der Gottheit ist der Kern unseres Höheren Selbst, er ist unser wahres Ich-Bin. Wir werden das im weiteren und schließlich auf der Oberstufe der Lebensschule mit aller nur möglichen Deutlichkeit erkennen. Die Kraft in uns ist göttlichen Ursprungs, und ihr Ziel ist, uns zum Göttlichen emporzuziehen.

Wenn aber alle Kraft, die wir besitzen, Gottkraft ist, wie können wir dann – bei rechter Selbstbesinnung – anderes wirken als den Willen der Gottheit! Indem wir der Kraft in uns vertrauen, vertrauen wir der Hilfe Gottes – und mehren unsere Macht, machen uns innerlich unbesiegbar.

Wie aber *betätigen* wir dieses Gottvertrauen? – Die einfache Regel rechten Gottvertrauens gibt uns der Lebenslehrer Christus mit seiner Forderung: „Bittet, so wird Euch gegeben; suchet, so werdet Ihr finden; klopfet an, so wird Euch aufgetan."

Indem wir der Kraft in uns und über uns gläubig vertrauen, auf die Hilfe Gottes bauen, uns Gott anvertrauen und uns von innen her leiten lassen, stets das Beste erwarten und im Bewußtsein der Gegenwart Gottes in uns immer unser Bestes zu geben suchen, überwinden wir die Täuschung unserer Endlichkeit und Ohnmacht, erfüllen uns mit immer höheren Erkenntnissen und öffnen zugleich die Kanäle, durch die die Fülle in unser Leben einströmt.

Mit dem Gottvertrauen hängt unzertrennlich die Gewohnheit steter *Dankbarkeit* zusammen:

Indem wir dem göttlichen Helfer in uns und über uns für *alles*, was das Leben und der Tag uns brachten und noch bringen, von Herzen danken, öffnen wir die innere Pforte zum Göttlichen und bewirken, daß der Strom der Fülle mit *noch* mächtigerem Druck in uns aufströmt und das Flußbett unseres Lebens erfüllt.

Glauben, Gottvertrauen und Danken bilden eine mächtige Dreieinheit: wo sie zusammentreffen, da machen sie Platz in uns und um uns für größere Fülle. Der Glaube stählt den Mut; das Gottvertrauen mehrt unser Selbstvertrauen; und unsere Dankbarkeit weckt unsere Liebe zum Schicksal.

Während der Neid den Menschen einengt, seiner inneren Glückskraft den Atem abschnürt und ihn von der Fülle des Lebens ausschließt, macht die Gesinnung der Dankbarkeit unser Herz weit und zu einem breiten Kanal für den Durchstrom des Guten.

Hat Ihr Nachbar eine schönere Wohnung als Sie? Dann *danken* Sie Ihrem inneren Helfer täglich für das Heim, das Sie haben, und vertrauen Sie darauf, daß das Bessere zur rechten Zeit zu Ihnen kommt. Sie werden dann bald Gelegenheit haben, für ein *noch* schöneres Heim zu danken. Denn Dankbarkeit steigert unsere Erfolgsträchtigkeit.

Je dankbarer wir sind, desto mehr Gelegenheiten zu noch größerer Dankbarkeit gibt uns das Leben.

Indem wir wirken, als ob der Geist des Lebens durch uns wirke, bringen wir immer mehr Kräfte in uns und durch uns zur Entfaltung und werden für eine wachsende Zahl neuer Gelegenheiten und Möglichkeiten hellsichtig. Immer mehr von dem, was wir erwarten, wird in und um uns Wirklichkeit, je mehr wir erkennen, daß wir als Kinder Gottes Eigner der göttlichen Fülle sind, und nach dieser Erkenntnis handeln.

Wer dem Gott in ihm vertraut, findet seinen Glauben bald vielfältig bestätigt und belohnt. Gott, der „weiß, wessen wir bedürfen", gibt uns immer, wonach wir ernsthaft verlangen. Wo dieses Gottvertrauen entflammt ist, da kann nichts den Menschen mehr bedrücken: selbst im Angesicht der Gefahr gibt ihm die Gewißheit neuen Mut, Macht, Kraft und Sieg: *Gott und ich – wir sind die stärkere Partei!*

RECHTES WÜNSCHEN

Mit der Glaubenskraft innig verwandt ist die Wunschkraft. Wir würden mehr Erfolge haben, wenn wir kräftiger und bewußter wünschen würden. Die meisten Menschen haben es verlernt; sie *möchten* gern alles mögliche, aber ihnen fehlt die geschulte Wunschkraft.

Ein Wunsch ist eine mehr oder minder starke Neigung, etwas zu erreichen, zu vermeiden, zu besitzen – eine beharrliche Hinwendung des Gefühls und Verlangens auf ein Ziel, von dem wir Befriedigung erwarten. Der Wunsch ist aller Dinge Vater; alle Erfindungen, alle Annehmlichkeiten des Daseins sind verwirklichte Wunschbilder.

Indem wir etwas wünschen, machen wir einen Erfolgsgedanken *gefühlsbetont* und erhöhen seine Durchsetzungskraft. Durch die bewußte Hineingießung unserer Gefühls- und Wunschkraft in einen Gedanken erhöhen wir seine Schwingung und das Verwirklichungsvermögen des Gedankenkraftfeldes, das durch bewußtes Wünschen in ein mit der Saugkraft eines mächtigen Wirbels ausgerüstetes wirkstarkes Wunsch-Kraftfeld umgewandelt wird.

Um diese Kunst zu meistern, müssen wir lernen, richtig zu wünschen, wie es im folgenden gezeigt wird. Wie jede andere Kraft kann auch die Wunschkraft in den Dienst unseres Aufstiegs gestellt werden. Sie ist ein schlummernder Riese: es gilt, ihr zum Bewußtsein zu bringen, was sie ist und kann und was sie zu tun hat. –

Jeder Handlung liegt ein Wunsch zugrunde. Wo kein Wunsch, da ist keine Bewegung, keine Tätigkeit. Tätigkeit ist also wunscherfüllte Bewegung, Hinschreiten auf ein lustbetontes Ziel. Um unser oder anderer Tun zu ändern, müssen wir folglich unsere oder ihre Wünsche wandeln – entsprechend der Regel: Alles Wollen und Tun eines Menschen erfolgt stets in der Richtung seiner stärksten lustbetonten Wünsche.

Die Wünsche von Millionen Menschen waren es, die aus den primitiven Verhältnissen der Urzeit unsere gegenwärtige Kulturstufe geschaffen haben und in Zukunft tausendmal höhere Zustände schaffen werden. Die ziehende Kraft des Wunsches ist es, die uns aus der gegenwärtigen Lage zu besseren Verhältnissen führt.

Jeder Wunsch, der in uns verlangend nach Erfüllung giert, ist ein Vorbote und Künder seiner kommenden Verwirklichung. Mit einem Wort *Herders:* „Die Wünsche, die das Gemüt in stiller Einsamkeit ausbrütet, sind erfreuliche Boten einer schönen Zukunft."

Somit können wir gar nicht genug Gutes wünschen und dabei den Bereich des ‚Möglichen' nicht weit genug ausdehnen. Denn je mehr wir wünschen, desto mehr machen wir möglich und wirklich.

Tragen wir also stets einen guten Wunsch im Herzen, nach dem sich unsere Seelenkräfte orientieren und an dem sie sich bewähren können! Und wenn der Wunsch Wirklichkeit ward, laßt uns ein abermals höheres, edleres Ziel an seine Stelle setzen.

Es genügt nun aber nicht, Wünsche nur zu *haben,* man muß sie hegen, nähren, muß Tat-Wünscher sein. Machen wir uns klar, was das heißt:

Richtig wünschen heißt: nicht vage etwas ersehnen oder mögen, sondern es entschlossen bejahen, seine Verwirklichung erstreben und ohne Ungeduld von seinem selbstverständlichen Kommen überzeugt sein.

Richtig wünschen heißt: etwas heiß verlangen, im Geiste danach *langen,* es in Gedanken bereits in Besitz nehmen. Die *Intensität* des

Wunsches entscheidet: man muß etwas so ‚verzehrend verlangen' wie der Verhungernde die Nahrung.

Richtig wünschen heißt: die dem Wunsch innewohnende Triebkraft entfesseln, die Grundlage der Willenskraft. Und das heißt auf das Gewünschte hinsteuern, es nicht aus den Augen verlieren und nicht davon abgehen, bis es Wirklichkeit ward. Rechte Wünsche sind fortdauernde Tat-Impulse.

Richtig wünschen heißt endlich: stets nur das *Gute* wünschen, etwas herbeiwünschen, ohne es anderen zu rauben. Unser Herz muß andern das Gleiche wünschen können, was es uns wünscht. Wer einem andern Übles wünscht, ruft es in dessen Leben, wird aber zugleich *selbst* für das Übel empfänglich und zieht größeres Leid auf sich denn das, das er anderen bereitet.

Niemand kann andern schaden, ohne sich selbst zu schädigen, und keiner andern nützen, ohne zugleich sich selbst zu segnen.

VON DER WUNSCHKRAFT UND IHRER ENTFESSELUNG

Die Wunschkraft strebt um so sicherer nach Auswirkung, je klarer der Lebensschüler das Wesen der Wunschkraft erkennt, sie zu entfesseln lernt und ihr positive Ziele setzt. Indem er die Wunschkraft bewußt auf etwas richtet, macht er es lustbetont und weckt und mehrt seine Anziehungskraft für das Gewünschte.

Diese durch rechtes Wünschen entfesselte Anziehungskraft entspricht der Gravitationskraft im Kosmos, der Affinität im Reich der Elemente, dem Magnetismus beim Eisen, der Sympathie unter lebenden Wesen.

Indem wir etwas wünschen, vergrößern wir unser Gravitationsfeld, unsere Anziehungskraft auf das Gewünschte. Die Wunschkraft ist gewissermaßen die höhere Form der Anziehungskraft: sie meistert selbst das materielle Schwerefeld der Erde, wie jeder Turm beweist, den wir in die Höhe bauen, jedes Flugzeug, jede Rakete und jedes Raumschiff.

Was in der vorigen LW von den Denkhemmungen gesagt wurde, gilt in gleichem Sinne von den *Wunsch-Hemmungen.* – Eine solche

Wunschhemmung ist auch der Wahn des Nichtkönnens und der ‚Unmöglichkeit des Gewünschten'. Lernen wir, alles für möglich zu halten, was unser Herz ersehnt. Oft ist unser ‚ich kann nicht' oder ‚es ist vermessen, so etwas zu wünschen' oder ‚es geht zu weit' das einzige Hindernis, das der Wunschverwirklichung im Wege steht. Unser Sehnen findet Gewährung nach dem Maße seiner Unerschütterlichkeit durch Furcht und Zweifel.

Wir kommen damit zur *Fundamentregel rechten Wünschens:*

(9) Das Maß unseres Durchsetzungs- und Wunschverwirklichungsvermögens wird von der Intensität, Beharrlichkeit und Ausschließlichkeit des jeweiligen Wunsches bestimmt.

Über diese drei Voraussetzungen ein kurzes Wort:

1. Die *Intensität* eines Wunsches wird durch die Konzentration auf das Gewünschte geweckt und gesteigert. Die Konzentration wiederum ruft die schlummernde Willenskraft wach und führt zum rechten Tun.

Es genügt nicht, daß wir etwas ‚gern hätten' oder am ‚liebsten möchten'. Ein solcher Wunsch ist kraftlos. Wir müssen mit allen Fasern, allen Zellen unseres Leibes, mit allen Kräften unserer Seele, mit aller Macht unseres Geistes nach dem Ersehnten verlangen. Wir müssen es glühend wünschen und wollen. Der Wunsch ist das Feuer, in dem der Lebensschüler das Schwert des Willens schmiedet. Je heißer das Feuer, desto besser die Schmiedearbeit.

2. Nicht minder wichtig ist die *Beharrlichkeit* des Wunsches, die beständige Bejahung des Gewünschten, das unbeirrbare Festhalten am Ersehnten.

Den meisten fehlt diese zähe Ausdauer im Wünschen, darum bleibt die Erfüllung so oft aus. Sie flattern von einem Wunsch zum andern und verweilen bei keinem so lange, wie es nötig ist, damit der Wunsch vom Geistkeim zur physischen Wirklichkeit heranreifen kann. Sie haben nicht Geduld genug, um diese Reifung abzuwarten, und nicht Liebe genug, um die werdende Wirklichkeit zu pflegen und zu nähren. Oft denken sie unmittelbar vor dem Reifwerden der Frucht, daß ihr Wunsch wohl keine Erfüllung findet. Und dann kommt ein anderer, setzt die von ihnen abgebrochene Bejahung fort und erntet scheinbar ohne Mühe, worum Sie lange vergeblich gerungen haben.

3. Gleich wichtig ist endlich die *Ausschließlichkeit* des Wunsches. Damit ein Wunsch volle Wirklichkeit werde, muß er der einzige sein, das ausschließliche Ziel unserer bejahenden Erwartung.

Alle Erfolgreichen haben, bewußt oder unbewußt, ihre Wunschkraft entfesselt und sie mit aller ihr innewohnenden verzehrenden Glut jeweils auf ein einziges Ziel gerichtet. Wie eine Linse die Strahlen der Sonne sammelt und auf einen Punkt lenkt, so haben sie durch die Linse ihres Herzens alle Kräfte verlangenden Sehnens auf das Bild ihres Erfolges gerichtet und auf nichts sonst. Sie wußten, *was* sie wünschten, und sie wünschten es ausschließlich. So sind die großen Vermögen der Welt entstanden und viele der größten Taten der Menschheit.

*

Um die Wunschkraft recht zu entfesseln, müssen wir vor allem wissen, *was* wir wünschen. Den meisten bleibt die Wunscherfüllung versagt, weil sie nicht beachteten, daß sie ein bestimmtes, klares, *scharf umrissenes Wunschbild* haben müssen.

Es genügt keinesfalls, daß wir allgemein wünschen, daß ‚unsere Lage sich bessert', daß wir es ‚besser als bisher' haben möchten; wir müssen konkrete Ziele ins Auge fassen, ein klares Bild des Gewünschten vor uns hinstellen. Je allgemeiner ein Wunsch, desto schwächer ist seine Verwirklichungskraft.

Es gilt also, aus den vielen Wünschen, die in uns leben, den *einen* herauszufinden, der am stürmischsten nach Verwirklichung drängt, diesen Wunsch entschlossen in den Mittelpunkt zu stellen und alle übrigen solange zum Schweigen zu bringen, bis dieser Wunsch Erfüllung fand. Der Lebensschüler folgt hier der

Methode der stufenweisen Wunsch-Klärung:

1. Stufe: Wir nehmen einen Stoß kleiner Zettel und einen Bleistift zur Hand und bringen uns zuerst durch eine Entspannungsübung zur Ruhe. Sowie wir innerlich ruhig geworden sind, machen wir eine gründliche Bestandsaufnahme unserer Wünsche, indem wir uns die Frage stellen: „Welche Wünsche habe ich?" und dann jeden uns einfallenden Wunsch auf ein Zettelchen schreiben. *Alles*, was wir wünschen, muß zunächst ohne Wägen zu Papier gebracht werden. Wenn uns nichts mehr einfällt, beenden wir die Bestandsaufnahme.

2. *Stufe:* Wir gehen nun daran, unsere Wunschzettelchen zu sichten und zu ordnen. Dabei scheiden wir in ruhiger Überlegung die schwächsten Wünsche aus. Wir werfen die Zettelchen keineswegs fort, sondern legen sie für spätere Zeit zurück. Von dem verbleibenden Rest scheiden wir wieder die weniger wichtigen aus, alsdann die weniger dringenden und drängenden, dann die, die wir als reine Eintagswünsche ohne Dauer erkennen. Während so die *Zahl* der Wünsche immer kleiner wird, nimmt die *Wunschkraft,* die den verbleibenden Wünschen innewohnt, ständig zu. Indem wir unsere Aufmerksamkeit von den weniger wichtigen Wünschen abwenden, machen wir einen Teil ihrer Triebkraft frei, der unseren Hauptwünschen zugutekommt und deren Durchsetzungsvermögen erhöht.

3. *Stufe:* Die in engerer Wahl stehenden Wünsche machen wir nun zum Gegenstand einer Meditation oder Selbstbesinnung, oder beschlafen wir sie, damit unser Unterbewußtsein Gelegenheit hat, bei der weiteren Klärung mitzuwirken. Wir stellen unserem Unterbewußtsein vor dem Einschlafen die Aufgabe, von den verbliebenen Wünschen den oder die wichtigsten für unser Gefühl spürbar zu kennzeichnen.

4. *Stufe:* Am nächsten Morgen beenden wir die Wunsch-Kontrolle, indem wir mit der über Nacht oder durch die Meditation gewonnenen instinktiven Sicherheit die Wünsche ausscheiden, die wir als weniger bestimmend erkennen. Wir wägen die einzelnen Wünsche auf der Waage des Herzens gegeneinander ab.

5. *Stufe:* Schließlich sind die stärksten und glühendsten Wünsche geblieben, aus denen es nun den Ersten unter den an Kraft Gleichen auszuwählen gilt. Dazu machen wir die verbliebenen Wünsche erneut zum Gegenstand einer Selbstbesinnung oder beschlafen wir sie. Am nächsten Morgen oder am Schluß der Meditation treffen wir dann unsere Schluß-Wahl: wir ergreifen mit sicherem Gefühl den *Hauptwunsch* und geben zugleich den übrigen Wünschen die Reihenfolge, in der sie am besten Verwirklichung finden.

Jetzt können wir an die Verwirklichung dieses Wunsches gehen, wozu es zunächst der *Entfesselung der Wunschkraft* bedarf.

6. Stufe: Auch der glühendste Wunsch bleibt schwächlich und wächst nicht, wenn er nicht mit der Milch vertrauender Bejahung und beharrlicher Erwartung aufgezogen und durch wiederholte Konzentration genährt wird, bis Wind und Wetter ihm nichts mehr anhaben können.

Wir entfesseln unsere Wunschkraft und führen unseren Hauptwunsch seiner Verwirklichung zu, indem wir uns auf das lebendige Bild unseres Wunsches konzentrieren. *Wie* das gemacht wird, ist, da das bereits zur *7. Stufe* gehört, im nächsten Abschnitt zu zeigen. Wir schalten dadurch unseren Seelenmagneten auf die Schwingungsart des Gewünschten um und bereiten uns für seinen Empfang. Wir schaffen einen geistigen Kontakt zwischen uns und dem Gewünschten und ziehen es herbei.

Wir achten weiter darauf, daß unsere Wunschkraft nur in *positiver* Richtung entfesselt wird. Alle negativen Vorstellungen werden aus unserem Bewußtsein verbannt. Je positiver, zielgerichteter, willens- und lustbetonter unser Wunsch ist, desto größer wird seine Macht.

Zwei Helfer stehen uns auf dieser 6. Stufe zur Verfügung: *gläubige Bejahung und beharrliche Erwartung.*

Die ‚magnetische Kraft' eines Wunsches nimmt zu mit dem Grade gläubiger Bejahung des Gewünschten, zweifelsfreien Vertrauens auf die Hilfe von innen. Wenn Wunsch und Glaube zusammenwirken, wird die Anziehungskraft des Gedankens vielfach verstärkt.

Ebenso wichtig wie die gläubige Bejahung ist die beharrliche Erwartung. Oft gehen beide ineinander über. Die Kraft, die im beharrlichen Erwarten liegt, wird durch Weckung der *Spannung* gesteigert. Das geschieht durch *bewußte Terminsetzung*, wo diese möglich ist. Können wir für die Erfüllung eines Wunsches einen bestimmten Zeitraum festsetzen, dann teilen wir diesen Zeitraum in möglichst viele Abschnitte und konzentrieren unsere Gedanken oft auf unseren Wunsch unter Besinnung auf die Terminfeststellung:

„Jetzt dauert es nur noch so viel Zeit, dann habe ich mein Ziel erreicht!"

Diese Feststellung wiederholt man mit entsprechender Zeitangabe nach der nächsten Etappe und so fort bis zum letzten Zeitabschnitt vor der Verwirklichung.

Diese Methode bewußten terminmäßigen Erwartens eines Erfolges werden wir nicht nur bei der Beseitigung körperlicher Beschwerden, sondern auch bei Examen, sportlichem Training, beim Lernen und bei wirtschaftlichen Maßnahmen mit Erfolg anwenden und dabei von Stufe zu Stufe lebendiger fühlen, wie der Erfolg näherrückt, das Ersehnte seiner Erfüllung zuwächst.

PRAXIS DER WUNSCHVERWIRKLICHUNG

Wir verfügen über einen gewaltigen Vorrat schlummernder Wunschkraft, der praktisch unausschöpfbar ist. Diese Kraft wecken wir durch intensive, beharrlich wiederholte Konzentration auf unseren Hauptwunsch – gemäß der Regel, daß wir werden und erlangen können, was wir wünschen, wenn wir es ausschließlich, intensiv und beharrlich wünschen.

Dazu ist nötig, daß wir ein Idealbild dessen, was wir wünschen, schaffen, seine Verwirklichung glühend ersehnen und gläubig bejahen, sie beharrlich erwarten und zugleich alle Mittel anwenden, die geeignet erscheinen, die Erfüllung unseres Wunsches zu fördern.

Bei der im vorigen Abschnitt gezeigten Methode stufenweiser Wunschklärung haben wir bereits auf die Befolgung des Wunschverwirklichungsgesetzes hingearbeitet:

(10) Die Wünsche, die am intensivsten und beharrlichsten festgehalten werden, wirken in steigendem Maße anziehend auf das, was ihnen gemäß und ihrer Erfüllung förderlich ist.

Die Auswirkungen dieses Gesetzes begegnen uns im Leben auf Schritt und Tritt. Wir haben alle schon erfahren, daß, sowie wir einen bestimmten Wunsch ausschließlich im Herzen hegten, es oft geradezu war, als ob Dinge, Menschen und Geschehnisse in unsere Lebensbahn einmündeten, die alle irgendwie mit unserem Wunsch in Beziehung standen, seiner Verwirklichung förderlich waren oder uns Fingerzeige dazu gaben.

Oder führt uns unser Schicksal in Verhältnisse, wo gerade dieser

Wunsch sich am besten verwirklichen kann. Bücher kommen uns in die Hand, die uns wertvolle Winke geben; unser Blick fällt in der Zeitung ‚zufällig' auf das, was unserem Wunsch entgegenkommt oder uns einen Schlüssel zur Wunscherfüllung gibt; ‚zufällig' entdecken wir jetzt gerade dort einen Weg zum Erfolg, wo wir keinen zu finden erwarteten; ‚zufällig' lernen wir neue Menschen kennen – die sich später als die einzigen entpuppen, deren Mithilfe für die Erfüllung unseres Wunsches notwendig war.

Unser Wunsch macht uns hellsichtig und feinfühlig für alles, was ihm dienlich ist. Unsere entfesselte Wunschkraft weckt bisher schlummernde Talente in uns und verbindet uns darüber hinaus Dingen, Wesen und Umständen, die unserem Wunsch entgegenkommen.

Nun zur Praxis zurück. An die 6 Stufen der Wunsch-Klärung schließen sich die folgenden Stufen der *Wunschverwirklichung:*

7. Stufe: Wenn wir unseren Hauptwunsch in den Mittelpunkt unseres Bewußtseins gestellt haben, gehen wir an die Schaffung eines lebendigen Wunschbildes.

Wir setzen unserer Wunschkraft ein Ziel, malen uns das geistige Bild des Gewünschten so anschaulich wie möglich aus. Es genügt aber nicht, das Bild unseres Wunsches nur für eine Weile in das Blickfeld unseres Bewußtseins zu rücken; vielmehr ist es nötig, daß unser Wunschbild zur einzigen in uns herrschenden Vorstellung wird. Geballte Kraft, Dynamit muß der Wunsch sein, der das Gesicht der Wirklichkeit verwandeln soll. Die entfesselte Wunschkraft muß unser ganzes Bewußtsein erfüllen. Wie wird das erreicht? Eben durch die Schaffung eines lebendigen, lustbetonten Bildes des Ersehnten. Um so sicherer bewirkt die geweckte Wunschkraft die Wandlung der Dinge vom Reich der Ursachen her.

8. Stufe: Wir gehen jetzt einen Schritt weiter, indem wir uns darauf besinnen, daß der Wunsch die geistige Vorwegnahme des Gewünschten ist. Wir verzögern die Wunscherfüllung, wenn wir uns diese als in der Zukunft liegend vorstellen. Im Reiche des Geistes gibt es nur Gegenwart. Wir müssen unseren Wunsch *hier* und *jetzt* als Wirklichkeit bejahen; dann ziehen wir die Erfüllung auch hier und jetzt aus der Innenwelt in die Sinnenwelt.

Wir müssen klar erkennen: Was ich zu sein wünsche, *bin* ich bereits! Was ich erlangen will, *habe* ich bereits! Was ich bewußt bejahe, ist im gleichen Augenblick geistige Wirklichkeit und drängt von da ab nach Verstofflichung.

Wir müssen also die Freuden, die wir von der Erfüllung unseres Wunsches erwarten, innerlich in lustbetonten Bildern als lebendige Gegenwart vorerleben, um so anziehender werden wir für alle Dinge und Umstände, die wir ersehnen. So wandelt Wunschkraft sich in Verwirklichungskraft.

9. Stufe: Endlich ist es unerläßlich, daß wir unsere Wunschbilder beharrlich festhalten, bis wir am Ziel sind. Je hartnäckiger wir ein Wunschbild immer wieder ins Blickfeld des Bewußtseins rufen, desto müheloser zieht unsere Wunschkraft das Ersehnte herbei, desto mehr kommen uns die Dinge und Umstände entgegen. Diese Lenkung der Wunschkraft nehmen wir am besten abends vor dem Einschlafen vor, wobei wir uns unsere Wunschkraft als eine mächtige innere Sonne vorstellen, als ein riesenhaftes Kraftreservoir, dessen Energie, Licht und Wärme uns lebendig erfüllt und uns anziehend macht für die der Wunscherfüllung dienlichen Dinge.

10. Stufe: Neben den *unbewußten* Verbindungen, die unsere Wunschkraft zwischen uns und den uns förderlichen Dingen, Wesen und Umständen knüpft, werden wir nun außerdem die nötigen und möglichen *bewußten* Verbindungen schaffen, durch die wir uns eine Förderung unserer Ideale, Hilfe auf unserem Wege zum Erfolg versprechen. Wir wollen nicht vergessen, daß auch der glühendste Wunsch die Tat nicht überflüssig macht. Es genügt nicht, den Erfolg zu wünschen und dann die Hände in den Schoß zu legen. Sonst geht es uns wie jener Frau, die täglich vor dem Lotteriegeschäft stand und auf das große Los wartete, aber nicht daran dachte, sich auch ein Los zu kaufen.

Ohne Los kann man nichts gewinnen und ohne Tat keinen Wunsch erfüllen. Wir müssen zum Schluß aus der Stille der Wunschkonzentration hinaustreten in das Leben und praktisch an die Arbeit gehen. Wir müssen die Richtigkeit und Brauchbarkeit unserer Wünsche durch *rechtes Tun* erweisen.

Wie sollen Wünsche, die uns selbst nicht zu zielstrebigem Handeln antreiben, andere Menschen zu uns dienlichen Handlungen führen? Nur was uns selbst zum Handeln anspornt, entflammt auch andere. Nur wenn wir selbst hartnäckig auf unserem Wege bleiben, können wir erwarten, daß andere uns folgen.

Um diese Hartnäckigkeit zu steigern, haben wir zwei Hilfsmittel: die Konzentration und den Willen.

Die erste macht es uns möglich, uns ausschließlich der Erreichung eines Zieles zu widmen und alles, was uns davon ablenkt, von uns fernzuhalten.

Der zweite erzieht uns dazu, den einmal beschlossenen Weg mit dem nötigen Nachdruck zu verfolgen; mit unbeugsamer Konsequenz, Zielgerichtetheit und Zähigkeit stets gerade das zu tun, was nötig ist, um unseren Wunsch durch rechtes Tun in Wirklichkeit zu wandeln.

Ehe wir uns mit der Schulung dieser beiden Kräfte befassen, gilt es aber zunächst die Kunst rechten Vorstellens zu meistern.

RECHTES VORSTELLEN

Richtig wünschen heißt zuletzt: richtig vorstellen, etwas innerlich als Wirklichkeit sehen. Da gerade diese Fähigkeit, sich etwas lebendig vorzustellen, vielen abgeht, sind, ehe wir weiterschreiten, einige praktische Anleitungen in der Kunst rechten Vorstellens zu vermitteln, womit wir zugleich unsere Glaubens- und Wunschkraft wirkstärker machen.

Vorstellen heißt etwas innerlich vergegenständlichen, ein inneres Bild vor sich hinstellen, ein Ideal innerlich als Wirklichkeit sehen. Gedanken sind geistige Dinge, die man mit dem inneren Auge ‚sehen' kann.

Unter einer ‚*Vorstellung*' verstehen wir das mit dem Ziel materieller Verwirklichung in das Blickfeld des Bewußtseins gerückte geistige Bild eines Dinges oder Vorganges. Jede Vorstellung ist ein Samenkorn, das wir in den Acker der Seele legen, damit es keime, wachse, reife und Frucht trage. Die *Vorstellungen,* die wir nähren, bewirken zuerst in der geistigen und schließlich in der sinnlichen Welt *Umstellungen* in Richtung auf die Verwirklichung des Vorgestellten.

Vorstellungskraft ist Gestaltungskraft. Um etwas zu gestalten, muß ich es mir zuerst vorstellen, und zwar bewußt, damit die Vorstellung schöpferisch wird. Nur bewußt betätigte Vorstellungskraft ist produktiv, während das passive, unbewußt-traumhafte Spielenlassen der Einbildungskraft (Phantasie) in der Regel unschöpferisch bleibt oder nach der negativen Seite Wirklichkeit weckt.

Jede Vorstellung ist ein zweischneidiges Schwert, mit dem man sich einen Weg durchs Dickicht, durch die Wildnisse des Lebens bahnen, aber auch bei Mißbrauch sich selbst verletzen, ja töten kann.

Richtig vorstellen heißt wissen, was man will, klar bestimmte Ideale haben und diese in lebendigen Bildern vor sich sehen. Je klarer wir sehen, was wir wollen, desto entschiedener können wir uns darauf *einstellen*, uns die Erfüllung unseres Ideals *vorstellen* und die entsprechende Wirklichkeit *herstellen*.

Richtig vorstellen heißt weiter: das Vorgestellte nicht nur gedanklich vorerleben, sondern es gefühlsbetont, wert-, lust- und willensbetont machen. Mit Lustgefühlen verbundene, durch die Überzeugung ihrer Verwirklichung belebte Vorstellungsbilder erlangen erhöhtes Durchsetzungsvermögen. – Wenn wir einen Kopfschmerz beseitigen wollen, stellen wir uns nicht nur vor, daß er weg ist, sondern wir rufen in uns eine gefühlsbetonte Vorstellung wach, wie angenehm es ist, daß wir einen freien, frischen Kopf haben und uns wohl fühlen. Bald fühlen wir's, und schließlich haben wir's.

Richtig vorstellen heißt: sich etwas ein-bilden, ein-prägen, einhämmern, es innerlich vor-bilden. Je länger wir uns einer Vorstellung hingeben, desto tiefer dringen ihre Wurzeln in unser Unbewußtes, desto wirkstärker wird das geistige Bild, desto mächtiger die materielle Bildekraft der Vorstellung. Diese Bildekraft können wir uns nicht mächtig genug vorstellen –: der Lebensschüler muß zu der Erkenntnis erwachen, daß er, wie alle Wesen auf allen Welten, nach dem „Bilde Gottes" geschaffen und mit den Bildekräften der Gottheit ausgestattet ist.

Ehe wir etwas herstellen, müssen wir es uns erst vorstellen. Erst müssen wir in uns ein geistiges Vor-Bild des Erstrebten errichten, dann vermögen wir, sein physisches Nach-Bild zu schaffen. Der Schneider, der den Stoff für ein Kleid zurechtschneidet, tut das nach einem bestimmten inneren Bild; der Künstler, der an einer Plastik arbeitet, gibt einem lebendigen Eindruck Ausdruck.

Wäre diese Schöpferkraft des Ideals nicht, so befände der Mensch sich heute noch im Zustand des unentwickelten Wilden. Die Geschichte der menschlichen Kultur ist die Geschichte der stufenweisen Entfesselung der schöpferischen Vorstellungskraft. Und dabei haben wir bis heute erst einen einzigen Schritt getan in ein Land, dessen Grenzen weit jenseits unseres Horizontes liegen.

Sich etwas richtig vorstellen, heißt also: es in die Erscheinung rufen – entsprechend dem Leitsatz der LS: *Vorstellung schafft Wirklichkeit.*

Die Konzentration der Aufmerksamkeit auf einen vorgestellten Zustand weckt im Unbewußten die *Tendenz*, diesen Zustand im Rahmen des Möglichen zu verwirklichen. Jede lebendige Vorstellung löst aber nicht nur die Tendenz, sondern zugleich auch die schöpferische *Kraft* aus, die nötig ist, um die Verkörperung des Ideals zu ermöglichen. Die Gedankenfilme, die wir in unserem Geiste vorwiegend sich abrollen lassen, werden nach und nach in unserem Leben zu Wirklichkeit.

Der vorerwähnte Leitsatz muß noch etwas erläutert werden. Der Lebensschüler merke sich hier folgendes Gesetz:

(11) Eine Vorstellung tritt um so leichter über die Schwelle des Bewußtseins, je häufiger sie wiederholt, je gewohnheitsmäßiger sie wird. Ihre Verwirklichungstendenz wächst mit ihrer Klarheit, Bildhaftigkeit, Lebendigkeit, Lustbetontheit und Zielstrebigkeit.

Das Wichtigste ist die Bildhaftigkeit der Vorstellung: ein Ideal, das Wirklichkeit werden soll, muß im Blickfeld unseres Bewußtseins als ständig wiederholter plastischer Farbfühltonfilm abrollen.

Je mehr wir lernen, in plastischen Bildern zu denken, desto erfolgreicher werden wir unsere Gedanken verwirklichen. ‚Einbildungskraft' ist die Kraft, uns ein Bild von einer Sache zu machen. Einbilden heißt innerlich bilden und von innen heraus ausbilden.

DIE SCHÖPFERKRAFT DES IDEALS

Das *innere Bild*, das sich unser Geist von einem ersehnten Ding oder Zustand macht und das er mit allen Merkmalen der Vollkommenheit ausstattet, nennen wir ‚*Ideal*'. Es ist das Vor-Bild, das Geistbild des zu schaffenden Zustandes oder Dinges, ein Gedankenbild von höchster Wertbetontheit und dynamischer Verwirklichungskraft, – gewissermaßen das geistige Skelett der reifenden Wirklichkeit.

Jedes Ideal ist Keim und Künder kommender Schöpfung. Ob das Ideal, das wir in den Mittelpunkt unseres Bewußtseins stellen, ein Plan, ein Wunsch, eine Handlung, ein Zielglaube ist – in jedem Falle werden durch die Konzentration auf das Ideal schöpferische Energien in Tätigkeit gesetzt, die nicht eher ruhen, bis das Ideal realisiert ist.

Jedes Ideal spannt unsere Kräfte, macht sie zielstrebig und leitet uns von innen her in die Richtung der Zielverwirklichung. Es hilft die Umstände herbeiziehen, die unserem inneren Bilde gemäß sind.

Wie schon betont, wächst die Schöpferkraft eines Ideals, einer Vorstellung mit ihrer Klarheit, Bildhaftigkeit, Lebendigkeit, Lustbetontheit und Zielstrebigkeit.

Wie erreichen wir diese Verlebendigung eines Ideals?

Vor allem dadurch, daß wir uns unsere Ideale wie lebende Wesen denken. Diese ‚Geistwesen' werden unsere willigsten Helfer und mühen sich, jeden unserer Wünsche zu erfüllen, wenn wir ihnen freundlich und vertrauend begegnen, ihre ‚Stimmung' sonnig, positiv, lusterfüllt machen, ihre Schöpferkraft bejahen. Dadurch machen wir sie dynamisch, mehren ihre Wirkkraft und erreichen, daß sie von überallher verwandte Gedankengeisterchen herbeirufen und aus einer kleinen Schar zu einer großen Armee unsichtbarer Helfer werden.

Die Gesetze, die hier wirken, sind eindeutig. Das wichtigste ist dieses:

(12) Jedes Ideal hat das Bestreben, ihm entsprechende Handlungen auszulösen und Wirklichkeit zu werden. Gleichartige Ideale ziehen einander an und bilden wirkstarke Komplexe, ungleichartige stoßen sich ab und schwächen sich oder heben sich auf.

Ein Ideal in sich lebendig machen heißt seine Schöpferkraft wecken: es entwickelt eine wachsende magnetische Kraft, bringt den Willen in Wallung, drängt nach Handlung und zieht die Baustoffe herbei, die zur Verwirklichung des Ideals, zum materiellen Ausbau der Geistform notwendig sind.

Wer sich vorstellt, er müsse erröten, wird bereits rot. Wer sich vorstellt, er müsse herzhaft gähnen, ruft das Gähnen hervor. Der Medizinstudent, der einer Krankheitsbeschreibung durch den Professor hingegeben folgt, ruft die vorgestellten Symptome mehr oder minder deutlich an sich hervor. – Wer sich vorstellt, ‚sein' nervöser Herzanfall sei wieder im Anzug, der ruft ihn in die Erscheinung.

Vorstellungen können töten und lebendig machen. Und nicht nur uns selbst, auch *andere* beeinflussen unsere Vorstellungen: wenn die Mutter, am Bett ihres kranken Kindes sitzend, sich ausmalt, wie es immer kränker wird, schädigt sie ihr Kind, ohne es zu wissen, und schädigt zugleich sich selbst. So liegt in jeder Vorstellung, die wir in uns nähren, eine doppelte Verantwortung: anderen und uns selbst gegenüber.

Die verläßlichste Richtschnur gibt uns folgende Goldene Regel rechten Vorstellens:

(13) Um etwas zu werden oder zu erlangen, müssen wir es in unseren Vorstellungen schon im voraus sein oder besitzen.

Die praktische Nutzanwendung dieser Regel ist folgende:

Je lebendiger wir uns das, was wir erreichen wollen, in allen Einzelheiten und Etappen vorstellen und ausmalen und je mehr wir unser Ziel innerlich so vor uns sehen, *als ob wir es bereits erreicht hätten,* desto rascher verwandeln sich unsere Ideale in Wirklichkeit.

Wir müssen uns im Geiste bereits an der Stelle sehen, an der wir zu stehen wünschen. Und wir müssen weiter darauf achten, daß unsere Vorstellungen stets *positiv* sind, damit nicht leidvolle Wirklichkeiten aus unserem Innern hervorkeimen. Unsere Vorstellungen müssen sich ausschließlich auf die Dinge hinbewegen, deren Realisierung uns erwünscht ist und niemandem Leid bringt. Alle anderen Vorstellungen haben zu schweigen.

Wenn unsere Geschäfte schlecht gehen, müssen wir Vorstellungen des Erfolgs, Bilder guten Geschäftsgangs in uns tragen und nähren, Vorstellungen von Glück und Erfolg hegen, von zahlreichen guten, zahlenden Kunden, müssen gerade, wenn die Not am größten, unser Vertrauen auf die Hilfe von innen und auf den Erfolg am höchsten spannen und unseren Hauptwunsch mit rückhaltloser Entschiedenheit in den Mittelpunkt unseres Denkens und Tuns stellen.

Indem wir durch die bewußte Nährung solcher Vorstellungen

unsere Seelenstimmung heben und unserer Wunschkraft Ziele setzen, heben wir uns zugleich mählich aus der Not heraus und ziehen die Menschen herbei, die uns weiterhelfen.

Wenn wir Geld ausstehen haben und es brauchen, können wir nichts Verkehrteres tun, als uns Furchtvorstellungen hinzugeben, daß ‚das Geld nicht rechtzeitig kommt' oder gar verloren ist. Denn durch solch Falschdenken lähmen wir unsere Kraft und legen den Keim zu dem, was wir fürchten. Wir werden vielmehr eine freundliche Mahnung loslassen und uns zugleich der positiven Vorstellung hingeben, daß das Geld rechtzeitig, zu dem Zeitpunkt da ist, wo es gebraucht wird. Wer will, kann sich im einzelnen ausmalen, wie der Schuldner sich seiner Verpflichtung erinnert, sich entschließt, das Geld sofort abzusenden, und diesen Entschluß in die Tat umsetzt.

Und ganz allgemein: Indem wir uns dazu erziehen, in allem immer das Beste zu sehen, zu bejahen und zu erwarten, wecken und rufen wir aus allem immer das Bestmögliche, das in ihm steckt, hervor und mehren es. Hier gilt die Regel:

Was wir uns beständig als innere Wirklichkeit vorstellen, das wird sich uns eines Tages als äußere Wirklichkeit vorstellen.

PRAKTISCHER IDEALISMUS

Kein Traum ist greifbar, ebenso wenig Wünsche, Hoffnungen, Gedanken, Ideale. Aber man kann sie greifbar machen. Man kann die Kluft zwischen Ideal und Wirklichkeit überbrücken. Die LS nennt dieses Brückenschlagen ‚Real-Idealismus' oder praktischen Idealismus.

Real-Idealismus nennen wir einen Idealismus, der sich selbst auf die Probe stellt, der Tat wird. Es ist ein Idealismus, der weiß, daß alle sichtbaren Dinge Verdichtungen unsichtbarer Ideen sind, gefrorene Träume sozusagen. Der Geistäther ist die Basis der materiellen Atome und damit aller Dinge, die wir um uns sehen. Diesen Geistäther können wir durch unser Denken, Wollen und Tun beherrschen, lenken, formen – und damit auch die materielle Welt.

Real-Idealismus heißt also nicht nur Erfülltsein von Idealen oder die Gewohnheit idealen Strebens, sondern bewußte Ordnung des

Lebens nach den Gesetzen des Denkens, durch Entfesselung und Betätigung der inneren Kraft. Es bedeutet die praktische Verwirklichung einer Idee im täglichen Leben durch bewußte Bejahung und Betätigung. In dem Wort ‚Verwirklichung' liegt ja, wie eine stille Mahnung, das Wörtchen ‚wirken'.

Und dies sind die in den kommenden LW im einzelnen zu behandelnden *Etappen der Ideen-Verwirklichung:*

1. Das Auftauchen des Gedankens einer möglichen Lösung oder Meisterung einer Frage, Aufgabe oder Notwendigkeit, der durch den Wunsch nach Überwindung eines Hindernisses oder nach Erfüllung eines Sehnens hervorgelockt wurde.

2. Die intensive Beschäftigung mit diesem Gedanken, seine bewußte Anreicherung mit verwandten Vorstellungen unter Abwägung aller zum Bewußtsein gelangenden Durchführungsmöglichkeiten.

3. Das Ausreifen des von allem Unzugehörigen befreiten und in sich einheitlich gewordenen Gedankenkomplexes zu einer Vorstellung.

4. Die bewußte *Verlebendigung* der Vorstellung durch die Konzentration des Interesses darauf, ihre Dynamisierung durch bewußte Zielbejahung.

5. Die Weckung und Mehrung der *Verwirklichungskraft* der Vorstellung durch beharrliche Rückung derselben in das Blickfeld des Bewußtseins und die Planung des kürzesten Erfolgsweges.

6. Die Erfüllung des Idealbildes mit der Kraft des Glaubens, Wünschens und Wollens und der Beginn instinktsicheren, dem Gesetz des kleinsten Kraftaufwands folgenden *Wirkens* in Richtung auf das durch die Vorstellung gegebene Ziel.

7. Die beharrliche Fortsetzung dieses Wirkens, bis das Ziel erreicht, der ursprüngliche Wunsch erfüllt, die Vorstellung *Wirklichkeit* geworden ist.

Das soll im folgenden erläutert werden.

*

Wie beim rechten Wünschen, so ist auch beim rechten Vorstellen das erste und wichtigste, daß man erkennt, wo man steht, wohin man will, welcher Weg am raschesten und mühelosesten zum Ziel führt und wie man diesen Weg am besten geht. Der Weg, den wir einzuschlagen haben, muß so eindeutig vor unserem inneren Auge stehen wie die Straßenzüge eines Stadtplans.

Und unser Ziel muß so lebendig gegenwärtig sein, daß die Vorstellung des Erfolgs durch nichts getrübt werden kann. Je klarer das Ziel und je genauer der Plan, desto mehr Schöpferkraft wird in uns frei. Wir vergegenwärtigen uns also nicht nur das Ziel selbst, sondern auch seinen weiteren Rahmen einschließlich des Punktes, auf dem wir im Augenblick stehen. Wir verschaffen uns absolute Gewißheit über die einzelnen Etappen unseres Weges bis zum Ziel.

Die nächste Forderung, die wir erfüllen müssen, ist die, daß wir *immer nur eines zur Zeit anstreben.* Um so stärker ist die Kraft, mit der unsere Vorstellungen ihrer Verwirklichung zuwachsen. Viele Ideale wurden deshalb nicht Wirklichkeit, weil der Mensch sich ihnen nicht ausschließlich hingab, sondern vieles andere gleichzeitig wollte und so seine Kraft zersplitterte. Er war dann nicht mehr fähig, dieses eine, das werden sollte, in all seinen Beziehungen zur Wirklichkeit restlos zu überschauen, die verschiedenen Möglichkeiten und Auswirkungen, die etwaigen Hemmungen und Schwierigkeiten bei der Durchführung im Voraus zu berücksichtigen, seinen Erfolg richtig zu planen und zu organisieren.

Wir stellen also die Hauptaufgabe in den Vordergrund und wenden uns ausschließlich den Fragen ihrer Lösung zu, wobei wir die zur Erreichung des Ziels bestgeeigneten Elemente herauszufinden suchen und überlegen, *wie* wir sie am zweckmäßigsten nutzen. (Je mehr solcher Elemente wir zur Verfügung haben, desto mehr Möglichkeiten rascher Verwirklichung unserer Vorstellung haben wir naturgemäß, woraus erhellt, daß der, der über eine gründliche Kenntnis der einschlägigen Materie verfügt, über das nötige Fachwissen, im Vorteil ist.)

Auf Grund dieser Elemente stellen wir dann – wie dies in der 11. LW gezeigt wird – unseren *Plan* auf, wobei wir uns dazu erziehen, bewußt die Leichtigkeit der Aufgabe zu bejahen.

Je bejahender und gläubiger wir in Gedanken vor-schaffen, was wir als Wirklichkeit ersehnen, desto sicherer kommt der Erfolg – gemäß dem Wort des Lebenslehrer Parazelsus: „Ein fester Wille und ein plastisches Vorstellungsvermögen sind die zwei Säulen, die das Tor des Tempels der Magie stützen; ohne diese zwei kann man keinen Erfolg haben."

Lassen wir also vor unser inneres Auge ein leuchtendes Bild unseres Erfolges treten; erfüllen, durchglühen, durchgeistigen wir jeden einzelnen Teil unserer Arbeit, jede Etappe unseres Erfolgsweges mit dieser dauernden Vision unseres endlichen Erfolges. Im gleichen Maße ändert sich unser Denken und zieht bessere Gelegenheiten herbei, neue Freunde, Helfer und Mitkämpfer, günstigere Aussichten, Möglichkeiten und Wirklichkeiten.

Hier klagen nun manche, sie könnten ein Vorstellungsbild nicht länger als höchstens eine Minute festhalten; dann entgleite es ihnen in den Stromschnellen unkontrollierten Denkens. Nun, niemand soll eine Vorstellung endlos festhalten. Solche Starre führt zu Verkrampfungen. Wir sollen sie vielmehr in uns bewegen, immer wieder zu ihr zurückkehren, sie häufig wiederholen. Auf diese Wiederholungen kommt es an. Denn aus der Wiederholung wächst die Gewohnheit, und wo diese entsteht, haben wir gewonnen.

*

Das geistige Bild des Erfolges ist die Mater, die Gußform, nach der die materielle Wirklichkeit unter Benutzung der durch rechte Bejahung herbeigezogenen Stoffe ausgegossen, geformt wird. Ist das Urbild und Vor-Bild lebendig, plastisch und scharf, wird das Abbild, die stoffliche Widerspiegelung des inneren Bildes, um so vollkommener.

Ist aber das Ideal verschwommen und unbestimmt, dann wird die Verwirklichung entsprechend unvollkommen sein oder ausbleiben.

Je vollkommener die Gedankenform, desto vollkommener die geformte Wirklichkeit.

Zweckmäßig ist es, die Dinge nicht nur geistig zu sehen, sondern auch zu fühlen. So machen wir unsere Vorstellungen gefühlsbetont und steigern ihre Schöpferkraft. Anleitungen dazu werden später gegeben.

Haben wir gelernt, die ätherische Gußform des zu Schaffenden in unserem Innern stabil zu errichten, haben wir jede Einzelheit aufs sorgfältigste ausgeführt, dann wird die geformte Wirklichkeit nachher unserem Ideal um so vollkommener entsprechen.

Nunmehr folgt die bewußte Verlebendigung des inneren Ideal-Bildes durch Konzentration und Bejahung.

Durch unsere *Konzentration* auf das Idealbild machen wir es magnetisch für die ihm entsprechenden Dinge, Elemente, Kräfte, Wesen und Umstände, die seiner Erfüllung förderlich sind.

Wie ein Projektionsapparat die Bilder eines Films auf die Leinwand wirft, so müssen wir das Bild dessen, das werden soll, in ruhiger Besinnung klar und deutlich auf das Blickfeld unseres Bewußtseins werfen und dort festhalten.

Wie das Filmbild im Kino von hunderten von Augen aufgenommen und auf hunderte von Hirnen übertragen wird, so wird das Erfolgsbild, auf das wir uns innerlich konzentrieren, von hunderten von Helferkräften in uns aufgenommen, kommt ihnen zum Bewußtsein und bewirkt, daß sie in Richtung auf dieses Bild zu wirken beginnen, von überallher ihresgleichen zur Mithilfe herbeirufen und auf die korrespondierenden Kräfte der Umwelt im Wege der Resonanz umstimmend und gleichstimmend einwirken.

So kommt es, daß im gleichen Maße, wie wir einem Ziel konzentriert zustreben, die Dinge uns scheinbar entgegenkommen, Berge von Hindernissen zurückweichen, das Ziel, dem wir zueilen, uns näherrückt.

Früher bezeichnete man dies Wirken von der geistigen Welt auf die physische als ‚Magie'. Heute nennen wir es in beginnender Erkenntnis der hier wirkenden Gesetzmäßigkeiten Gedankendynamik, Psychokybernetik, Ideoplastie, praktischen Idealismus. Wir stellen die bildende Kraft des Ideals bewußt in unseren Dienst, um mit Hilfe der durch rechtes Vorstellen, Konzentration, Glauben und Wollen in Tätigkeit gesetzten feineren Kräfte der Natur ein materielles Gegenstück des in uns lebendig gewordenen Ideal-Bildes zu schaffen.

Neben der Konzentration ist die *Bejahung*, die Erfüllung des Idealbildes mit unserer ganzen Wunsch- und Willenskraft, von größter Wichtigkeit. Mit einem Wort Mulford's: „Es muß ein Zustand des Herzens sein: ganz positiv und sanft zugleich, sonnig und entschlossen. Nie zweifelnd, verkrampft, ungeduldig oder uneinig. Um diese Stimmung durchzuhalten, ist es nötig, das Gewünschte beständig im Sinne zu haben. Die ruhige Gewißheit der Erfüllung ist es, die Gedeihen, Schönheit, Freude und Erfolg am sichersten herbeizieht."

Durch die Bejahung unseres Idealbildes erfüllen wir es mit unserer Wunsch-, Glaubens- und Willenskraft und steigern damit seine Anziehungskraft auf das Ersehnte: das Ideal beginnt sich mehr und mehr mit materiellen Atomen ‚anzureichern', gewissermaßen der Materie die Kraft zur Kristallisation zu entlocken, sich mehr und mehr sichtbar zu manifestieren, zu materialisieren.

Die vertrauensvoll bejahende Erwartung steigert die Verwirklichungskraft des Ideals. Je farbenprächtiger wir uns die Erfüllung ausmalen, desto lebendiger und anziehender wirkt das Geist-Bild auf die ihm entsprechenden Dinge, Wesen und Umstände. Wir müssen die Erfüllung glühend verlangen, sie leidenschaftlich bejahen, unerschütterlich an sie glauben, müssen die Vorstellung in überzeugte Worte kleiden, die wir oft in uns hineinsprechen, müssen unsere Aufmerksamkeit mit immer größerer Ausschließlichkeit auf das Ideal konzentrieren. Dann kommt die Verwirklichung mit der Sicherheit eines astronomischen Ereignisses.

Eine weitere Steigerung der Verwirklichungskraft erlangen wir, indem wir das Idealbild auf die in der 10. LW zu zeigende Weise mit unserem *Willen* durchkraften. Dadurch bewirken wir, daß unsere innere Kraft nicht nur in das Idealbild einströmt und von ihm aus tätig wird, sondern zugleich auch in uns aufströmt und uns das tun läßt, was der Ideenverwirklichung am günstigsten ist.

Damit wären wir bei der letzten Etappe der Verwirklichung angelangt, bei der Forderung geduldigen, beharrlichen, zielbewußten *Wirkens.* Wir müssen uns immer bewußt sein, daß wir mitten in der Verwirklichung unseres Ideals stehen: daß es von innen her seiner Vollendung zuwächst, und daß wir von außen her mit allem, was wir tun, seiner Verwirklichung dienen. An unserem Ideal bauend, bauen wir an uns selbst. Und uns verwandelnd, wandeln wir unser Leben, bis wir eines Tages beglückt erkennen, daß unser Ideal Wirklichkeit ward.

9. WOCHE:

PRAXIS DER KONZENTRATION

„Selbst das schwächste Gefühl kann etwas vollbringen, wenn es seine Kräfte auf einen einzigen Gegenstand konzentriert, ebenso wie das stärkste möglicherweise nichts erreicht, wenn es seine Kräfte zersplittert.“
Carlyle

Die Lehre von den Bewegungen der Körper und den Kräften, die bei diesen Bewegungen auftreten, nennen wir *Dynamik*. In gleicher Weise bezeichnen wir die Lehre von den Bewegungen der Seele, den Gedanken und Kräften, die durch diese entfesselt werden, als *Psychodynamik*. Beide sind Erfahrungswissenschaften. Wie die Newton'schen Gesetze im Mittelpunkt der Dynamik stehen, so stehen in der Psychodynamik die Gesetze des Denkens im Vordergrund. Und wie nach einem wichtigen Lehrsatz der Dynamik der Antrieb einer Kraft gleich dem Zuwachs ihrer Bewegungsgröße ist, so lautet einer der wichtigsten Lehrsätze der Psychodynamik:

(14) Das Durchsetzungsvermögen eines Willensimpulses wächst mit der Zunahme der Gedankenkonzentration.

Wenn man eine Last heben will, spannt man, um stärker zu sein als die Last, Willen und Muskeln an. Wenn unser Geist eine Arbeit leisten soll, konzentrieren wir unsere Kräfte darauf.

Konzentration ist lebendiges Interesse, völlige Hingabe an eine Aufgabe. Als man *Newton* fragte, wie er imstande gewesen sei, seine großen Entdeckungen zu machen, antwortete er: „Indem ich an nichts anderes dachte.“ Wer dieses restlose Interesse nicht aufbringt, wer in seinem Denken und Tun zur Zerstreuung und Zersplitterung und dazu neigt, vieles anzufangen, aber wenig zu vollenden, der wartet vergeblich auf wachsende Erfolge.

Lassen Sie einen Alltagsmenschen einmal versuchen, seine Gedanken drei Minuten auf einen Punkt zu konzentrieren, ohne Nebengedanken Raum zu geben. Er wird ihnen gestehen, daß ihm das nicht möglich ist: schon nach den ersten 20 Sekunden sei ihm alles mögliche eingefallen, und je mehr er sich gegen die störenden Gedanken gewehrt habe, desto mächtiger sei der Zustrom geworden, bis er schließlich kaum mehr gewußt habe, worauf er sich eigentlich konzentrieren wollte.

Das ist kein Sonderfall, sondern die Regel. Was ist nun, im Gegensatz dazu, *rechte Konzentration?*

Rechte Konzentration ist *mehr* als nur ein längeres beharrliches Nachdenken über etwas, als die Fähigkeit, die Aufmerksamkeit willentlich bei bestimmten Gegenständen verweilen zu lassen. Sie ist ein Anspannen *aller* Geisteskräfte zu höchster Klarheit, Bewußtheit und Zielstrebigkeit.

Rechte Konzentration ist einerseits bewußte Verlebendigung eines beharrlich festgehaltenen Gedankens, andererseits das Sammeln und zielstrebige Richten aller Gedanken-, Glaubens-, Gefühls- und Willens-Kräfte auf ein Zentrum, nämlich das, was man gerade tut.

Rechte Konzentration ist Sammlung ohne Mühung. Jedes Gefühl der Anstrengung bei der Konzentration ist ein Zeichen, daß sie falsch gemacht wurde. Sie muß spielend, wie selbstverständlich erfolgen.

Rechte Konzentration heißt *bewußtes* Tun dessen, was man tut, *eines* zur Zeit denken und tun, und dieses *ganz*. Alle anderen Kräfte sind ausgeschaltet oder gleichgerichtet, die Ablenkbarkeit ist auf ein Mindestmaß reduziert; Zeitgefühl, Körpergefühl und andere nicht zur Sache gehörende Empfindungen sind weitgehend ausgeschaltet.

Rechte Konzentration ist völlige Hingabe an etwas und damit der Liebe gleich: der konzentrierte Mensch liebt sein Werk und macht es dadurch leicht. Was man liebt, das bejaht man; so ist Konzentration praktisch zäh ausdauernde Bejahung dessen, was man erreichen will, und damit schöpferisches Gestalten eines Ideals, produktives Spielenlassen aller Kräfte in eine einzige Richtung – unter Leitung eines entschlossenen Zielwillens. Durch die Konzentration auf einen Gedanken erhöhen wir seine Vitalität, Lebensdauer und Verwirklichungstendenz; wir beseelen ihn. Sein Kraftzuwachs kommt einesteils aus den Kraftzentren der geistigen Welt, andernteils wird diese Kraft andern, vor allem gegenteiligen Gedanken entzogen.

Rechte Konzentration steigert die Tatenlust und Tatkraft und die Zielstrebigkeit des Wollens und Tuns. Der konzentrierte Mensch wendet seine Aufmerksamkeit, sein Interesse instinktiv nur den Dingen, Menschen und Geschehnissen zu, die seiner Zielrichtung parallel laufen. Er vermag aus dem unaufhörlich flutenden Strom der Dinge und des Lebens mit sicherem Gefühl das herauszugreifen, was seine eigene Schwingung, den Reichtum seines Lebens erhöht und ihn fähig macht, seine Lebensaufgaben vollkommener zu erfüllen.

Der konzentrierte Mensch weiß, daß nicht des Wissens *Menge* den Weisen macht, sondern sein rechter *Gebrauch*, die Klugheit, mit der das Wissen genutzt wird, wie auch nicht die Vielfalt der Mittel den Ausschlag gibt, sondern die weise Beschränkung, die Konzentration auf die wenigen, die jeweils nottun.

*

Viele klagen über die *Unfähigkeit, sich zu sammeln*. Sie meinen, es sei unmöglich, einen Gedanken auch nur einige Augenblicke festzuhalten.

Das Hindernis liegt in der falschen Einstellung zur Konzentration: in der Vorstellung ihrer Schwierigkeit. In Wirklichkeit ist die Konzentration kinderleicht: jedes unverbildete Kind und jedes Tier ist ein Vorbild völliger Konzentration. Gerade dadurch, daß wir uns die Konzentration als *schwer* vorstellen, verleiten wir uns, sie in gewaltsamer Anspannung zu erzwingen. Wir strengen uns an. Hinter jeder Anstrengung aber lauert der Gedanke des Nicht-Könnens, der mit der Zunahme der Anstrengung und Willensverkrampfung wächst und bewirkt, daß das gewaltsam Erstrebte nicht gelingt.

In Wirklichkeit ist die Konzentration keine Sache der Anspannung, sondern zunächst der Entspannung, sodann der rechten Einstellung, des zwanglosen Verweilens bei einem lust- und wertbetonten Vorstellungsbild.

Je intensiver wir denken, sagt *Ford*, „desto stärkere Kräfte der Anziehung gehen von uns aus. Wer sich auf eine Arbeit konzentriert, der zieht all die Dinge an, die zur Vollendung seiner Arbeit nötig sind. Das, woran wir immer wieder denken – dieses ‚Immer-wieder-daran-Denken‘ ist das Geheimnis der Konzentration –, ziehen wir durch unsere Gedanken herbei. Eine Sache entwickelt sich von selbst, wenn man dauernd an sie denkt. Gedanken sind Kräfte.“

Jeder erfolgreiche Mensch ist konzentriert. Jeder konzentrierte Mensch hat Erfolg. Und diese Konzentration ist eine Frage der Gewohnheit, der Übung.

Als Unterlage zu *Übungen der Konzentration* kann jedes Ding dienen, auf das wir unsere Aufmerksamkeit richten. Da wir Konzentration nicht als Spielerei betreiben, sondern im Dienste der Klärung von Fragen, der Lösung von Aufgaben, der Mehrung unserer Wunsch- und Verwirklichungskraft, der Steigerung unserer Leistungsfähigkeit, nehmen wir von Anfang an nur Konzentrationsübungen vor, die mit unserem Beruf, unseren Lebensaufgaben zusammenhängen, und zwar gehen wir hier den folgenden einfachen, erprobten und erfolgsicheren dreiteiligen Weg der *Entspannung*, des *Schweigens* und der *Sammlung*.

ENTSPANNUNG

Das wichtigste bei der Konzentration – und unerläßliche Voraussetzung ihres Gelingens – ist nicht die willensmäßige Zusammenballung der Kräfte, sondern die ihr vorausgehende Entspannung, durch die freier Raum geschaffen wird, zu dem die Kräfte von überall hinströmen können.

‚Alles fließt'. Dies Wort des griechischen Philosophen gilt auch für unsere Gedanken: der Strom der Bilder, die über das Blickfeld des Bewußtseins ziehen oder an ihm vorübergleiten, hört keinen Augenblick auf, und auch die Gegenströme darin, die Stromwirbel, nicht. Aber wir können uns gegen diese Bilder abblenden, können mitten im Strom der Gedanken eine Insel des Friedens errichten und uns zur Ruhe und Kraftsammlung auf sie zurückziehen.

Es ist die Insel der Einsamkeit, auf der wir den Tempel des Schweigens betreten, um mit einem *einzigen* Gedanken für eine Weile allein zu sein. Während der Strom der Gedanken zu allen Seiten der Insel weiterrauscht, treten wir aus dem verwirrenden Neben-, In-, Nach- und Durcheinander der überallhinfließenden Gedankenbilderreihen heraus.

Solche Entspannung und Vorbereitung der Konzentration ist ein sich Öffnen gegenüber den segensreichen Wirkungen der Stille. Dadurch, daß wir uns seelisch und körperlich entspannen, alles in uns zum Schweigen bringen, alle störenden Gedanken abklingen lassen, uns von allem lösen, nichts mehr wollen, wünschen, fürchten, schalten wir uns in einen neuen Lebensrhythmus ein, dessen wohltuende Wirkungen uns schon während der Entspannung zugute kommen.

Die Praxis der Entspannung wurde bereits in der 5. Woche dargelegt, so daß wir uns hier kurz fassen können. Das Augenmerk ist hier vor allem auf folgende Punkte zu richten:

1. *Äußere Ruhe:* Man sorge für eine ruhige Umgebung, für Abstellung aller äußeren Störungen. Wo möglich, übe man sich im Schweigen des Waldes im bewußten Entspannen: man liegt auf dem würzigen Boden, über sich die leise schwankenden Kronen der Bäume, durch die hier und da ein Stück blauen Himmels schimmert – Sinnbild des Friedens.

2. *Körperliche Ruhe:* Man sorge dafür, daß der Stuhl auf dem man sitzt, oder das Sofa, auf dem man sich ausstreckt, nirgends drückt, also nicht die Gedanken ablenken und die Entspannung und Sammlung stören kann. Man lockere die Kleider, lege beengende Kleidungsstücke, drückende Schuhe usw. ab.

3. *Entspannung des Körpers:* Man setze oder lege sich bequem hin und entspanne bewußt den ganzen Körper, wie in der 5. Woche gezeigt. Wir ziehen bewußt alle Kraft aus den Gefäßen und Muskeln der Arme und Hände, der Füße und Beine, des Rumpfes, des Halses, so daß wir zuerst unsere Glieder, dann unseren Rumpf und schließlich unseren ganzen Körper nicht mehr fühlen. Schließlich muß man das Bewußtsein haben:

„Ich bin Ruhe. Alles in mir ist entspannt. Ich bin Friede, Rhythmus, Harmonie!“

4. *Entspannung der Sinne:* die *Augen* werden entspannt, indem wir sie schließen. Die Entspannung der Augen übt man außerhalb der Konzentrationsübungen, indem man in den Pausen zwischen der Alltagsarbeit sich entspannt hinsetzt, die Augen schließt und die beiden Handflächen so kreuzweise über die Augen breitet, daß die Finger über der Stirn sich kreuzen. Es soll kein Lichtstrahl durch die Finger hindurchdringen, doch dürfen die Augäpfel nicht gedrückt werden. Das Gefühl wird auf die Vorstellung völligen Ent-

spanntseins der Augen gerichtet mit Zuhilfenahme des Stützgedankens:

„Es ist absolut dunkel, tiefste Schwärze. Meine Augen ruhen, weil nichts zu sehen ist."

Zur Förderung dieses bewußten ‚Schwarzsehens', das eine wunderbar entspannende Wirkung ausübt, kann man den Blick vorher auf ein schwarzes Blatt Papier oder einen tiefschwarzen Gegenstand konzentrieren und sich dann dieses Schwarz bei geschlossenen, mit den Handflächen verdeckten Augen vorstellen. Nach einigen Wiederholungen wird das vorgestellte Schwarz immer schwärzer, und im gleichen Maße nimmt die Entspannung der Augen zu.

Die Augen danken einem diese Entspannung: nach jeder solchen Übung ist der Blick krampfloser, freier und klarer, die Sehkraft stärker.

Um die Entspannung der Augen noch mehr zu fördern, achte man darauf, daß die Augenlider sich nicht krampfhaft schließen, sondern sich langsam senken, als ob man müde sei, wobei man bejaht:

„Meine Augenlider sind müde und schlaff. Sie hängen entspannt herab. Alle Muskeln sind entspannt. Es ist absolut dunkel und still."

Werden die Augen recht entspannt, folgen die anderen Sinne von selbst. Die Entspannung der *Ohren* fördern wir, da wir keine Ohrenlider haben, durch Einstellung auf den Gedanken, daß die Ohren müde und entspannt sind und nichts mehr hören, daß völlige Ruhe und Stille herrscht.

5. *Ruhe der Gedanken:* Wir beginnen die Gedankenberuhigung durch die Besinnung auf den Rhythmus unseres Atems, wie in der 3. und 5. Woche gezeigt. Die Einstellung auf den rhythmischen Atem fördert die Konzentration, beseitigt Zerfahrenheit und bringt Ordnung ins Denken.

Während wir uns auf den Atem konzentrieren, beginnt der Trubel der Gedanken abzuklingen, wie ein Ton langsam schwächer wird und schließlich verhallt. Man fühlt, wie der Gedankenstrom abnimmt, versickert und versiegt, wie sich die Oberfläche des Gedankenmeeres glättet, bis das Ich sich klar darin zu spiegeln vermag.

Im gleichen Maße erlischt das Bewußtsein des äußeren und erwacht das innere Leben.

SCHWEIGEN

Auf die Entspannung folgt das Schweigen. Dieses Schweigen ist nicht nur ein Stillesein der Gedanken, sondern auch der Gefühle, Wünsche, Willensstrebungen, nicht nur ein Schweigen der Lippen, sondern auch des Gemüts, eine Andacht der Seele.

Schweigen heißt sich liebend nach innen öffnen, hingegeben lauschen. Solch Schweigen ist fernab von tatenlosem Dahindämmern in Träumereien; es ist schöpferische Wegbereitung für die Sammlung. Es ist sowohl wartend und erwartend wie aktiv und schöpferisch. In ihm wird die innere Stimme vernehmbar, das ‚Flüstern der Götter'.

Die Praxis des Schweigens ist einfach: Wenn alle Gedanken verklungen sind, kein Außen uns mehr berührt und jeder Sonder-Wille ruht, steigt die Stille aus der Tiefe unserer Seele herauf. Ganz still wird es in uns, atemlose Stille. Von Augenblick zu Augenblick wird diese Stille in uns lebendiger. Wir fühlen und bejahen:

„Ich bin allein – tief in mir . . . Ich schweige – ich bin still – bin Stille – Schweigen – Friede. Ich bin Stille . . . Ich bin . . .“

Und dann denken wir das Schweigen nicht mehr, dann *sind* wir Stille. Und das ist ohne Namen. Jetzt gilt es, ganz zu dieser Stille zu entwerden:

Unendlich nahe fühlen wir uns in diesen stillen Sekunden der Ewigkeit den Quellen unseres Seins; wir fühlen den Geist des Lebens in uns atmen, – bis wir selbst der Atem werden, bis nichts mehr da ist als der Geist des Lebens . . .

In diesem wundersamen Gestilltsein und Einssein mit dem Geist des Lebens verharren wir einige Minuten – mit dem Segen des Schweigens uns erfüllend. – –

Im Schweigen kehren wir zu uns selbst, zum Selbst zurück und damit zu den inneren Quellen der Kraft und der Weisheit. Indem wir stille werden, gelangen wir in Harmonie mit dem Rhythmus des Lebens, mit dem Zentrum unseres kreisenden Lebensrades, wo ewige Ruhe herrscht und von wo aus wir allen Stürmen des Lebens gebieten.

Im Schweigen ziehen wir göttliche Kraft aus der geistigen Welt in die physische, aus dem Innersten unserer Seele in unser Herz, unseren Körper, unser Leben. Kein Glück und Erfolg gedeiht ohne Stille. Auch unsere Kraft, eine Not zu wenden, wächst im Schweigen. Die Stille gibt uns Einblick und Überblick über die Dinge und Umstände und zeigt uns den sichersten Ausweg und Hochweg.

Das Schweigen ist die Geburtsstätte neuen Geistes, neuen Lebens, neuen Heils – und ewiger Jugend. Die Stille gibt unseren Jahren mehr Leben und unserem Leben mehr Jahre. Was ist denn Jugend anders als der lebendige Einstrom und Durchstrom des Geistes des Lebens in und durch uns.

Die Stille ist alles Großen ewige Mutter. Kein Schöpfertum ohne die Kraft der Stille, kein geistiges Wachstum ohne die Segnung des Schweigens. In der Stille wird das ‚Himmelreich in uns' lebendig und beginnt, von hier aus seinen Einfluß auf unser Leben auszuüben.

Für den Lebensschüler ist die Stille darum nichts, was er nur hier und da, zu bestimmten Zeiten, vornimmt, um dann erneut im Alltag gedankenlos dahinzuleben; für ihn bedeutet sie die bewußte Erfüllung jedes Augenblicks des Lebens und jedes Teilchens seiner Tagesarbeit mit dem Bewußtsein innigen Verbundenseins mit dem Unendlichen.

Wir können, wenn wir wollen, immerfort in diesem Schweigen leben und dabei restlos tätig sein und unseren Mann im Leben stehen. Denn die wahre Stille ist nichts, was neben dem äußeren Leben herläuft und seinen Rhythmus nur hier und da unterbricht, sondern etwas, das in alles Alltagstun erneuernd einströmt. Wir lassen den Strom des Lebens, den wir in der Stille in uns rauschen fühlen, in jedem Augenblick, bei jedem Werk durch unsere Seele, unser Herz und unsere Hände fließen und lassen den Geist des Lebens mit und durch uns walten, wollen und wirken.

Das erst ist wirklichkeitsbewußte Lebensführung, und diese nur macht unser Dasein sinn- und heilvoll bis ans Ende.

SAMMLUNG

Wenn unsere Seele gestillt ist, verlassen wir unseren Platz am Altar anbetenden Einsseins und wenden uns zum Vorplatz der Stille, um die Sammlung vorzunehmen, die bewußte Krafterfüllung eines Zielgedankens.

Auch hier ist, um die geweckte Kraft zu halten und zu mehren, Übung not. Die Schwingungen, die wir durch die erste Sammlung schufen, werden oft nicht stark genug sein, um einem Ideal die nötige Durchsetzungskraft zu geben; aber beim zweiten, dritten, zehnten Male werden die Gedankenschwingungen in der geistigen Welt weiterschwingen wie Wellen, die ein ins Wasser geworfener Stein erzeugt. Und alles Gleichstrebende um uns wird sich zu uns neigen, mit uns schwingen und sich unserem Wollen und unserer Kraft vereinen.

Zuvor ein Wort über das *Wesen der Sammlung:*

Die Sammlung der Gedanken auf einen Punkt hat den Zweck, die Durchsetzungskraft einer Vorstellung zu verstärken. Der Gedanke, auf den wir unsere Aufmerksamkeit richten, wird wie mit einem Scheinwerfer beleuchtet und aus der Menge der übrigen Gedanken herausgehoben; er wird – während die anderen Gedanken ins Dunkel treten – verstärkt, verwesentlicht, seine Anziehungskraft wird gesteigert.

Immer geben wir dem Gedanken, auf den wir uns konzentrieren, größere Bewußtheit und damit eine Kraft, die ihm sonst fehlt – entsprechend der 11. und 13. Regel:

> *Die Durchsetzungskraft einer Vorstellung wächst mit der Intensität und Dauer der darauf gerichteten konzentrierten Aufmerksamkeit.*

Wir vergrößern dadurch das Kraftfeld dieser Vorstellung und bewirken, daß andere Gedanken ihre Kraft an diese abgeben, sich ihr gleichrichten, ein Teil von ihr werden. Indem wir die Gedanken auf einen Punkt sammeln, sammeln wir auf der geistigen Seite der Welt die zielhaften Energien, die ‚unsichtbaren Helfer', die nötig sind, um die Erfüllung des Ideals zu ermöglichen.

Vollkommene Sammlung ist krampflos: Sie ist ein stilles Schweben des Geistes über dem Gegenstand der Konzentration, nicht starres Fixieren eines Dinges, sondern ruhiges Fließen- und Wirkenlassen des Gedankenstromes in Richtung auf das Ziel der Sammlung. Sie ist nicht bewegungslos wie ein stehendes Gewässer, sondern lebendig bewegt wie ein Strom, der Hindernisse mit sich reißt, von überallher neuen Zustrom empfängt und immer stärker wird, bis er schließlich ins Meer der Erfüllung mündet. –

Wenn wir diese Gedankensammlung täglich üben, verlieren Furchtgefühle allmählich alle Macht über uns; eingebildete Fesseln fallen von uns ab; wir werden gefeiter gegen nervöse Erkrankungen, die größtenteils in falschem Denken wurzeln; wir erlangen wieder jene stählernen Nerven, wie sie unseren Vorfahren eigen waren. So ist die Gewöhnung an Sammlung ein unerläßliches Seelendiätetikum: Wir spüren, wie die Konzentration uns mit neuer Kraft lädt, die innere Festigkeit fördert, uns zum Erfolg erzieht.

Der Gesammelte ist dem Ungesammelten stets überlegen; er bestimmt die Denk- und Willensrichtung des Zerstreuten. Er steht über den Dingen; er hat sich selbst in der Hand, während den Ungesammelten die Dinge der Umwelt in ihrer Hand haben.

Die Disziplinierung der inneren Kräfte führt insgesamt zur Ordnung und Verwesentlichung des Lebens. Wir erkennen, daß wir nicht der *leidende* Teil zu sein brauchen, sondern der *leitende*, handelnde, bestimmende Teil sein können, daß es in unserer Macht liegt, glücklich oder unglücklich, Subjekt oder Objekt des Geschehens zu sein, ja: überlegener Zuschauer.

*

Die *Praxis rechter Sammlung* ist einfach:

Nachdem die Entspannung herbeigeführt und die Stille erreicht ist, wenden wir unser aufmerksames Interesse dem Gegenstand der Konzentration zu: der zu lösenden Frage, dem beunruhigenden Geschehnis, dem zu erfüllenden Wunsch. Die Augen bleiben wie bei der Entspannung und Stille geschlossen. Im Blickfeld des Bewußtseins befindet sich nichts als der eine Gedanke, der uns interessiert und dem wir uns nun völlig hingeben.

Wir bringen durch diese Hinwendung den bisher entfernten Gegenstand gewissermaßen näher an unser Auge, bis er das ganze Sehfeld einnimmt. Zugleich machen wir ihn *lebendig*, indem wir ihn gefühlsbetont, lustbetont machen, wie in der 8. Woche gezeigt. Es ist z. B. leichter, sich auf ‚Ruhe‘ zu konzentrieren, wenn man sich dabei eine weite, stille Meeresfläche vorstellt oder sich auf einer kleinen Waldeslichtung liegen sieht, den Blick zum Himmel gerichtet, über den, ein Bild tiefen Friedens, langsam ein weißes Wölkchen dahinzieht.

Es gilt weiter, das *Interesse* am Objekt der Konzentration wach zu halten, indem wir neue Seiten daran zu entdecken suchen, es in neuen Zusammenhängen sehen – ohne dabei die Zielrichtung zu verrücken. Wir versuchen zu fühlen, wie der Zielgedanke lebendig wird und zu wirken beginnt.

Im praktischen Leben tritt die Konzentration vor allem als *Aufmerksamkeit* in Erscheinung. Wir verstehen darunter die aktive Hinwendung des Bewußtseins auf das im Augenblick Wahrgenommene, Empfundene oder Vorgestellte – bei gleichzeitiger Unempfindlichkeit gegenüber anderen Eindrücken und Gedanken. Es ist jene ‚Habt-Acht!'-Stellung des Geistes, ohne die der Mensch keine Situation zu meistern vermag. So wie der Schmied auf das glühende Eisen konzentriert ist, so müssen wir auf den Erfolg eingestellt sein, – und das ist einesteils ein Hingelenktsein aller Sinne und Kräfte auf das Ziel, andererseits ein Empfänglichsein des Geistes für alle Möglichkeiten, die der schnelleren Erreichung des Zieles förderlich sind. Beide Seiten der Aufmerksamkeit gilt es in gleicher Weise zu entwickeln, wobei die Wiederholung das beste Schulungsmittel ist.

Jede Übertreibung ist zu meiden. Sowie die Konzentration übertrieben und zum Willenskrampf wird, verkehrt sich ihr Segen in Schaden. Auch allzulange Sammlung auf einen Punkt bewirkt das Gegenteil des Erstrebten: es lähmt die Aufmerksamkeit. Hier tut zeitweilige bewußte Ablenkung der Aufmerksamkeit in andere Bahnen not. Dadurch wird die Konzentration neu belebt und gesteigert und man kann das Hauptziel mit frischer Kraft verfolgen. Solche Ablenkung kann ein Blick ins Freie sein, ein Spaziergang, ein Gespräch, eine Ruheübung oder kurze Lektüre.

Recht geübt, bewirkt die Konzentration die Entstehung entsprechender *Neigungen*, die sich bei ständiger Wiederholung zu *Gewohnheiten* vertiefen.

Mit der Übung wächst zugleich unsere Widerstandskraft gegen Ablenkungen und Störungen der Konzentration. Je häufiger wir uns sammeln, desto weniger werden wir durch Geräusche, Gefühle und Empfindungen gestört. Wir sind immer weniger auf diese Störungen eingestellt; wir nehmen sie zwar nach wie vor unbewußt wahr, werden aber nicht mehr von ihnen bewegt, weil wir sie nicht mehr in unser Bewußtsein aufnehmen.

Diese Störungsunempfindlichkeit können wir steigern durch Konzentration auf bestimmte Geräusche, durch Übung des Einstellens darauf und der bewußten Ausschaltung der Aufmerksamkeit, ferner durch Lustbetontmachung bisher als störend empfundener Geräusche. Das geht am leichtesten und raschesten, indem man tut, als ob diese Geräusche angenehm seien. Bald wird aus solchem ‚Tun, als ob' Wirklichkeit. Das Geräusch bleibt, aber die Empfindlichkeit ist geschwunden, der Lärm wird nicht mehr als Störung empfunden.

Um die Störungsunempfindlichkeit zu üben, werden wir hier und da Situationen aufsuchen, bei denen die Konzentration erschwert ist, und dort geistige Arbeiten zu erledigen suchen: ein fachkundliches Werk lesen, eine Aufgabe lösen, eine ernste Unterhaltung führen, einen Brief schreiben. Der Lebensschüler muß nach und nach fähig werden, sich auch unter schwierigen Bedingungen beliebig zu konzentrieren.

*

Zum Schluß noch ein Wort über die Hilfsmittel zur Konzentration:

Wenn wir Genies, Künstler, Dichter, Wirtschaftsführer, aber auch andere konzentriert schaffende Menschen bei ihrer Arbeit beobachten, werden wir manchmal entdecken, daß sie sich autosuggestiver Mittelchen oder Methoden bedienen, um die Konzentration der Gedanken auf ihre Arbeit störungsfrei zu erhalten.

Oft dienen diese Mittel darüber hinaus zur Förderung der Konzentration, zur Weckung der schöpferischen Kräfte und zur Erhöhung der Leistungsfähigkeit. Die große Fülle der Beispiele zwingt uns, uns auf einige Beispiele zu beschränken:

Aristoteles konnte dann am besten geistig arbeiten und seine Gedanken entwickeln, wenn er in seinem Hause mit auf dem Rücken verschränkten Armen unermüdlich auf und ab ging. Der Rhythmus des Hin- und Herschreitens erzeugte in ihm einen entsprechenden

Rhythmus der Gedanken und regte sein Vermögen, folgerichtig, ‚Schritt um Schritt' weiterzudenken, an.

Balzac schuf seine Hauptarbeiten nachts. Er ging zumeist um sechs Uhr abends ins Bett, stand um Mitternacht auf und arbeitete dann regelmäßig bis zum Morgen. Zwischendurch frönte er seiner zweiten Leidenschaft: dem schwarzen Kaffee. Außerdem trug er bei seiner Arbeit eine weiße Mönchskutte, sonst kamen ihm die Gedanken nur stockend.

Goethe liebte einsame Spaziergänge in der Natur. Gerade in der Einsamkeit kommen die besten Gedanken, die Abgeschiedenheit eines Waldes, die Einsamkeit des Meeres bringt uns oft am raschesten mit den schöpferischen Quellen unseres Innern in Verbindung.

Bret Harte, der Autor der ‚Kalifornischen Novellen', regte sich dadurch an, daß er für die Nacht vor einer größeren Arbeit einen Wagen mietete und sich durch die dunkle Nacht fahren ließ. Auch hier haben wir das Suchen nach der Einsamkeit und nächtlichen Stille, in der sich das Schöpfertum am vollkommensten entfaltet.

Haydn konnte nur komponieren, wenn er aufs sorgfältigste gekleidet war. Vielleicht geht diese Neigung auf einen Minderwertigkeitskomplex zurück; jedenfalls ist diese Gewohnheit geeignet, ein schwaches Selbstbewußtsein zu heben, weshalb sie sich auch für andere empfiehlt. Das Sprichwort ‚Kleider machen Leute' hat einen tieferen Sinn und will heißen: Du wirst oft das, was Du anziehst!

Manfred Kyber fühlte sich zu geistigem Schaffen am meisten angeregt, wenn seine Lieblingskatze es sich auf seinem Schreibtisch bequem gemacht hatte.

Schiller wurde durch den Geruch fauler Äpfel zu höchster Schaffensfreude inspiriert. Konzentrationsmittel dieser Gruppe gibt es zahlreiche.

Der englische Schriftsteller *Stevenson* griff, wenn er seinen Gedanken den nötigen Schwung verleihen wollte, zur Piccolo-Flöte. Musik ist für viele ein raschwirkendes Konzentrations- und Stimmungsmittel, – aber nicht für alle und nicht zu jeder Zeit.

Voltaire mußte, um arbeiten zu können, ein abgezähltes Dutzend gutgespitzter Bleistifte vor sich sehen, ehe er anfangen konnte. Auch diese Neigung teilt er mit anderen Schriftstellern.

Diese Beispiele genügen, um zu zeigen, daß jeder guttut, den ihm gemäßen Weg zu suchen, um die Konzentration möglichst lange festzuhalten. Ein Freund von Wohlgerüchen wird vielleicht einen bestimmten Duft zu seinem Konzentrationshelfer machen, ein anderer wird eine bestimmte Melodie als Stimmungswecker benutzen, wieder ein anderer braucht vielleicht ein periodisch wiederkehrendes Geräusch wie das Ticken einer Schwarzwälder Uhr, um gesammelt zu bleiben. Alle diese Hilfsmittel können dazu dienen, die Sammlung zu fördern und zu vertiefen und die Kräfte des Willens auszulösen, deren Entfaltung uns anschließend beschäftigen wird. *)

10. WOCHE:

STEIGERUNG DER WILLENSKRAFT

> „Wo Du auch wandelst im Raum, es knüpft Dein Zenith und Nadir,
> An den Himmel Dich an, Dich an die Achse der Welt.
> Wie Du auch handelst in Dir, es berühre den Himmel Dein Wille,
> Durch die Achse der Welt gehe die Richtung der Tat!"
>
> Schiller

Der Mensch ist, nach Schiller, das Wesen, welches *will*, – alle anderen Dinge und Geschöpfe *müssen*. Ziel aller menschlichen Kultur ist, den Menschen frei zu machen, ganz er selbst zu sein und den höchsten Aspekt seiner inneren Kraft zu offenbaren, von dem man mit Recht sagen kann: „Im Anfang war der Wille."

Wir können jeder Kraft, die in uns wirkt, auf den Grund gehen, immer stoßen wir dabei auf den Willen. Er ist das feste Dach, das die vier Säulen der Gedanken-, Glaubens-, Wunsch- und Vorstellungskraft zu einem starken Bau zusammenfügt.

Vergleichen wir den Willen einem Baum: Seine feinsten Wurzelfasern sind Gefühl und Wunsch. Diese verdicken sich zu auf Lust-

*) Da die *Dekonzentration* – die Sammlungsunfähigkeit und Gedankenflucht – zu einer durch den Einfluß der Massenmedien geförderten Zeitkrankheit geworden ist, wurde über das vorstehend Gesagte hinaus ein bereits bestens bewährter *Lehrgang der Konzentration* geschaffen, der unter dem Titel „*Wie konzentriere ich mich?* Anleitung zur Ausbildung der Denkkraft und zur Ausübung des Kraftdenkens" bereits in 7. Auflage im Baum-Verlag erschien.

auslösung, Wunschverwirklichung, Machtmehrung und Selbstschöpfung gerichteten Neigungen. Aus diesen stoßen die Impulse unseres Denkens und Wollens aus dem Gemüt und Geblüt, dem Erdreich des Unbewußten, durch den Stamm des Willens-Baumes in den Tag, ins Bewußte hinauf. Aus diesen Impulsen wiederum wachsen, nach mehr oder minder kürzerem Erwägen, die Entschlüsse hervor, dieses zu tun, jenes zu lassen. Das sind die Äste. Aus den Entschlüssen wiederum sprossen die Handlungen. Willenskraft, Hirnkraft und Muskelkraft werden in Richtung auf das Ziel in Bewegung gesetzt und solange angespannt, bis das Ziel erreicht ist. Das ist die ‚Krone' des Baumes, die Krönung des Willens.

Was heißt nun rechtes Wollen?

Richtig wollen ist kraftbewußte Zielgerichtetheit und zugleich Gefeitheit gegenüber jedem vom Ziel wegführenden Gedanken. Es ist zugleich die beste Schutzwehr gegen Minderwertigkeitsgefühle jeder Art.

Richtig wollen heißt: den Zug besteigen, der dorthin führt, wohin man will, und den Zug nicht verlassen, bis man am Ziele ist. Es heißt: sich etwas vornehmen und dann darauf lossteuern – bis zum Sieg.

Richtig wollen heißt aber auch: vernünftig wollen; den Willen mit der Kraft des Herzens harmonisch einen. Denn Wille ohne Herz gebiert Willkür und Brutalität, die wiederum aus Inwelt und Umwelt Hemmungen und Hindernisse heraufbeschwören und den Willen an sich selbst zerbrechen lassen.

Man verwechsle Willenskraft nicht mit Dickköpfigkeit oder jenem Trotz, der ‚mit dem Kopf durch die Wand' will. Dickköpfigkeit kennzeichnet den Esel; aber niemand heißt deshalb den Esel einen ‚starken Woller'. – Trotz kann ein Zeichen festen Willens sein, ist es aber keineswegs immer, sondern oft nur Verhüllung innerer Hilflosigkeit und Schwäche.

Der Trotz ist Sklave des Objekts, mit dem er sich auseinandersetzt, wie der Stier Sklave des roten Tuches ist, das ihn zur Wildheit reizt. Ein starker Wille dagegen ist Lebenswille: stählern-biegsame Entschlossenheit zu beständigem Aufstieg. Dieser Wille, nicht der Trotz, wird aller Hindernisse Meister.

Richtig wollen heißt: klare Einsicht mit edler Absicht paaren, den Willen mit der Weisheit verehelichen. Der Wille allein ist stark, aber blind. Und die Weisheit allein ist weitblickend, aber schwach. Wenn beide sich vereinen, sind sie stark und gerüstet, jedes mögliche Ziel zu erreichen.

Richtig wollen heißt endlich: bewußt den menschlichen Ich-Willen mit dem göttlichen All-Willen verbünden. Wo beide eins sind, bleibt unserem Willen kein Ziel versagt. Das meint Hamerlings Wort: „Echter Wille ist Magie, ist Allmacht."

*

An dieser Stelle ist einer Verdächtigung des Willens zu begegnen, die durch das Mißverstehen der Methode *Coué's* entstand. Seit dem Wirken dieses Psychotherapeuten stehen sich zwei Lager gegenüber: das eine, das die *Übermacht* des *Willens* betont, das andere, das die Ohnmacht des Willens gegenüber der *Einbildungskraft* behauptet. Beide Meinungen treffen nicht den Kern der Sache. Es handelt sich hier gar nicht um einen ‚Widerstreit zwischen Willen und Einbildungskraft', sondern um einen Konflikt zwischen positiven und negativen Gedanken, also um eine Auswirkung undisziplinierten Denkens. In Wahrheit sind Einbildungs- oder Vorstellungskraft und Wille keine Gegensätze.

Coué's These war folgende: „Im Widerstreit zwischen Willen und Einbildungskraft ist die Kraft der Einbildung proportional dem Quadrat der Willensstärke."

Einfacher ausgedrückt: Wenn Wille und Einbildungskraft in Streit geraten, siegt die Einbildungskraft, — woraus manche den Schluß zogen, man tue am besten, den Willen zu unterdrücken.

Sie verwechseln *Wille* und *Anstrengung:* Nicht der Wille ist auszuschalten, sondern die krampfhafte Anstrengung, die Willens*verkrampfung*, der Irrtum, als ob etwas so schwer sei, daß es ‚äußerste Willensanstrengung' nötig mache, — also die hemmende *Vorstellung der Schwierigkeit* einer Aufgabe. An ihre Stelle soll die Überzeugung der Selbstverständlichkeit des Erfolgs treten. Dann ist Willensverkrampfung ausgeschlossen; ‚Wille' und ‚Einbildungskraft' sind dann *eine* Kraft.

Machen wir uns das an Coué's Lieblingsspiel klar: an jenem Radfahrer, der ein Hindernis sieht, daran vorbeifahren ‚will', sich aber einbildet, gerade darauf loszusteuern, und dann darüber stürzt. Das Hindernis, das er meiden will, aber fürchtet, bringt ihn zu Fall!

Haben sich hier Wille und Einbildungskraft in der Radfahrerseele eine Schlacht geliefert, bei der der Wille unterlag? Keineswegs. Sondern weil die Gedanken des Radfahrers stärker auf das *Hindernis* als auf den freien Weg konzentriert waren, stürzte er; weil sich das, was man am gefühlsbetontesten denkt, am raschesten verwirklicht. Ein *Denkfehler* also. Statt das Hindernis zu fürchten und dadurch das Gefürchtete herbeizuziehen, hat der Radfahrer seine Gedanken einzig auf seinen *Weg* zu richten – etwa mit dem Gedanken: „Dieser Weg ist so breit und sicher, daß man ihn gar nicht verfehlen kann. Ein Kind kann hier fahren."

Mit anderen Worten: die negative, furchtgeladene Vorstellung des Hindernisses und möglichen Stürzens muß durch die stärkere positive, gefühls- und überzeugungsbetontere Vorstellung der Sicherheit des Weges beseitigt werden. Dadurch wird die ‚Anziehungskraft' des Hindernisses gebrochen; es wird nicht mehr beachtet und liegt bald hinter dem Radfahrer.

Der Genfer Professor Baudouin spricht mit Recht vom *„Gesetz der das Gegenteil bewirkenden Anstrengung"*, wie das Beispiel des Errötens zeigt: wir fühlen, daß wir rot werden. Wir wollen aber nicht erröten, wehren uns mit Händen und Füßen dagegen. Dennoch werden wir über und über rot. Warum? Der Schlüssel liegt in dem Wort ‚Anstrengung':

Wir strengen uns krampfhaft an, nicht zu erröten. Diese Anstrengung ist furchtgeladen, ihr liegt der Gedanke des Nichtkönnens zugrunde, der um so stärker wird, je mehr wir uns anstrengen. Da sich aber immer der stärkere Gedanke verwirklicht, erröten wir.

Wer seinen Willen anstrengt, um ein Geräusch, das ihn stört, nicht mehr zu hören, wird erst recht gestört. Wer sich *anstrengt*, einzuschlafen, wird überwach. Immer wird der der Anstrengung zugrundeliegende Gedanke des *Nichtkönnens* Wirklichkeit; weil jedes *verkrampfte* ‚Ich will' den stärkeren Gegengedanken ‚aber ich kann nicht' auf den Plan ruft, weil jede Anstrengung im Grunde eine Konzentration auf das Hindernis statt auf das Ziel bedeutet!

Solche Willensverkrampfung liegt aber fernab von jeder Willenskultur, die immer das Gesetz des rechten Maßes befolgt.

Aristoteles nennt mit Recht die Mäßigung die Krone der Weisheit. Drückt man eine Apfelsine zu sehr, kommt zu viel Bittres mit. ‚Nur aus Mäßigung entspringt reines Glück', sagt auch Goethe. Diese Forderung erfüllen wir, wenn wir nichts Negatives fürchten, unseren Blick nur auf positive Vorstellungen richten, und zwar solange, bis sie Wirklichkeit geworden sind.

*

Einer weiteren Verdächtigung des Willens haben wir zu begegnen: dem Wahn des ‚schwachen Willens':

An sich hat jeder einen starken Willen, er ist nur gehemmt, geduckt. Es gilt also, ihm die Bahn frei zu machen, die Hindernisse wegzuräumen, ihm zu ermöglichen, sich frei zu seiner ganzen Größe zu entfalten.

Der Lebensschüler erkenne, daß er ebensoviel Willen besitzt wie jene, die er ob ihrer starken Willenskraft bewundert; er muß nur lernen, seine eigene Kraft durch die Bejahung seines Willens zu erwecken und, wie die Kraft der Muskeln, durch Übung zu schulen und zu stählen. Jeder bewußte Gebrauch der Willenskraft bewirkt ihre Mehrung.

Ein völliges Fehlen des Willens finden wir nur bei schwersten Krankheiten und bei Geistesschwäche. Sonst aber hat selbst der ‚Abulische', der Willenskranke, einen Rest von Willen, der hochgespannt werden und Großes leisten, ihn über zeitweises Arbeitsunvermögen, Entschlußlosigkeit, innere Herrschaftslosigkeit und Ziellosigkeit hinwegtragen kann. Er muß nur das Tor des Vertrauens durchschreiten, um seinen inneren Willen zu finden.

RECHTES WOLLEN

Nachdem wir gelernt haben, richtig zu denken, inbrünstig zu glauben, beharrlich zu wünschen, lebendige Vorstellungen zu nähren, die Verwirklichung unserer Ideale durch Bejahung zu fördern und uns entschieden auf ein Ziel zu konzentrieren, bildet die Schulung des Willens den nächsten Schritt auf unserem Wege zu einem neuen Leben, wobei unser Ziel die Schaffung positiver, produktiver Willens-Gewohnheiten ist.

Unser Wille soll lernen, gewohnheitsmäßig aus eigenem Antrieb stets den besten Weg zum Ziel zu gehen, bei abnehmendem Kraftaufwand immer größere Ergebnisse zu zeitigen.

Einen Bogen Pappe zusammenzufalten, macht das erste Mal Mühe; aber jedes weitere Mal wird es leichter, ihn auf die gleiche Art zu falten. Ebenso geht auch der Wille gern den Weg des geringsten Widerstandes; die Neigung, *Gewohnheit* zu werden, ist ihm eingeboren; wir müssen diese Neigung nur in rechter Weise pflegen und benutzen.

Vor allem gilt es hier, von Anfang an nur zu positiven, erfolgverbürgenden Willensgewohnheiten den Grund zu legen. Die Macht der entgegengesetzten Gewohnheiten ist im Anfang naturgemäß am stärksten, nimmt aber mit jeder Wiederholung der neuen Willensgewohnheiten ab, um schließlich zu erlöschen. Wenn wir mit einem Löffel die Flüssigkeit in einem Topf umrühren, wird der Widerstand rasch geringer, da immer mehr Teile der Flüssigkeit von der kreisenden Bewegung mitgerissen werden. Es kommt nur darauf an, mit dem Umrühren nicht aufzuhören, bis die ganze Flüssigkeit den Kreislauf mitmacht. Gleichermaßen kommt es bei der Züchtung neuer Willensgewohnheiten darauf an, die Wiederholung der neuen Gewohnheiten beharrlich und regelmäßig vorzunehmen und keine Ausnahmen zuzulassen, bis die neue Gewohnheit in uns verankert, uns zur ersten Natur geworden ist.

Jede Willenshandlung wird durch Wiederholung zu einer Willensneigung und schließlich eine Willensgewohnheit. Jede neue Wiederholung kostet weniger Kraft, Bewußtsein, Aufmerksamkeit und Zeit, und dennoch wächst von Mal zu Mal die Macht des neuen Wollens und die Gewißheit, daß wir erreichen werden, was wir uns vorgenommen haben, daß für uns nur eine Möglichkeit besteht: zu siegen.

Wir kommen damit zu den Willensübungen, und zwar bilden die nachfolgenden Willens-Etappen eigentlich die Bestandteile einer einzigen Übung, die aber leichter gemeistert werden, wenn wir sie zunächst getrennt betrachten und üben und sie dann zum Schluß als Ganzes anzuwenden lernen. Hier sind die *zehn Etappen rechten Wollens:*

1. Willens-Selbstbesinnung

Um die Willenskraft zu entfesseln, den Aufstrom des Willens ‚anzukurbeln', beginnen wir mit der Weckung des lebendigen Wunsches nach Willenskraft, mit der Entfaltung inbrünstigen Verlangens nach einem starken Willen.

Hand in Hand mit der Erweckung des Willens-Wunsches geht eine fortschreitende Selbstbesinnung des Willens: der Wille wird sich seiner Kraft und Macht mählich bewußt. Diese Bewußtwerdung fördern wir durch Besinnung in der Stille auf die in uns lebenden Bilder starker Willenskraft, auf die Willensideale, die wir bewundern, die Bilder starker Woller, die wir verehren.

Die Zahl dieser Willens-Vorbilder mehren wir durch die Lektüre der Biographien großer Willensmenschen, die zeigen, welch hohes Maß von Energie diese Männer in ihrem Leben zur Entfaltung brachten, und uns anspornen, in gleicher Weise unseren eigenen Willen zu entfesseln. Denn was diese konnten, kann jeder.

Wie diese Willens-Heroen, so muß jeder sich als mächtiges Willenszentrum erkennen, als Herr aller Not und Schwäche.

2. Willens-Bejahung

Das Nächste ist, daß wir bewußt ein Idealbild unserer selbst und unseres Willens schaffen, uns in Gedanken mit sieghafter Willenskraft ausgerüstet sehen:

Wir werden uns selbst als von unbeugsamer Entschiedenheit beseelt sehen, uns immer wieder ausmalen und lebendig fühlen, wie wir durch alle Hindernisse hindurch zum Sieg vorstoßen.

Einige Zeit hindurch werden wir abends vor dem Einschlafen und morgens nach dem Aufwachen das Wachstum unseres Willens überzeugt bejahen und lebendig fühlen. Gerade in diesen Augenblicken gesteigerter innerer Empfänglichkeit für rechte Selbstbefehle rufen wir die schlummernden Willenskräfte am sichersten zur Tat auf. Wir werden in uns hineinsprechen:

„Mein Wille ist stark. Seine Durchsetzungskraft wächst von Tag zu Tag. Ich bin stark und erfolgreich!“

Wir werden dabei fühlen, wie unser Wille im Schlaf wächst, werden lebendige Bilder triumphierender Willenskraft vor Augen haben, uns oft vorstellen, wie wir durch starken Willen Hindernisse überwinden, in Kampf und Not zäh ausharren, bis wir siegen, wie alles Weh unserem wuchtenden Willen weicht.

Wir werden uns plastisch vergegenwärtigen, wie innerhalb des Kraftfeldes unseres Wesens alle Dinge sich nach unserem Wollen wandeln, und wie dieses Willenskraftfeld an Ausdehnung und Macht gewinnt.

3. Willens-Weckung

Hand in Hand mit der Willens-Bejahung geht die Willens-Wekkung durch mutige Betätigung. „Es ist nicht genug, zu wissen, man muß auch anwenden“, sagt Goethe, „es ist nicht genug, zu wollen, man muß auch tun.“ Das geschieht im Anfang durch das *Tun, als ob* unser Wille bereits zu seiner vollen Kraft erwacht sei, *als ob* wir von allen Menschen um uns den stärksten Willen hätten.

Schon die dem starken Willen eigenen *Gesten* – das Zusammenpressen der Lippen, der zielklare Blick, die straffe Haltung – wirken willenweckend. Indem wir so tun, als ob wir unseren starken Willen durch solche Willensgesten zum Ausdruck bringen wollten, als ob die neue Willensgewohnheit schon da sei, locken wir die dem Tun entsprechende Kraft hervor.

4. Willens-Richtung

Nicht minder wichtig für die Entfesselung der Willensmacht ist, daß wir uns bei jeder Willensübung und -Ausübung bewußt sind, daß das Ziel, auf das hin unsere Willenskraft gerichtet ist, dem Willen der Kraft in uns, des Geistes des Lebens gemäß ist.

Was wir wollen, muß in seiner Tendenz der ‚Goldenen Regel‘ Christi entsprechen: „Was Du willst, daß andere Dir tun, das tue Du ihnen zuvor.“ Was wir wollen und tun, muß stets *positiv* gerichtet sein, dem Guten dienen. Es muß uns besser und glücklicher, stärker und erfolgreicher machen.

Wir brauchen einen solchen Maßstab für unseren Willen, um das Erstrebte von Anfang an wertbetont und dadurch unseren Willen wirkstark zu machen. Bei jeder Entscheidung, jedem Willensakt haben wir zu prüfen, ob und wieweit sie der ‚Goldenen Regel' entsprechen und unserer Selbstverwirklichung dienen, und zu meiden, was dieser Forderung zuwiderläuft.

Sowie dieser Trieb zum Rechten einmal fest in unserem Denken und Wollen verankert ist, laufen wir weniger Gefahr, unseren Willen durch Mißbrauch zu schwächen, weil wir uns dann an das Rechte gewöhnen und instinktiv das Falsche meiden. Je mehr wir das tun, desto sicherer erhält der Strom unseres Willens ein festes Flußbett, das er nicht mehr verlassen wird.

5. *Willens-Zielsetzung*

Jetzt können wir daran gehen, unserer Willenskraft Ziele zu setzen, das Angenehme mit dem Nützlichen zu verbinden: Die Willensrichtung mit der Zielerreichung.

Wichtig ist hier die Bestimmtheit der Zielsetzung. Man kann nicht wahrhaft wollen, ohne etwas Bestimmtes zu wollen. Durch die Gewöhnung an tägliche Zielsetzung wird der Wille zu bewußter Selbstbestimmung zum Erstarken gebracht, der Übende wird sich des Wachsens seines Willens bewußt: er wird ruhiger, ausgeglichener, stetiger, entschiedener, entschlossener, widerstands- und leistungsfähiger; die Willenshandlungen werden lustbetonter, sein Machtbewußtsein wächst. Diese Praxis rechter Zielsetzung wird uns in der nächsten LW beschäftigen.

Auch Willenshemmungen begegnen wir am sichersten durch rechte Zielsetzung. Auch die Willensschwäche des Süchtigen – des Rauchers, Trinkers, Morphinisten – wird durch klare Zielsetzung überwunden. Gleiches gilt von der angstdurchwirkten Entschlußlosigkeit des Neurasthenikers. Ebenso werden die aus der Lebensangst geborenen quälenden zeitweiligen Willenslähmungen, die sich bis in den Traum hinein – Angstträume, ‚Nicht-fortlaufen-Können' – fortsetzen, durch tägliche Zielsetzung Hand in Hand mit der weiteren Lebensschulung meist bald überwunden.

6. Willens-Konzentration

Wenn wir unserem Willen ein Ziel gesetzt haben, vermögen wir, unsere Willenskraft darauf zu konzentrieren. Je gefühlsbetonter, positiver, überzeugungsdurchdrungener das geistige Bild des Ziels vor unserem inneren Auge steht, desto zielstrebiger wirkt die Willenskraft, desto unwiderstehlicher ist ihre Durchschlagskraft, und desto getreuer wird schließlich die Wirklichkeit dem Gewollten entsprechen.

Die rechte Entfesselung der Willenskraft hängt von der Stärke unseres Konzentrationsvermögens ab, darum haben wir in der vorigen Woche gelernt, zuerst diese Fähigkeit zu üben. Oft ist Willensschwäche nichts als die Unfähigkeit, sich auf einen Punkt zu sammeln und gegen störende Eindrücke oder Gedanken immun zu machen. Gedankensammlung heißt immer auch Willenssammlung.

Diese Sammlung des Willens geschehe stets ohne Anstrengung, ohne Verkrampfung. Nicht auf das starre Fixieren des Willens kommt es an, sondern darauf, ihn als immer gleich lebendige Antriebskraft wirken zu lassen. Wie der elektrische Strom durch die Leitung, so muß unser Wille durch unsere Nerven und Muskeln strömen und sie zu Höchstleistungen anfeuern.

Am stärksten ist der Wille, wenn er nur *eines* will und dieses ganz. Ist der Wille unentwegt und ausschließlich auf ein Ziel gerichtet, wird er zu zäher Ausdauer, zu siegesgewisser Beharrlichkeit.

7. Willens-Magnetisierung

Mit der Willens-Konzentration hängt die weitere Aufgabe zusammen, in der einmal eingeschlagenen Richtung zu verharren. Immer muß der Wille mit zäher Beharrlichkeit gepaart sein, wenn er magnetisch und wirksam werden soll.

Es gilt, das, was man tut, allen Lockungen und Hindernissen zum Trotz, entschlossen zu Ende zu führen. Auch der kleinste Sieg, den wir hier erringen, bedeutet die Weckung weiterer Willenskraft.

Wie die Magnetnadel, tausendmal abgelenkt, tausendmal wieder die Richtung nach Norden einnimmt, so müssen wir die einmal gewählte Richtung beibehalten, dürfen auch im Angesicht von Widerständen nicht weichen, sondern müssen entweder über die Hindernisse hinweg oder um sie herum schreiten, bis wir wieder auf dem alten Wege sind. Kein Bedenken darf uns beirren, keine Verzögerung uns ungeduldig machen. Der rechte Wille weiß zu warten.

Wer je Großes schuf, besaß und besitzt diesen unerschütterlichen Willen zum Erfolg, verbunden mit dem Glauben an seine Kraft. Wo Glaube, Wunsch und Wille sich vereinen, bleibt der Erfolg nicht aus.

8. Willens-Förderung

Ein weiteres Mittel zur Steigerung der Willenskraft sind Selbstbefehle, die wir an unser Unterbewußtsein, die Quelle und das Arsenal unserer Triebkräfte, richten. Sie sind ein bewährtes Willens-Elixier, dessen wir uns jederzeit zur Stählung unseres Willens bedienen können.

Gleich wichtig sind Gymnastik und Sport, vor allem solche sportlichen Betätigungen, die rasches Erkennen und Zugreifen erfordern.

Das dritte ist die Erziehung zu bewußtem Atmen. Wer bewußt und voll atmet, mehrt seines Willens Wucht. Wir werden später dazu dienende Übungen kennen lernen, einstweilen hier nur eine:

Aufrecht hinstellen, Arme seitwärts heben, gleichzeitig tief einatmen, dabei in Gedanken Kraft in sich saugen. – Arme seitwärts ausgestreckt halten, dabei die Fäuste kräftig ballen, Muskeln anspannen; gleichzeitig Atem anhalten und in Gedanken die geballte Kraft des Willens lustvoll fühlen. – Dann Arme langsam herabsinken lassen, dabei allmählich ausatmen; in Gedanken alle Spannungen, Hemmungen und Verkrampfungen mit hinausatmen.

Übung fünfmal wiederholen; besonders darauf achten, daß die Gedanken positiv sind und das Pulsen des Willens lebendig verspürt wird. Man nehme diese Übung mehrmals täglich vor, sie bewirkt einen schon nach wenigen Wochen spürbaren Willenskraft-Zuwachs.

9. Willens-Stählung

Jetzt sind wir so weit, eine weitere wichtige Willensübung erfolgreich durchführen zu können: Die Stählung unseres Willens an Hindernissen und Widerständen. Das geschieht vor allem dadurch, daß wir unseren Willen auf Arbeiten konzentrieren, die uns unangenehm und lästig sind, die wir bisher ungern taten.

Wir greifen eine dieser unlustbetonten Aufgaben heraus und fassen den Entschluß, gerade diese Arbeit ohne Zögern in Angriff zu nehmen und sie entschieden und erfolgreich zu Ende zu führen. Indem wir das sofort tun und die Unlustgefühle geringachten oder durch das stärkere Lustgefühl des wachsenden, seiner Sieghaftigkeit bewußten Willens übertönen und töten, räumen wir nicht nur unangenehme Arbeiten spielend aus dem Wege, sondern üben zugleich unseren Willen und steigern seine Macht.

Von heute ab wollen wir uns als rechte Lebensschüler daran gewöhnen, mehr und mehr alles, was uns unerwünscht und lästig ist, als Prüfstein unseres Willens zu werten, uns sofort mit siegvertrauender Beharrlichkeit daran machen, es mutig anpacken und es erst aus dem Herzen, den Augen und den Händen lassen, wenn die Aufgabe gelöst ist.

Während andere über ein Hindernis klagen oder sich darum herumdrücken, geht der Lebensschüler darauf los, um es zu meistern und seinen Willen zu bewähren. Ihm winkt dabei stets ein dreifacher Gewinn: erstens hat er ein Erfolgshindernis überwunden und ist einen Schritt vorangekommen, zweitens hat er seine Willenskraft geübt und gemehrt, drittens hat er durch das frohgestimmte Bewußtsein seines Fortschritts seine Erfolgssicherheit erhöht. Er ist in Zukunft leichter fähig, neue Hindernisse mit selbstvertrauendem Schwung im Sturm zu nehmen.

Indem wir den Willen bewußt dort einsetzen, wo die größten Widerstände zu überwinden sind, setzen wir ein immer größeres Maß bisher latenter Willenskraft in Tätigkeit und erlangen einen immer stärkeren Willen. Denn was unseren Willen nicht tötete, das steigert ihn. *Unser Wille wächst um die Kraft der Hindernisse, die er überwindet.*

Wir haben gerade keine Lust, eine Arbeit zu erledigen, und ziehen es vor, ins Kino zu gehen, um uns zu zerstreuen. Eine treffliche Gelegenheit, unseren Willen zu üben: wir verzichten auf das Vergnügen und erledigen statt dessen die ungern getane Arbeit. Der Gewinn ist ein fünffacher: erstens sparten wir Zeit und Geld, zweitens mehrten wir unsere Willenskraft, drittens haben wir eine innere Hemmung siegreich überwunden, viertens haben wir unsere Erfolgssicherheit und unser Durchsetzungsvermögen gesteigert, fünftens kommt uns der moralische und materielle Gegenwert oder Gewinn der geleisteten Arbeit zugute.

Wenn wir dabei noch so handeln, *als ob* das, was wir tun, nicht unangenehm, sondern angenehm sei, wenn wir das Gute und Leichte daran bejahen, bringt es uns immer auch seelischen Gewinn; denn das bejahte Gute und Lichte wächst uns dann selbst aus den dunkelsten und trübsten Dingen und Geschehnissen zu.

Zu alledem handeln wir immer klug, wenn wir das Schicksal packen, bevor es uns packt, wenn wir wach und unserer Kräfte bewußt sind, ehe das Leben uns aufrüttelt, um unsere Kräfte zu wecken.

10. Willens-Erprobung

An sich ist alle Willens-Übung und -Stählung bereits Willens-Erprobung und -Bewährung. Wir brauchen hier also nur noch einen Schritt weiter zu gehen und unseren Willen nunmehr an unseren *Gewohnheiten* erproben, indem wir uns entschließen, dieser oder jener Gewohnheit, deren Überflüssigkeit oder Unzweckmäßigkeit wir erkennen, von heute ab nicht mehr zu folgen, oder dieses und jenes zu tun, was unseren bisherigen Gewohnheiten zuwiderläuft.

Eine Reihe hierhergehörender Übungsunterlagen geben uns die nächsten Wochen. Das Ergebnis dieser Willens-Übung und -Erprobung ist die Entstehung neuer positiver Willens- und Erfolgsgewohnheiten und insgesamt die Schaffung eines starken Willens.

WOLLEN SCHAFFT WIRKLICHKEIT

Alle Taten sind aus dem Willen geboren. Wille *ohne* Taten war nicht Wollen, sondern ein schwaches Wünschen, dem die Verwirklichungskraft fehlte. An solchem Schein-Wollen ist die Welt reich, während die wirklichen Woller, die Tat-Denker und Gedanken-Verwirklicher heute noch selten und gesucht sind.

Der rechte Lebensschüler ist nicht nur ‚gewillt', etwas zu tun, er ist nicht nur ‚auf dem Sprung', sondern er ergreift jede Gelegenheit, seinen Willen zu betätigen; er macht nicht vor der letzten Etappe rechten Wollens – der Tat – schlapp. Was er will, das tut er auch. Dieser lebendige Zielwille ist wichtiger als Talent und Genialität, als günstige Umstände und Helfer. Er macht den Menschen zum Riesen.

Hat schon der *Gedanke* die Macht, sich zu verwirklichen, wieviel mehr der zielgerichtete Wille. Möge der Lebensschüler für alle Zukunft diese Gewißheit seiner Seele unauslöschbar einprägen: *daß wir erlangen können, was wir wollen, wenn wir das Ziel unseres Wollens fest ins Auge fassen, inbrünstig an die Erfüllung glauben, beharrlich danach verlangen, uns die Verwirklichung lebendig vorstellen, unseren Willen entschlossen darauf konzentrieren und uns mutig unserem Ziele durch die Tat nähern. Dem starken Willen beugt sich selbst das Schicksal.*

Wer denkt, er kann, der kann! haben wir in der 7. LW gelernt. Wir können heute kürzer sagen: Wer will, der kann! – Vor Jahrhunderten schon wurde das Wort geprägt: ‚Volo – ergo sum'. Ich will – also bin ich. Damals verhallte das Wort.

Heute aber will es als unerschütterliche Selbstgewißheit in den folgenden vier Fundamentalsätzen der Lebensschule zu neuem Dasein erwachen:

Ich denke – also bin ich!

Ich bin – also will ich!

Ich will – also kann ich!

Ich kann – also handle ich!

Diese einfache Selbst- und Willens-Besinnungsformel wollen wir uns von nun ab täglich vor Augen führen. Wir werden uns oft von ihr durchkraften lassen, bis die tiefe Wahrheit, die ihr zugrundeliegt, lebendig in uns aufflammt und durch uns zu wirken beginnt.

Wenn Verzagtheit unser Herz beschleicht, Unzufriedenheit unser Wollen trübt oder wann sonst es uns gut erscheint – immer werden wir uns auf diese Gewißheit besinnen:

Ich denke – ich bin – ich will – ich kann – ich tue!

Wir werden uns von den starken Schwingungen, die diese Erkenntnis weckt, durchpulsen und erfüllen lassen und allmählich jene Selbstbewußtheit unseres Willens wecken, die ihn unwiderstehlich macht.

Wenn unser Wille völlig zu sich selbst erwacht ist, sind Tun und Wollen eins. Von da ab strömt in alles, was wir tun, die Kraft des Willens, und mit ihr der Erfolg. Nun ist der Wille stählern, biegsam und fähig, durch seine starken Schwingungen das Antlitz der Umwelt zu wandeln. Das Kraftfeld solchen Willens ist so mächtig, daß jeder schwächere Wille von ihm angezogen und ihm gleichgerichtet wird.

Vor dem ernsten Willen, der den Dingen und Kräften um ihn herum keine andere Wahl läßt als ihm zu folgen oder zu weichen, lösen sich alle Schwierigkeiten in Nebel auf, durch die er unberührt hindurchgeht, um auf der anderen Seite ins helle Sonnenlicht zu treten.

Nichts in der Welt vermag dem Willen dessen zu widerstehen, der weiß, daß er ein Kind und Vollstrecker des All-Willens ist, der den Willen des Ewigen in seinen Adern pulsen und durch sich wirken fühlt.

11. WOCHE:

RICHTIG ORGANISIEREN

> „Ordnung und Klarheit vermehrt die Lust, zu sparen und zu erwerben. Ein Mensch, der übel haushält, fühlt sich in der Dunkelheit am wohlsten; er mag die Posten nicht gern zusammenrechnen, die er schuldig ist. Dagegen kann einem guten Wirt nichts angenehmer sein, als *alle Tage die Summe seines wachsenden Glücks zu ziehen.* Selbst ein Unfall, wenn er ihn verdrießlich überrascht, erschreckt ihn nicht; denn er weiß sogleich, was für erworbene Vorteile er auf die andere Waagschale zu legen hat.“ Goethe

Die in den ersten zehn Wochen geleistete Vorarbeit macht es möglich, über eine weitere Erfolgsvoraussetzung einiges Grundsätzliche den kommenden Wochen vorauszuschicken: die rechte Organisation. Neben das rechte Denken, Wünschen und Wollen soll nun mehr und mehr das rechte Wirken treten.

Wir wollen lernen, unsere Kräfte immer bewußter in rechter Weise am rechten Punkte einzusetzen. Dadurch steigern wir sie, denn wo Kraft recht entfaltet wird, strömt mehr Kraft hin.

Wie der Muskel durch Üben stärker wird, so unsere Kraft durch rechte Betätigung. Das ist wichtig, wird doch der Wirkungsgrad des Menschen von Technikern mit 20–40 Prozent angegeben, der von Maschinen zwischen 15 und 35 Prozent. Sache rechter Seelenschulung wie der Technik wird es sein, diesen Wirkungsgrad nach Möglichkeit zu steigern. Der Mensch der Zukunft wird vielleicht darüber staunen, wie wenig wir mit großer Mühe schafften, und wir würden noch mehr staunen, könnten wir sehen, wie viel er mit kleinstem Energieaufwand vollbringt.

Wir müssen lernen, ökonomisch, ökologisch zu wirken, das heißt mit unseren Kräften hauszuhalten, auf ihre Mehrung wie auf ihre jeweils beste Ausnützung im Dienste höchster Selbstverwirklichung und Gemeinschaftsförderung bedacht zu sein – im Sinne des energetischen Imperativs Ostwald's: *„Vergeude keine Energie! Verwerte sie!“*

Es gilt, mit dem kleinsten Kraftaufwand und auf dem kürzesten Wege die größtmöglichen Leistungen zu vollbringen. Wir können jede Arbeit auf verschiedene Arten erledigen; aber nur eine davon ist die zweckmäßigste und führt zur besten Lösung. Wir können die verschiedensten Mittel anwenden; aber nur eines ist das jeweils geeignetste. Eine Arbeit darf nicht mehr Kraft kosten, als ihr zukommt.

Das beste Vorbild geben uns hier die Organismen der Natur: der Zellenstaat unseres Körpers, Ordnung und Zusammenarbeit im Reich der Atome wie im großen All. Die gleiche Exaktheit, weise Einordnung, rasche Nutzbarmachung aller günstigen Momente, kluge Vorausplanung und zielstrebige Verfolgung des einmal eingeschlagenen Weges müssen wir uns zu eigen machen, wenn unsere Lebensführung dem Gesetz der Ordnung und Harmonie entsprechen und das Gesetz der Fülle zum Wirken bringen soll.

Organisation an sich bedeutet noch nichts; ihr Wert hängt vom planvollen, zielstrebigen Denken, vom Weitblick des Organisators ab. Man kann mit dem Organisieren Tausende von Mark verschwenden, ohne je einen Teil davon wiederzusehen. Ich kenne

Fälle, wo die ‚Neuorganisation' von Betrieben Riesensummen verschlang – mit dem Ergebnis, daß die Betriebe schlechter funktionierten als vorher. Beim Organisieren kommt es auf das Wie und Wozu an und darauf, daß es der inneren Struktur des Betriebes, des Organismus gemäß ist.

Um etwas recht zu organisieren, bedarf es zuerst eines klaren Ziels, dann der Planung des besten Weges zu diesem Ziel, endlich des festen Willens und der zähen Arbeit, um das Ziel zu erreichen.

Richtig organisieren heißt: zuerst Ordnung in seine Gedanken, in sein Wollen bringen; denn von hier aus nehmen Unordnung und Mißerfolg ihren Ausgang. Es setzt neben der Fähigkeit rechten Denkens und Wollens die der Konzentration voraus.

Richtig organisieren heißt: nicht meinen, sondern feststellen; nicht vermuten, sondern prüfen; nicht treiben lassen, sondern planen und selbst treiben; nichts dem Zufall überlassen, sondern alles mit instinktiver Voraussicht weise bedenken und ordnen.

Richtig organisieren heißt: durch planmäßige Ordnung der Teile das Größere schaffen, das mehr ist als die Summe der Teile: einen lebendigen Organismus, in dem jedes Einzelne für das Ganze gleich unentbehrlich ist.

Richtig organisieren heißt: mit möglichst wenig Mitteln viel erreichen, Leerlaufarbeit meiden oder produktiv machen. Es heißt: den Erfolg so klar vorausplanen, daß sich die beste Arbeitsteilung wie von selbst ergibt. Der Weise bedenkt alles im voraus, denn „man kann das Leben nicht wiederholen, wie einen Zug beim Brettspiel", wie der griechische Philosoph Antiphon sagt.

Richtig organisieren heißt im letzten Ordnung des Denkens und Ordnung der Dinge. Dieser folgt die Ordnung des Lebens und seine Meisterung von selbst. Ordnung ist das erste Gesetz des Himmels über uns wie des Himmels in uns.

An sich lebt der Hang zur Ordnung in jedem. Er muß nur geweckt werden. Wir wecken ihn durch Bejahung und kühne Betätigung, *als ob* er schon da sei. Wir mehren ihn durch die Gewöhnung, bei allem, was wir denken und tun, stets für rechten Überblick zu sorgen, aus allem stets das Wesentliche herauszuschälen.

Auch durch Übung im tabellarischen Gliedern und graphischen Darstellen der uns im Beruf und Leben beschäftigenden Zusammenhänge üben wir unseren Ordnungssinn, unser Überblicksvermögen, unser Ganzheitsgefühl, Organisationstalent und die Fähigkeit, uns rasch und richtig zu entscheiden.

Richtig ordnen heißt: *richtig gliedern.* Wir müssen lernen, in Gliederungen zu denken, die wie beim Baum vom Stamme aufwärts sich immer mehr verzweigen. Auch eine Aufgabe überblicken wir am besten, wenn wir sie so überdenken, daß das Bild der Aufgabe vom jetzigen Zustand an – der ‚Erdboden' – über den durch die Aufgabe ausgelösten Entschluß – den ‚Stamm' – und über die einzelnen Etappen des Weges zum Ziel – die ‚Äste' – und die einzelnen Mittel – ‚Zweige' – bis zum Ziel – die ‚Krone des Baumes' – klar vor unserem inneren Auge steht.

Wenn wir so denken, werden wir nicht nur feinfühliger für die innere Struktur der Dinge und Geschehnisse, wir werden auch leichter fähig, von innen her umwandelnd auf sie einzuwirken. Wir werden den Dingen und Umständen eine Ordnung zuweisen, die die goldene Mitte bildet zwischen der unserem Geiste und den Dingen innewohnenden und der durch das jeweilige Ziel gegebenen Ordnung.

ERFOLGLOSIGKEIT ALS FOLGE VON FEHLORGANISATION

Wenn wir die Notwendigkeit rechter Organisation erkennen, wird uns zugleich klar, wieviele Mißerfolge Folge falscher oder unzureichender Ordnung waren. Nur wer jederzeit weiß, was er will, und jeden Schritt vorausdenkt, meistert den Erfolg. Die Fähigkeit, unser Leben und unser Werk zu organisieren, ist wichtiger als ein großes Vermögen; denn dieses kann man über Nacht verlieren, durch rechte Organisation aber kann man ein größeres Vermögen als je zuvor gewinnen.

Deshalb ist Organisation keineswegs ein Allheilmittel, da es Dinge gibt, die man am besten regelt, indem man sie nicht regelt. Das sind jene Dinge, die überwiegend nicht von rationalen, sondern von irrationalen Faktoren abhängen, bei denen jede Organisation von außen her zu hemmender Mechanisierung wird. Die Rationalisierung hat ihre Grenzen, die, überschritten, zur Bürokratisierung einerseits, zur Abtötung der schöpferischen Initiative andererseits führen. Aber wo immer Organisation von außen her möglich ist und zum Erfolg führt, werden wir sie durchzuführen streben, insbesondere bei der täglichen Arbeit.

Wo immer wir, bei der Arbeit, einen Mißerfolg, ein Unglück auf ihre Ursache zurückverfolgen, finden wir, daß irgendwer irgendwann falsch gedacht und gehandelt hat oder seine Pflicht nicht tat. Wer aber falsch denkt und handelt, verletzt das Harmoniegesetz und leidet. Alles Leid ist Schuld. Und wer schuldet, muß dulden, wie Gottfried Keller sagt. Wer aber richtig denkt und handelt, sein Tun und Leben recht organisiert, wer von vornherein seine ‚Schuldigkeit' tut, der lädt auch keine Schuld auf sich und keine Not.

Erfolg hängt mit dem Wort ‚Folge' zusammen. Jeder Folge nun geht eine Ursache voraus. Die Ursache des Erfolgs ist der Plan, die Organisation des Erfolgs. Erfolg ist also nicht ‚Glückssache', sondern eine Frage rechten Denkens und Tuns.

Die meisten Menschen planen nicht, sie setzen sich keine Ziele, sie zimmern an ihrem Leben herum, ohne angeben zu können, was sie da zusammenzimmern; sie organisieren ihre Kräfte und ihre Arbeit nicht – und wundern sich dann, wenn das Haus ihres Lebens überall dem Wind und Regen Ein- und Ausgang läßt.

Planlos schaffen heißt sinn-los leben. Die Folge ist jenes In-den-Tag-Hineinleben der von Goethe so genannten „problematischen Naturen, die keiner Lage gewachsen sind, in der sie sich befinden, und denen keine genügt." Sie vergeuden Stunde um Stunde und Jahr um Jahr ohne Nutzung und werden immer unzufriedener, reizbarer und lebensunlustiger.

Wie ändern wir diesen Zustand? Durch erfolggerichtete Lebensplanung, die bei der Ordnung des Tages beginnt und zur Ordnung und Sinnerfüllung des ganzen Lebens führt. Durch klare Selbstbeantwortung der immer wieder gleichen Fragen vor jedem Werk: Wohin? Wie? Auf welche Art? Womit? In welcher Folge? – Oder ausführlicher:

a) Welches ist mein Ziel und welches ist der beste Weg zum Ziel?
b) Welche Etappen sind zu durchschreiten, bis das Ziel erreicht ist?
c) Welche Methoden sind die besten, um das Ziel bei kleinstem Kraft-, Zeit- und Geld-Aufwand sicher zu erreichen?

d) Welche Hilfsmittel, Unterlagen usw. muß ich mir vorher beschaffen, um bei der Arbeit keinen Aufenthalt zu haben?

e) In welcher Reihenfolge erledige ich die einzelnen Arbeitsteile am besten?

Wer diese und die übrigen aus der jeweiligen Aufgabe sich ergebenden Fragen sich nicht vorher klar beantwortet, der läuft Gefahr, zu viel oder zu wenig Kraft, Geld und Zeit einzusetzen, einen zu großen oder zu kleinen Anlauf zu nehmen, vor dem Ziel zu erlahmen oder über das Ziel hinweg vielleicht in einen Wassergraben dahinter zu springen.

Alles in allem: *Der Erfolg läßt sich organisieren!* und wir werden diese Kunst in den kommenden Wochen gründlich erlernen.

Ein paar kleine praktische Mahnungen vorweg:

Man hüte sich davor, alles selbst machen zu wollen! Es gibt Kaufleute, die in übergroßer Sorgfalt auch die Arbeit des jüngsten Lehrlings selbst machen möchten. Der Erfolgreiche tut zuerst das, was nur *er* erledigen kann, und sorgt, daß das, was andere machen können, auch durch andere gemacht wird.

Man hüte sich davor, alles im Kopf behalten zu wollen! Für Termine von Besuchen, Verhandlungen, Reisen, Einkäufen, Prozessen halte man sich einen Termin-Kalender, und für alles übrige einen geeigneten Merkhelfer: einen Zettelblock, auf dem jeder Einfall, jeder zu erledigende Punkt notiert wird.

Man hüte sich vor jeder Hetzjagd! Wer seine Zeit organisiert, erspart sich Hast und Hetze. Dazu gehört auch, daß man im voraus alle Unterbrechungen während der Hauptarbeitszeit durch Wartenmüssen auf Unterlagen, Fragereien durch Mitarbeiter, Störungen durch Besuche und ähnliches fernhält. Der Erfolgreiche will, wenn er seine Arbeit beginnt, die Gewißheit haben, daß ihn dabei nichts und niemand stört. So vermeidet er unnötige Spannungen der Gedanken und Muskeln.

Man vermeide Unordnung auf dem Schreib- oder Arbeitstisch! Pedanterie? Keineswegs. Denn wie Ihr Schreib- und Arbeitstisch aussieht, so sieht, in der Regel, auch Ihr Leben aus. Unaufgeräumter Schreibtisch — undurchsichtige Lebensverhältnisse. Natürlich hat diese Regel ihre Ausnahmen, da es Menschen gibt, die bewußt oder unbewußt absichtlich Unübersichtlichkeit — für andere — schaffen und doch selbst die Situation sehr gut übersehen. – Sonst aber gilt, daß unnötige Dinge, die sich auf unserem Schreibtisch räkeln, sich auch in unseren Gedanken herumtreiben und das klare Disponieren hindern.

Je mehr wir jeden Gegenstand ‚im Griff' haben, desto geringer ist der Kraftaufwand, desto mehr Energie wird für andere Arbeiten frei. Das macht bei einer Handlung winzige Kraft-Bruchteile aus; aber diese Bruchteile summieren sich im Laufe der Zeit zu spürbarer Kraftersparnis und kommen schließlich in unserem Wesen als zunehmende Ruhe, Gelassenheit, Überlegenheit und Erfolgssicherheit zum Ausdruck.

Alle übrigen Dinge, die wir bei unserer Arbeit brauchen – Werkzeuge, Bücher, Akten, Instrumente – haben auf unserem Schreib- oder Arbeitstisch nichts verloren. Sie bekommen in Fächern und Schubladen in, unter und neben unserem Tisch oder in Regalen ihren immer gleichen Platz, wobei der Zweck die Art der Ordnung bestimmt.

Sind diese Dinge weise geordnet, können wir mit Erfolg die Erneuerung unserer Arbeitstechnik und die weise Arbeitsteilung beginnen, die für die Steigerung unserer Leistungsfähigkeit nicht minder wichtig sind.

Die Last wächst mit der Länge, sagt der Arbeiter mit Recht. Darum ist eine der Aufgaben rechter Organisation, einer großen Arbeit die Länge und die Last durch Zerlegung in eine Aufeinanderfolge leicht zu meisternder Teil-Arbeiten zu nehmen. Der Lebensschüler wird den Weg zum Erfolg stets in zweckmäßige Etappen zerlegen und dann Schritt um Schritt eine nach der anderen hinter sich bringen, wobei er jeden Teilerfolg bewußt als Teil des Gesamt-Erfolges empfindet und mit jedem Schritt sein Selbstvertrauen und seine Zielgewißheit wachsen fühlt.

Bei diesem etappenweisen Voranschreiten haben wir das lebendige Bewußtsein des Vorwärtskommens; wir sehen schon auf dem Wege zum Ziel die Einzelerfolge sich mehren und den Gesamterfolg mit jedem Schritt näherrücken. Wir erleben die Freude, etwas geschafft zu haben, während unserer Arbeit und nicht nur einmal, sondern so viele Male, als der Weg zum Ziel Etappen hat.

RECHTE ZIELSETZUNG

Die beste Erfolgsicherung ist die Zielsetzung. Wer sich stets seines Zieles *bewußt* ist, hat Aussicht, den Sieg zu erringen. Nicht unzutreffend sagt man, daß rechte Zielsetzung bereits der halbe Weg sei. Sie ist der erste und wichtigste Anstoß auf dem Wege zum Ziel, der dem Menschen Spannkraft, Beharrlichkeit und Erfolggewißheit gibt.

Durch rechte Zielsetzung wird die Wirkung des Trägheitsgesetzes hintangehalten und verhütet, daß wir auf halbem Wege ermüden, bei den ersten Teilerfolgen selbstzufrieden Halt machen oder uns das Ziel verrücken lassen, oder daß ‚*tote Punkte*' beim Schaffen uns Einhalt gebieten.

Zielsetzung bedeutet es schon, wenn wir uns auf ein Ideal konzentrieren und dem als recht erkannten Wege beharrlich folgen. Aber das genügt nicht: wir müssen planmäßig vorangehen, unser Tun bewußt vorausbestimmen, wie im Kosmos die Bahn der Sonnen, Planeten und Monde vorausbestimmt ist. *Rechte* Zielsetzung heißt: sich nicht nur über das Ziel, sondern auch über den *Weg* zum Ziel und über jede Etappe desselben klar sein. Vorbedenken ist besser als nachher einsehen.

Je höher die Zielsetzung, desto größer die Leistung. Wir können unsere Ziele nicht hoch genug setzen, müssen uns aber andererseits davor hüten, zu hoch zu zielen, damit der Pfeil nicht unverrichteter Dinge zurückfällt. Unser Ziel muß im Rahmen des Möglichen liegen und vom Entschluß gelenkt sein: wenn ich die vorgenommene Höhe erreicht habe, werde ich mir von dort aus neue, höhere Ziele setzen!

Das handgreiflichste Beispiel einer Zielsetzung ist das Kofferpacken vor der Reise: je sorgfältiger wir dabei alles vorausbedenken – die Verhältnisse, die wir antreffen werden, was wir nötig brauchen werden, für wie lange wir uns ausrüsten müssen, welche ‚unvorhergesehenen Dinge' zu berücksichtigen sind –, desto besser sind wir gerüstet.

Der Lebensschüler muß den Koffer seines Geistes in dieser Weise jederzeit auch für die größte Reise fertiggepackt haben. Dem Vorausdenken folgt die Einteilung der notwendigen Vorkehrungen, durch die bewirkt wird, daß alles, was kommt, stets zum Besten ausschlägt. Je mehr Möglichkeiten vorausbedacht sind, desto weniger Überraschungen sind möglich.

Damit wären wir mitten in der *Praxis der Zielsetzung*, die dreierlei erfordert: einen, der ein Ziel setzt, eine klare Schau des Ziels, und die Findung des kürzesten und sichersten Weges zum Ziel.

Wer die Kunst rechten Denkens meistert, mag diese Zielsetzung im Kopf vornehmen; wer sich noch nicht sicher fühlt, nimmt besser Papier und Bleistift zur Hand und schafft sich schwarz auf weiß die Klarheit und Übersicht, die er bei der Durchführung seines Planes braucht.

Er vermeidet dabei den Fehler, in einen bestimmten Zeitabschnitt mehr hineinzustopfen, als hineingeht, oder einer starren Schematisierung seines Wollens und Wirkens zu verfallen: sein Programm bleibt geschmeidig und jeder neuen Notwendigkeit oder günstigen Gelegenheit anpaßbar.

So klar sein äußerer Weg, so selbstverständlich richtet er es dabei so ein, daß die innere Führung jeden Augenblick beratend und ändernd einzugreifen vermag. So peinlich genau er sein äußeres Leben ordnet, so wenig vergißt er doch sein Einssein mit dem ewig flutenden Strom des Lebens. Er weiß: wer sich allzusehr in starre Pläne verkapselt und sich vom lebendigen Leben abschließt, erlebt bald die Gegenwirkung des Lebens, das ihn aus allem herausreißt und in neue Zusammenhänge stellt, damit er sich nicht ein-, sondern allseitig entfalte.

Darum: Zielsetzung einerseits, aber andererseits jederzeitige Aufgeschlossenheit für die Befruchtung durch das Leben. Beharrliche Konzentration auf das Ziel – aber keine Einengung des Blickfeldes gegenüber den Lehren des Schicksals. Lebendige Idealbilder – aber zugleich Bereitsein für den Empfang des Guten und Schönen aus Inwelt und Umwelt. Hinwendung auf das Einzelne – aber zugleich Schau und Überschau des Ganzen.

Wenn wir so planen und wirken, bleibt der Erfolg nicht aus. Wenn wir uns in Harmonie mit dem Geist des Lebens wissen, seine Kraft durch uns wirken fühlen, vermögen wir mit voller Kraft unsere Zielsetzungen durchzuführen und durch rechte Planung zum Erfolg zu gelangen. Dann können wir unser ganzes Inneres auf die

Erfüllung unseres Tages-, Jahres- und Lebensprogramms konzentrieren und werden durch die Wucht unserer Zielstrebigkeit alles mit uns reißen, was sich uns hemmend in den Weg stellt, und es in Mittel zur rascheren Erreichung unseres Zieles verwandeln.

Solange wir uns auf diese Weise Ziele setzen, Ideale in uns nähren und durch uns verwirklichen, bleiben wir lebendig und stark, leistungsfähig und jung. Wir haben dann das wichtigste geschaffen, das sich im äußeren Leben erreichen läßt: die Gewohnheit, nicht nur Erfolg zu *haben,* sondern *selbst* ein Erfolg zu *werden.*

*

In der 4. Woche sahen wir, daß Fragen, die wir uns beim Einschlafen vorlegen, oft am Morgen beim Erwachen gelöst sind. Wir lösten sie träumend. Gleichermaßen vermögen wir auch tagsüber Fragen träumend zu enträtseln. Durch das Spielenlassen der Phantasie im bewußt entspannten Zustand machen wir unser Unterbewußtsein zum Mitschaffer an der Gestaltung unseres Schicksals. Wir werden später sehen, daß wir im Unterbewußtsein einen wertvollen Bundesgenossen besitzen, dessen Sehkreis weiter reicht als der des Tages-Bewußtseins.

So bauen wir eine Traumbrücke, die mit dem einen Fuß fest auf dem Boden der Gegenwart steht und mit dem andern am Ziel, das wir erreichen wollen. Jeder schaffende Mensch schreitet über solche Traum-Brücken und gelangt über sie zu neuen Erkenntnissen, Entdeckungen, Erfindungen, zu neuen Schöpfungen der Technik, des Geistes, der Kunst oder Wissenschaft. Jeder Traum des Schöpfers in uns kann sich in Wirklichkeit verwandeln – es gilt nur, das Mögliche durch zielbewußtes Träumen in die Wirklichkeit zu ziehen, das Traum-Gerüst mit physischen Atomen und Molekülen auszufüllen – durch rechtes Wollen und rechtes Tun. Es gilt handelnd zu träumen, das produktive Träumen mit Unternehmungsgeist zu verbinden.

Und es gilt, nicht vielerlei halb, sondern *eines ganz* zu träumen und zu schaffen – gemäß dem Worte Herders: „Je bestimmter das Werk, in dem man Vollkommenheit sucht, desto eher wird diese erhalten."

In der Praxis bedeutet das rechte Träumen nichts anderes als eine lebendige Vor-Konzentration auf die zu meisternde Arbeit, die ihre zielstrebige und erfolgsichere Durchführung gewährleistet. Einer der vielen hier möglichen Wege ist dieser:

Der Lebensschüler zieht sich in die Stille zurück, entspannt Körper und Gedanken und sucht sich, sowie alles in ihm schweigt, über sein Ziel restlose Klarheit zu verschaffen.

Dann nimmt er einen Stoß Zettelchen nud schreibt auf die einzelnen Zettel die Teilaufgaben, aus denen seine Arbeit besteht, ferner das, was gegen seine Pläne sprechen könnte, sowie Hindernisse, die zu überwinden sind, womit in der Regel die einzelnen Etappen auf dem Wege zum Ziel gegeben sind, und auf weitere Zettel alles, was ihm sonst im Zusammenhang mit der Aufgabe und dem erstrebten Ziel einfällt.

Nun bringt er die Zettel in eine logische und zeitliche Ordnung und geht an Hand derselben an eine gründliche Durchdenkung seines Planes, wobei er am Fuß jedes Zettelchen die möglichen positiven Wege, Auswege oder Wünsche notiert.

Wenn ihm keine mit seiner Aufgabe zusammenhängenden Einfälle mehr kommen, geht er daran, die Weisheit seiner Zettelchen auf einem Bogen Papier zu einem System zusammenzufügen: zu einem übersichtlichen Arbeits- und Zeitplan, in dem jede mögliche Schwierigkeit und deren Lösung vorgesehen ist. Nach diesem gründlich durchdachten Plan geht die Durchführung vor sich.

Durch die Gewohnheit, so den Weg zum Ziel in leicht zu meisternde Etappen zu zerteilen, gibt er seinem Tun eine Schwungkraft, die ihn rascher als alle Wettbewerber an sein Ziel trägt. Jede bewältigte Etappe, jeder Teilsieg bedeutet eine Vorwegnahme des Endsieges und einen Ansporn zu immer lustbetonterem Wirken. Zudem verschwendet er nun während der Arbeit keine Zeit mit Überlegungen, weil alles vorbedacht ist. Dadurch bekommt er Kraft frei, sich auf neue Gegebenheiten jederzeit blitzschnell umzustellen und seinen Plan entsprechend zu wandeln, während der Planlose in solchen Fällen leicht kopflos wird.

Ein praktisches Beispiel bietet der vorliegende ‚Jahresplan'. Ihm ging eine Zielsetzung voran, eine Überlegung aller Teilaufgaben, Hindernisse und Lösungen, und ein klarer Werkplan, der sich nun

Schritt für Schritt reibungslos abwickelt, wobei jedes Für und Wider Stufe um Stufe vorausbedacht ist, wie Sie bei der praktischen Durcharbeitung erkennen werden.

Je planmäßiger wir unsere Phantasie um ungelöste Probleme kreisen lassen, ihr Aufgaben stellen, desto häufiger finden wir wie im Spiele Lösungen, um deren Findung wir uns vorher vielleicht tagelang vergeblich das Hirn zermarterten. Glücklich der, der sich zu solchem Zweckträumen zu erziehen lernt. Seine Erfolge werden die Wahrheit des Wortes Mulford's erweisen: „Aus Luftschlössern entstehen die Paläste der Erde.“

DIE TÄGLICHE ZIELSETZUNG

Ein erfolgreiches Leben ist das Produkt aus lauter einzelnen recht gelebten Jahren und Tagen. Ein erfolgreicher Lebensplan ist Summe und Grundlage zielstrebiger Tagespläne.

Durch die tägliche Zielsetzung – die am Abend jedes Tages für den kommenden Tag erfolgt – machen wir der Planlosigkeit in unserem Leben ein Ende; wir bestimmen im voraus, welche Aufgaben am nächsten Tage erledigt werden sollen, wie und wann. Zweck der abendlichen Zielsetzung ist also die rechte Vorausbestimmung der Arbeiten des kommenden Tages.

Wo das Tagesprogramm feststeht und von der Grundeinstellung des Erfolgs erfüllt ist, da sind alle Kräfte von Leib-Seele-Geist voll eingespannt, geschärft, wach und gerüstet. Alles, was dem vorgesetzten Ziele dient, wird instinktiv erfaßt und genutzt, und zugleich strömen neue Kräfte von innen nach und helfen, den Tag fruchtbar zu machen.

Durch die abendliche Zielsetzung bringen wir Gedankenketten und Kräfte zur Auslösung, die in den Tiefen des Unbewußten weiterwirken und, am nächsten Morgen ins Bewußtsein emporsteigend, uns zu zielstrebigem Handeln inspirieren, alles Hemmende, das unvorbedachten Arbeiten anhaftet, von vornherein ausschalten und es uns möglich machen, das Mehrfache zu leisten.

Weitere Folgen der Gewöhnung an tägliche Zielsetzung: an die Stelle der früheren Minderwertigkeitsgefühle, Denkhemmungen und Zaghaftigkeiten treten Sicherheit, Pünktlichkeit, Gewissenhaftigkeit, Sinn fürs Wesentliche, rasches Entscheidungsvermögen und die Fähigkeit entschiedenen Zugreifens.

Um bei der Zielsetzung nichts zu vergessen, gewöhnen wir uns, tagsüber alles, was uns an zu erledigenden Arbeiten, Pflichten, Aufgaben und Notwendigkeiten einfällt, stets sofort auf Zettel zu notieren, die auf unserem Schreibtisch gesammelt werden. Auf diese Weise geht nichts verloren und nichts wird vergessen. Bald gewöhnt sich unser Unterbewußtsein daran, das, was sonst vielleicht unter den Tisch fällt, uns für die sofortige Notierung ins Gedächtnis zu werfen.

Indem wir das, was uns auf diese Weise ‚einfällt', sofort – jeden Gedanken auf einem Zettel für sich – notieren, entlasten wir uns zugleich, der Fortgang unserer laufenden Arbeiten wird nicht mehr durch das Aufdrängen dieses Gedankens zerrissen, und die Nerven werden geschont.

Neue Pläne, die uns während der Arbeit kommen, werden nur dann sofort ausgeführt, wenn sie eilig sind und keine Störung der Arbeit bedeuten, im anderen Falle werden sie für die nächste Zielsetzung notiert. Einmal notiert, bekümmern sie uns nicht mehr, bis ihre Erledigung darankommt.

Manche haben ihr Unterbewußtsein so erzogen, daß ihnen alle tagsüber vergessenen Dinge nachts oder morgens beim Aufwachen einfallen und dann notiert werden können. Diese Notizen bilden eine der Unterlagen der abendlichen Vorausplanung des neuen Tages.

Die Zweckmäßigkeit gerade der *abendlichen* Zielsetzung ergibt sich aus dem bisher Gelernten und ist durch die Praxis erwiesen. Erfolgreiche Menschen in allen Berufen arbeiten auf Grund solcher abendlichen Zielsetzungen. Prof. Dr. *Heyde* nennt dieses Verfahren in seiner „Technik des wissenschaftlichen Arbeitens" mit Recht einen bewährten Bestandteil planvoller Arbeitsweise:

„Die alte Mahnung, am Abend vor dem nächsten Arbeitstage die bevorstehenden Aufgaben nach Inhalt und Umfang aufzustellen und in ihrer zweckmäßigsten Reihenfolge genau – am besten (ziffernmäßig) schriftlich – festzulegen, hat sich ganz besonders in der Technik des wissenschaftlichen Arbeitens bewährt. Das Geheimnis des oft überraschenden Erfolgs dieses Verfahrens beruht mit auf der psychologischen Tatsache, daß alles vorsätzliche Befristen der eigenen Arbeit (infolge der klaren Überschau über die Teilziele) unwillkürlich die Arbeitsgeschwindigkeit und -Freudigkeit zu erhöhen pflegt."

Die *bewährteste Methode* ist die folgende:

Schon in der ersten Woche lernten wir, den Tag schon am Abend vorher zu beginnen, wobei die Zielsetzung im Vordergrund steht, die unmittelbar vor dem Schlafengehen erfolgt. Dazu entspannen wir uns, wobei wir mit dem Zurruhebringen der Gedanken zugleich den Rhythmus des verflossenen Tages abklingen lassen und prüfen, was vom Programm dieses Tages nicht erledigt wurde und darum in die neue Zielsetzung zu übernehmen ist.

Dann gehen wir in die Stille. Sowie wir innerlich ruhig sind, folgt die Aufstellung des Arbeitsplanes für den neuen Tag, wobei es gilt, nicht das Ziel mit dem Wunsch zu verwechseln und uns nicht mehr und nicht weniger vorzunehmen, als wir an diesem Tage zu schaffen vermögen.

Zunächst machen wir auf die bereits vertraute Weise einen Roh-Entwurf: Wir schreiben alles auf Zettelchen, was uns an eiligen und notwendigen Aufgaben für den neuen Tag einfällt. Dazu kommen die Zettelchen, die sich tagsüber angesammelt haben, ferner die heute nicht erledigten Arbeiten, die vom abgelaufenen Tagesterminblatt auf neue Zettelchen übertragen werden.

Fällt uns nichts mehr ein, folgt die Ordnung der Zettel unter Scheidung des Wesentlichen vom weniger Wesentlichen, unter Voranstellung des Dringlichsten bei gleichzeitiger Erwägung des Für und Wider bei den einzelnen Aufgaben, der möglichen Hemmungen und Gegenmittel, die am Fuß der Zettel notiert werden.

Nachdem wir uns über den Dringlichkeitsgrad der einzelnen Arbeiten des neuen Tages klar sind, folgt ihre zeitliche Ordnung, wobei Zusammengehörendes, zweckmäßig zusammen zu Erledigendes — Ausgänge, Besuche, Korrespondenzen, Ferngespräche, Konferenzen — auch zeitlich zusammenbleiben. Wenn die einzelnen Arbeitsglieder gut mit den vorangehenden und folgenden verknüpft sind, um so besser. Beim Lebensschüler, der sich das in den ersten zehn Wochen Gelernte gründlich zu eigen gemacht hat, werden die einzelnen

Arbeits-Mosaiksteinchen sich immer mehr von selbst zu einem geordneten Ganzen zusammenfügen.

Nun folgt die Reinausführung: die Übertragung der in ihrer besten Reihenfolge festgelegten Arbeiten auf ein Tages-Terminblatt, – falls wir nicht an Hand der Zettel selbst arbeiten wollen –, wobei wir für jede Arbeit die ungefähre Zeit festsetzen. *Entscheidend* ist stets, daß die Arbeiten am kommenden Tage erledigt werden, nicht aber, daß wir Sklaven eines Schemas werden.

Sowie das Bild des morgigen Tages in allen Einzelheiten lebendig und plastisch vor uns steht, folgt der Zielsetzungs-Selbstbefehl, der auf dem Wege über das Unterbewußtsein alle inneren Kräfte anspornen soll, die zum Ziele führenden Mittel bereitzustellen: Arbeistfreude, Ausdauer, Sorgsamkeit, Gewissenhaftigkeit, gutes Gedächtnis, brauchbare Einfälle, Geistesgegenwart und Entschiedenheit.

Diesen Selbstbefehl geben wir uns am besten unmittelbar vor dem Einschlafen, da dann die Verbindung mit den seelischen Kräften am ungestörtesten ist. Wir lassen die einzelnen Punkte unseres Tages-Terminkalenders nochmals vor unserem geistigen Auge vorüberziehen und machen das Erfolgsbild des neuen Tages lust- und wertbetont durch die *Bejahung:*

> *„Ich sehe meine morgigen Aufgaben klar vor mir, werde sie mit Lust und Liebe erfüllen und in allem, was ich beginne, Erfolg haben. Ich werde alle Punkte meines Tagesplans gewissenhaft durchführen. Alles, was ich morgen anfasse, gelingt mir. Ich werde das mir gesteckte Ziel sicher erreichen.“*

Diese Bekräftigung unserer Zielsetzung ist das Selbstversprechen, den morgigen Tag zu einem Arbeitserfolgstag zu machen.

Daran schließt sich eine erneute Stille, die in den Schlaf übergeht. Das letzte Gedankenbild vor dem Einschlummern sei das positive Bild des morgigen Erfolgstages. Dann entfalten die Zielgedanken ihre volle Kraft, wirken während der Nacht in unserem Unterbewußtsein weiter und führen dazu, daß die Arbeiten am nächsten Tage sich mit reibungsloser Sicherheit abwickeln.

Nach einigen Wochen schon merken wir, daß wir kaum mehr unser Tages-Terminblatt zur Hand zu nehmen brauchen, weil uns mehr und mehr alles Notwendige im rechten Augenblick von selbst einfällt: unser Unterbewußtsein hat sich nach einiger Zeit an den neuen Rhythmus gewöhnt und sich die gleiche Zielsetzung zu eigen gemacht. Wir wachsen so allmählich in eine neue Lebensordnung hinein, die sich auch in unserem Schicksal segenbringend ausprägt.

Voraussetzung ist natürlich, daß wir uns den ganzen Tag hindurch nach dem Tagesplan richten. Jedes gut durchgeführte Tagesprogramm bedeutet eine Erhöhung unserer Selbstachtung.

Mit dem Erwachen am Morgen schon beginnt die praktische Durchführung. Wir erfüllen uns mit der Gewißheit:

„Ich gehe jetzt freudig an mein Werk! Ich habe heute in allem und in jeder Hinsicht Glück und Erfolg!"

Dann wird unsere Aufmerksamkeit sich nur noch auf den jeweils nächsten Punkt des Tagesplanes richten und sich seiner erfolgreichen Durchführung widmen.

Wenn irgendein Ereignis – ein unerwarteter Besuch, eine entscheidende Änderung der Lage – eine Abänderung des Tagesplanes erforderlich macht, sagt der Lebensschüler nicht: „Ich führe das Vorgenommene trotzdem durch, auch wenn es unzweckmäßig erscheint", sondern er wird seinen Plan der neuen Lage geschickt anzupassen suchen. Der Tagesplan muß schmiegsam und lebendig sein: er muß sich wandeln können, wenn die Voraussetzungen sich wandeln. –

Wenn der Tag sich neigt, werden wir in besinnlicher Rückschau vor der neuen Zielsetzung prüfen, ob alle Aufgaben gewissenhaft erfüllt wurden. Wir werden uns aller guten Dinge erinnern, die der Tag gebracht, und aller Erfolge, die wir errangen, und sie in unseren Lebensneubau einfügen, indem wir sie in unser Erfolgstagebuch eintragen.

Indem wir so Tag für Tag durch rechte Zielsetzung unser Bewußtsein mit positiven Impulsen erfüllen und unserem Dasein Inhalt, Form und Vollendung geben, schwinden im gleichen Maße die Schatten aus unserem Leben, und an die Stelle der früheren Disharmonien treten Harmonie, Lebensfreude und Erfolg.

In ähnlicher Weise wie die Tageszielsetzung erfolgen auch die wöchentlichen und monatlichen Zielsetzungen, wo sie zweckmäßig erscheinen, und endlich die Jahres-Zielsetzung.

Darüber noch ein kurzes Wort: sie besteht in der zum Jahresbeginn oder an unserem Geburtstage vorgenommenen Verabschiedung eines alten und dem bewußten Beginn eines neuen Erfolgsjahres – durch eine ähnliche Zielsetzung, wie wir sie vorstehend kennen lernten, nur daß hier die Ziele weiter gesteckt sind: die Aneignung bestimmter Kenntnisse, Fähigkeiten und Fertigkeiten, die Abgewöhnung störender Gewohnheiten, die Erlangung einer besseren Position usw. Diese Zielsetzung legen wir zu Beginn unseres Erfolgstagebuches für das neue Jahr fest und rufen sie uns bei der täglichen Zielsetzung immer wieder ins Bewußtsein, bis die gesetzten Ziele erreicht sind.

In diesem Jahre werden wir, wenn wir uns entschlossen haben, ein neues Leben aufzubauen, den Jahresplan der ‚Lebensschule' zur Grundlage unserer Jahreszielsetzung machen und ihm Woche um Woche folgen. Und im nächsten Jahre werden wir uns vornehmen, das in der LS Gelernte zum eigenen Nutzen wie zum Segen für andere noch bewußter anzuwenden und so immer mehr hineinzuwachsen in das neue Leben, das uns immer höher führt.

DIE LEBENSZIELSETZUNG

Nicht nur für den kommenden Tag und das neue Jahr, sondern für das ganze fernere *Leben* wird sich der Lebensschüler Ziele setzen. Sein Leben soll eine vergrößerte Ausgabe des erfolgreichen Tages sein: ein froher Anfang und ein harmonischer Ausklang und Rückblick auf ein erfolgreiches, sinnerfülltes, für Viele segenbringendes Leben.

Ein Leben ohne Ziel ist ein Leben ohne Inhalt. Wer einmal über den Sinn seines Daseins nachdenkt, erkennt die Notwendigkeit einer höchsten Zielsetzung. Wie der Tag, so bedarf auch das Leben einer Grundrichtung. Zwar wohnt diese Grundrichtung jedem Leben inne, auch wenn der Mensch es nicht merkt. Aber vollkommen und glückreich wird es erst, wenn der Mensch zur Erkenntnis dieser Grundströmung seines Lebens gelangt und sich *bewußt* auf das Ziel höchster Selbstverwirklichung und Sinnerfüllung seines Daseins einstellt.

Indem wir uns ein Lebensziel setzen – sei es das der höchsten Ausprägung und Entfaltung unseres innersten Wesens oder der Lösung einer großen Aufgabe, sei es die Durchführung eines das ganze Leben umspannenden Planes, die Schaffung eines viele Menschen glücklicher machenden Werkes –, geben wir allen Einzel-Zielen des Tages eine gemeinsame Leitlinie und eine letzte Vollendung.

Wie die Monde um die Planeten und diese um die Sonne kreisen, so drehen sich die einzelnen Tagespläne um die Jahrespläne und diese um den Lebensplan. Aus dem vorher chaotischen Dasein wird so durch rechte Zielsetzung ein harmonischer Kosmos, dessen innere Vollkommenheit und Schönheit sich von Jahr zu Jahr beglückender offenbart.

Wie unglücklich und haltlos ist der Mensch, der kein Lebensziel hat, der nicht weiß, warum und zu welchem Ende er strebt und schafft. Wieviel mehr Stoßkraft und Erfolgswille pulst im Tun dessen, der ein seine Seele hochstimmendes Lebensziel hat: er trägt wie von selbst in alles, was er beginnt, Planmäßigkeit, Ordnung, Zielgerichtetheit und Erfolg hinein. Alles, was er beginnt, wird immer dem letzten Ziel dienen und ihn aufwärtstragen. Bei allem, was er tut, weiß er, *was* er letztlich will. Und wer *weiß,* was er will, der erreicht sicherer, was er will.

So ist die Lebenszielsetzung eine Dauer-Meditation, die sich durch das ganze Leben zieht und es mit *Bewußtheit* erfüllt. Das Leben wird nun ein immer bewußteres Erklimmen eines hohen Berges, dessen Spitze der Aufwärtsstrebende trotz zeitweiliger Nebel und Wolken immer wieder, immer näher und klarer vor sich sieht – bis er schließlich den Gipfel erreicht hat. –

Haben Sie schon einmal dem Sinn Ihres Daseins nachgelauscht? Wenn sie es tun, werden Sie zwei Dinge, die in Wahrheit nur eines sind, als Ihres Lebens höchste Ziele erkennen: Harmonisierung und Selbstverwirklichung. Das ist die Doppelsonne, um die unser Dasein kreist: sie umfaßt sowohl das höchste Ideal des überwiegend nach außen Gerichteten – die Vervollkommnung des Charakters und des Willens und die immer vollendetere Beherrschung der Umwelt, der Natur, des Lebens – wie auch das tiefste Wollen des Einwärtsgewandten – das Erwachen der Seele, ihre Selbst-Erkenntnis und ihre Einswerdung mit dem Willen des Ewigen –.

Wer diesem höchsten Ziele zustrebt, findet auf dem Wege dorthin alles, was das Leben an Gutem und Beglückendem enthält:

Freude und Freundschaft, Gesundheit und Liebe, Erkenntnis und Erfolg.

Je höher unsere Ideale, desto größer werden unsere Anstrengungen sein und desto mehr Kräfte werden in uns erwachen. Je erhabener unser Ziel, desto mächtiger ist unsere Flugkraft, desto verläßlicher wird unser inneres Feingefühl für alle die Dinge und Gelegenheiten und unsere Anziehungskraft auf alle die Wesen und Umstände, die uns der Erreichung unseres Zieles am raschesten näher bringen. Alle Kräfte in uns und immer mehr Kräfte um uns wirken dann in harmonischer Weise zusammen, um unser Ideal der Erfüllung zuzuführen, und bewahren uns vor Rückfällen und Mißerfolgen, denen wir ohne diese Lebenszielsetzung anheimgefallen wären.

In der Praxis entspricht unsere Lebenszielsetzung einer Spirale immer erhabenerer Jahrespläne, bei denen jeder neue Kreis um einiges höher liegt als sein Vorgänger. Und jeder dieser Kreise wiederum ist die Summe von kleineren Kreisen – wie im Kosmos jeder Kreis Teil größerer und größter Kreise ist –, und alle Kreise zusammen sind Teile von jenem Leben, das immer aufwärtsführt.

So ist all unser Sein Teil eines größeren und größten, unser endliches Da-Sein Teil des unendlichen Lebens, das in den Himmel wächst.

Diesem Kreislauf des Ewigen gilt es sich in höchster Hingabe willig einzufügen. Das ist die letzte Weisheit aller Weisen. Und ihre Gewißheit ist, daß dem, der diese höchste Aufgabe erfüllt, alle Kräfte zu dienen beginnen.

12. WOCHE:

RECHTE SELBSTKONTROLLE

„Das Übergewicht der Neigungen entschuldigt den Menschen nicht, daß er nicht Herr seiner selbst ist; er soll seine Kraft gebrauchen lernen, die in der Vernunft besteht."
Leibniz

Aus der Gewohnheit täglicher Zielsetzung erwächst von selbst die Gepflogenheit der Selbstkontrolle, die dann vollen Wert gewinnt, wenn sie *bewußt* und planmäßig durchgeführt wird.

Sie ist vor allem eine Kontrolle der Gedanken. Denn wer seine Gedanken meistert, meistert sich selbst und sein Leben.

Über die Praxis der Gedankenkontrolle ist über das in der 7. Woche Gelernte hinaus folgendes zu merken:

Wir müssen die Gedanken, die bei uns ein- und ausgehen, kontrollieren, wie ein Land an seinen Grenzen die Ein- und Ausreisenden visitiert und ihre Pässe prüft. Ein weise regiertes Land sorgt dafür, daß unerwünschte Einwanderer dem Lande fernbleiben. In gleicher Weise haben wir dafür zu sorgen, daß unerwünschte Gedanken-Einwanderer unsere Seelengrenzen nicht überschreiten, unser Inneres nicht berühren, sondern draußen bleiben.

Denn die unguten Gedanken, die wir in uns hineinlassen, suchen in uns ihresgleichen und stimmen ihre Umgebung im Unterbewußtsein entsprechend herab. Haben wir diesen wesens-fremden Eindringlingen in unserem Innern eine Heimat gegeben, rufen sie ihresgleichen von außerhalb auf Schleichwegen herbei, und bald ist dort, wo zunächst nur einer dieser Fremdlinge war, eine ganze Ansiedlung, ein Komplex, und nach einiger Zeit zerstreuen sich von dort aus die Fremdgedanken über alle Bezirke unserer Seele, reißen die Herrschaft an sich, unterjochen die eingeborenen guten Gedankenkräfte und verhetzen sie, bis das ganze Reich der Seele zu einem Brutherd zunehmender Unzufriedenheit und Gedankenrevolten wird.

Wenn wir nun gar solch negativen Gedanken unsere Aufmerksamkeit zuwenden, mit ihren zersetzenden Tendenzen liebäugeln, dann nähren und mästen wir sie und sorgen, daß sie sich bei uns wohlfühlen und sich ins Ungemessene vermehren. Bald überschwemmt ihre Nachkommenschaft das Reich unserer Seele und bedrängt und verdrängt die eingeborenen edlen Lichtgedanken aus ihren Burgen im Seelenreich, und schließlich werden die Fremdgedanken so stark, daß sie nicht mehr Gäste, sondern Herren sind.

An dieser Besessenheit durch Fremdgedanken leiden viele Seelenreiche. Aber niemand ist so schwach, daß er diese Verseuchung nicht aus eigener Kraft abzuschütteln und die Fremdlinge aus dem Reich seiner Seele hinauszujagen vermöchte! Denn unsere Kraft wächst im Maße unseres Vertrauens zu uns selbst und wächst ins Ungemessene, wenn unser Selbstvertrauen ohne Schranken ist!

Und wie erfolgt dieser Kampf gegen den inneren Feind in der Praxis? Er geschieht, indem wir jede negative Regung, die uns bewußt wird, im Keim ersticken durch bewußt lustbetonte Hinwendung unseres Denkens, Wollens und Tuns auf das gegenteilige Gute. Dadurch stärken wir die Macht der eingeborenen guten Gedankenkräfte und schwächen die der bösen.

Die unaufhörliche bewußte Bejahung und Betätigung des Guten ist der sicherste Vernichtungsfeldzug gegen alles Schädliche in uns und um uns. Es kann immer nur *ein* Gedanke zur Zeit in unserem Bewußtsein herrschen; der, der regiert, hält sein Gegenteil fern.

Für alles Negative, Wesensfremde machen wir uns auf diese Weise allmählich unzugänglich und immun. Immer bewußter bestimmen wir uns selbst – eingedenk der Mahnung: *Nichts Äußeres kann uns bestimmen, wenn wir ihm nicht selbst durch falsches Denken Macht über uns geben!*

*

Von besonderer Wichtigkeit ist die Kontrolle unserer Erfolgs-Einstellung, die Überwindung erfolghindernder Gewohnheiten durch bewußte Züchtung erfolgfördernder Neigungen und Gewohnheiten.

Zu diesen Erfolgshindernissen gehört vor allem das *Grübeln.* Jedesmal, wenn wir in negatives Grübeln kommen, geben wir uns hinfort einen energischen Ruck. Denn Grübeln ist das Gegenteil von positiver Selbstkontrolle und unserem Wesen ungemäß, ja feindlich: es ist nicht nur fruchtlos, sondern schädlich, passiv machend, lebensfeindlich. Wo die Grübelsucht ihr häßliches Haupt erhebt, wenden wir uns darum sofort dem lichten Leben zu, nehmen entschlossen eine Aufgabe, eine Arbeit vor und stürzen uns in sie hinein.

Da Handeln und Grübeln einander ausschließen, ist die Grübelsucht bald gebändigt. Und durch Gewöhnung an tägliche Zielsetzung bringen wir sie allmählich zum Aussterben.

Auf eine weitere Waffe gegen alle Fremdgedanken wurde bereits hingewiesen: auf das Erfolgs-Tagebuch als Grundlage der Selbstkontrolle und Zielsetzung. In ihm legen wir Rechenschaft darüber ab, wie wir unsere täglichen, wöchentlichen und jährlichen Zielsetzungen durchgeführt und welche Erfolge wir dabei errungen haben. Wir nehmen hier nicht nur eine bewußte Erfolgsfixierung vor, sondern kontrollieren zugleich unsere Gedanken.

Schon in den ‚*Goldenen Sprüchen der Pythagoräer*' wird auf die Notwendigkeit dieser täglichen Selbstkontrolle hingewiesen:

„Tue nichts, was Dir schadet. Denk', ehe Du handelst,
Und beschließe den Tag nicht ohne ernste Prüfung des heute Gewirkten.
Frag Dich: was hab' ich getan? Wo hab' ich geirrt? und was habe ich unterlassen?
Wirktest Du Böses, so tadle es und stärk' in Dir aufs neue den Willen zum Guten;
Wirktest Du Gutes, so freue Dich dess und laß' es Dir Ansporn sein zu abermals Bess'rem!
Dieser Regel gedenke, folg' ihr mit Fleiß, und liebe das Gute,
Dann wirst Du den Pfad der Tugend, den Lichtpfad der Götter, beschreiten,
So wahr *Der* ist, der der Seele Unsterblichkeit lieh – der große All-Eine!"

Auf diese Stelle nimmt *Schopenhauer* Bezug und ergänzt sie durch die Mahnung, daß man „abends vor dem Einschlafen durchmustern soll, was man den Tag über getan hat. Wer im Getümmel der Geschäfte oder Vergnügungen dahinlebt, ohne je sein Leben zu durchdenken, vielmehr es nur immerfort abhaspelt, dem geht die klare Besonnenheit verloren: sein Gemüt wird ein Chaos, und eine gewisse Verworrenheit kommt in seine Gedanken, von welcher alsbald das Abrupte, Fragmentische, gleichsam Kleingehackte seiner Unterhaltung zeugt . . . Daher sollte das Gedächtnis oder das Papier unsere Stimmungen und Empfindungen aus denkwürdigen Zeitpunkten sorgfältig aufbewahren. Hierzu sind Tagebücher sehr nützlich."

Noch nützlicher ist, wie der Lebensschüler nun bereits aus eigener Erfahrung weiß, die Führung des Erfolgstagebuches: es erzieht uns zu rechten Bergsteigern des Lebens, die, an Höhenwanderungen gewöhnt, gern auf das Erreichte zurückschauen, um von den erstiegenen Höhen aus zu neuen Gipfeln hinaufzublicken und sich, im

Vertrauen auf ihr wachsendes Können und ihre Macht über die Tiefe, immer höhere Ziele zu setzen.

RECHTE AUSWERTUNG DES AUGENBLICKS

Neben der Notwendigkeit ständiger Selbstkontrolle lehrt uns das Erfolgstagebuch auch die Wertschätzung des Augenblicks, die Wahrheit der Erkenntnis: die beste Zeit ist immer – der nächste Augenblick.

Ein Augenblick kommt, ist da – und schon wieder entschwunden, ohne je zurückzukehren. Unaufhörlich rinnen die Sekunden aus dem Traumland der Zukunft über das helle Blickfeld der Gegenwart in das Dämmerland der Erinnerung, rinnen die Stunden, die Tage, die Jahre dahin. Darum betrachtet der Weise die Zeit als sein kostbarstes Gut, weil sie niemals *mehr*, sondern immer nur *weniger* wird, während jedes andere Gut vermehrt werden kann.

Der Lebensschüler besinnt sich darauf und gräbt es in sein Herz ein, daß „jeder Tag der beste des ganzen Jahres ist“: jeder Tag muß eine glückliche, harmonische, freudevolle Stunde *mehr* haben als der vorhergehende; dann geht die Sonne nicht mehr im Reiche seines Lebens unter.

Wir haben schon in der 1. Woche gelernt, wie sehr es darauf ankommt, der Gegenwart zu leben statt der Vergangenheit und Zukunft. Denn das Zurückschauen in das Einst ist das sicherste Mittel, den künftigen Erfolg zu verscheuchen, und das Hinausstarren in die Zukunft wiederum macht uns blind für die günstigen Gelegenheiten der gegenwärtigen Stunde. Wer es einmal ernsthaft versucht, sein Denken nur auf die gegenwärtige Stunde und ihre Aufgaben zu konzentrieren, dem fällt es wie Schuppen von den Augen:

Er erkennt, was für ein Tor er bis dahin war: indem er sich entgehen ließ, was die Gegenwart ihm bot, hat er zu wenig von seinem Leben gehabt.

Wissen wir denn, was morgen oder nächstes Jahr geschieht? Nein. Da ist es am ratsamsten, uns um das zu kümmern, was wir *heute* tun können! Erfüllen wir die Pflichten, die der gegenwärtige Augenblick von uns fordert! Dann entdecken wir in der Gegenwart viel mehr Schätze und Möglichkeiten, als wir uns träumen ließen.

Wünschen wir nicht das Fernste, sondern tun wir das Nächste! Und legen wir unsere ganze Seele in unser Werk! Dieses Verfahren verfehlt niemals seine günstige Wirkung. Sind wir wegen der Zukunft im Zweifel? brauchen wir Rat wegen fernliegender Dinge? dann laßt uns *das Nächste tun* und alles übrige getrost der Zeit überlassen, die den Rat schon mit sich bringen wird. Halten wir uns an die Gegenwart und leisten wir in ihr unser Bestes, dann tun wir alles, was möglich ist, um auch die Zukunft zu sichern.

Und wurde eine gute Gelegenheit verpaßt? Seien wir nicht betrübt darüber, denn jeder Augenblick bringt neue und oft bessere. Leben wir dem Kinde gleich: im Jetzt. Mancher Kummer zieht durch seine Seele; aber sowie die Wolke vorüberzog, freut seine Seele sich erneut der Sonne. Das Kind lebt ganz im Augenblick und schafft aus ihm das Reich seiner Zukunft. Es hält seinen Geist frei von Sorgen um Dinge, die vielleicht kommen, wahrscheinlicher aber fern bleiben.

Wie anders der ‚Erwachsene': wie er sich um das Jenseits sorgt, statt, seiner Unsterblichkeit gewiß, zunächst das gegenwärtige Leben zu meistern, so macht ihm auch das ‚Jenseits' des Augenblicks, die *Zukunft*, Kummer.

Den Lebensschüler hingegen kümmert weder, was war – denn das ist nicht zu ändern –, noch was sein wird – denn das ist erst, wenn es Gegenwart wurde –, sondern nur, was *ist*. Davon, was er aus der Gegenwart macht, hängt es ab, ob auch seine Zukunft glückreich wird. Wie recht hat Schopenhauer, wenn er sagt:

„Statt mit Sorgen für die Zukunft immerdar beschäftigt zu sein oder uns der Sehnsucht nach der Vergangenheit hinzugeben, sollten wir nie vergessen, daß die Gegenwart allein real und gewiß ist; sie ist die real erfüllte Zeit, und ausschließlich in ihr liegt unser Dasein. Daher sollten wir sie stets einer heiteren Aufnahme würdigen, folglich jede erträgliche und von unmittelbaren Widerwärtigkeiten oder Schmerzen freie Stunde mit Bewußtsein als solche genießen, das heißt, sie nicht trüben durch verdrießliche Gesichter über verfehlte Hoffnungen in der Vergangenheit oder Besorgnisse für die Zukunft."

Lernen wir, dem Ruf der Gegenwart zu folgen. Lernen wir, die Aufgaben des Tages nicht schwerer zu sehen, als sie sind, gar alle

Zukunft mit hineinzustopfen! Wir sollen nicht alles auf einmal tun, sondern eines nach dem anderen. Ein Weg von hundert Metern fordert hundert Schritte; und dabei braucht uns jeweils nur *der* Schritt zu bekümmern, den wir gerade tun. Wir haben nur die Pflicht der Stunde zu erfüllen – mit Liebe, Gelassenheit und Lust.

Gerade hier tut Selbstbesinnung not; soll es uns nicht ergehen wie jener Eintagsfliege, von der Marie v. Ebner-Eschenbach sagt:

„Die Eintagsfliege, wie so manche Leute, vergönnt sich keine Freude an dem Heute,
Denn ruh- und rastlos muß sie immer sorgen – die arme Eintagsfliege – für das Morgen."

Wir haben nicht eine Minute übrig, um sie mit Zukunftssorgen und Selbstquälereien zu verschwenden. Es gilt vielmehr, die eilende Zeit zu nutzen und das, was wir tun wollen, sogleich zu tun. *Jetzt* gilt's, um das Gewünschte zu erreichen, den ersten Schritt, den ersten Spatenstich zu tun, die ersten Maßnahmen zu treffen, die ersten Verhandlungen aufzunehmen. Denn jeder verlorene Augenblick bedeutet vergeudete Kraft, verlorenes Geld, vertanen Reichtum. –

*

Manche wundern sich, wie es kommt, daß andere, körperlich oder geistig geringer Begabte in der gleichen Zeit mehr und Besseres zu schaffen imstande sind als sie. Nun, deren Geheimnis besteht darin, daß sie, bewußt oder unbewußt, bei allem Tun die rechte Geisteshaltung bewahren. Sie nützen den Augenblick, tun nur eines zur Zeit und dieses ganz. Sie wirken gelassen und mit Ausdauer das, dessen Zeit sie gekommen fühlen.

Sie vertrauen auf die Hilfe von innen und geben dem Augenblick das Beste, was sie besitzen: ihre volle Liebe und Leistung. Sie wissen, daß dieselben Umstände, die dem Menschen Unannehmlichkeiten bringen, ihm im gleichen Augenblick auch die nötige Kraft geben, den Widrigkeiten erfolgreich zu begegnen.

Sie wissen: in Wahrheit hat der Mensch niemals Grund, die Ungerechtigkeit des Schicksals zu beklagen. Denn im Universum hat die Ungerechtigkeit keinen Platz: jedem wird das Los zuteil, das sein bisheriges Denken und Wirken auslöste. Darum gilt es, in der Gegenwart so zu denken und zu leben, daß wir nichts Leidvolles für die Zukunft zu befürchten brauchen. Es gilt, Meister des Augenblicks zu sein, die Zeit auszuschöpfen und nichts auf später zu verschieben, was sofort getan werden kann.

Weise handelt, wer gleich tut, was er tun kann. Er braucht keine Nachschlüssel zum Glück, ihm öffnet jeder Augenblick den Zugang zur Fülle des Lebens.

Gerade weil die Menschen, wie Lichtenberg bemängelt, „sehr geneigt zum Aufschieben und zur Langsamkeit sind und das, was um fünf Uhr morgens geschehen sollte, erst um sechs beginnen, kann man sicher darauf rechnen, daß man die Oberhand in einer Sache behält, wenn man alles sofort, ohne den geringsten Verzug unternimmt.“

Das gilt nicht zuletzt auch für jene, die gern klagen, sie hätten ‚keine Zeit‘. Wir sahen schon und werden in den kommenden Wochen noch klarer erkennen: Wer Herr seiner selbst ist, ist auch Herr seiner Zeit und Herr des Augenblicks!

Es ist eine bekannte Tatsache, daß gerade die Meistbeschäftigten mehr Zeit für alle möglichen Dinge und Interessen haben als die weniger Beanspruchten, die nicht gelernt haben, mit ihrer Zeit hauszuhalten, oder als jene, die wenig zu tun und doch für nichts Zeit haben.

SCHAFFE DIR DEINE ‚GÜNSTIGEN GELEGENHEITEN‘!

Außer zur rechten Nutzung des Augenblicks führt die Gewohnheit steter Selbstkontrolle zur bewußten Schaffung der zum Vorwärtskommen nötigen Gelegenheiten wie auch zur Schärfung des Blicks für die ‚günstigen Gelegenheiten‘, die sich dem Zielbewußten stündlich bieten.

Auch diese Ausbildung des Sehvermögens für hilfreiche Mittel und Umstände, dieses bewußte Offenhalten der Augen für die Dinge, die der Durchführung unserer Ideale dienlich sind, ist von größter Wichtigkeit. Denn: Überall sind Erfolgsmöglichkeiten in Fülle; aber die meisten sehen sie nicht, weil ihr Denken getrübt und uneinig ist und ohne Ziel.

Anders der Lebensschüler: er wertet alles, was ihm begegnet, im Lichte seiner Zielsetzung und ergreift, was ihm dient, so über seine Umwelt sich erhebend. Ungleich den Vielen, klagt er nicht über ‚entgangene Gelegenheiten', sondern richtet den Blick auf sein Werk und die erste Gelegenheit, die, recht genutzt, von selbst weitere und größere nach sich zieht und den Blick für kommende gute Gelegenheiten öffnet.

Es gab noch nie so viele günstige Gelegenheiten wie heute; noch nie war der Ruf lauter nach tüchtigen, wachen, entschlossenen, tatbereiten Männern und Frauen, die in der Schule des Lebens gelernt haben, den ‚Punkt der Reife' in den Dingen zu erkennen, um sie dann – im ‚psychologischen Moment' – geschickt zu nutzen.

Aber nicht nur, daß günstige Gelegenheiten viel häufiger zu jedem von uns kommen, als wir ahnen, wir vermögen darüber hinaus, *uns geneigte Umstände zu schaffen.*

Der Lebensschüler meint nicht, daß das Glück gerade da ist, wo er nicht ist; sondern er weiß, daß der Erfolg stets dort ist, wo er weilt und wirkt. Er weiß: die günstigsten Gelegenheiten kommen aus seinem eigenen Innern. Er bejaht, daß die Zeit für seinen Aufstieg günstig ist. Noch nie war eine Zeit schlecht – nur die Herzen der Menschen waren kleingläubig und verzagt. In Wahrheit ist keine Zeit geneigter als die gegenwärtige. Der Mensch muß nur sein Bestes geben und dem Schicksal vertrauen, dann wird die Zeit ihn segnen.

Denn jede Zeit und jede Gelegenheit ist das, was der Mensch aus ihr macht!

Warum wurde *Edison,* der als Junge wegen seiner Dummheit aus der Schule gewiesen wurde und dann Zeitungen verkaufte, erfolgreich? Weil die Umstände ihm günstig waren? Andere hätten sie verzweifelt schlecht gefunden! Er aber nützte seine Zeit und schärfte seinen Blick für die Notwendigkeiten, Möglichkeiten und Reichtümer des Lebens, bis ihm nach anfänglichen mißlungenen Versuchen die Ideen zu seinen Erfindungen von überallher zuflogen.

Wie konnte *Henry Ford,* der Sohn eines armen Auswanderers, der als Farmer nach Detroit ging, aus dem Nichts zur Fülle emporsteigen? Haben ihn die ‚günstigen Umstände' gemacht? Mit nichten, ihm wurde übel vom Leben mitgespielt. Aber weil er sich nicht vom

Sturm *um*wehen ließ, sondern immer fester Fuß faßte, die Augen offen hielt und nicht nur Gelegenheiten zum Vorwärtskommen fand, sondern sie sich selber schuf, kam er nicht um, sondern wurde täglich stärker und schließlich einer der reichsten Männer der Welt.

Und warum blieb *Carnegie* nicht Heizer? Weil ihn sein Wille trieb, mehr zu sein als nur der Herr jener paar Kohlen, die das Eisen zum Fließen brachten. Er wollte vorwärts und zwang die Umstände, ihm zu Willen zu sein: er wurde Telegraphist, dann Angestellter einer Eisenbahn, dann ihr Mitbesitzer, bis er am Ende seiner Laufbahn als unumschränkter Stahlkönig sein Unternehmen für 450 Millionen Dollar verkaufen konnte.

Was brachte ihn und tausend andere gleich ihm dazu, sich aus kleinsten Anfängen zu größten Leistungen, zu Meistern ihres Schicksals zu erheben? Die Gunst des Schicksals? Ihr Fleiß? Ihre Intelligenz? Eines vor allem: ihre Fähigkeit, günstige Gelegenheiten zu erspüren und, wo keine waren, sie aus eigener Kraft zu schaffen.

Sie alle haben erkannt – und jeder Lebensschüler muß es lernen –: *daß der Mensch sich selbst sein Schicksal schmiedet, daß nichts von selber kommt. Glück hat auf die Dauer nur der, der erkennt, was möglich und was nötig ist, der stets zur Tat entschlossen ist und stets gewillt, sich selbst zu helfen!*

13. WOCHE:

GRUNDLAGEN DES ERFOLGS

„Dem Morgenrot einer neuen Idee geht es wie dem Morgenrot überhaupt –: die meisten Menschen findet es schlafend." Sirius

Erfolg ist das, was erfolgt, wenn wir richtig denken und handeln. Der Erfolg ist folglich kein Geschenk, sondern muß geschaffen werden. Auch der ‚günstige Zufall' fällt immer nur dem zu, der das Gesetz von Ursache und Wirkung befolgt hat.

Jeder Erfolg ist zuerst ein Gedanke. Denken wir richtig und vollkommen, dann ist der Erfolg entsprechend beglückend. Denken wir falsch, dann erfolgt das, was wir fürchten: Fehlschläge und Unglück stellen sich ein.

Wir können jeden Erfolg auf die ihn auslösenden Kräfte und geistigen Ursachen zurückverfolgen. Tun wir dies, indem wir das Leben der erfolgreichsten Männer und Frauen untersuchen, dann finden wir eine Anzahl grundlegender *Erfolgs-Voraussetzungen*, die zum Erfolghaben notwendig sind, und eine größere Anzahl *Erfolgs-Hilfsmittel*, die den Erfolg fördern, ihn aber nicht bedingen.

Diese beiden Gruppen gilt es auseinanderzuhalten; denn manche Fehlschläge gerade dort, wo der Erfolg als unbedingt sicher erwartet wurde, sind Folgen der Verwechslung der Erfolg*wirker* mit den Erfolg*helfern*. Wir gehen fehl, wenn wir Erfolghelfer für Erfolg-Bedinger halten. Solche Erfolg*helfer* sind: Gesundheit, Fleiß, Ausdauer, Gedächtniskraft, gutes Aussehen und Benehmen und andere Eigenschaften. Sie helfen uns, schneller voranzukommen, aber sie sind keine Bedingungen des Erfolgs:

Es gibt manche Gesunde, die erfolglos sind, und Kranke, die Größtes geleistet und unvergleichliche Erfolge errungen haben. Da sind Fleißige, die zeitlebens arm blieben, und andere, die ohne große Mühe die Umstände nützten und es weit brachten. Leute mit zäher Energie können Fehlschläge erleiden, weniger Zähe können sie überflügeln. Nicht anders steht es mit den übrigen Erfolgshelfern. Alle diese Eigenschaften sind wichtige Helfer, aber die Bedinger des Erfolgs sind sie nicht.

Welches sind nun aber die *Erfolgs-Voraussetzungen?*

Einige von ihnen lernten wir bereits kennen: die rechte Gedanken-Kontrolle, die Fähigkeit der Auswertung des Augenblicks und der bewußten Schaffung von günstigen Gelegenheiten, die Gewohnheit, zielstrebig unseren eigenen Weg zu gehen. Nunmehr wollen wir uns einiger weiterer Erfolgsvoraussetzungen bewußt werden.

1.

Eine grundlegende Erfolgsvoraussetzung ist die Gewohnheit, uns im Geiste *über die Umstände zu erheben*, uns vom Druck der Verhältnisse innerlich frei zu halten.

Wir müssen in jeder Lage bedenken, daß der Erfolg von uns

selbst abhängt, daß keiner unseren Erfolg schmälern kann, es sei denn, wir geben einem anderen Macht über uns durch Gedanken der Furcht, er könne uns überflügeln, durch Gefühle des Neides, er habe es besser oder leichter als wir, oder durch den Wahn, er sei stärker, größer, erfolgreicher als wir.

Sich selbst geringer werten heißt seine Erfolgskraft mindern. Wer so denkt, sucht die Schuld an Mißerfolgen statt bei sich selbst in den Dingen, Verhältnissen oder Menschen der Umwelt; er gerät zu diesen in größeren Gegensatz – und bald ist der nächste Mißerfolg da.

Anders der Lebensschüler: er erkennt sich selbst als die Ursache seines Schicksals, seiner Erfolge wie seiner Mißerfolge, und beginnt mit der Wandlung der Umstände, indem er sich umstellt. Er weiß: das Glück, das ich wünsche, muß in mir selbst seinen Anfang nehmen. Nichts kommt von außen zu mir, was nicht in mir seinen Bejaher hat. Er bejaht:

> *„Jeder Erfolg ist die Folge rechter Kraftbetätigung. Diese setzt Kraft voraus. Ist diese Kraft da? Ja! alle Kraft und alle Mittel zum Erfolg sind in mir. So bin ich selbst die wichtigste Grundlage meiner Erfolge.“*

In der Tat: Grundlage aller Erfolge ist der seiner selbst, seiner Kraft, seines Ziels, seiner inneren Überlegenheit und seines Sieges bewußte Mensch.

Wie entfesseln wir unsere Innenkraft? Indem wir ihre Quelle durch rechtes Kraft-Verlangen in uns zum Sprudeln bringen, der Kraft in uns rückhaltlos vertrauen und dadurch ihre Durchsetzungskraft steigern, indem wir erkennen, daß, mit den Augen der Seele gesehen, weder Armut noch Schwäche unser Los ist, sondern Kraft, Erfolg und Fülle, und daß Fülle und Erfolg nicht *zu* uns kommen – von außen her –, sondern *durch* uns – von innen her. Es gilt also, mit unserem Innern in immer lebendigere und bewußtere Verbindung zu kommen und von innen her das Außen zu meistern.

Im Menschen selbst liegt der Hauptschlüssel zum Erfolg. Danach erst kommt alles übrige, deshalb aber nicht weniger wichtige: rechte Zielsetzung, Konzentration auf das Notwendige, Anwendung der Kenntnisse, Fähigkeiten und Kräfte, mutige Anstrengung, Arbeit von Kopf und Hand, Vertrauen auf den Sieg.

2.

Der Keim jedes möglichen Erfolges liegt in uns. Durch rechte Bejahung bringen wir ihn zur Entfaltung.

So ist jedes Ziel gewissermaßen schon jetzt unser. Wir müssen den ‚inneren Besitz' nur durch Bejahung und Tat auch zu unserem äußeren Besitz machen. Und wie? Durch Schaffung entsprechender *wirkstarker Erfolgskraftfelder.*

Wir lernen damit eine weitere Erfolgsvoraussetzung kennen. Wie es Gedanken-Kraftfelder gibt, so auch Kraftfelder des Erfolgs, deren Wirkungsreichweite davon abhängt, wie weit wir uns der inneren Kraft bewußt sind, sie durch uns wirken lassen und unser Erfolgskraftfeld bewußt so weit ausdehnen, daß Mißerfolge nicht mehr an uns herankönnen.

Der Lebensschüler wird sein Erfolgskraftfeld täglich aufs neue bejahen, es durch gläubige Erwartung des Erfolgs bei allem, was er unternimmt, dynamisieren und durch sympathische Einstellung auf gleichgerichtete Kräfte und Wesen ständig erweitern. Jede bewußte Bejahung dieser Macht bedeutet ihre Festigung und Mehrung, eine Steigerung der Erfolgssicherheit und -Fähigkeit und eine Wandlung unserer Verhältnisse zum Bessern.

Je stärker unser Erfolgskraftfeld ist, desto mehr günstige Umstände zieht es herbei, desto mehr erfolgbringenden Dingen und Wesen verbindet es uns. *So* wichtig ist es, unser Erfolgskraftfeld zu vergrößern, das Wirken unserer Innenkräfte weise zu leiten, mit ihrer Hilfe Widerstände zu brechen und feindliche Kräfte in Hilfen zu wandeln.

Wir können unser Erfolgskraftfeld durch einschränkungsloses Gott-Vertrauen mit so starken Schwingungen erfüllen, daß nichts Niederes mehr sich innerhalb desselben auszuwirken vermag. Wir bewirken dadurch einen immer mächtigeren Aufstrom der inneren Kraft und eine entsprechende Ausdehnung unserer Einflußsphäre.

3.

Die Größe unseres Erfolgskraftfeldes hängt von unserem Denken, Glauben, Wünschen, Vorstellen und Wollen ab, von unserem Konzentrationsvermögen und von der Zielstrebigkeit unseres Tuns. Wir stoßen damit auf eine weitere Erfolgsvoraussetzung: auf die

Notwendigkeit, daß wir *ganz uns selbst gehören und nicht an tausend Dinge zersplittert sind. Der in sich Gesammelte ist erfolgreich, für ihn gilt die Regel:*

Konzentriere Dich auf Deinen Erfolg und die Erfolge konzentrieren sich auf Dich!

Wie unser Körper und unsere Werke materialisierte Gedanken sind, so auch unser Schicksal. Wenn wir die Ursachenketten alles Geschehens restlos überblicken könnten, würden wir gewahren, daß jeder Schicksalsfaden von uns selbst gesponnen und in das Netz des Geschehens hineingeflochten wurde und am Ende wieder zu uns zurückführt.

Wer falsch denkt, verfälscht sein Lebensglück; während unter den Händen dessen, der richtig denkt und demzufolge richtig handelt, alles zu Gold wird.

4.

Nicht minder wichtig ist die lustbetonte Konzentration der Aufmerksamkeit auf das Erstrebte. Wir vergrößern die ‚Fernwirkung' unseres Erfolgskraftfeldes durch Schaffung lebendiger Erfolgs-Vorstellungen – entsprechend der Regel:

Beharrliche Bejahung des Erstrebten durch lebendiges Erfolgs-Bilddenken ebnet den Weg zu dessen Verwirklichung.

Wir müssen das, was wir wollen, in lebendigen, klaren, scharf umrissenen Bildern vor uns sehen und danach handeln. Nicht nur unser *Ziel* muß – als Folge unserer Zielsetzung – lebendig vor uns stehen, sondern auch der *Weg* dorthin, jede einzelne Etappe, jeder Teil unseres Erfolgsplans, jedes Stück unserer Arbeit.

Es gilt also die möglichst vollkommene innere Vor-Verwirklichung und -Vergegenständlichung dessen, was Wirklichkeit werden soll. Wir machen diese Ideal-Bilder, indem wir sie mit allen Merkmalen der ersehnten Vollkommenheit ausrüsten, lustbetont und wecken dadurch in uns die Kraft, die Wirklichkeit zu idealisieren und unsere Ideale zu verwirklichen. Wie unsere inneren Erfolgsbilder, so wird unser Leben.

Wir bleiben arm, solange die Vorstellungsbilder der Not, des Mißerfolgs, der ‚schlechten Zeiten' in uns herrschen. Wir werden reich, wenn unser Denken beständig auf Bilder der Fülle, des Fortschritts, des Erfolges gerichtet ist. *Unser Leben bildet sich nach den inneren Bildern.*

5.

Um Erfolg zu haben, ist weiter nötig, daß wir etwas *leisten.* Das Denken allein genügt nicht, auch das Wünschen und Wollen nicht, wenn nicht aus ihnen die von der Erfolgsgewißheit durchpulste Tat entspringt.

Das mechanische, gedankenlose Tun allerdings tut es nicht. Erfolgträchtig wird unser Tun erst, wenn es zielstrebig wird. Erst die „Tätigkeit nach einem bestimmten Ziel ist es, was das Leben erträglich macht", sagt Schiller. Je lustbetonter diese Tätigkeit, desto ertragreicher wird sie.

Der Fleiß gibt nicht den Ausschlag. Auch eine Maschine ist fleißig; aber sie ist nicht schöpferisch. Erfolg setzt schöpferisches Denken und Wirken voraus. Auch Pflichterfüllung ist nicht genügend. Das Gesetz des Erfolges fordert, daß wir *mehr tun,* als nur unsere Pflicht zu erfüllen. Wer etwas erreichen will, muß streben, in dem, was er tut, Meister zu werden, das, was er tut, besser, rascher, zweckmäßiger, vollkommener zu verrichten als andere. Das ist eine weitere wichtige Erfolgsvoraussetzung: daß wir stets *mehr leisten,* als von uns gefordert wird, daß wir einen Auftrag weder nachlässig ausführen noch mechanisch erledigen, sondern ihn schöpferisch bewältigen. Ein Beispiel aus vielen:

Drei Kriminalbeamte erhalten den Auftrag, in einer Raubsache Namen und Verbleib des oder der Täter zu ermitteln:

Der erste Beamte stellt durch Befragen der Überfallenen fest, daß es sich um *einen* Täter handelte, von dem er eine ziemlich unbestimmte Beschreibung mitbrachte.

Der zweite Beamte stellte durch Nachfragen in der Umgebung fest, daß der Täter vermutlich einen Komplizen hatte und daß zwei verdächtige Gestalten, auf die die Beschreibung paßte, die Richtung nach dem Bahnhof eingeschlagen hätten. — Auf dem Bahnhof konnte er ermitteln, daß die Täter Karten nach X gelöst hatten.

Der dritte Beamte wußte sich eine noch genauere Beschreibung des einen Täters zu verschaffen und konnte so feststellen, daß es sich um einen alten Bekannten der Polizei handelte, der seine Beute oft beim Hehler Y in X zu Geld machte. Auf dem Bahnhof nahm der Beamte nach der Feststellung, daß die beiden Täter den Weg nach X genommen hatten, sofort, um Zeit zu gewinnen, ein Auto, fuhr nach X zur Polizeibehörde, fuhr dann mit einigen Beamten zu Y, der nach einigem Leugnen den augenblicklichen Aufenthalt der beiden Täter angab, die dann verhaftet werden konnten. Die Beute konnte vollständig sichergestellt werden.

Der erste Beamte tat, was ihm aufgetragen war, nur unvollkommen; der zweite tat nur genau das, was ihm befohlen war; der dritte handelte schöpferisch und brachte den Auftrag zur bestmöglichen Ausführung.

In unserem Berufs- und Alltagsleben müssen wir handeln wie der dritte Beamte: wir müssen unsere Pflicht schöpferisch erfüllen, stets nach Möglichkeiten ausschauend, im Rahmen unserer Pflicht besonderes zu leisten. Wer sich das zur Gewohnheit macht, der gewahrt eine wachsende Zahl günstiger Möglichkeiten und vorteilhafter Gelegenheiten zum Vorwärtskommen.

6.

Eine Gefahr, der der Lebensschüler entgehen muß, ist die mechanische Befolgung von Erfolgsregeln. Die beste Methode, gedankenlos angewandt, kann erfolghemmend wirken. Die Erfolgsverwirklichung ist kein Uhrwerk, das nach den Regeln der Mechanik aufgezogen werden kann, sondern ein *dynamischer* Vorgang, wobei jeder Fall gewissermaßen seine organischen Eigengesetzlichkeiten hat, die es zu beachten gilt.

Der rechte Lebensschüler wird aus der Fülle der Erfolgregeln mit sicherem Instinkt die jeweils zweckmäßigsten herausgreifen und zur Anwendung bringen. Dieser ‚sichere Instinkt', das Gefühl für das Rechte, erwacht im Laufe der Lebensschulung als Folge fortschreitender Selbstbesinnung von selbst in uns, so daß wir imstande sind, wirklich unseren eigenen Erfolgsweg zu gehen. Wir nennen diesen Instinkt den *Glücks- oder Erfolgssinn* oder auch den *Schicksalssinn.*

Dieser Erfolgssinn offenbart sich, einseitig entfaltet, in Gestalt von Ahnungen und Vorgefühlen, sonst als warnende innere Stimme oder innere Führung. Ganz allgemein äußert er sich als Gefühl für das Reifsein der Dinge und Geschehnisse. Viele Erfolgreiche haben diesen Sinn in sich erweckt: sie wissen instinktiv, was in schwierigen Situationen zu tun und was zu lassen ist. Diese Fähigkeit der Klarschau werden wir im Laufe des JP immer bewußter in uns wecken.

7.

Um dauernden Erfolg zu haben, ist weiter nötig, daß unser Tun andern nützt, einen Dienst an der Gemeinschaft darstellt. Die *Gesinnung,* aus der heraus etwas geschieht, ist für den Enderfolg maßgebend.

Jeder erntet, was er gesät hat. Das Gesetz von Ursache und Wirkung sorgt dafür, daß niemand mit gutem Ausgang dort erntet, wo andere säten; oft wird ihm noch das wenige genommen, was er selber säte. Jeder Mißbrauch der inneren Kraft, jeder ichsüchtige, ängstliche, engende Gedanke mindert den Zustrom neuer Kraft, bringt die Fülle zum Versiegen. Die Natur selbst wendet sich gegen den, der versucht, sein Glück auf dem Unglück anderer zu errichten.

Dem Erfolgreichen ist nicht der Gewinn, sondern das *Werk* das wesentliche. Den Erfolg betrachtet er als selbstverständliche Folge, nicht als den Zweck seines Tuns. Oft vertreibt den Erfolg, wer gierig nach ihm hascht; während der andere, der den Blick auf den zu schaffenden Segen richtet, den Erfolg schon in der Hand hat. Wer sein Bestes gibt, erlangt das Höchste. Kaufmännisch ausgedrückt: *Je besser wir dienen, desto besser verdienen wir.*

Wer nur für sich lebt, stirbt bereits. Wer für andere lebt, wächst. Was wir nur für uns selbst suchen, finden wir selten und schwer. Was wir für uns und andere suchen, das neigt sich uns zu, offenbart sich uns als schon da-seiend. Praktisch heißt das:

Je mehr wir anderen helfen, desto mehr wird uns geholfen werden. Wir können anderen Wesen – Mensch oder Tier – nichts Gutes erweisen, das wir nicht zugleich uns selbst erweisen.

So ist also die *Liebe* eine weitere Erfolgsgrundlage. Wer für anderer Sorgen und Nöte ein waches Auge und Ohr und eine hilfreiche Hand hat, der empfängt wiederum von überallher Förderung. Je mehr Sonnenschein wir in das Leben anderer hineintragen, desto lichter wird unsere eigene Bahn. Wer sich durch die Tat zum Geist der Kameradschaft bekennt, der sieht die Widerstände weichen. Er bringt immer mehr Menschen zum Mitdenken; und jeder Mitdenker wird ein Erfolghelfer.

8.

Jeder Erfolg nimmt seinen Ausgang in unserem Innern. Wie unsere seelische Innenwirtschaft, so ist unsere Lebenswirtschaft. Die letzte Erfolgssicherung ist die Gewohnheit, bewußt von innen nach außen zu wirken – eingedenk der wirkenden Gegenwart der inneren Kraft.

Durch die *Zusammenarbeit mit der inneren Kraft* erreichen wir leichter, was wir ohne sie kaum erreichen. Der Weise macht darum die innere Kraft zu seinem ersten Mitarbeiter und Berater; er weiß sich durch sie eins mit dem unendlichen Geist des Lebens, weiß sein Werk in Harmonie mit dem Willen des Reiches Gottes in ihm, zu dem er sich in der Stille emporwendet. Seine Erfahrung bewahrheitet die Regel:

Je vertrauender wir uns innerlich aufwärtswenden, desto sicherer schreiten wir äußerlich vorwärts!

Das Reich Gottes in uns ist der eigentliche Quellgrund unseres Lebensglücks und aller Fülle. Wir brauchen nicht um die Fülle des Lebens zu betteln. Wir müssen uns nur unserer Allverbundenheit lebendig bewußt sein und der Mahnung der inneren Stimme folgen: *„Sei stille und erkenne, daß alles, was Du ersehnst, schon Dein ist!"*

Diese Besinnung auf die Kraft und Fülle in uns entspricht dem Drehen eines Lichtschalters: der unterbrochene Strom wird eingeschaltet; es wird licht. Genau so licht wird unser Leben, wenn wir auf das Reich Gottes in uns umschalten. Wir wecken dadurch unseren schlummernden Schicksalssinn: wir vernehmen wieder den Ruf der inneren Stimme, des göttlichen Genius in uns, folgen ihm – und der Erfolg wird unser.

Indem wir unser inneres Auge öffnen, gewahren wir täglich neue und größere Möglichkeiten des Erfolges, wo wir vordem nur Ungewißheit sahen. Wir gelangen durch *Innen-Sicht* zu wachsender *Einsicht*, erleben den Erfolg als das Natürliche, Mißerfolge als Folgen des Abweichens von uns selbst, und erkennen, daß es unsere Bestimmung ist, das Unvollkommene zu überwinden und das Vollkommene zu verwirklichen.

VERLANGE GROSSES VON DIR!

Die meisten trauen sich zu wenig zu; darum umfaßt ihr Leistungsvermögen nur einen Bruchteil ihres wirklichen Könnens. Sie stehen dem Leben mit der Haltung eines Wohlfahrtsempfängers gegenüber statt als selbstvertrauende Lebensmeister, darum bleibt ihnen die Fülle fern.

Anders der Lebensschüler: da er erkannt hat, daß alle Dinge und Umstände von seinem Bewußtsein abhängen, von seiner inneren Einstellung zu ihnen, sucht er sich das anzueignen, was wir die Erfolgsbewußtheit nennen: die Gesinnung und Haltung des ständig Aufwärtssteigenden. Sie ist ein inniges sich Angeschlossenfühlen an die inneren Kraftquellen, eine frohe Forderung ständigen Fortschritts von der Kraft in uns, die als Teil der All-Kraft erlebt wird.

Wo der Zaghafte dem Wahlspruch folgt: „Nimm Dir nichts vor, dann geht Dir nichts schief", da bejaht der Lebensschüler mutig seinen Sieg. Er wertet das Leben nicht als Belästigung, als Last, sondern als hohes Wagnis, als erregende Freude. Er folgt bewußt oder unbewußt der Forderung der Lebensschule: *Schaff' Dir ein Idealbild Deiner selbst, so wie Du sein willst und Dich zu sein bestimmt fühlst.*

Praktisch heißt das: Wir entspannen Körper und Gedanken, gehen in die Stille und stellen ein lebendiges Bild unserer selbst vor unser geistiges Auge, das wir so ideal und vollkommen wie möglich gestalten. Wir richten den Blick auf unseren aufrechten und elastischen Gang, unseren ruhigen, kraftbetonten Atem, unser zielgewisses Auge, unsere erfolgsichere Miene. Wir fühlen, wie die innere Kraft in unserem Körper aufströmt, ihn dehnt und frei macht, unseren Atem vertieft, das Blut lebhafter kreisen läßt, alle Zellen und Organe mit neuem Leben durchpulst.

Wir fühlen und bejahen die Strahlkraft der in uns wohnenden

Seele und ihre Macht, die Umstände zu meistern. Wir fühlen, wie die Schwingungen unseres Erfolgskraftfeldes zunehmen, wie die Gedanken der Liebe und Fülle, die wir hinausstrahlen, reich beladen zu uns zurückkehren, wie unsere Seelenstimmung sich hebt und gleichermaßen unser Lebensmut und unsere Erfolgskraft. Wir bejahen:

„Ich bin Kraft. Ich bin Herr meines Geschicks. Meine innere Überlegenheit kommt wie in meinem Bewußtsein so auch in meinem Leben zu immer lebendigerer Offenbarung. Ich habe täglich mehr Erfolg in allem, was ich unternehme!"

In dieser Weise versenken wir uns einige Zeit hindurch täglich in das Idealbild unserer selbst, bis wir die Wandlung spüren.

In gleicher Weise können wir ein Idealbild der Umstände und Lebensverhältnisse schaffen, wie wir sie wünschen: wir verwirklichen in uns in immer schärferen Konturen ein plastisches, lustbetontes Vorstellungsbild des Lebens, das wir führen, der Erfolge, die wir erzielen, der Reichtümer, die wir unser eigen nennen wollen.

Entscheidend ist, daß dieses Idealbild in uns lebendig wird, daß wir fühlen, wie es mit wachsender Macht die Umstände herbeizieht, die seiner Verwirklichung dienen, und daß wir zugleich handeln, als ob unser Idealbild bereits Wirklichkeit sei, als ob die Kraft, die wir ersehnen, schon unser sei, als ob die Fülle in diesem Augenblick in unserem Leben sich entfalte!

*

Lauschen Sie einmal in einer stillen Stunde in sich hinein und fragen Sie Ihr Innerstes, ob diese Forderung berechtigt ist. Und Sie werden hören, wie die innere Stimme antwortet:

„Begrenze Dich nicht. Mach' es nicht, Dich klein wähnend, den Mächten des Guten unmöglich, sich durch Dich zu offenbaren. Laß Dich von Deinem höchsten Ideal begeistern; setze Deinem Wollen und Handeln höchste Ziele!"

Je Größeres wir von uns erwarten, desto größere Aufgaben werden wir meistern. Wer so denkt, ist kein feiger Zauderer, sondern überspringt ein Hindernis mit kühnem Mut. Und wenn ihm etwas mißlingt? Nun, „gegen das Fehlschlagen eines Plans gibt es" – wie Jean Paul sagt – „keinen besseren Trost, als auf der Stelle einen neuen zu machen oder bereit zu halten."

Nur Lebensblinde trauern um Verluste. Der Erwachte handelt. Er wendet sich sofort seinem neuen Werke zu; er leistet aufs neue, um aufs neue zu empfangen. Sein Glaube an den Sieg ist ungebrochen, sein Wille, in seinem Beruf der erste zu sein, unverändert. Wenn sich dieser Wille mit der Wachsamkeit vermählt, wird selbst das ‚Unmögliche' möglich.

Wenn etwas Neues kommt, wollen wir ihm nicht mit der Einstellung begegnen: „Schon wieder eine Belästigung", sondern mit dem Gedanken: „Achtung! Eine günstige Gelegenheit naht!"

Wer so denkt, weiß zu wagen. Großes verlangen kann nur, wer Großes wagt, wer auch sein Leben an seine Aufgabe zu setzen bereit ist. Das Leben will Menschen mit Löwenherzen, nicht Memmen, die sich nichts zutrauen und darum auch nichts leisten. Es will Männer und Frauen, die sich bewußt sind: *In jedem Augenblick liegt unser kommendes Geschick, unser Anteil an der Zukunft der Welt, in unserer Hand. In jedem Augenblick können wir Größtes in uns wecken!*

Die meisten verzichten auf diese Wahl, sie lassen sich treiben. Und Sie? Schweigt Ihr Inneres? Oder wird ein neuer Wille wach?

In früheren Zeiten nannte man die Menschen, in denen der Schicksalssinn erwachte, die sich ihrer inneren Macht bewußt wurden, ‚Magier', wenn sie die innere Kraft auf die Außenwelt wirken ließen, oder ‚Mystiker', wenn sie sich auf die Eroberung der Innenwelt beschränkten.

Der Lebensschüler ist beides: er ist sich der Macht in ihm lebendig bewußt, gibt, sich einwärtswendend, sein Leben völlig an sie hin, und strebt zugleich, mit ihrer Kraft sein Leben und das seiner Lieben zum Besten zu wenden. Seine sieghafte Seelen-Haltung ist nicht die des oberflächlichen Optimisten, sondern die des lebensgrundgeeinten Aktivisten: er weiß sich mit dem Lebenswillen eins.

Dieses Bewußtsein ist es, das Erfolg bringt. Dies ist die Wahrheit, die uns so weit frei macht, als wir sie leben!

SCHLUSS MIT DER ENERGIE-VERGEUDUNG!

Aus der Forderung, immer größeres von uns zu verlangen, ergibt sich eine weitere: die bisherige Leerlaufarbeit zu beenden. Wir lernten in der vorigen Woche bereits, mit der Zeit besser hauszuhalten. In gleicher Weise wollen wir lernen, mit unserer Kraft hauszuhalten und stets den besten Gebrauch von ihr zu machen.

Die meisten Menschen leben von einem Bruchteil ihrer Kraft, und von diesem Bruchteil vergeuden sie noch das meiste. Wie sie über die Hälfte ihrer Zeit gewinnlos verbringen, so verschwenden sie vier Fünftel ihrer Kraft. Wie uns bei der Verbrennung der Kohlen im Ofen nur ein kleiner Teil ihrer Wärmeenergie zustatten kommt, so auch bei der Betätigung unserer Kraft. So gilt der energetische Imperativ vor allem für uns selbst: *„Vergeude keine Energie! Verwerte sie!“*

Die wenigsten sind sich bewußt, wieviel Kräfte sie von früh bis spät an Lappalien verschwenden. Sie wundern sich nur zu Zeiten, warum sie eigentlich für größte Mühen so geringes eintauschen.

Sie hören nicht die Stimme des Schicksals: Wer seine Kraft an Nichtigkeiten setzt, zeigt, daß er für große Dinge nicht reif ist. Wer sich ob der Nadelstiche des Alltags entrüstet, ist ungerüstet, wenn große Aufgaben zum Kampfe rufen. Wer nicht mit seinen Kräften haushält, wird vom Strom des Lebens bald an den Strand gespült und vom Leben vergessen.

Milliardenwerte werden von der Menschheit Tag für Tag nutzlos vertan. Die Hemmungen, die die Lässigen überall ins Leben rufen, ballen sich im Laufe der Zeit zu Widerständen, denen die Unachtsamen erliegen. So machen sich die Menschen das Leben zehnmal schwerer, als nottut.

Bei den meisten ist der Kraftaufwand weit größer als der Erfolg. Der Lebensschüler dagegen strebt, bei abnehmendem Aufwand zunehmend Erfolge zu erzielen, in allem Tun dem Grundsatz sorgsamster Kräftewirtschaft zu folgen, seine Energien nicht zu zerstreuen, sondern seine Kräfte zu sammeln, zu veredeln und richtig auszuwerten, und zugleich neue Kraftquellen in seinem Innern zu erschließen.

Damit kommen wir zu *Energie-Kontroll-Übung:*

Von morgen früh bis morgen abend beobachten Sie Ihr ganzes Tun im Hinblick auf Ihren Kraftverbrauch. Sie prüfen bei jeder Handlung, ob sie notwendig ist, zweckmäßig erfolgt, einfacher verrichtet, also Kraft und Zeit gespart werden kann.

Sie richten gewissermaßen eine *Lebenskraft-Kontrollstelle* in Ihrem Bewußtsein ein, die darüber wacht und dafür sorgt, daß Sie immer weniger unnütze Arbeit leisten, keine Energie mehr vergeuden, immer mehr und Besseres schaffen.

Sie werden schon an diesem einen Tage Dutzende von Dingen feststellen, die entweder gar nicht getan werden müssen oder zweckmäßiger erledigt werden können.

Wenn Sie diese Gepflogenheit der Kraftkontrolle längere Zeit fortsetzen, erreichen Sie eine zunehmende Steigerung Ihres Erfolgvermögens. Dinge werden leicht, dis bisher schwer schienen; Ihr Kraftbewußtsein erwacht, das Smiles den ‚Mittelpunkt des Willens' nennt. Sodann aber gilt es, aus den durch solche Energie-Kontrolle gewonnenen Erkenntnissen die nötigen Konsequenzen zu ziehen, also:

1) Verzicht auf den Umgang mit Miesmachern, Nörglern, Grillenfängern, Krankheitsjägern und Pessimisten! Nur wer Kraftüberschuß hat und sich immun fühlt, wage die Wandlung des falschen Denkens der andern.

2) Rechte Einstellung zum Leben! Kein Erdenkloß sein, der das Leben bleiern schwer nimmt und sich mit Hingabe in die Tücken des Lebens versenkt, sondern ein unerschrockener Aktivist, der das Leben als Spiel nimmt und mitspielt, ohne mit sich spielen zu lassen.

3) Abblendung gegen negative Gedanken und Worte von Neidern und Feinden! Bazillenträgern der Furcht und Feigheit aus dem Wege gehen! Hinwegsehen über die kleinen Geister, die uns im Streit zu sich herabziehen möchten!

4) Nur Dinge denken, aussprechen und tun, die lustbetont sind, Kraft geben, uns glücklich stimmen, der Grundrichtung unseres Wollens gemäß sind, uns besser, größer, stärker, gesunder und reicher machen!

5) Immer ein Ziel vor Augen haben, nicht ohne Vorausdenken handeln, unrecht Tun meiden, Angefangenes zäh zu Ende führen,

die Augen für neue Möglichkeiten und Gelegenheiten offen halten, bewußt mit immer weniger Kraft immer mehr leisten.

Eine praktische Erfahrung besagt: Je weiser wir unsere Kräfte anwenden, desto mehr Kraft strömt uns von innen her zu. Diesen Zustrom neuer Kraft können wir dadurch steigern, daß wir bewußt alles, was kommt, als Mittel zur Kräfte-Weckung und -Mehrung werten und begrüßen, die Steigerung unserer Kraft durch jede Betätigung derselben freudig bejahen.

Je mehr wir das üben, desto lustbetonter wird unser Schaffen und desto größer unsere Macht über die Umstände. Wir erleben dann mehr und mehr, daß die Kraft in uns unausschöpfbar ist, daß sie aber nur dann stark fließt, wenn wir sie recht betätigen. Unser Leben ist umso sinnvoller, unser Herz um so glücklicher, je besseres wir leisten, gleichwie ein Baum um so froher ist, je mehr Frucht er trägt.

Hier ist unsere Aufgabe: *fruchtbar zu sein,* durch unser Denken und Tun das Glück der Welt zu mehren.

FURCHT UND SORGE BEWIRKEN MISSLINGEN

Die größten Verlustquellen haben wir noch nicht bezwungen: die Energievergeuder und Erfolgshinderer Furcht und Sorge. Sie sind unsere heimlichen Feinde; die einzigen, die uns wirklich schaden können. Wir mögen die glänzendsten Geistesgaben haben, die besten Beziehungen, die treuesten Freunde; wenn die Furcht unser Herz umkrallt, ist alles Mühen vergeblich.

Ist es möglich, diesen Doppelquälgeist zu vernichten? Unbedingt, und wir wollen sofort darangehen:

Was ist Furcht? Sie ist eine auf ein bestimmtes Vorstellungsbild konzentrierte Angst. Je gefühlsbetonter die Vorstellung ist, desto größer ist die Angst und desto rascher wird das Gefürchtete herbeigezogen.

Woher aber die Angst? Wie tief reichen ihre Wurzeln in unser Ich hinab? Sehr tief, aber nicht so tief, daß wir sie nicht auszureißen und auszurotten vermöchten.

Wir sind unter Furcht geboren und sterben in Furcht. Vor, zwischen und hinter diesen Augenblicken unseres Kommens und Gehens breitet sich das selbstgewebte Netz unserer Sorgen, Ängste und Befürchtungen. An Furcht gewöhnt, von Kindheit auf, in Elternhaus und Schule zur Furcht erzogen, jagt der allesfürchtende Mensch seine Ängste selbst in das Reich seiner *Träume* hinab:

Er sieht sich verfolgt: grausame Feinde jagen mordgierig und eilenden Fußes hinter ihm drein, während er selbst in einem Sumpfe watet ... bis zu den Hüften im Schlamm, kommt er nur langsam voran ... Bald haben ihn die Feinde erreicht ...

... Oder er erblickt sich am Fuße eines hohen Hauses oder eines Berges, dessen steile Wand sich ihm schreckenerregend zuneigt und auf ihn niederstürzen will. In quälendem Entsetzen versucht er davonzueilen, aber alle Kràft ist aus seinen Gliedern gewichen; von der Angst gelähmt, vermag er nur zu kriechen ... Während die Mauer prasselnd niederkracht, entringt sich ihm ein erlösender Schrei, ... er wacht auf, schweißbedeckt, froh, daß alles ein Traum war, ... um in der nächsten Nacht andere Gespenster auf seine Spur zu setzen.

Doch wozu die tausend Masken der Furcht hier malen. Wir wollen nicht Negationen züchten, sondern die Furcht vernichten. Haben wir, wie der Zahnarzt, die kranke Stelle gefunden, dann sind wir der Heilung nicht mehr fern, sondern erkennen, daß es wahr ist, wenn Schiller sagt, man könne den „Menschen zum halben Gott bilden, wenn man ihm durch Erziehung alle Furcht nehmen könnte; denn nichts kann den Menschen sonst unglücklich machen, als bloß und allein die Furcht."

Ob uns eine Angst ohne Namen peinigt oder Furcht vor bestimmten Dingen, vor Krankheiten, vor anderen Menschen, vor Unglück, – immer nimmt uns diese Furcht nicht nur gerade die Kraft, die wir brauchen, um das Übel zu überwinden, sondern sie zieht das Gefürchtete förmlich herbei und überzieht uns damit, wie die Spinne die gefangene Raupe mit einem unzerreißbaren Netz umspinnt.

Wo Furcht aufquillt, überschwemmen Minderwertigkeitsgefühle, Selbstbestrafungsideen, Zwangsvorstellungen, Platzangst, Verzweiflung, Neid und Menschenhaß das Reich unserer Seele, und

Hemmungen, Herzbeklemmungen, Errötenssucht, Impotenz und andere Schwächen machen sich im Körper breit. Ist aber die Ursache behoben – die Furcht –, schwinden die Folgen von selbst.

Da ist die Furcht von dem *Krankwerden:* Indem wir uns ängstigen, wir könnten ‚uns etwas holen' – eine Erkältung, eine Lungenentzündung, ein Magenleiden, einen Rheumatismus –, sind wir bereits auf dem Wege, es zu holen. Das Angstfieber legt den Grund für die Krankheit. Die Bazillen kommen dann von selbst.

Angst ist, seiner Wurzel nach, Selbst-Entfremdung und Gott-Ferne. Indem wir uns vertrauensvoll nach innen wenden und die Kraft in uns bejahen, entfernen wir uns von der Angst und damit zugleich von der Not. Wir können auch sagen: Angst ist eine Folge der Verengung unseres geistigen Sehkreises. Je verängsteter und verengter unser Denken, desto geringer wird der Zustrom innerer Kraft. Wir müssen unser Denken weiten, desgleichen unser Herz, müssen Raum schaffen für den Einstrom der Kraft. Im gleichen Maße stirbt die Angst. –

Da ist ferner die Angst vor dem Altwerden: Es gibt keinen schädlicheren Wahn als den, daß man mit 50 oder 60 Jahren zum ‚alten Eisen' gehöre, zu jenen, die auf ein totes Geleis abgeschoben werden, um Jüngeren Platz zu machen. Nur die Angst macht lahm und unfruchtbar und legt den Grund für ein einsames, freudeleeres Alter, nichts sonst!

Erniedrigen Sie sich nicht selbst! Lassen Sie sich nicht von andern bedauern. Blicken Sie mit Stolz auf Ihr Alter als auf den Bürgen Ihrer größeren Erfahrung! Zeigen Sie, daß Sie nicht ‚noch' da sind, sondern immer da und auf dem Damm sind. Alt ist nur, wer sich alt fühlt, wer wähnt, daß er, was er ‚einmal gekonnt' hat, nicht mehr könne. Denken Sie richtig, bejahen Sie Ihre ungebrochene Kraft; dann wagt sie sich wieder hervor; Sie erleben eine zweite Jugend und ringen durch ihre Leistungen den Jüngeren Achtung, ja Ehrfurcht ab.

Lesen Sie keine Bücher über das Alter und seine Krankheiten, über Mittel gegen das Altwerden. Jagen Sie das Wort ‚alt' aus Ihrem Bewußtsein hinaus. Erfüllen Sie sich mit dem Geist ewiger Jugend! Lösen Sie sich von dem Irrtum, als ob die innere Kraft von einem bestimmten Jahre ab geringer werde und schließlich versiege. Die Kraft in Ihnen ist unerschöpflich und strömt bei rechter Geisteshaltung immerfort durch Sie und läßt Sie immer Größeres schaffen. Solange Ihr Körper lebt und nicht durch schwerste Krankheiten behindert ist, ist er fähig, der inneren Kraft als Werkzeug zu dienen.*)

*

Aber die *Sorgen!* Wer kann sich ihnen entziehen?

Nun, viele Sorgen lösen sich in Nebel auf, wenn wir nur den besonnenen Blick auf sie richten. Die Sonne der Wahrheitserkenntnis durchdringt und zerstreut sie.

Bei anderen Sorgen erkennen wir bald, daß sie in falschem Denken wurzeln. Sie sterben in dem Augenblick, wo wir richtig denken. Wieder andere erkennen wir als Ausgeburten unseres Unmuts oder verdrängter Schuldgefühle. Wir überwinden ihre Ursache, das schlechte Gewissen, durch die Gesinnung der Liebe. Indem wir einen Fehler wiedergutmachen, wenden wir unsere Not zum Guten. Es gibt nur eine Schuld: von nun ab nicht das Bessere wollen und tun!

Abermals andere Sorgen erkennen wir als Kinder unserer Unentschlossenheit. Ihnen begegnen wir mit kühnem Entschluß, dem wir sofort die Tat folgen lassen. Denn sich sorgen heißt stille stehen und rückwärts schauen; *handeln* aber zwingt uns zur Vorausschau und zum Vorwärtsschreiten. Die Tat ist oft der beste Sorgentöter. „Eitles Klagen und Wimmern wird Dir die Not nur verschlimmern. Lege nur gleich die Hände an, so hast Du das schlimmste schon abgetan", sagt der Dichter.

Wieder andere Sorgen sind Produkte des zwiespältigen Zweifels. Hier gilt: Wo der Zweifel einsetzt, setzt der Erfolgsstrom aus! Auch hier ist die *Tat* der beste Löser. Lieber etwas falsch machen, als gar nichts tun. Denn was man falsch macht, kann man wieder gut und das nächste Mal besser machen. Nichts tun aber heißt versumpfen und zugrundegehen.

Die meisten Sorgen aber entquellen der Ichsucht. Je weniger wir uns diese Ichsucht eingestehen, desto tiefer reichen oft ihre Wurzeln.

---

*) Wie man in den höheren Lebensjahren schlummernde Kräfte aktiviert und sich bewußt in die *zweite Leistungswelle* einschaltet, ist ausführlich in dem Lebensbuch *„Schönheit des Alters"* (267 Seiten, Baum-Verlag) dargelegt.

Ichsucht will das Leben bereichern; aber sie macht es falsch und wird immer ärmer.

Gleiches gilt von jenen Sorgen, die dem Neid entspringen. Neid bewirkt das Gegenteil dessen, was der Neider möchte. Denn der Neider denkt dem Beneideten das Glück zu, das er selber haben möchte, und mehrt dadurch das Glück des Beneideten, um so mehr, je stärker die Neidgefühle sind.

*

Durch Fürchten und Sorgen wird nichts gebessert, sondern alles verbösert. Unsere Furcht belastet nicht nur unseren Leib, beklemmt das Herz, läßt die Muskeln erschlaffen, hemmt die Drüsenfunktionen, greift die Nerven an, sie lastet auch auf der Seele und liegt wie eine Gewitterwolke, die sich nie entlädt, verdüsternd über unserem Leben.

Mehr noch: jede Furcht verändert unsere seelische Grundschwingung und die Anziehungskraft unseres Gedankenkraftfeldes: wir ziehen nicht mehr den Erfolg an, sondern Dinge, die den störenden Furchtgedanken entsprechen. Mit aller Deutlichkeit müssen wir uns die Wahrheit klar machen: *Wir ziehen das herbei, was wir fürchten!* Denn Furcht ist gefühlsbetontes negatives Denken von starker Anziehungskraft, Konzentration auf das, was wir fürchten, die das Gefürchtete zur Entfaltung bringt.

Wir wollen nicht krank werden, fürchten aber, es zu werden – und werden es. Wir wollen nichts mit jenem Menschen zu tun haben, fürchten aber sein Kommen und seine negativen Gedankenschwingungen – und geben ihm dadurch Macht über uns!

„Wohin gehst Du, Übel? Wo es *mehr* Übel gibt", sagt ein portugiesisches Sprichwort. Unsere Furcht zieht nicht nur das Gefürchtete herbei, sondern verbindet uns gleichschwingenden Wesen, Dingen und gleichgerichteten Umständen. So kommt es, daß „ein Unglück selten allein kommt", sondern oft serienweise in unser Leben tritt.

Ob wir etwas fürchten oder erwarten, glauben, wollen oder wünschen – es ist stets die gleiche Verwirklichungskraft, die wir durch unser gefühlsbetontes Denken in Tätigkeit setzen. Wenn es uns schlecht geht, haben wir das Schlechtergehen vorher irgendwie bejaht oder gefürchtet. Der Schwarzseher kann nicht erwarten, daß sein Leben rosig wird – es wird schwarz.

Aber auch das Leben anderer verdüstert der Schwarzseher. Am deutlichsten sehen wir das oft bei Kindern, die für Fremdgedanken besonders empfänglich sind:

„Paß doch auf, Lieschen, du läßt ja die Schüssel fallen", nörgelt die Mutter. Im Anschluß daran macht die Schüssel sich selbständig, entgleitet Lieschens ängstlich verkrampften Händchen und geht in Scherben. Hätte die Mutter nichts gesagt oder Lieschens Sicherheit durch ein freundliches Wort ermuntert, wäre das Unglück nicht geschehen.

Wenn ich einen Hund fürchte, beißt er mich. Es ist eine Erfahrung, daß die, die beständig fürchten, von anderen betrogen zu werden, es werden. Was man erwartet, zieht man an. Jedem geschieht nach seinem Glauben. Wer Armut fürchtet, zieht sie herbei. Wer fürchtet, bei einer Prüfung durchzufallen, fällt leichter durch. Wer sich vor dem Teufel fürchtet, begibt sich in seine Macht! Ein Übel fürchten heißt bewirken, daß das Übel über uns kommt. Je mehr Negatives wir in den Dingen und Umständen erblicken, desto mehr Widerstände und Leiden rufen wir aus ihnen hervor.

Je mehr wir fürchten, desto mehr Grund zur Furcht erhalten wir. Je mehr wir wagen, desto mehr gelingt uns. Der Kraftaufwand ist in beiden Fällen der gleiche.

Was wir anstreben müssen, ist das sorglose Vertrauen des Kindes zu den guten Mächten des Lebens. Wenn wir an das Leben glauben, unser Schicksal bejahen, auf unsere Kraft bauen, quillt neue Kraft von innen heraus und erfüllt uns mit neuem Selbst-Vertrauen. Wir sind dann wieder wir selbst. Und die Selbst-Sucht frißt nicht mehr an unserem Herzen.

Ein Selbstsüchtiger ist einer, der sich selbst sucht, aber infolge seiner Blindheit nicht findet. Erst wenn er selbstlos wird, findet er sich selbst. Haben wir gelernt, von uns selbst abzusehen, dann finden wir zu uns zurück und werden wir selbst. Und zugleich stirbt die Angst. Denn je weiter ein Mensch von sich selbst, seinem Selbst oder ‚Ich-Bin' entfernt ist, desto unstillbarer ist seine Lebensangst; je näher er sich selber ist, desto sicherer fühlt er sich unter dem Schutze des Höchsten, den er in sich weiß.

Das *beste Mittel gegen die Furcht* ist demnach das rechte Denken; denn es führt uns zu uns selbst zurück.

Darüber hinaus seien noch einige Hilfen gegeben:

Vermeiden Sie von heut ab jedes negative Wort! Klagen Sie nicht mehr andern eine Not. Malen Sie Ihre Lage nicht mehr grau in grau, sondern, soweit Sie darüber sprechen, in leuchtenden Farben. In dem Augenblick, wo Sie das Gute bejahen, beginnt dessen Verwirklichung.

Lernen Sie, sich bewußt zu freuen und Ihre Seele hochzustimmen! Mit der Hochstimmung unserer Seele wächst unsere Erfolgskraft. Nicht nur gegen Sorgen und Hemmungen, auch gegen Krankheiten und Hindernisse ist der Hochgestimmte weitgehend gefeit.

Lernen Sie, *sich frei zu atmen!* Tief und rhythmisch atmen heißt der Angst die Wurzel abgraben. Angst geht immer mit engem, schwachem, kurzem, stoßweisem Atem einher. Wie die Angst einem ‚den Atem verschlägt', so kann andererseits bewußtes Atmen die Angst erschlagen.

Eine einfache Übung ist folgende: Tief einatmen; Gedanken auf Mut, Kraft und Hilfe von oben konzentrieren. Dann Atem anhalten, Hände ballen, Konzentration auf die alle Zellen durchpulsende Innenkraft. Darauf langsam summend ausatmen, bis der ganze Körper zu vibrieren scheint. Übung mehrmals wiederholen, bis man sich angstfrei fühlt.

Ein weiteres bewährtes Umschaltmittel: Lang hinlegen oder hinsetzen. Arme an den Körper legen bzw. Hände auf dem Schoß falten. Augen schließen. Körper und Gedanken entspannen. Nun auf den Atem konzentrieren: zuerst durch den Mund tief ausatmen; dann ganz langsam durch die Nase einatmen. Atem zurückhalten. Kurz vor dem Ausatmen die Luft in den Lungen nach oben drücken, dort einen Augenblick festhalten, dabei die Hände ballen, alle Muskeln anspannen und denken und fühlen: „*Ich bin gesammelte Kraft!*" Darauf Muskeln entspannen bei gleichzeitigem langsamen Ausatmen. Übung mehrmals wiederholen, bis man sich stark und ruhig fühlt.

Zu achten ist darauf, daß das Atemanhalten zwanglos geschieht, ohne Anstrengung.

Ein weiteres Mittel ist die *Stille:* sowie wir in der Stille unseren

Furchtgefühlen zuleibe rücken, erkennen wir, daß die Dinge, die die Furcht uns sehen ließ, selbstgeschaffene Gespenster sind, deren Wesenlosigkeit und Ungefährlichkeit in der Stille offenbar wird.

Wir können jede Furcht in der Stille bis auf die Wurzeln auflösen, können erkennen: hier ist keine Gefahr – dies Hindernis wird leicht bewältigt, seine Größe ist eine scheinbare – dieser Mensch ist nicht zu fürchten, hinter seinen drohenden Gebärden lauert die Schwäche, sein Geschrei ist Maske seiner Feigheit – nur mein falsches Denken ließ mich Gefahren sehen, wo keine sind.

Alle Macht, die Dinge, Wesen und Umstände über uns zu haben scheinen, ist ihnen von uns selbst verliehen. Wir selbst können sie ihnen wieder nehmen – durch rechtes Denken und Tun.

*

Es geschieht zuweilen, daß Dinge, in denen wir unser Glück sahen, von uns genommen werden. Wenn wir nun, statt uns zu grämen und um den Verlust zu sorgen, unbeirrt der Hilfe von innen gewiß sind, der Kraft in uns vertrauen, dann erleben wir, daß an die Stelle des Verlorenen bald etwas Größeres tritt.

Kein Platz in der Natur bleibt leer – es sei denn im Augenblick eines Wechsels. An uns liegt es, durch rechtes Gottvertrauen zu erwirken, daß jeder Wechsel eine Wende zu abermals Besserem wird.

Statt uns dem Zustrom der Kraft von innen durch Bitterkeit und Sorge zu verschließen, wollen wir uns besinnen, daß alles gut ist und alle Dinge zusammenwirken, um immer größere Fülle in unserem Leben zu offenbaren, wenn wir auf die göttliche Hilfe vertrauen. Tun wir das, dann erkennen wir als Reichtum alles, was Gott uns reicht.

Der Lebensschüler erkennt, daß es in Wahrheit nichts gibt, was er zu fürchten hätte, was ihn ernstlich hemmen könnte. „Nur wer verzagend das Steuer losläßt, ist im Sturm verloren“, sagt Geibel. Wer aber seiner inneren Kraft vertraut, der errichtet im wildesten Sturm des Lebens in seinem Innern eine Insel des Friedens, die keine Not, kein Zweifel und keine Furcht berührt.

Auf diese Insel des Friedens ziehen wir uns zurück, indem wir uns besinnen:

„Der Geist des Lebens, der in mir wohnt, ist stärker als alle feindlichen Mächte außer mir. In allem, was geschieht, kündet sich mir sein gütiger Wille. Was immer das Leben mir bringt, dient meinem Heil und meiner Vollendung. So bin ich stärker als jede Not. Denn alle Übel sind Schein und vergehen; ich aber bin!"

14. WOCHE:

WACHSEN AM WIDERSTAND

„Der Widerstand allein kann die Kraft sichtbar machen."

Schiller

Unsere seelische Spannkraft und Widerstandsfähigkeit hat durch die bisherige Schulung eine spürbare Steigerung erfahren, so daß wir darangehen können, sie mehr und mehr im Kampf gegen Widerstände zu erproben und dadurch ihr weiteres Wachstum zu fördern.

Beim Kampf gegen Furcht und Sorge sind uns bereits die ersten Widerstände entgegengetreten; in den kommenden Wochen werden wir weitere Erfolgswiderstände zu brechen lernen.

Einem Widerstand kann man mit ganz verschiedener Einstellung gegenübertreten – und je nachdem wird der Erfolg sein: Der eine weicht dem Widerstand aus, der andere gibt ihm nach, ein dritter bäumt sich gegen ihn auf und zerbricht an ihm, der vierte überwindet ihn, aber erschöpft sich an ihm, der fünfte meistert ihn und wächst an ihm und über ihn hinaus.

Am Widerstand und um die Kraft des Widerstands zu wachsen, ist das Ziel des Lebensschülers, das er von jetzt ab ins Auge fassen muß. Schon das Wort ‚Widerstand' zeigt den Weg an:

Jeder *Wider-Stand* hat etwas zur Voraussetzung, das *steht* – und das sind wir. Wir stehen, stellen uns, stemmen uns gegen den Strom der Dinge – und der Widerstand ist da. Wir können es aber auch dem Ringkämpfer gleich tun, gegen den der Gegner andrängt: er weicht plötzlich aus, so daß der Gegner hinpurzelt und überwunden werden kann. Wie machen wir das? Durch Änderung unserer Einstellung zum Widerstand.

Ein anderer Weg ist der, daß wir den Widerstand als Irrtum erkennen und nicht ihn ins Auge fassen, sondern das hinter ihm lockende *Ziel.* Aus solcher Gesinnung wächst jenes ‚Dennoch!', das immer zum Ziel führt.

Wir können noch einen weiteren Weg einschlagen und den Widerstand als Kraft-Wecker, -Bewährer und -Mehrer werten und auswerten. Die Widerstände sind dazu da, daß wir an ihnen unsere Kraft stählen, erproben und erhöhen. So wertet sie der Weise – und wächst an ihnen.

Die meisten großen Männer und Frauen sind aus armen Verhältnissen hervorgegangen. Schon in ihrer Kindheit trat ihnen der Widerstand entgegen, aber er weckte nur ihre Gegen-Kraft, spannte ihren Willen und ließ sie im ständigen Kampf erkennen: *Immer ist der Mensch größer als der Widerstand,* er darf sich nur nicht von den Hindernissen schrecken lassen. Mancher erlebte erst eine Reihe Rückschläge, um dann zu einem großen Lebenserfolg aufzusteigen, wenn er sich durch die Fehlschläge nicht sein Ziel verrücken und seinen Erfolgglauben schmälern ließ.

Der Entschlossenere ist immer der Stärkere. Entschlossenheit, sagt Smiles, gibt „die Kraft, fest zu stehen, wo die geringste Nachgiebigkeit der erste Schritt zum Ruin sein mag". Wer sich durch Blamagen und Rückschläge nicht beirren läßt, sondern unbeirrt seinem als recht erkannten Wege folgt und Mut und Geduld nicht verliert, nicht zurücksieht, sondern vorwärts, der wächst um die Kraft eben der Gewalten, die seine Zähigkeit überwindet.

Alle Organismen sind von Natur darauf angelegt, an Widerständen zu wachsen. *Dieses Wachsen am Widerstand ist ein biologisches Prinzip.* So wie erst der Schlag den Funken aus dem Feuerstein lockt, so bringen Widerstände die innere Kraft der Organismen zur Entfaltung und Betätigung. Je größer die Widrigkeiten, desto vollkommener die Kraftentfaltung, desto mächtiger werden die Leistungen des Geistes. So begann die menschliche Kultur und der Aufstieg des Menschengeistes im rauhen Norden: im titanischen Ringen mit dem Widerstand. Besitzt man, wie Lienhard sagt, „erst einmal die beste Kraft aller Kräfte: Dank auszuteilen sogar den Widerständen, die uns ja nur erzogen haben, so ist das Spiel gewonnen. Was von nun an unser Innenleben trüben will, ist machtlos.

Wir sind nun wie Äolsharfen: der Wind der Welt kommt heran und wird Melodie, sobald er unsere Saiten berührt."

DIE GESINNUNG DES „NUN ERST RECHT!"

Ein geistig ungeschulter Mensch wird durch einen starken Widerstand zum Verzicht getrieben. Die Trauben sind ‚zu sauer', vielleicht gibt es anderswo schönere . . .

Der rechte Lebensschüler dagegen prüft den Widerstand auf seine Kraft. Statt schwermütig und schwerblütig kommenden Übeln entgegenzustarren, gewöhnt er sich, sie schon im Keim durch unerschrockenes Handeln zu vernichten. Für ihn ist Trägheit Feigheit.

Wer den Widerstand flieht, wird von ihm eingeholt und erdrückt. Wer ihm siegentschlossen entgegentritt, bringt ihn zum Weichen. Entschlossenheit heißt keineswegs Unbesonnenheit. Auch dem kühnen Entschluß und der mutigen Tat soll rechte Zielsetzung vorangehen.

Der seelisch Weiche und Zarte muß noch ein weiteres tun, um den Widerständen gewachsen zu bleiben: er wird, wie Feuchtersleben sagt, „jene materielle Härte ausbilden, die in dem Kampf mit den irdischen Mächten nun einmal unerläßlich ist".

Eine gute Grundlage für die Stählung der Widerstandskraft bildet die Übung des Leibes durch Gymnastik und Sport. Sportliche Betätigung fördert die Gesinnung des ‚Nun erst recht!, erhöht mit der körperlichen zugleich auch die seelisch-geistige Spannkraft und Zähigkeit. Wer sich in dieser Weise schult, wird, wenn ihm einmal etwas ‚gegen den Strich' geht, die Ursachen des Widerstands herausfinden und abzustellen suchen.

Auch durch fremde Bedenklichkeiten und Verdrießlichkeiten läßt er sich den frischen Wagemut nicht lähmen. Und Neider, Schmäher und Verleumder sind ihm, recht gesehen, nur Zeugen seines Vorwärtsschreitens, Begleiter seines Ruhms. Während sie ihre Kraft darauf verwenden, ihn herabzusetzen, konzentriert er sich darauf, immer Besseres und Größeres zu leisten. So nutzt er die Zeit, die die andern vergeuden, bis am Ende seine Leistung aller Welt sichtbar wird, während die Neider, als Nichtskönner entlarvt, mit leeren Händen dastehen.

Der Lebensschüler, der sich seiner inneren Kraft lebendig bewußt ist, betrachtet das Ringen mit dem Widerstand als einen Wettkampf, bei dem sich zeigen soll, wer stärker ist: er oder der Widerstand.

Je heißer der Kampf, desto höher der Preis. Wenig wert ist, was einem leicht in den Schoß fällt. Alles Große will erkämpft sein. Auch den stärksten Widerstand bricht, wer sich ganz auf sich selbst stellt und sich dem Stahl verwandt fühlt: biegsam, aber nicht zu brechen; wer, wenn der Schlag des Unglücks ihn trifft, die Funken des göttlichen Geistes aus sich sprühen läßt und den Willen zur Selbsthilfe in sich entfesselt, die siegentschlossene Gesinnung des ‚Nun erst recht!'

Manches Werk, dessen Größe wir bewundern, ist erst durch den Widerstand, durch die Not aus dem Nichts ins Dasein gerufen worden, ist sichtbare Verkörperung eines ‚Nun-erst-recht-Gedankens', der Sieg eines ‚Dennoch' über ein ‚Unmöglich'.

Was lernen wir daraus für unsere Lebenspraxis? Dieses: daß immer der Entschlossenere und Beharrlichere siegt. Daß wir keinen Augenblick mit dem Gegendruck nachlassen dürfen, es sei denn, es gelingt, dadurch den Widerstand zu Fall zu bringen.

Das Wort „Ich kann nicht" wollen wir aus unserem Bewußtsein verbannen. Denn dieser Falschgedanke nimmt uns ja die Kraft, etwas zu können und es zu tun. Das meiste Elend in der Welt rührt von diesem „Ich kann nicht" her. Sagen wir: *„Ich kann!"* Aus der lebendigen Bejahung unseres Könnens erfließt das Vermögen und die Kraft dazu.

Für den Lebensschüler gibt es kein: „Dazu bin ich nicht mehr stark genug", „das bringe ich nicht fertig". Seine Antwort kann nur heißen: „Ich will und ich kann!" Er wehrt nicht müde die Aufgabe ab, sondern greift sie mutig an und erlebt dann, was noch jeder erlebte, der einfach mit einer Arbeit anfing: *daß die Kraft mit der Leistung wächst* und das Bewußtsein der Kraft mit jedem Schritte vorwärts zunimmt.

Es ist nicht einmal immer eine Frage des größeren Mutes, sondern oft nur der größeren Ausdauer und Zähigkeit, wer zum Schluß oben bleibt. Scheint also ein Widerstand noch so stark, kämpft ein Gegner noch so erbittert, wir harren aus und holen uns Kraft aus dem Erfolgsgedanken: Das Wasser ist stärker als der Fels, Ausdauer stärker als die Wildheit des Elefanten. Gleiches meint der Rat der Frithjof-Sage: „Nicht hart sei, nein, sei nur fest; das beste Schwert am leichtesten sich biegen läßt."

Wir lassen uns von den Stürmen des Lebens, die über uns dahinbrausen, beugen, aber nicht brechen. Wenn sie ausgerast haben, nehmen wir den Kampf von neuem auf und wachsen abermals höher. Unser Entschluß bleibt der gleiche:

„Ich folge meinem Weg durch Dick und Dünn; denn was ich will, ist gut und heilsam. Also werde ich's erringen!"

„Wer fest will, fest und unverrückt dasselbe, der sprengt vom festen Himmel das Gewölbe", sagt Arndt. „Großes", sagt Hamerling, „wächst erst dann, wenn es verneint wird. Dann faßt sich's selbst in seiner ganzen Kraft und bäumt sich auf in seiner ganzen Größe." So wollen wir uns von jeder Not antreiben lassen, uns über den Widerstand der stumpfen Welt hinaus zum Himmel aufzuschwingen.

Immer wieder wird uns dann die gleiche befreiende Gewißheit: „Allen Gewalten zum Trutz sich erhalten, nimmer sich beugen, kräftig sich zeigen, rufet die Arme der Götter herbei!"

ÜBERWINDUNG VON HINDERNISSEN

Rückschläge und Mißerfolge muß in Kauf nehmen, wer vorwärts stürmt. Es kommt nur darauf an, was er aus den Hindernissen macht: ob er sich durch sie aufhalten läßt oder ob er sie als Sprungbrett zu neuen Erfolgen benutzt.

Mißerfolge sind Gelegenheiten, von neuem und klüger anzufangen. Dazu ist nötig, daß wir zu allem, was uns hindert, die rechte Einstellung gewinnen. Denke nicht, sagt die LS mit Marc Aurel, „wenn Dir etwas schwer fällt, daß es für den Menschen unmöglich sei. Vielmehr, wenn etwas für den Menschen überhaupt möglich und angemessen ist, so sei gewiß, daß es auch für Dich erreichbar ist! Laß ab davon, über die notwendigen Eigenschaften eines tüchtigen Mannes zu reden. *Sei* ein solcher!"

Immer wieder gilt es, den Kampf gegen die Gespenster des ‚Es ist nicht möglich' aufzunehmen und fortzusetzen. Wenn wir auf unsere Kraft vertrauen und ausharren, wirkt unser ‚Ich kann!' wie das Zauberwort ‚Sesam, öffne Dich!' auf die verschlossenen Tore zu den Schatzkammern des Glücks.

Oft ist der Gedanke *‚Unmöglich'* nur Tarnung unseres *Nicht-Mögens*. In anderen Fällen ist das ‚Unmögliche' nur ein noch nicht Versuchtes oder bislang nicht mit rechten Mitteln Unternommenes. Wer es zuerst recht versucht, erringt den großen Erfolg. Der Lebensschüler weißt und bejaht:

„Bei Gott in mir ist kein Ding unmöglich! Alles ist möglich dem, der glaubt, der der Kraft in ihm vertraut! Ich werde das Mögliche tun und das Unmögliche versuchen – und meistern."

Widerstände werden immer kommen; auch der vollkommenste Mensch wird davon nicht frei, solange er auf dieser Erde wandelt. Leben heißt Widerstände überwinden. Das aber gelingt am sichersten im siegvertrauenden Vorwärtsschreiten, nicht im grübelnden Stillestehen. „Im Leben wie im Märchen" – sagt Wilhelm Raabe – „darf man sich nicht umsehen, wenn man sicher durch alle Fährnisse des Weges gelangen will. Sieh geradeaus oder nach oben, und die Schemen weichen; blicke zurück, und Du wirst zu Stein."

Ein Hindernis ernst nehmen heißt seine Macht steigern und uns schwächen. Der Lebensschüler gleicht dem geschulten Radfahrer, der sich nicht auf die Steine, sondern auf den guten Weg konzentriert und dadurch die Hindernisse am sichersten hinter sich bringt.

Das meint auch die Regel, die Christus uns gab: *„Widerstehe dem Übel nicht!"*, kämpfe nicht gegen Schatten, konzentriere Dein Denken nicht auf ein Übel, es dadurch vergrößernd, sondern auf das hinter ihm leuchtende Ziel oder auf das entgegengesetzte Gute und Lichte. Dadurch nährst Du das Gute und minderst im gleichen Maße die Macht des Negativen. Wo das Licht aufgeht, schwinden die Schatten von selbst.

Wer im Laufe fällt, wird sich nicht lange mit der Erde und dem Hindernis, über das er stürzte, befassen, sondern aufspringen, das Ziel erneut ins Auge fassen und mit wacheren Sinnen weiterlaufen, um den gleichen Fehler in Zukunft zu meiden.

Und er wird sich auch nicht verstimmen und dadurch die

Schwungkraft seiner Seele und die Spannkraft seiner Muskeln lähmen lassen. Er wird zu lächeln suchen – eingedenk der alten Wahrheit: worüber wir lächeln können, darüber kommen wir leichter hinweg.

Wie groß ein Hindernis auch sein mag: Der Lebensschüler wird nie ihm die Schuld an einem Mißerfolg geben. Es macht schwach, als Ursache anzusehen, was nur Anlaß war. Das Hindernis ist immer nur Anlasser und Auslöser; die Ursachen liegen in uns selbst.

Und er wird auch nicht dem Wahn verfallen, daß ‚die Hindernisse wachsen, je höher man steigt'. Sie scheinen nur größer zu werden. In Wirklichkeit wächst ja seine Kraft mit jedem Schritt nach oben; während die Schwerkraft, die ihn abwärtszieht, geringer wird, so daß in Wahrheit seine Macht zunimmt, während die der Hindernisse schwindet.

So müssen wir die Übel kleiner denken, um sie kleiner zu machen.

Im übrigen: Ohne die *Mühen* des Lebens wären die *Freuden* nicht. Wie könnten wir uns des Lichtes bewußt werden, wenn die Schatten nicht wären. Es gilt nur, den Blick nicht von den Schatten fesseln zu lassen, sondern sie *als Wegweiser zum Licht* zu werten und uns sonnenwärts zu wenden.

*

Je lebendiger das Bewußtsein der Innen-Kraft, desto ohnmächtiger werden die äußeren Hindernisse. Aus dieser Kraftbewußtheit heraus gilt es zu handeln, auch das Schwerste als leicht überwindbar anzusehen und ihm so den Geist der Schwere zu nehmen.

„In der praktischen Schule des Lebens wirkt die Tat stets mächtiger als das Wort", sagt Smiles, und weise handeln ist besser als gedankenlos wirken. Unser Tun muß zugleich vom Verstand geleitet und vom Mut getragen sein – nach der Seelenschmiede-Regel:

„Verstand ohne Mut – zum Schmieden fehlt die Glut.
Mut ohne Verstand – zum Schmieden fehlt die Hand."

Wer so denkt und vorgeht, der wird
nicht bei jeder Gelegenheit eine Schwierigkeit sehen,
sondern in jeder Schwierigkeit eine Gelegenheit erblicken,
seine Kraft zu bewähren und wieder einen Schritt voranzukommen.

Ein gleich gutes Mittel, Hindernisse von unserem Wege zu entfernen, ist, sie anderen aus dem Wege zu räumen. Im gleichen Maße, wie wir anderen helfen, schwinden auch unsere eigenen Nöte.

Darüber hinaus sei die Tatsache, daß jedes Hindernis anzeigt, daß unser Weg steiler nach oben führt, uns Ansporn, im Aufstieg nicht zu erlahmen und Nietzsches Mahnung zu folgen: „Wie kommt man am besten den Berg hinan? Steig' nur hinauf und denk' nicht dran!“

Ausdauer, Standhaftigkeit, Beharrlichkeit – diese Dreieinheit ist es, die uns über jedes Hindernis hinwegträgt und uns nach jedem Sieg von neuem mit der Gewißheit des selbstvertrauenden Erfolgsmenschen erfüllt: Hindernisse sind dazu da, überwunden zu werden!

Das ist die Mission der Widerstände: unsere Schöpferkraft zu wecken, immer neue Fähigkeiten unserer Seele hervorzulocken und den unendlichen Reichtum unseres Innern zu immer vollendeterer Entfaltung zu bringen, den Gott in uns zu wecken und zu offenbaren.

Jedes Hindernis ist eine Treppen-Stufe – nicht zum Stolpern, sondern zum Aufstieg. Je mehr Stufen, desto höher geht's hinauf, desto herrlicher ist der Sieg. So ist jedes Hindernis ein Vor-Zeichen kommender Gewährungen.

Wo immer das Schicksal uns *fordert, fördert* es uns.

WAS DICH NICHT UMBRINGT, MACHT DICH STÄRKER!

Wer den Sinn der Hindernisse erkannt hat, wird sich an immer größere Widerstände wagen. Je weniger er die Gefahr scheut, desto eher wird er jene Erfahrung machen, die *Emerson* und *Nietzsche* in die Formel kleideten: „Was mich nicht umbringt, macht mich stärker!“

Gedenken Sie all der Schwierigkeiten, die auf Ihrem bisherigen Lebensweg hinter Ihnen liegen. Bei wie vielen haben Sie vorher gedacht: „Das überstehe ich nicht“, „Mein Gott, das ist zuviel für mich", „Das halte ich nicht aus", „Das überlebe ich nicht" – und haben es doch überstanden.

Aber Sie haben gewiß bislang nicht den Gewinn daraus gezogen, den Sie jetzt als Lebensschüler daraus ziehen: Nun mich diese Widerstände nicht umgebracht haben, nun die Hindernisse hinter mir, die Übel unter mir liegen, *bin ich um ihre Kraft gewachsen!*

Sie sind sich dieses Kraftzuwachses bisher kaum lebendig bewußt geworden. Jetzt gilt es, sich auf den Gewinn zu besinnen und die gewonnene Kraft nicht verkümmern zu lassen, sondern sie zu betätigen und zu mehren, indem Sie, Ihrer Macht bewußt, dem Druck der Widerstände von nun ab nicht mehr nachgeben, sondern ihnen größeren Druck entgegensetzen, eingedenk des Wortes: „Gemeine Seelen schlägt das Unglück nieder, bess'ren gibts neuen, höheren Schwung!!" Es weckt neue Teile ihrer schlummernden Innenkraft. Jeder Irrtum wird so zum Weiser zu Besserem, und jedes Leid ein Leiter zu höherer Vollendung.

Nach dem Sturm ist der Baum, den der Sturm nicht brach, widerstandsfähiger als vorher: er hat einen Teil der Kraft des Sturmes geraubt.

Nach der Krankheit fühlt der Zielgerichtete, daß neue Kräfte in ihm gewachsen sind, daß er Größeres wagen kann denn vorher.

Gleichermaßen der Wille dessen, der mit Mut ein Unglück aufnimmt: „Gegen das Schicksal selbst erscheint er wie ein Sieger", sagt Herder; „ich bin – so spricht er überlegen – größer, als Du bist!"

Wieviele Rückschläge erlebt der Erfinder, bevor seine Idee Wirklichkeit wird. Wieviele Irrtümer und Fehler begeht er, bis sein Werk vollendet ist. Was ihn siegen läßt, ist sein zäher Wille und die Gewohnheit, durch alle Fehler und Irrtümer hindurch zur Wahrheit und Vollkommenheit hinanzudringen. Er folgt der Regel: *„So viel wir aus einem Fehler lernen, so weit wachsen wir über ihn hinaus!"*

Oft war ein Fehler in den Berechnungen oder ein Mißgriff in den Materialien sogar der Ausgangspunkt neuer größerer Erkenntnis. Wer die Geschichte der Erfindungen und Entdeckungen kennt, weiß manches Beispiel hierfür zu nennen.

Dem Weisen wird jeder Irrtum ein Lehrer – oft ein besserer als der Erfolg –, eine Stufe, über die hinweg er zur Wahrheit, zum

Sieg hinaufsteigt. So wächst er am Widerstand, um die Kraft des Widerstands und über den Widerstand hinaus und erkennt, daß das, was ihn nicht tötete, ein Heil war und ein Segen.

Diese Gesinnung des Wachsens ist es, die uns reif macht für das Leben, das immer höher führt. Es ist jener Wille zum Mehr-Sein, der uns an allem wachsen läßt – wie die Zeder in dem Gedicht v. Winterfeld's:

„Ich wachs' an jedem, das mir ward: kein Reif zu zäh, kein
  Frost zu hart.
Ich wachs' am Dunkel, daraus ich stieg; ich wachs' am Licht,
  darin ich mich wieg';
Ich wachs' am Wurm, der an mir nagt; ich wachs' am Sturm,
  der durch mich jagt.
Verwandelnd zwing' ich jede Kraft, hinaufzudehnen meinen
  Schaft.
Ich dulde Blitz und Glut und Guß, – ich weiß nur, daß ich
  wachsen muß."

15. WOCHE:

HILF DIR SELBST!

„Der Mensch hilft sich selbst am besten. Er muß wandeln, sein Glück zu suchen; er muß zugreifen, es zu fassen; günstige Götter mögen leiten, segnen. Vergeblich aber fordert der Lässige ein unbedingtes Glück."
Goethe

Nachdem wir lernten, in rechter Weise am Widerstand zu wachsen, werden wir von jetzt ab die Erziehung zu rechter Selbsthilfe in den Mittelpunkt unserer Lebensschulpraxis rücken und damit die erste Bedingung aller Seelenschmiedekunst zu erfüllen lernen: alle Hilfe hinfort immer nur von uns selbst zu erwarten, uns mutig auf unsere eigenen Füße zu stellen und uns aus eigener Kraft über jede Not zu erheben.

Dies ist aller Weisen und aller Lebensmeister letzter Schluß: des Menschen Elend kommt von ihm selbst und wird nur von ihm selbst bezwungen – durch rechte Selbst- und Kraft-Besinnung und rechtes

Tun. Er ist sein eigener Gefangener und sein eigener Befreier. Alle Schwächen, unter denen er sich duckt, sind Kinder seines eigenen falschen Denkens; sie sterben, wenn er richtig sehen und handeln lernt.

Das Leben ist immerwährender Wechsel, Vollendung durch Wandlung. Da gilt es, bereit zu sein, die Gelegenheiten zu nützen, um das Errungene zu halten und zu mehren, nicht still zu stehen oder zu sinken, sondern handelnd aufzusteigen.

Was warten wir noch, daß sich die Verhältnisse ändern! Sie bleiben, wie sie sind, wenn *wir* sie nicht ändern, indem wir *uns* ändern. Die Wandlung der Welt beginnt entweder bei uns, oder sie beginnt nie.

Was warten wir auf ‚günstige Konjunktur'? Unsere Leistungen rufen die für uns vorteilhafteste Konjunktur hervor. Glück und Erfolg sind keinen äußeren Zufällen unterworfen; sie werden von innen her verwirklicht, sie keimen aus unserem Denken und wachsen aus unseren geschäftigen Händen – oder sie bleiben uns fern.

Was lassen wir uns von der ‚Ungunst der Zeiten gerade für unseren Beruf' bedrücken! Wir schaffen die besseren Zeiten, indem wir mutig das Bessere tun. Unser beruflicher Erfolg wie jedes andere Glück ruht in uns selbst, in unserem Mut, uns unserer Innenkraft siegvertrauend zu bedienen.

Ein elendes Geschöpf wäre der Mensch, wenn er nicht auch in der übelsten Lage eine glückverbürgende Möglichkeit besäße, die ihm niemand rauben kann: Die Möglichkeit der Selbsthilfe. Es ist eine der kostbarsten Früchte, die der Menschheit am Baum der Lebenserfahrung zugewachsen ist. Weise der, der diese Frucht pflückt und sich an ihr labt!

„Nur eigenes Besserwerden, eigene Hilfe hat einen Wert und gutverbürgte Dauer", sagt Schefer. Sie ist es, die uns fähig macht, jede Not unter uns zu bringen. Und hier sind die

7 Thesen rechter Selbsthilfe:

I. Es gibt kein Leid, Elend oder Unglück, das nicht von innen her überwindbar ist.

II. Nicht die Dinge bestimmen den Menschen, sondern der Mensch bestimmt die Dinge nach seinem inneren Willen.

III. Alle Kraft zur Selbsthilfe und -rettung ist in Dir, in Deinem Denken und Willen.

IV. Das einzig Wirkliche und Wirksame – des Wirkens Same – sind die Gedanken und die aus ihnen entspringenden Taten. Sie sind Bild, Bildner und Keim alles Kommenden.

V. Um die Dinge und Bedingungen zu ändern, mußt Du, ihr Bedinger, zuvor Dich selbst erneuern, Dein Denken, Deinen Willen wandeln.

VI. Entfesselst Du den ewigen Menschen in Dir, die Gottkraft Deines Innern, dann ist Dein Wille stärker als die Welt und jede Gegenkraft in ihr.

VII. Durch die Wandlung Deines Willens wirkst Du die Wandlung der Welt. Immer ist Dein Leben das, was Du aus ihm machst. Alle Hilfe wird dem, der sich selber hilft!

Wenn man eine Arznei entdecken würde – sagt Mulford –, „eine Arznei, die jedem, der sie einnimmt, Kraft, Willen, Charakter, Tüchtigkeit, Macht und Einfluß verliehe, diese Arznei würde reißenden Absatz finden."

Diese Arznei gibt es tatsächlich. Sie heißt „rechte Selbsthilfe" und sollte allstündlich genommen werden. Sie besteht in der Erkenntnis, daß „wir erlangen können, was wir wollen, wenn wir mutig unsere Kraft bejahen, wenn wir Vertrauen, Energie, Begeisterung für unsere Pläne, allen Hindernissen zum Trotz, in uns erwecken und bewahren und alle Entmutigung schnell von uns abschütteln.

Kraft ist die Macht, die uns nach einer Nacht der Verzweiflung mit neuer Hoffnung und Zuversicht erfüllt, die uns neue Ideen und Pläne schenkt, neue Möglichkeiten und Aussichten eröffnet, uns aus fruchtlosem Brüten und Sinnen zur mutigen Tat aufrüttelt und uns mit sicherer Hand auf die Bahn des Erfolges geleitet."

Die rechte Zubereitung und Einnahme dieser heilsamen Seelenarznei, dieses kraftweckenden Lebenselixiers lernen wir in der LS. Der Jahresplan gibt uns die Möglichkeit, im Laufe unseres Lebensschuljahres vom falschen Denken und Tun, von Sorgen und Mißerfolgen zu genesen und zu jenem neuen Leben zu gelangen, das immer höher führt.

In der Lebensschule lernen wir, was wir sonst nirgends mit gleicher Bewußtheit und Sicherheit lernen: uns auf unsere innere Kraft zu besinnen, uns auf unsere eigenen Füße zu stellen, erfolgreich uns selbst zu helfen, kein Heil mehr außer uns, sondern alle Hilfe in unserem eigenen Innern zu suchen und zu finden.

Von der Kraft in uns sagt Mulford mit Recht, daß sie uns hilft, „uns auch im Falle eines plötzlichen, uns erschütternden Ereignisses, eines Unglücks oder Mißerfolges rasch wiederzufinden und zusammenzureißen und mit ungeschwächtem Mute weiter voranzuschreiten. Die Kraft in uns ist eine geistige Macht, der die Materie sich beugen muß. Der Mensch kann sich so sehr mit dieser Kraft erfüllen, daß er die stoffliche Welt völlig seinem Willen zu unterwerfen vermag."

STELLE DICH AUF DEINE EIGENEN FÜSSE!

Der Ruf der Lebensschule, uns auf unsere eigenen Füße zu stellen und aus eigener Kraft unser Leben zu meistern, enthält fünf Grundforderungen. Diese sind:

Sei stark! – dann erlebst Du Dich als unüberwindlich.
Sei unabhängig! – Du kannst es; denn niemand bindet Dich.
Sei frei! – denn Du bist es Deinem inneren Wesen nach.
Sei mutig! – dann meisterst Du jede Not.
Sei erfolgsbewußt! – dann erreichst Du, was Du willst.

Was diese fünf Forderungen im einzelnen umschließen, wollen wir uns kurz bewußt machen:

Sei stark!

Der Mensch kann, was er wünscht, und wird, was er will, er muß nur richtig wollen. Den gleichen Weg weist Willy Schlüter, wenn er sagt: „Wirkliche Vollkommenheit liegt in der steten Erneuerung des Sieges über die Unvollkommenheit. Darum ist jedes Lebewesen, wenn es vom Vervollkommnungs-Willen beseelt ist, schon jetzt vollkommen."

Dazu ist nötig, daß wir uns ganz jener Tatsache bewußt werden, die Bruno Wille in die Worte kleidet: „Der starke Mann in der

Welt ist der, der ganz auf eigenen Füßen steht." Dieses Bewußtsein ist es, das unsere schlummernde Schöpferkraft entfaltet und uns erkennen läßt, daß, um ein Hindernis auf unserem Wege zu beseitigen, unsere eigene Kraft ausreicht.

Sei unabhängig!

Niemand steht fest, der in fremden Schuhen steht. Wenn er sich aber entschließt, sich selbst vorwärts zu bringen, ohne fremde Hilfe, nur dem eigenen Mut vertrauend, dann entdeckt er in sich einen starken Halt und Rückhalt. Das meint das Dichterwort: „Wer sich an andere hält, dem wankt die Welt. Wer auf sich selber ruht, steht gut."

Wenn der Erfolgsstrom nach unseren Wünschen verlaufen soll, müssen wir seinen Lauf bewußt regulieren, indem wir unser Vertrauen nicht in Dinge und andere Wesen setzen, sondern uns auf uns selbst verlassen. Der Weise wird jeden anhören, der glaubt, ihm Wesentliches raten zu können; aber seine Beschlüsse faßt er selbst. Er tut nur das, was er selbst als recht und gut erkennt.

Innerlich unabhängig sein! – darauf kommt es an. Der Seelenschmied weiß: Wenn ich von niemand mehr abhängig bin, dann ist mein Schicksal nur noch von mir selbst abhängig.

Sei frei!

Wer auf eigenen Füßen steht, ist frei, dem inneren Gesetz folgen.

Wahre Freiheit hat mit Gesetz- und Hemmungslosigkeit nichts gemein; sie ist das Vermögen, aus eigener innerster Bestimmung stets das Rechte zu tun. Das gilt es zu beachten; denn der Lebensblinde sieht gar zu leicht im Freisein einen Freibrief, zu tun, was ihm gefällt. Hier tut jene Selbstbesinnung not, die *Nietzsche* von uns fordert:

„Frei nennst Du Dich? Deinen herrschenden Gedanken will ich hören und nicht, daß Du einem Joche entronnen bist! Es gibt manchen, der seinen letzten Wert wegwarf, als er seine Dienstbarkeit wegwarf.

Frei *wovon*, was schiert das Zarathustra. Hell aber soll mir Dein Auge künden: frei *wozu*? – Kannst Du Dir selber Dein Böses und

Dein Gutes geben und Deinen Willen über Dich aufhängen wie ein Gesetz? Kannst Du Dir selber Richter sein und Rächer eines Gesetzes?“

Der Lebensschüler kennt nur einen Richter, der sein Tun bestimmt: den inneren Richter, den Gott in ihm, zugleich die Quelle seiner Freiheit, seiner Kraft.

Sei mutig!

Wir werden zur Selbsthilfe fähiger, wenn wir unsere schlummernden Kräfte und Anlagen bejahen und mutig betätigen.

Wir wecken viele neue Fähigkeiten schon dadurch, daß wir sie uns zutrauen. Bei dieser Selbsterziehung gibt der Lebensschüler den Fähigkeiten den Vorzug, zu denen er eine natürliche Veranlagung in sich spürt, die ihm ‚liegen‘ und seine Leistungsfähigkeit erhöhen. Welche Fähigkeiten hier infragekommen, hängt von unserem täglichen Aufgabenkreis ab, von den Aufstiegsmöglichkeiten, die wir erblicken, und von dem Lebensziel, das wir uns setzen.

Jeder hat solche Möglichkeiten, seine Fähigkeiten zu steigern, auf dem einen oder anderen Gebiete Besonderes zu leisten, es zur Meisterschaft zu bringen. Je höhere Ziele er sich dabei setzt und je mehr er sich zutraut, desto mehr wird er leisten. Und mit der höheren Leistung wächst wiederum sein Wert und seine Fähigkeit, höhere Stellungen, höhere Lebensziele zu erreichen.

Sei erfolgsbewußt!

Wie der Autofahrer seinen Wagen lenkt, so können wir unser Schicksal lenken, und nicht nur unser eigenes, sondern auch das unserer Lieben und der Menschen um uns.

Wir müssen uns nur der schicksalumwandelnden Macht in uns bewußt werden. Versuchen wir, uns in stillen Stunden immer erneut auf diese Macht in uns lebendig zu besinnen, froh beglückt zu fühlen, daß eine gewaltige Kraft uns zur Verfügung steht, die wir zum Segen für uns und andere benutzen können.

In unserem Denken, Fühlen und Wollen wie in unserem Gesichtsausdruck, in Blick, Sprache, Gang und Benehmen muß unsere sieghafte Einstellung zum Leben ihren Ausdruck finden. Wir schaffen durch diese Haltung, die im Anfang bloßes ‚*Tun als ob*' sein mag, ein ‚Erfolgs-Kraftfeld', innerhalb dessen Menschen und Dinge immer rascher unter den belebenden und bestimmenden Einfluß unseres Willens geraten und mit uns denken, wollen und wirken.

„BIST DU GOTTES SOHN, SO HILF DIR SELBST!"

Die Forderung der Selbsthilfe kehrt in den Lehren aller Weisen und der großen Männer aller Zeiten wieder. Dem Zaghaften gelingt nur deshalb so wenig, weil er seine Kraft nicht bejaht, nichts von sich und seinem Schicksal zu fordern wagt. Er fürchtet das Schicksal und macht sich ihm eben dadurch unterlegen.

Wer sich für einen armen Sünder hält, bleibt arm und schwach. Wer nichts zu können wähnt, verstopft selbst den Zustrom neuer Kraft und zieht statt der Erfolge Dinge und Menschen herbei, die ihn immer tiefer abwärts ziehen.

Schicksalsfurcht ist eine Seelen-Grippe, deren lähmenden Einfluß nur das Vertrauen auf die eigene Kraft zu brechen imstande ist. Der Lebensschüler weiß: Mein Schicksal – das bin ich selbst! und folgt der Lebensschul-Regel: *Gott hilft denen, die sich selber helfen!*

Versuchen Sie, sich dieser Wahrheit lebendig bewußt zu werden:

> *Gott will, daß wir unsere schöpferischen Kräfte frei entfalten und uns unserer Gotteskindschaft würdig erweisen, daß wir vertrauensvoll ergreifen, was wir wünschen, und seine Verwirklichung gläubig bejahen – im Bewußtsein unserer Einheit mit dem Geist des Lebens.*

So will *Goethes* stolzes Wort verstanden werden: „Fromm erflehet Segen ich von oben; aber Hilfe schafft ich tätig selber mir."

Wer diese Worte anmaßend oder vermessen findet, der höre, was der Stoiker *Epiktet* uns zu sagen hat: „Wie stolz wärest Du, wenn der Kaiser Dich adoptieren würde. Wenn Du Dich aber als Kind der Gottheit erkennst, hast Du da nicht tausendmal mehr Grund, stolz zu sein?"

Bedeutet es nicht, wenn wir uns als Erben und Eigner der Kräfte des Geistes des Lebens erkennen, Mißachtung und Herabsetzung unserer selbst, wenn wir nach fremder Hilfe Ausschau halten? Beleidigen wir nicht den Gott in uns, wenn wir uns schwach wähnen?

Wir müssen fordern, um gefördert zu werden, müssen Großes von unserem Schicksal verlangen, dann gelangen wir, wie durch unsichtbare Helfer gefördert, Schritt um Schritt hinauf.

Es ist ein Stück Allmacht in uns, sagt *Marden* mit Recht: „Wir sind Kinder der Allmacht und haben die Eigenschaften unseres Schöpfers mit übernommen. Was Dir auch geschehen möge, vergiß nicht: Es ist etwas in Dir, das größer ist als jedes Schicksal, das Dich über jede Bestimmung zu erheben vermag. Du bist Deine eigene Bestimmung. Es ist ein Gott in Dir, mein Freund. Alle Macht ist Dein; Du befindest Dich an der Quelle der All-Fülle.

Habe eine hohe Meinung von Dir, lerne Deine Fähigkeiten schätzen und achte Dich selbst – nicht aus Selbstüberschätzung oder Selbstsucht, sondern in Erkenntnis Deiner herrlichen Erbschaft göttlicher Eigenschaften. Was Du von Dir, von Deinen Fähigkeiten und Deiner Zukunft denkst und glaubst, das wird Dir werden. Was Du von Dir erwartest, das webt sich in Dein Leben hinein.

Nichts kann Dich besiegen oder Dich Deines Erfolges berauben als Du selbst. Keine Umstände, wie übel sie auch sein mögen, können Dich zugrunderichten oder Dein Lebensziel durchkreuzen, wenn Du wirklich ein Lebensziel hast. Nur Dein Ohnmachtswahn vermag das, Deine Unentschlossenheit, Dein Mangel an Tatkraft und Selbstvertrauen. Du kannst Dein Leben zu einem solchen Erfolg machen, daß sein Einfluß über Jahrhunderte reicht. Und Du kannst ein Nichts bleiben. Deine Sterne oder Unsterne liegen in Dir selbst!“

So sieht Marden den Mann, der sich selber hilft, weil er um die alles überwindende Schöpferkraft seiner Seele weiß: Ein solcher Mann ist „immer tätig, vorausschauend, geistig regsam und stets bereit, überall, wo es not tut, hilfreich Hand anzulegen. Er ist taktvoll, weiß ausdauernd zu arbeiten und günstige Gelegenheiten beim Schopf zu ergreifen. Er ist freundlich und voller Rücksicht gegen jedermann; er steht andern willig bei, ohne doch selbst nach fremder Hilfe auszuschauen.

Er gehorcht seiner inneren Stimme, seinen guten Regungen, ehe sie abflauen. Er erlaubt sich nie, zu glauben, daß er ein armer, hoffnungsloser, mittelmäßiger Mensch sei, sondern er denkt, spricht und handelt wie ein Sieger.

Er nimmt dem Leben, seiner Arbeit und seinen Mitmenschen gegenüber die rechte Haltung ein und ist sich seiner Teilhaberschaft mit dem All-Guten und seiner Einheit mit dem unendlichen Weltengeist kraftvoll bewußt."

Wer so denkt und handelt, der macht immer die gleiche Erfahrung:

Solange er nach fremder Hilfe Ausschau hielt, war sein Erfolg gering. Als er erkannte, daß der Mutige sich am besten selber hilft, führte sein Weg ihn allmählich nach oben.

Als seine ersten Erfolge sich zeigten, da kamen wohl die einen und die andern, die er früher vergeblich ansprach, um ihm ihre Hilfe anzubieten. Wenn sie ihm förderlich erschien, nahm er sie an.

Als er dann immer rascher aufstieg und keine fremde Hilfe mehr brauchte, da wurde sie ihm von immer mehr Seiten angeboten ...

„Wer hat, dem wird gegeben". Wer Selbstvertrauen hat, dem wird Vertrauen geschenkt. Wer sich gewöhnt hat, sich selbst zu helfen, dem wird von überall her Hilfe zuteil.

Wir lernten bereits, daß eine Gewohnheit um so leichter entsteht, je häufiger sie wiederholt, also *geübt* wird. Auch die Gewohnheit rechter Selbsthilfe ist eine Frage der Übung. Die Hindernisse, die im Anfang zu überwinden sind, werden von Mal zu Mal geringer, während die Gewohnheit jedesmal stärker wird — und damit unsere Kraft und unser Vermögen, selbst das unmöglich Scheinende möglich zu machen.

16. WOCHE:

ÜBERWINDUNG DER LEBENSANGST

> „Ein Jeder gibt den Wert sich selbst und keiner ist so hoch gestellt, daß ich mich neben ihm verachte!"
> Schiller

Zu den Forderungen rechter Selbsthilfe gehören weiter: die Bekämpfung der Mutlosigkeit, die Züchtung der Gewohnheit, eine

Sache nicht gleich aufzugeben, wenn sie einmal fehlschlägt, die Entwurzelung der den Willen zur Selbsthilfe lähmenden Lebensangst, die Selbsterziehung zu optimistischer Einstellung und positiver Geisteshaltung. Wir fassen diese Notwendigkeiten zusammen in der Wochen-Aufgabe: Erziehung zu rechter Selbstermutigung.

Das Wort ‚*Mut*' kommt vom althochdeutschen ‚muot', das dem Wort ‚Gemüt' verwandt ist und Geist bedeutet. *Mut ist Erfülltsein vom Geist des Lebens*, er ist eine positive, schöpferische Gedankenhaltung, eine Zielstrebigkeit des Herzens, die die Plan-Arbeit des Wachbewußtseins bei weitem übertrifft und Möglichkeiten und Kräfte herbeizieht, von denen die Beschränktheit des Nur-Verstands nichts ahnt. –

Es gilt einen Entschluß:

Von nun ab nicht mehr rückwärts zu schauen, sondern immer vorwärts, unsere Kraft nicht mehr an hundert gefürchtete Möglichkeiten zu verzetteln, deren Eintreten ungewiß ist, sondern nur eins mutig ins Auge zu fassen und dieses Eine ganz: das Ziel, den Sieg!

Immer ist der Erfolg der Preis dafür, daß wir uns nicht entmutigen ließen, daß wir auch im Angesichte eines Fehlschlags nicht aufgaben, sondern den Blick aufs neue auf unser Ziel richteten und nicht davon ließen, bis wir es erreichten.

Wer einmal unerschrocken seinen Mut spielen ließ, der hat erkannt, *daß die Gefahr vor dem Mutigen zurückweicht.* Wer einmal durch die Hölle der Verzweiflung hindurchging und nun, alles wagend, der Gefahr entgegenschreitend, die Wesenlosigkeit seiner Ängste erkannte und später gewahr ward, daß alles, was zuerst als Unglück erschien, schließlich zum Guten ausschlug, der fürchtet nichts mehr.

Er besinnt sich hinfort bei jedem Ansturm des Schicksals: „Nur eine rasche, kühne Hand ergreift die vorüberfliegende Gelegenheit, und ein feuriges Anspringen wirft auch das größte Hindernis zu Boden."

Damit kommen wir zur *Praxis der Selbstermutigung*, zu der sechs Hilfsmittel gegeben seien, die schon vielen gute Dienste geleistet haben:

1. Eine Quelle des Mutes ist die Ruhe: die Seelen-Ruhe wie die

Ruhe des Leibes. Je ruhiger, je gelassener man voranschreitet, um ein Übel zu beseitigen, und je mehr man dabei jeden Schritt kühl vorausdenkt, desto leichter wird der Weg; und das Übel schwindet, eh' man's merkt.

2. Eine mutlose Stimmung überwinden wir oft durch einen tiefen, langhallenden Seufzer – kräftig ein- und ausatmen –, dem wir sofort die bewußte Hinwendung unseres Denkens auf sonnige, lustbetonte Vorstellungsbilder der Hoffnung, der Freude, des Erfolges folgen lassen. Diese Bilder halten wir einige Augenblicke zäh im Mittelpunkt unseres Bewußtseins fest.

Bald wird Wirklichkeit, was wir denken. Wir hängen mit unseren Vorstellungen keineswegs ‚in der Luft', sondern bekommen bald sicheren ‚Grund' für sie: sie begründen sich selbst. Plötzlich fühlen wir, daß wir ‚allen Grund' hatten, uns positiv umzustellen: die Wandlung zum Guten ist da. Und wir gewahren, daß sie schon lange vor der Tür stand, aber auf die positive Wende unseres Denkens wartete, um über die Schicksalsschwelle in unser Leben einzutreten.

3. Ein weiteres Mittel, diese Umschaltung vom Negativen zum Positiven zu fördern und zu beschleunigen, ist die Ingangsetzung unseres Körpers: wir machen einen Spaziergang. Sowie wir gehen, geht es uns besser; die Überwindung der Seelenverstimmung wird leichter. Hierher gehört auch das Mittel sofortiger Inangriffnahme einer Arbeit, zu der wir uns durch den Entschluß antreiben, in ihr unser Bestes zu geben, sie zu unserem Meisterwerk zu machen. Malen wir uns aus, wie die fertige Arbeit uns und anderen nützen wird. Dieser lustbetonte Tatgedanke vertreibt die Mutlosigkeit; das Blut strömt stärker ins Gehirn, wir werden wieder tatenfroh.

4. Wichtig ist, daß wir darauf achten, daß etwa zurückebbende negative Gefühle bei uns verschlossene Seelenpforten finden. Das erreichen wir dadurch, daß wir das positive Denken längere Zeit fortsetzen:

Wir rücken wiederholt frohe Erfolgsbilder in das Blickfeld unseres Bewußtseins, Bilder der Freude, die wir einem lieben Menschen machen wollen, oder des Erfolges der Arbeit, die wir gerade vorhaben. Oft genügt auch die positive Konzentration auf das, was wir gerade tun. Denn es kann immer nur *ein* Gedanke zur Zeit auf der Projektionsfläche unseres Bewußtseins weilen; und nur von *uns* hängt es ab, was für ein Gedanke das ist. Wir können ihn beliebig lange im Blickfeld des Bewußtseins festhalten; wir dürfen ihn nur nicht starr fixieren, sondern müssen das Bild durch immer erneutes Ausmalen farbig und lebendig erhalten.

5. Unmut und Mutlosigkeit können auch *weggeatmet* werden. Indem wir tief ein- und ausatmen, setzen wir das Blut in raschere Bewegung; der bewußt bejahte Einstrom und Austausch der Kräfte geht rascher vonstatten, Körper- und Gedanken-Schlacken werden vollständiger ausgeschieden.

Wer das versucht hat, weiß, wie rasch durch bewußtes Atmen ein Umschwung der Gedanken und Stimmungen bewirkt wird. Man kann Mut bewußt eratmen. Am besten wird diese Atemübung mit Übungen im aufrechten Schreiten verbunden, wobei alle Gedanken auf Atem und Haltung konzentriert werden. Dadurch wird nicht nur die äußere, sondern auch die innere Haltung, die gedankliche Einstellung wohltuend beeinflußt: der Mut erwacht, Schaffenslust und Leistungsfähigkeit nehmen zu.

6. Der Stärkung des Selbstvertrauens dient auch folgende *Spiegel-Übung:*

Der Lebensschüler setzt sich vor einen Spiegel, schließt die Augen, entspannt sich und gibt sich dem Rhythmus des Atems hin. Dann öffnet er die Augen und richtet den Blick auf sein Spiegelbild, und zwar auf die Nasenwurzel zwischen den Augen. Diesen Punkt anblickend, wiederholt er mehrmals leise oder in Gedanken die Feststellung: „Ich bin mutig und stark!“

Die Übung wird einige Male wiederholt; dann wird auf den Spiegel verzichtet und der Lebensschüler konzentriert sich auf das Idealbild seiner selbst, das er im Geiste wie ein Spiegelbild vor sich sieht. Nach kurzer Zeit wird er eine Steigerung nicht nur seines Lebensmutes und Selbstvertrauens feststellen, sondern auch seines Willens und Durchsetzungsvermögens.

Bei dieser Besinnung auf das Idealbild unserer selbst gedenken wir der Tatsache, daß nichts Niederes unser Inneres zu berühren und zu bewegen vermag, da die Kraft in uns stärker ist als alle äußeren Widerstände. Wir fühlen, wie wir mit jedem Tage liebevoller, ruhiger, zufriedener, mutiger und erfolgreicher werden.

In dieser Selbstbesinnung liegt eines der Geheimnisse eines glücklichen Lebens. Wer sich der Gegenwart der göttlichen Kräfte in ihm bewußt ist, wer stets Liebe im Herzen und Mut in der Seele hat, der ist, wie Trine sagt, „im Bunde mit dem Leben. Denn Liebe ist das Ziel des Lebens, und Mut die größte Macht im Leben. Die Liebe erhellt unseren Weg und leuchtet auch auf den des Nachbars. Und der Mut ist die Kraft, die uns nicht nur inganghält, sondern auch als aufbauende schöpferische Gedankenmacht stets für uns in der Richtung wirkt, die wir eingeschlagen haben."

GIB EINE SACHE NICHT AUF, WENN SIE FEHLSCHLÄGT!

Wer darangeht, Mutlosigkeiten durch rechtes Denken und Wollen zu überwinden, der gewöhnt sich zugleich, ein Ziel, das er nicht im ersten Anlauf erreichte, nicht aufzugeben, sondern es aufs neue zu versuchen.

Und ist ein Ungemach, ein Fehlschlag gar zu arg? Denken wir uns einige Jahre älter – wird uns das Übel dann noch kränken? Wohl nicht. Warum dann nicht schon jetzt die negativen Gedanken, die wir an den Fehlschlag hängen und die uns lähmen, von uns abschütteln! Nehmen wir es für gut, können wir nur gewinnen, während wir das, was wir übel nehmen, übler machen!

Fehler machen wir alle – es kommt nur darauf an, daß wir unsere Irrtümer nicht zu Ausgangspunkten neuer, größerer Fehler machen, sondern uns von ihnen zum rechten Tun leiten lassen. Geschieht das, dann lichtet sich der Grundton unseres Bewußtseins. Zwar liegt noch Schlamm falschen Denkens, selbstquälerischen Zweifelns und Fürchtens auf dem Grunde unseres Bewußtseins, der das Gewürm der Mißerfolge anzieht. Aber durch beharrliche Fortsetzung rechten Denkens und Tuns wird auch der zäheste Schlamm allmählich weggespült.

Jede positive Gedankenwelle, die durch unser Bewußtsein schwingt, reißt einiges von dem Bodenschlamm los und führt ihn mit sich fort, . . . bis eines Tages unser Bewußtsein durch und durch rein und licht ist. Von diesem Tage an führt unser Weg spürbar aufwärts. Von diesem Augenblick an erkennen wir uns als allen Hindernissen überlegen.

Lassen wir uns also nicht mehr entmutigen, wenn uns heute noch etwas mißlingt. Wirken wir durch rechtes Denken und Tun bewußt auf jenen immer näher rückenden Tag hin, da wir die Gesetze des Erfolges beherrschen.

Wir ernten, was wir einst gesät. Ist diese Ernte unerfreulich, bleibt nur ein Weg: von nun ab nicht mehr Unkraut und Disteln zu säen, indem wir uns ärgern und grämen, sondern sofort die Saat rechten Denkens auszusäen, damit von heute ab unsere Erfolge wachsen und die Hindernisse abnehmen.

Durch untätiges Zurückschauen auf gemachte Fehler wird nichts gebessert. „Begang'ne Torheit zu bereuen hilft nur, wenn wir sie nicht erneuen." Deine Reue, sagt Platen, sei „ein lebendiger Wille, ein fester Vorsatz, *das Bessere zu tun.* Klagen und Trauer über begangene Fehler sind zu nichts nütze." Der Erfolgreiche macht auch Fehler zu Förderern: er lernt aus ihnen und wandelt sie dadurch in Stufen zum Aufstieg. Er schult sein Gefühl dafür, ob er mit oder gegen den Erfolgsstrom schwimmt. Erkennt er, daß er auf dem rechten Wege ist, dann läßt er sich durch täuschende Stromschnellen und Wirbel im Erfolgstrom nicht mehr hemmen, sondern schwimmt unerschrocken voran. Jetzt können ihm die kleinen Hindernisse nicht mehr das große Ziel verrücken. –

Gerade in der Not erkennt der Mensch am sichersten, wie viel er vermag. Ein Fehlschlag ist kein verlorener Krieg; wer selbstvertrauend handelt, wandelt Verlust in Bälde in Gewinn.

Verloren ist nur, was man selber aufgibt! Was man nicht aufgibt, kann man immer noch gewinnen. Solange wir nicht an uns selbst verzweifeln, bleibt uns die Aussicht auf den Sieg!

Das unterscheidet ja gerade den Erfolgreichen vom Durchschnittsmenschen, daß Rückschläge ihn nicht zu Boden drücken, sondern ihn antreiben, es wieder und wieder zu versuchen, bis es gelingt. Je größer die Widerstände, je zahlreicher die Fehlschläge, als desto größer erwies sich der siegentschlossene Mensch. Jeder Rückschlag war ein Erprober seiner Spannkraft und mehrte sie, da er sie nicht zerbrach.

Diese Spannkraft gilt es zu gewinnen. Es gilt, dem starken Ball zu gleichen, der um so höher springt, je härter er zur Erde geworfen wird. Je härter das Schicksal uns niederwirft, desto mehr Schnellkraft gilt es zu entfesseln, um jeden Schwung in Aufschwung zu verwandeln.

Denken oder sagen wir nicht mehr: „Ich kann es ebensogut aufgeben, diesen Weg weiter zu verfolgen, denn es gelingt mir doch nicht", sondern erfüllen wir uns im Angesicht von Widerständen mit der Gesinnung des ‚Nun erst recht!' Gehen wir in die Stille und bejahen wir unsere Kraft, unser Glück und die Hilfe von oben. Und gehen wir dann siegvertrauend an unser Werk.

Bejahen wir die Fülle, auch wenn uns Not umdräut. Denn in uns ist bereits Wirklichkeit, was wir bejahen. Indem wir in dieser Bejahung beharren, fördern wir die Verwirklichung des Ersehnten auch nach außen hin. Jeder positive Gedanke ist ein Baustein zur Materialisation unseres im Geiste schon verwirklichten Erfolges.

Der Glaube an den Sieg einer Sache ist ausschlaggebender als alles andere. Wer auch, wenn Wolken am Himmel hängen, von seinem Erfolg überzeugt bleibt, wer im Unglück „wie eine gesenkte Fackel ist, deren Flamme auch dann nach oben brennt", der zerteilt die Hindernisse wie der Schwimmer die See. Noch keiner ward getäuscht, der darauf baute, daß das Schicksal ihm wohl will.

RECHTE SELBSTERMUTIGUNG

Viele Menschen stehen unter dem Druck unerklärlicher Ängste vor dem Leben: vor dem Dunklen im Leben, vor dem Unbekannten, vor der Nachtseite der Dinge und Undinge. Sie fühlen sich innerlich unsicher und ohne Halt, kleinste Widrigkeiten jagen ihnen namenlose Angst ein; und immer wieder irrt ihr Denken ab zu Bildern nutzlosen Kämpfens gegen schreckliche Feinde und erstickt schließlich jede schöpferische Leistung.

Woher kommen diese Ängste? Und wie überwinden wir sie?

Versuchen wir, in einer stillen Stunde in völliger Entspannung und Gelassenheit den Wurzeln dieser Ängste nachzuspüren:

... Tief innen ist das dunkle Gefühl des Daseins eines Paradieses, aus dem wir ausgestoßen sind. ... Ob dies einst das Los der ersten Menschen war – wir wissen es nicht. Aber das fühlen wir – und dieses Wissen löst den Druck –, daß in unserem Unbewußten die Erlebnisse der Geburt, des Ausgestoßenwerdens aus dem Paradies des Geborgenseins im Mutterschoße, als feinste Angstgefühle nachzittern, die erst bei ihrer Hinaufhebung ins Licht des Bewußtseins allmählich zerflattern ...

Dieses Erst-Erlebnis und viele darauf folgende und darin Wurzel schlagende schmerzvolle Erfahrungen der Säuglings- und Kinderzeit hat unser Unterbewußtsein getreulich aufbewahrt und macht diese Unlustgefühle zum Doppelecho jeder Seelenverstimmung, der wir uns hingeben, statt sie im Keim zu ersticken.

... Immer wieder steigt das Gefühl des Ausgestoßenseins, des Nichtmehrgeborgenseins, herauf und sucht in den Alltagserlebnissen neue Nahrung. Ein Freund ist vielleicht infolge eigener Sorgen ein wenig kühler zu uns, ein anderer hat uns lange nicht geschrieben: – schon fühlen wir uns schutzlos, unverstanden, verlassen, beiseitegeschoben, schon greifen noch ungelöste, unerlöste Ängste aus der Tiefe unseres Seins nach unserem Herzen ...

... Um diese Urangst ranken sich alle die Ängste, die eine von Grund auf *falsche Erziehung* unserer Seele eingebrannt hat. Kaum ein Mensch ist von solchen verborgenen Ängsten und Hemmungen frei ...

Bis oben hin wurden die für jeden Eindruck nachhaltig empfänglichen Kinderseelchen mit Schuld- und Unterwertigkeits-Gefühlen aller Art erfüllt. Dies durften sie nicht; jenes konnten sie nicht. Was sie gern mochten, war ihnen verboten. Und wenn sie es dennoch taten, folgte statt der Belehrung die Strafe, die sie wehrlos hinnehmen mußten, weil sie so klein, die Eltern und Erzieher so groß waren ...

... So wucherten die Keime ohnmächtiger Angst – und wuchsen um so höher, je tiefer sie vor der Umwelt verborgen wurden ...

So kommt es, daß so mancher mit einer Armsündermiene durchs Leben geht – unbewußt darauf bedacht, sich nicht zu freuen, ängstlich eingedenk der Kindheitserfahrung, daß „wenn er etwas tut, was Freude machte, gleich die Strafe folgt" ... Hier liegen die Wurzeln seiner Unsicherheit, und diese Unsicherheit läßt ihn stolpern, und das Stolpern wieder erscheint ihm als Strafe.

So straft er noch als Erwachsener sich selbst für verheimlichte und verdrängte Wünsche seiner Kindheit ... Und könnte doch frei sein!

Versuchen Sie, in der Stille die ungelösten Ängste, die in Ihrer Seele dämmern, behutsam zu lösen, um dann, wenn Sie das ganze Flechtwerk selbstgewirkter Zwangsgedanken und Selbstquälereien durchschauen, mit einem kräftigen Hieb des Schwertes göttlicher Freiheitsbewußtheit, das Sie sich in der Seelenschmiede selbst geschmiedet haben, dieses Netzwerk negativer Suggestionen durchzuhauen, den Wahn des Nichtkönnens und Nichtdürfens zu erschlagen, den Lindwurm der Lebensangst so zu treffen, daß er sich nie mehr erhebt.

*

Der Depressive, der Melancholische krankt am gleichen Übel. Ihn peinigt die gleiche *Schwermut, jene Schwere des Gemüts,* die es dem, der sich ihr willenlos hingibt, schließlich unmöglich macht, auch nur den Arm hochzuheben. Wir können uns durch falsches Denken so beschweren, daß wir dem Wahn erliegen, unser Mut könne sich nicht mehr unter der Last des Lebens erheben.

Aber – und darauf gilt es den Blick zu richten! – nur wenn wir uns dieser Schwermut kampflos ergeben, werden wir immer schweratmiger und schwerfälliger, schwerhöriger für die innere Stimme des Glücks, die uns lichtwärts führen will, mästen den bösen Geist der Schwere und Beschwernis und lassen uns von ihm niederschlagen und dem Leben gegenüber wehrlos machen, wo wir in Wirklichkeit stark sein könnten!

Wer als rechter Seelenschmied, als Kind und Erbe der Gottheit sich seiner Schwächen und Ängste ledig spricht, wer die Angst nie flieht – weder durch die Flucht in die Arbeit noch durch irgendein anderes Vergessensmittel, das hier doch nicht hilft –, sondern sie mutig angreift und erwürgt, wo er sie trifft, der wird mit jedem Schritt vorwärts muterfüllter und selbstbewußter, größer und unüberwindlicher.

Das gilt es zu bejahen:

„Was immer mich bisher quälte, geht mich nichts mehr an. Es sind entfesselte Fremdgedanken, die nicht zu meinem Wesen

gehören. Mein innerstes Wesen ist Licht und Sicherheit, ist Gottgeborgenheit und Kraft. Mein Leben ist im Grunde eingebettet in das große All-Leben, so daß mir nichts geschehen kann!

So tief reicht keine Not, auch die Urangst nicht, daß sie meines Wesens Kern berührt! Sie gehört zu dem, was kommt und geht, nicht zu dem Bleibenden meines Selbst. Sie gehört zu dem, was der Mensch auf dem Wege zu sich selbst überwindet und hinter sich läßt, – nicht zum Selbst, das unbesiegbar ist, weil es Kraft ist aus der Kraft des Alls."

Auf dem Wege zu uns selbst stirbt die Lebensangst. Diesen Weg aber finden wir erst, wenn wir – so widerspruchsvoll es jetzt noch klingen mag – lernen, von uns selbst abzusehen, von der Haltesucht unseres niederen Selbst. Denn Selbstsucht ist des Selbstfindens Feind, Egoismus der Schwächer, nicht der Mehrer unserer Innenkraft, Verhärter und Verkrebser des Lebendigen. Ichsucht errichtet Schranken, trennende Mauern, Gefängnisse, – Selbstlosigkeit aber macht frei, stark und reich.

Indem wir selbstloser werden, werden wir Selbstlöser

Je selbstloser wir werden, desto sicherer finden wir unser Selbst. Indem wir selbstloser werden, werden wir wieder *eins.* Die Zerrissenheit, die Zweiheit geht zu Ende: der Seelen-*Zwiespalt,* die Zwiefältigkeit, der *Zweifel.*

Hier ist die andere Wurzel so vieler Ängste.

Es liegt im Wesen des Zweifels, daß er nicht aufbaut, sondern zehrt und zerstört.

Ebenso liegt es im Wesen der Gewißheit, daß sie unsere Lebensangst heilt und unser Leben heiligt. Das ist das gewisse Wissen, das sie in uns weckt:

Warum Angst vor dem Unbekannten, vor dem Nochnichtbekannten, warum noch Angst vor dem Leben? Alle Rätsel lösen sich, wenn wir aufwärtsschreiten.

Und warum noch Angst vor dem Sterben? Auch sie zergeht vor der wachsenden Erkenntnis unserer selbst, vor dem Erleben des zu sich selbst Erwachenden: daß Werden und Vergehen, Geburt und Tod den innersten Wesenskern nicht berühren.

Lernen wir, in der Stille in uns hineinzulauschen, dann gewahren wir hinter jeder Ungewißheit die Wahrheit. Und erkennen:

Was sind die Stürme des Lebens anderes als Mahner, die uns erinnern, daß wir nicht nur der vergänglichen Welt zugehören, in der uns alles wieder genommen wird, das wir erlangten, sondern zugleich und zuerst einer unvergänglichen Welt, in der alles ewig unser eigen ist und bleibt.

Wir erkennen die Stille als die ‚kleine Heimkehr' und den Tod als die ‚große Heimkehr' zu uns selbst. Und gewahren, daß unser Weg immer aufwärts führt, und daß die Dinge, die wir als ‚*Heimsuchungen*' empfanden, die Mittel waren, mit denen unsere *Heimat uns sucht*, mit denen uns das Reich Gottes in uns zu sich zieht ...

... Wenn die Körper-Hülle fällt, sind wir enthüllter, entwickelter, wesentlicher: unserm Wesen, unserem Höchsten Selbste näher ...

*

Hier noch drei praktische Hilfen:

1. Der sofortigen Abdämpfung und Überwindung von Angstgefühlen dient folgende *Umstimmungs-Atemübung:* Hinsetzen, Augen schließen, Körper und Gedanken entspannen, auf den Atem konzentrieren, tief einatmen, bewußt Kraft einsaugen. Jetzt nicht sofort wieder ausatmen, sondern Atem zwanglos zurückhalten, dabei Zwerchfell und Bauch kräftig zusammenziehen, so daß die Luft in den Lungen nach oben getrieben wird; dann Zwerchfell und Bauch entspannen und die Luft nach unten pressen; dann wieder die Luft in gleicher Weise nach oben treiben und abermals nach unten und, wenn möglich, beides zum dritten Mal. Dann erst langsam und gründlich ausatmen.

Die gleiche Übung drei Mal wiederholen. Sie bewirkt eine wohltuende Entspannung und Neuspannung der Kräfte und vertreibt innere Ängste.

2. Auch folgende *Selbstentlastungs-Übung* hat sich bewährt: Aufrecht und gerade im Freien oder am offenen Fenster hinstellen, Aufmerksamkeit dem Atem zuwenden und sorgen, daß er langsam tiefer wird. Nach gründlichem Ausatmen und bewußtem Hinausstoßen alles Hemmenden und Bedrückenden tief und voll

einatmen, dabei Arme seitwärts heben und auf die Fußspitzen treten, bewußt Kraft und Freude einatmen. Dann Atem anhalten, die eingeatmete Kraft im ganzen Körper vibrieren fühlen. Nun langsam auf ‚haaa' ausatmen, dabei Arme sinken lassen, in entspannte Stellung zurückkehren. – Übung mehrmals wiederholen.

3. Auch die letzten Reste der Lebensangst lösen wir in kurzer Zeit, wenn wir uns täglich von neuem, vor allem morgens beim Aufwachen und abends vor dem Einschlafen, auf die hohe Gewißheit besinnen: *„Ich stehe unter dem Schutz des Höchsten!"* oder uns lebendig vergegenwärtigen: *„Mir kann nichts geschehen, die Kraft in mir wirkt mein Wohl!"* eine Wahrheit, die jeder mit seinen eigenen Worten immer wieder in sich hineinsprechen sollte, bis er fühlt, daß der letzte Grund aller Angst, das Gefühl des Getrenntseins seiner Seele von ihrer Urheimat, dem Ewigen, behoben ist, daß seine Seele wieder mit dem Unendlichen eins und damit jeder Not überlegen ist.

Wenn wir zu dieser Gewißheit unzertrennlichen Einsseins unserer Seele mit dem Geist des Lebens erwacht sind, sind wir für alle Lebens- und Todesängste unangreifbar geworden.

ERZIEHUNG ZUM OPTIMISMUS

Dreifach ist der Schaden, den jede disharmonische, pessimistische Stimmung zur Folge hat: der Verstimmte schadet sich selbst, zieht Mißgestimmte an und bewirkt, daß diese ihm zum Schaden handeln.

Dreifach ist der Segen, den positive, optimistische Geisteshaltung hervorruft: sie stärkt unseren Mut, macht die Menschen um uns frohgestimmt und bewirkt, daß diese uns nützen und uns über Hindernisse hinweghelfen.

Der Optimismus ist der *Amboß* des Seelenschmiedes, auf dem er seine Erfolge mit dem Hammer rechten Denkens und nach seinem Willen schmiedet.

Keine Erfolge ohne Optimismus. Der stets das Beste erwartende Lebensglaube ist ein mächtiger Antreiber, der die Körper- und Seelenkräfte wachhält und zu Leistungen befähigt, die ohne ihn nicht vollbracht worden wären.

Optimist sein heißt Ja-Sager sein. Prüfen wir unser Leben: wurde nicht jeder Tag des Leids aufgewogen durch weit mehr Tage der Freude und des Glücks, der Gesundheit und der Kraft? Wenn wir bewußt leben, wird dies Verhältnis sich immer günstiger gestalten.

Alle großen Geister der Menschheit waren Ja-Sager – zum Leben, zum Sein und zum Göttlichen im innern wie im äußern All. Aus diesem Ja! wuchsen ihre Erfolge, ihre unvergänglichen Werke. Sie erlebten, daß dieses Ja! ihnen Selbstvertrauen und Mut gab, Kraft und Erfolg verlieh.

Jasager sein heißt keineswegs zu allem ‚Ja und Amen' sagen. Der Optimismus des Lebensschülers hat nichts gemein mit kritikloser Schönseherei. Er geht nicht so weit, zu behaupten, diese Welt sei die beste aller denkbaren Welten. Sie ist weder die beste noch die schlechteste. Es ist in dieser Weltenschule weder ganz leicht, sein Ziel zu erreichen, noch ist es unmöglich. Der Lebensschüler erblickt überall Möglichkeiten, aus der Erde allmählich ein Paradies zu gestalten.

Sein Optimismus ist keine gedankenlose Zufriedenheit mit den jeweiligen Zuständen, sondern klare Erkenntnis der Möglichkeit ihrer fortschreitenden Verbesserung. Sein Optimismus ist keine Selbst-Blendung, die das Dasein des Übels leugnet und den Kopf in den Sand steckt. Er leugnet das Übel nicht, wohl aber seine Macht über den Menschen. Er bejaht seine Kraft, jedes Übels Herr zu werden.

So ist sein Optimismus keine Philosophie, sondern ein praktisches Verhalten, was sich zeigt, wenn man sich die *Wesensunterschiede zwischen Pessimismus und Optimismus* bewußt macht.

Der *Pessimismus* ist ein Optimismus mit negativem Vorzeichen. Auch er sagt Ja! – nur nicht zur Freude, sondern zum Leid. Das ist doppelt verhängnisvoll, weil diese Geisteshaltung nicht nur das Glück fernhält, sondern das Unglück anzieht und zugleich die Kraft zur Abwehr des Unglücks raubt. Darauf zielt auch die derbe, aber treffende Definition, die der Volksmund gibt: „Der Pessimist ist der einzige Mist, auf dem nichts gedeiht."

Der Pessimist sieht an jedem Ding zwei Schattenseiten. Und schafft sie dadurch. Er gewahrt überall Regen. Der Optimist vergißt nicht, auch den Sonnenschein zu sehen und diesen für die

Hauptsache zu halten. So ist Pessimismus ein Zeichen seelischer Zerrissenheit, Optimismus dagegen ein Garant leib-seelischer Gesundheit, Kraft und Harmonie. Der Optimist zieht an, was der Pessimist durch falsche gedankliche Haltung abstößt: Freude, Fülle und Erfolg.

Der Optimist erreicht ohne Mühe, was der Pessimist bei aller Mühe meist nicht erreicht.

Indem wir uns gewöhnen, immer die *lichte* Seite der Dinge ins Auge zu fassen, überwinden wir das Dunkel in ihnen; zugleich wird es in uns heller und Nachtgespenster der Sorge fliehen uns.

Jede positive Stimmung steigert unsere Anziehungskraft auf alle guten Dinge des Lebens. Freude, sagte Feuchtersleben, „ist der Affekt, der den Geist zu höherer Vollkommenheit erhebt." Wer die Welt im Spiegel innerer Freude und Mitfreude sieht, der erhellt sie nicht nur für sich, sondern zugleich für andere, und empfängt von überall her Freundlichkeiten und Hilfen.

Wer sich und seine Umgebung optimistisch stimmt, steigert seine Durchsetzungs- und Erfolgskraft. Fast unmerklich bewirkt seine bejahende Haltung, daß die Dinge sich nach seinem Willen wandeln, daß seine Umgebung ein immer klarerer Spiegel seines inneren Denkens wird.

Der Lebensschüler glaubt an sein Glück mit einer frohen Überzeugungskraft, die auf die Menschen um ihn ansteckend wirkt und sie zu gleichem Glauben führt. Er hält die Tore seiner Seele weit offen für den Einstrom alles Guten, Glückbringenden und Sonnigen. So sät er ununterbrochen die Saat des Guten, um zu seiner Zeit Glück in Fülle zu ernten.

POSITIVE GEISTESHALTUNG

Hand in Hand mit der Erziehung zum Optimismus geht die Umstellung unserer Geisteshaltung zum Positiven. Es gilt, uns immer bewußter dazu zu erziehen, nur noch *das* zu denken, dessen Verwirklichung wir wünschen, uns nur Stimmungen hinzugeben, die uns stärker, besser, mutiger und erfolgreicher machen.

Heischt ein negativer Gedanken-Gast Einlaß, sieht der Torwächter in uns überlegen weg, was bedeutet: „Hier hast Du nichts verloren, mach, daß Du weiterkommst!"

Fordert ein positiver Gedanken-Gast Einlaß, begrüßt ihn der Torwächter, um darzutun, daß er in der Seelenburg willkommen und eingeladen ist, so lange zu verweilen, wie er wünscht.

So wollen wir unsere Sinne erziehen, daß sie mehr und mehr nur das Gute und Schöne in, an und hinter den Dingen wahrnehmen und das weniger Gute übersehen. Eine Übung, in allem das Beste zu sehen, ist die folgende:

Wir gehen einige Zeit hindurch allabendlich vorm Einschlafen in die Stille, entspannen Körper, Sinne und Gedanken und lassen alles uns Bedrückende und Lähmende, unsere Seele Verdüsternde bewußt von uns abfallen. Wir erklären es als nicht zu unserem Wesen gehörig und schieben es als etwas Fremdes beiseite.

Und dann lassen wir in unser Denken und Fühlen das befreiende und befriedende Bewußtsein unserer Einheit mit der Kraft in uns einströmen, lassen uns im Rhythmus des Atems von der Harmonie des Flammengeistes in uns, unseres Höheren Selbstes, durchpulsen, trinken sie wie den glückseligen Frieden eines stillen Sommerabends in uns hinein und erfüllen uns völlig mit ihr. Wir bejahen:

> *„Meinem wahren Wesen nach bin ich positiv, gesund, stark und erfolgreich. Ich bin Kraft, Liebe, Harmonie. Mit jedem Tage habe ich in jeder Hinsicht mehr Glück und Erfolg in allem, was ich unternehme!"*

Mit diesem Glücks- und Kraftbewußtsein gleiten wir in den Schlaf hinüber. Am nächsten Tage üben wir uns, nicht nur positiv zu denken, sondern auch positiv zu fühlen, zu wollen und zu *handeln,* also auf *alles* positiv zu reagieren. Wir züchten dadurch neue positive Denk- und Verhaltens-Gewohnheiten. Wir werden diese Übung längere Zeit fortsetzen, bis uns das positive Reagieren zur Gewohnheit geworden ist.

Wer von allem nur Gutes erwartet und stets nach dem Besten trachtet, der wird aus allem stets das Bestmögliche gewinnen. Wer auch Ungelegenheiten als Gelegenheiten nimmt, etwas besser und vollkommener zu machen, als es bisher war, wer alles als Mittel zur Betätigung seiner Kraft benutzt, der gelangt, selbst wenn er einmal fällt, immer hinauf, statt hinab.

„Jeden Augenblick des Lebens, er falle, aus welcher Hand des Schicksals er wolle, den günstigen wie den ungünstigen, zum bestmöglichen zu machen, darin besteht die Kunst des Lebens und das eigentliche Vorrecht eines vernünftigen Wesens." Wer so denkt und handelt, wie *Lichtenberg* es rät, der gewöhnt sich, sich immer wieder bewußt mit positiven Impulsen zu erfüllen wie: „Hier ist eine günstige Gelegenheit, man muß sie nur recht erkennen" – „Daß diese Aufgabe gerade mir gestellt wird, zeigt, daß sie mir liegt und daß ich sie daher meistern werde" – „Leicht ist, was man als leicht ansieht."

Wir müssen nicht nur so *denken*, sondern aus dieser positiven Geisteshaltung heraus *handeln*. Dann wird der Erfolg nicht fehlen. Schaffe Freude in Dein Leben, sagt Johannes *Müller*, „und wenn keine andere Möglichkeit ist, dann laß dich von der Freude an Deiner Aufgabe elektrisieren. Jauchze ihr entgegen: Ich werde Dich zwingen; laß sehen, ob mir das einer nachmacht! Fassen wir so den Stier bei den Hörnern und zwingen ihn vor uns nieder, statt uns von ihm zertreten zu lassen, dann kommen wir dahinter, daß alle Schicksalsschläge positive Lebenskräfte in sich bergen und uns geben, wenn wir uns positiv zu ihnen stellen.

Haben wir das aber erfahren, dann stehen wir über dem Nebelreich der Trauer; dann wissen wir, daß uns nichts geschehen kann und es in unserer Hand liegt, ob etwas Epoche in unserem Leben macht oder uns zu Boden drückt."

Solch ein positiver Mensch zu werden, ist des Lebensschülers Aufgabe und Ziel. Er soll lernen, allem, was um ihn ist, mit Liebe zu begegnen; alles, was er denkt und tut, soll ein Segen sein für ihn und alle um ihn. Und er wird als höchste Betätigung und Bestätigung seiner positiven Geisteshaltung zu jeder Stunde den Blick hilfsbereit auf andere richten. Er weiß: Ein Wort froher Ermutigung richtet nicht nur den Verzagten auf, sondern schärft zugleich den eigenen Blick für kommende bessere Möglichkeiten. Indem wir anderen aufhelfen, wendet sich unser eigener Weg steiler empor. Indem wir einem an sich selbst Zweifelnden zeigen, daß wir uns seiner guten Kräfte bewußt sind, bewirken wir die Entfaltung des Guten in ihm und öffnen zugleich unser eigenes Herz für den stärkeren Einstrom des Guten in unser Leben.

Der große Mensch sieht alles groß und macht es dadurch zu einem Baustein seines großen Lebens. Er erkennt mit Goethe: „Wie es auch sei, das Leben, es ist gut."

Wer zu dieser Erkenntnis erwacht ist, der ist nicht länger Erleider, sondern Wirker seines Schicksals, denn er ist dann in Harmonie mit dem, der über allem Geschick und Geschehen steht: mit dem Geist des Lebens.

17. WOCHE:

RECHTES SELBSTVERTRAUEN

„Es gibt eine menschliche Allmacht, mit der man sich selbst und die Welt überwindet: Glaube an Gott und an sich selbst."

K. J. Weber

Mit der Erziehung zu positiv-optimistischer Geisteshaltung hängt die Erweckung rechten Selbstvertrauens zusammen, die in den kommenden Wochen ihre Weiterführung und Vollendung in Richtung planmäßiger Selbstbesinnung, Selbst-Entfaltung und Selbstbestimmung findet.

Rechtes Selbstvertrauen ist vertrauensvolle Bejahung und mutige Förderung der immer vollkommeneren Ausprägung unseres innersten Wesens durch uns selbst. Es hat nichts gemein mit Selbstzufriedenheit; denn diese macht träge und ungeübt, während Selbstvertrauen zu kraftvoller Tat, zu freudigem Fortschritt führt. Selbstvertrauen ist auch nicht Selbst*über*schätzung, die der Lebensschüler durch klare Erkenntnis und willige Beachtung der Notwendigkeit weiser Einordnung in das Ganze vermeidet. Beim Lebensschüler entfällt die Gefahr, Extremen zu verfallen, weil er Schwächen im Laufe der Lebensschulung erkennen und überwinden lernt, womit auch deren Überkompensationen wie Hochmut, Selbstüberschätzung und Arroganz fernbleiben.

Nicht mit Unrecht legt der Lebensmeister *Goethe* größten Wert auf die Entfaltung eines gesunden Selbstvertrauens, „ohne das nichts vollkommen wohl gedeihen kann". Er sieht im Selbstvertrauen die Bedingung zur Herbeiziehung des Glücks und betont mit Recht, „daß der Mensch durch Glauben und frischen Mut im schwierigen Unternehmen siegen werde, dagegen bei geringstem Zweifel sogleich verloren sei."

Rechtes Selbstvertrauen ist der Blasebalg, dessen der Seelenschmied bedarf, um das Feuer der Tat-Begeisterung anzufachen und das Eisen des Schicksals mit dem Hammer rechten Denkens in die gewünschte Form zu bringen.

Im Grunde ist Selbstvertrauen Lebens-Vertrauen: Vertrauen zum unendlichen Geist des Lebens, der in und durch uns wirkt. Solch Selbstvertrauen macht selbständig. Selbständigkeit wieder macht gegen Fremdeinflüsse gefeit, während es uns zugleich nach innen öffnet und für neue Inspirationen und Intuitionen empfänglich macht, zur Tat antreibt und Kraft weckt.

Selbst-Vertrauen ist Selbst-Kräftigung. Wer an alles mit unbeirrbarem Selbstvertrauen herangeht, der rüstet sich mit der Kraft aus, seine Aufgabe erfolgreich zu bewältigen. Das Selbstvertrauen entfesselt Energien in ihm, die bisher gebunden waren.

Die Welt ist in ewigem Wechsel. Ob dieser Wechsel zu unseren Gunsten oder zu unserem Nachteil sich entwickelt, hängt von unserem Selbst- und Schicksalsvertrauen ab. Je mehr Selbstvertrauen, desto größeren Einfluß üben wir auf die Umwelt aus, während ein Mensch ohne Selbstvertrauen von der Umwelt übersehen wird.

So notwendig ist es, daß wir uns selbst vertrauen. Es weckt nicht nur die Kräfte unseres Unbewußten und gibt uns mehr Macht über sie, sondern wirkt zugleich auf Herz und Hirn der Menschen um uns bestimmend ein. Je nach dem Wert, den wir uns selbst geben, bewertet uns, mit sicherem Instinkt, die Umwelt. Sie spürt rasch heraus, ob uns jenes „gewisse Etwas" der Sieghaften und Erfolgreichen eignet oder fehlt. Und je nachdem bittet sie uns an das obere Ende der Lebens-Tafel oder drängt uns ans untere Ende.

*

Die Kleinen sorgen, daß andere an sie glauben. Der Große glaubt selbst an sich selbst. Die Kleinen vertrauen mehr dem Gelde als der eigenen Kraft; der Große schöpft aus der Quelle des Reichtums in seinem Innern.

„Ja, wenn ich zehntausend Mark hätte, dann könnte ich..." sagen die Kleinen. Der Große weiß: „Alle Mittel, die ich brauche, sind *in mir,* und was ich gläubig bejahe, rufe ich herbei."

Wenn die Kleinen, von ihrem Schicksal auf die Probe gestellt, das Ersehnte erhalten, werden sie trotzdem versagen, wenn sie nicht lernen, groß zu denken und zu handeln, indes der Große, sich seine Mittel selber schaffend, über sie hinauswächst.

Wir können also in lichten wie in trüben Tagen nichts besseres tun, als die Fackel des Selbstvertrauens vor uns herzutragen, auf daß sie unsern Pfad erhelle. Wenn wir uns selbst vertrauen und dem inneren Lichte folgen, lassen wir uns nicht mehr irreführen, weder von Neidern, die unsere Glaubenskraft schwächen möchten, damit wir fallen, noch von Machtstrebern, die uns ihre Überlegenheit zum Bewußtsein bringen und uns unter ihren Willen zwingen möchten.

Und wenn die einen oder anderen sich uns entgegenstellen? Wir werden kaum erreichen, daß alle für uns sind. Selbst ein Meister der Liebe wie Christus war nicht ohne Feinde. Wo Licht aufflammt, entstehen Schatten. Finden wir uns also mit Gegnern ab und blicken wir nicht auf sie, sondern auf *uns selbst!*

Wir haben ein Recht darauf, an uns zu glauben, denn tausend Möglichkeiten schlummern ungenützt in uns. *In uns* – sagt Trine – „liegen die Ursachen von allem, was in unserem Leben geschieht. Wenn wir zur vollen Erkenntnis unserer inneren Kräfte erwachen, sind wir imstande, unser Leben nach unserem Willen zu gestalten."

Der Glaube an uns selbst verleiht uns die Sicherheit der Wahl der rechten Mittel und die Kraft, Berge von Hindernissen zu versetzen, und er läßt uns der Hilfe von oben teilhaftig werden. „Der Himmel wird Dich nicht verlassen, wenn Du Dir selbst vertraust."

> *Wenn wir schwach scheinen, dann nur in unseren durch falsches Denken geblendeten Augen. In den Augen der Gottheit sind wir stark und mit allen Kräften ausgerüstet, unser Leben zu meistern. Sie bestimmte uns zu Herren der Erde und zu Bezwingern des Alls, zu berufenen Mit-Schaffern an der All-Selbstverwirklichung!*

Wohlgemerkt: nicht unsere kleinmenschliche Persönlichkeit – die „persona", das heißt: die Erden-Maske – besitzt diese vom Schöpfer geschenkte schicksalbezwingende Macht, sondern der Ewige hinter der Maske, der Gottesfunke in uns, der ein Teil ist der Gottheit des Alls, der Kraft ist aus Gottes Kraft. Diese beiden gilt es zu unterscheiden und dem Mächtigeren, unserem *Selbst*, zu vertrauen.

An unser Selbst glauben heißt an den Geist des Lebens glauben, der in und durch uns wirkt und uns nie im Stich läßt. Dieser hohe Glaube ist, wie Herder betont, „weder Wissen noch Ahnen, weder ein bloßes Hoffen noch Wünschen; er ist eine stille Zuversicht des Unsichtbaren nach dem Maßstab des Sichtbaren, ein Ergreifen der Zukunft", die schon jetzt keimhaft in uns liegt.

Lassen wir uns nicht von der kleinen Eichel beschämen, die in stillem Selbstvertrauen im Laufe der Zeit zu einem mächtigen Eichbaum heranwächst. Sollte aus uns Geringeres hervorgehen! Wie in der Eichel die Eiche, so schlummert im Menschen ein Tausendmal-Größerer seiner Entfaltung entgegen – nicht ein „Übermensch", ein verlängerter Schatten des heutigen Menschen, sondern ein Gottmensch, ein Meister des Schicksals und der gottdurchwirkten Welt.

Schon jetzt ist die Kraft des Tausendmal-Größeren in uns mächtig. Gehen wir in die Stille und lauschen wir schweigend in uns hinein, dann hören wir das Rauschen der unter-irdischen Feuerströme und lernen, die schlafende Kraft Schritt um Schritt zu entfesseln. Dazu ist nötig, daß wir den Blick hinfort auf alles richten, was uns besser und mutiger macht, und uns immer aufs neue besinnen:

> *„Ich denke groß von mir! Ich vertraue der Kraft in mir und ihrer Hilfe, die mir immer nah ist, wenn ich sie brauche. Durch die Kraft in mir habe ich Erfolg in allem, was ich beginne!"*

Sind einmal die ersten Funken des Feuerstroms der inneren Kraft auf uns übergesprungen, haben wir den unvergänglichen Kern unseres Wesens und seine Macht über alles äußere Geschick und Geschehen erkannt, dann wissen wir:

Nicht der, der wir äußerlich scheinen, ist es, der jedes Schicksal zwingt, sondern unser *inneres Selbst*, der schlummernde Riese in uns.

Diesen *„Riesen in uns"* gilt es durch unser Vertrauen zu wecken. Es gilt, zum Bewußtsein des Einsseins mit ihm zu erwachen, der wahrhaft von sich sagen kann: *„Ich bin der Meister meiner selbst und meines Schicksals Schmied!"* Denn dieses „innere Selbst" ist das Zentrum unseres Schicksalsrades, an dem alles hängt, um das sich alles dreht, und die Quelle unserer Kraft.

„Wenn es einen Glauben gibt, der Berge versetzen kann, so ist es der Glaube an die eigene Kraft." Denn durch den Glauben an uns selbst mehren wir unsere Sicherheit im rechten Entscheiden und Handeln. Diese Sicherheit wieder steigert unser Erfolgsvermögen. Durch erfolgbejahendes Handeln erringen wir den Erfolg. Der erste Erfolg wieder zieht weitere nach sich und weckt das Vertrauen der Umwelt. Und das steigende Vertrauen der Umwelt bewirkt, daß uns immer mehr Hilfe zuteil wird und die Hindernisse uns aus dem Wege geräumt werden.

So führt die Leiter des Lebenserfolges Stufe um Stufe hinan. Es gilt nur, den Fuß mutig auf die unterste Sprosse zu setzen, selbstvertrauend aufwärts zu blicken und die Füße übereinanderzusetzen – bis wir auf der Höhe stehen. Denn immer und überall bestätigt sich die Regel:

Glaube an Dich selbst, – und alles neigt sich Dir zu!

Traue Dir Großes zu, – und alle Welt beginnt, Großes von Dir zu erwarten!

DU BIST MEHR, ALS DU SCHEINST!

Mancher Lebensschüler wird bereits erfahren haben, daß um so mehr Kräfte in ihm zur Entfaltung kamen, je fester er an sich glaubte. In Zukunft wird er immer eindeutiger erkennen, daß weit mehr Kräfte in ihm sind, als er ahnte, daß er viel größer, fähiger und mächtiger ist, als er bisher wußte.

Nur wenig ist es, was sich hier schwarz auf weiß voraussagen läßt. Denn das Ungeborene hat noch keinen Namen.

Der werdende Seelenschmied wird hier vor die Aufgabe gestellt, die Fragen nach Reichtum und Art seiner inneren Kräfte durch sich selbst, sein *höheres Selbst,* beantworten zu lassen.

Er wird dazu in die Stille gehen oder die Frage nach seinem wirklichen Können, nach der Reichweite seines Vermögens abends vor dem Einschlafen in sich hineinsprechen, um in der Stille der Nacht oder am Morgen beim Aufwachen des inneren Rates teilhaftig zu werden. Je nach der Wachheit seines Innern wird ihm dann mehr oder minder bewußt, daß diese oder jene Eigenschaft Entfaltung verlangt, daß diese oder jene Kraft oder Fähigkeit in ihm schlummert und es bei rechter Entfesselung möglich macht, diese und jene Erfolge zu erzielen.

Er wird erkennen, daß er nie zuviel von sich verlangen kann, daß er größer ist, als er schien, und mehr kann, als er wußte.

Gase lassen sich bekanntlich auf kleinstem Raum zusammendrängen und halten. Sowie der Behälter geöffnet wird, folgen sie ihrer natürlichen Neigung, sich auszudehnen und einen möglichst großen Raum zu erfüllen. Nicht anders steht es um die Kräfte unserer Seele: sie sind ausgedehnter, größer, als sie scheinen, sie sind nur auf kleinstem Raum zusammengepreßt und dazu noch durch unser bisheriges falsches und kleingläubiges Denken in ihrer Entfaltung gehemmt.

Nun wir aber beginnen, uns selbst zu vertrauen und an unsere innere Kraft zu glauben, sprengen unsere Seelenkräfte ihre Fesseln, dehnen sich aus, breiten die Fülle über unser Leben aus und lassen uns – mit Whitman – befreit erkennen:

„Ich bin größer, besser, reicher, als ich gedacht;
Ich wußte nicht, daß ich so viel Gutes enthielt.“

Das ist in der Tat die grundlegende Erkenntnis, die im Herzen des Lebensschülers Wurzel fassen muß: „Du bist mehr, als Du scheinst!“ Bald wird sie ihre Ergänzung finden durch den weiteren Schluß: „Und Du kannst mehr, als Du ahnst!“

Was uns von der Fülle des Lebens trennt, sind unsere Kleingläubigkeit und unser Mangel an Mut, die uns so leicht geneigt machen, uns vor dem Spott der Umwelt zu beugen, statt uns zu besinnen, daß nicht der augenblickliche Zustand das Entscheidende ist, sondern die Höhe des Ziels, das wir uns setzen.

Selbstschätzung fordert die Lebensschule vom Seelenschmied, – also weder Selbstüberschätzung noch Selbstunterschätzung. Der rechte Seelenschmied wird sich weder anderen unterlegen fühlen noch wird er sich über andere erhaben dünken, weder Minderwertigkeitsgefühlen zum Opfer fallen noch dem Dünkel erliegen. Denn Dünkel ist nichts als eine auf Minderwertigkeitskomplexen gründende Abwehr-Funktion, Tarnung innerer Schwäche. Selbstvertrauen dagegen erwächst aus dem Bewußtsein lebendiger Gegenwart der inneren Kraft und der Hilfe von innen und weiß sich verpflichtet, nie stille zu stehen, sondern – eben weil es erkennt, daß der Mensch *mehr* ist, als er scheint – vorwärts zu schreiten, immer mehr latente Talente zu entfalten und von jedem Sieg zu größeren Siegen aufzusteigen.

„*Im Innern ist ein Universum auch*", sagt Goethe, – eine Welt, nicht kleiner als der Kosmos, der sich um unsere Erde dehnt. Wir sind „tiefer, als der Tag gedacht", gewaltiger, als die Umwelt und wir selbst bis heute ahnten. Zehnmal mehr, hundertmal mehr Kräfte harren in uns der Entfaltung, verlangen danach, uns über uns selbst hinauszuheben und uns zu immer größeren Vollkommenheiten hinanzuleiten.

Und wieso das? Weil der Geist-Grund des Makrokosmos, des großen Alls, und der Geist-Grund des Mikrokosmos, des Seelen-Alls, der gleiche ist, weil beider Zentrum eines ist: der *Geist des Lebens.* Je tiefer wir nach innen dringen, desto weiter dehnt sich unser Bewußtsein aus.

Wir können Wurm sein und Gott, weniger und mehr als Mensch. Das eine werden wir, wenn wir dem Ruf des Erwachens nicht folgen, das andere, wenn wir die Forderung der Lebensschule erfüllen: Besinne Dich täglich aufs neue darauf, daß Du mehr bist, als Du scheinst! Lege Deinen Ehrgeiz darein, Deine schlummernden Kräfte zu entfesseln. Töte den Wahn des Nichtkönnens durch die stete Besinnung auf die Wahrheit, daß der Mensch im rechten Augenblick auch stets das Rechte kann!

Schätze Dich nicht zu gering ein und lege Deinen Wert nicht vorzeitig fest; denn wie hoch Du auch die Summe einsetzest, immer bleibt sie eine Unterschätzung Deines wahren Wertes.

Der Gott in Dir ist über aller Wertung, das Vollkommene nicht am Vergänglichen meßbar. Dein innerer Kern ist vollkommen. Diese Vollkommenheit Deines Innern auch äußerlich zu offenbaren, ist Deine Bestimmung. Die Gottheit, sagt Goethe, „hat Dich vollendet einst gedacht und dargestellt." Sie fordert von Dir, Deine eingeborene Vollkommenheit aus eigener Kraft durch eigenes Tun immer leuchtender zu offenbaren.

Der rechte Seelenschmied ist sich dieser göttlichen Verpflichtung bewußt: er begrenzt sich nicht selbst, sondern umspannt mit seinem Willen des Daseins ganzen Kreis. Er weiß: ich bin ein Kind der Gottheit, und aller Reichtum des Alls ist mein.

Alle Dinge werden Diener dessen, der weiß, daß er ihr Herr ist! Die meisten wissen es nicht – darum dient ihnen nichts und niemand. Sie träumen einen „Traum" des Lebens, der in Wahrheit weder Traum noch Leben ist. Das Leben ist kein Traum, sagte Feuchtersleben, „es wird zum Traum nur durch die Schuld des Menschen, dessen Seele dem Ruf des Erwachens nicht folgt."

SELBSTVERTRAUEN BRINGT ERFOLG

Nicht Unvermögen also steht dem Erfolg im Wege, sondern Mangel an Selbstvertrauen.

Von diesem Selbstmißtrauen gilt das gleiche, was von der Furcht und Sorge gilt: es stößt die uns förderlichen Dinge und Umstände ab und zieht die schädlichen herbei: es bewirkt, daß uns andere Menschen nicht helfen, sondern hindern. Wer sich solch Denken zur Gewohnheit macht, der macht sein „Pech" chronisch.

Raffen wir uns auf! Lernen wir, recht zu denken, uns selber zu vertrauen, an unsere innere Kraft zu glauben und Großes von uns zu erwarten! Es gilt, die selbstverständliche Überzeugung des Glückhabens in uns zu verankern. Es gilt zu erkennen, daß unser Erfolg durch nichts bestimmt wird als durch unsere eigene Geisteshaltung.

Damit ist der Weg zur *praktischen Nutzung* des Gelernten gewiesen: Es gilt zunächst einen Tag hindurch *bewußt die Haltung rechten Selbstvertrauens einzunehmen,* zu handeln, als ob wir bereits von uneingeschränktem Selbstvertrauen erfüllt und überzeugt seien, daß alle Dinge sich nach unserem Willen wandeln:

Lassen wir das Bewußtsein unserer inneren Kraft und Macht in unserer *Haltung* und *Bewegung* lebendig Ausdruck finden! Benehmen wir uns und handeln wir wie ein Mann, der weiß, was er kann, was er wert ist und was er will. Unser Benehmen und unser Tun sei aufrecht, siegbejahend und entschieden.

Achten wir bei allem, was wir tun, darauf, daß es lustbetonte Ausprägung unseres Selbstvertrauens wird. Wir werden alle Eigenschaften bejahen und betonen, deren Entfaltung wir erstreben, werden an unsere Kraft, unser Können, unsere Ruhe, unsere starken Nerven, unsere Gesundheit und unsere glückliche Hand in allen Dingen denken und davon sprechen – immer eingedenk der LS-Regel, daß wir das, was wir in Gedanken und Worten bejahen, in die Erscheinung rufen. Wenn wir uns, so denkend, stets das Höchste zutrauen, werden wir von selbst immer Höheres leisten. „Um das Unmögliche bis zu einem gewissen Grade möglich zu machen" – erinnert uns Goethe – „muß sich der Mensch nur keck mit rastlosem Streben an das scheinbar Unmögliche machen."

Kümmern wir uns nicht um die Meinungen anderer, lassen wir uns nicht von Mißgünstigen und Kleingläubigen ins Bockshorn jagen, sondern seien wir uns selber Richtschnur und ermuntern wir uns immer aufs neue:

„Durch die Kraft in mir werde ich mein Leben heute in jeder Hinsicht meistern!"

An den folgenden Tagen setzen wir diese Selbsterziehung fort. Allmählich wird aus der neuen Haltung eine Neigung und schließlich eine Gewohnheit.

Was anfänglich bloßes „Tun als ob" war, wird allmählich Gesinnung. Das zuerst nur „Eingebildete" wird allmählich in uns ausgebildet: Die Haltung des Selbstvertrauens wird uns schließlich zur zweiten Natur.

Und bald stellen wir noch ein weiteres fest:

In dem Maße, wie unsere Selbstsicherheit zunimmt, wächst das Ansehen, das wir bei der Umwelt genießen. Denn die Meinung der Umwelt wird weitgehend von unserer eigenen inneren Meinung über uns selbst bestimmt. Die bessere Meinung, die wir von uns gewinnen, wird schließlich auch die Meinung der Umwelt. Dadurch wiederum wird unser Selbstvertrauen gefördert, und die Zahl unserer Erfolge wächst.

Diesen Kreislauf gilt es ins Rollen zu bringen, dann wickelt sich alles weitere von selbst ab. In den kommenden Wochen werden weitere Hilfsmittel hierzu gegeben, so daß der Lebensschüler bis zum Ende des „Jahresplans" ein Selbstvertrauen entwickelt, das mit wachsender Kraft Fehlschläge fernhält und Erfolge herbeizieht, und so die Voraussetzung schafft für eine erfolgreiche Meisterung auch der an den Jahresplan anschließenden *Oberstufe* der Lebensschule, die auf die Selbstverwirklichung und lebendige Partnerschaft mit der inneren Führung abzielt.

18. WOCHE:

ENTFALTUNG DER SCHÖPFERISCHEN KRÄFTE

„Welch ein Meisterwerk ist der Mensch! Wie edel an Vernunft! Wie unbegrenzt an Fähigkeiten!" Shakespeare

Wir sind Ebenbilder der Gottheit – wir zaubern Dinge aus dem Nochnichtsein ins Dasein, geben toten Dingen Leben und Kraft, wandeln das Gesicht der Welt. Wir müssen nur lernen, das von nun ab *bewußt* zu tun.

Denn unser Schöpfertum bedarf zu seiner Entfaltung der *Selbstbewußtwerdung* durch Selbstbejahung. Wir brauchen mutweckende produktive Stimmungen, die unser Tun durchkraften und den Erfolg herbeiziehen. Wir müssen unser Geist-Bewußtsein erweitern – im gleichen Maße erwacht unser Schöpfertum.

Lernen wir, uns Einblick in die innerseelische Dynamik zu verschaffen, damit wir im Stande sind, die wirkstarken Kräfte unseres Innern erfolgbringend zu betätigen:

Der Geist in uns ist die einzige Wirklichkeit, die ist und *wirkt*. Seine Macht ist größer als die des Leides und der Krankheit; denn der Geist in uns ist es, der uns wieder heilt und stark macht. Während alle Not der Scheinwelt zugehört und mit ihr vergeht, ist der Geist in uns Sein und Dauer.

Und wie finden wir ihn? Indem wir in die Stille gehen, in uns selbst hineinlauschen und uns ihm in schweigender Versenkung einen. Denn der Geist kommt nicht von außen, sondern aus den Tiefen des Innern. Und nicht fern dem Leben wird er gefunden, sondern mitten im Alltag können und sollen wir ihn durch uns wirken lassen. Die Sinnendinge vermögen wir immer nur äußerlich zu *be*greifen. Die inneren Bedinger dagegen – Geist und Gott – können wir innerlich *er*greifen, indem wir mit ihnen eins werden. Jeder kann den Geist in ihm als Wirklichkeit erleben, sich ihm einen und dadurch zu einem neuen Menschen werden.

Im praktischen Leben sprechen wir statt vom „Geist" vom „Genius in uns". Unser Ziel ist, diesen *schlummernden Genius* zu wekken und seine volle Macht zu entfalten. So wäre demnach jeder Mensch ein Genie? Ja und nein. Die meisten Menschen haben eine falsche Auffassung vom Wesen des Genies. Sie wähnen, Genialität erwache im Menschen ohne sein Zutun und ermögliche ihm schöpferische Leistungen ohne Arbeit. Das ist ein Sehfehler. Genie und Arbeit sind in Wahrheit unzertrennlich. Echte Genialität ist stets mit zähem Fleiß, Zielsetzung und Erfolgsbejahung, rechtem Denken und planvollem Tun verbunden.

In jedem ist ein schlummernder Genius; jeder besitzt Kräfte, die ihn Größtes wirken lassen könnten. Er muß sich nur hüten, aus ihrer bisherigen Nichtbetätigung auf ihr Nichtvorhandensein zu schließen. Sie sind da, sie müssen nur bewußt geweckt und angewandt werden.

Der geniale Mensch unterscheidet sich vom Alltagsmenschen nicht durch ein Mehr an Gaben und Kräften, sondern dadurch, daß er sich vollkommener auf sich selbst und seine inneren Kräfte besann, die Fähigkeiten seiner Seele lebendiger bejahte und immer einschränkungsloser betätigte. So ward der Genius in ihm lebendig, während er in den meisten Menschen schlummert.

Wenn wir diesen „Genius" als den *Sinn für das Wesentliche in den Dingen und Umständen* bezeichnen, so ist der geniale Mensch ein wesentlicher Mensch. In der Tat: das Genie denkt, will und wirkt nur Wesentliches. Sein Blick durchdringt die Anhäufungen des Unwesentlichen und erfaßt das Notwendende. Sein Kraftquell ist die Stille. Aus diesem Kraftquell kann jeder schöpfen, indem er sich nach innen wendet. In der Stille erwachen neue Gedanken in unserem Herzen, gehen uns neue Gesichtspunkte auf, werden uns nutzbringende Einfälle bewußt, offenbaren sich bessere Möglichkeiten des Vorwärtskommens.

Versuchen wir in einer stillen Stunde, uns dem „Genius in uns" zu nähern, sein Wesen um einiges zu enträtseln.

Was erkennen wir? Etwa dieses:

Der „Genius“ in uns ist unser innerstes Selbst. Er ist das Licht in uns; der sichtbare Mensch ist sein materieller Schatten. Er ist der Kern; der Sinnenmensch die Hülle.

Stürzen wir uns mutig in die Tiefen unseres Seins, dann fühlen wir uns aufgefangen von einer Kraft, die wir als den „Riesen in uns“ erleben, als den Tausendmal-Stärkeren:

Dieser „Riese in uns“ ist die Potenz der gewaltigen Schöpferkräfte in den Tiefen unseres Bewußtseins, Unterbewußtseins, Überbewußtseins und Urbewußtseins, er ist der Ur-Wille unserer letzten Tiefen. Er ist tausendmal mächtiger als alle Kräfte des Sinnenmenschen. Denn der Sinnenmensch, unser Wachbewußtsein, ist bei aller Verankerung im Unbewußten diesseitiger und vergänglicher Natur; während der „Riese in uns“, der Genius in uns, im Jenseitigen wurzelt, im Inseits, im Ewigen, im Göttlichen.

Doch noch mehr erkennen wir, wenn wir in der Stille der Stimme in uns lauschen:

In den Tiefen unseres Unbewußten hängen wir mit allem Lebendigen schicksalhaft zusammen. So stehen allen die gleichen Tiefen-Kräfte, die gleichen schöpferischen Energien zur Verfügung. Was die Menschen unterscheidet, ist der bessere Gebrauch, den einer im Vergleich zu andern von den inneren Kräften macht, und das reinere Eingestimmtsein, das die einen zu besseren Werkzeugen des Geistes des Lebens macht als die anderen.

Auf diesen rechten Gebrauch der genialen Innenkräfte und die seelische Gleichrichtung kommt es an. Meistern wir diese Kunst, dann erfahren wir, daß die Inanspruchnahme größerer Kraftmengen keine Kraftminderung, sondern im Gegenteil ständigen Kraftzuwachs mit sich bringt. Das *Gesetz des Wachstums,* das hier wirkt, wird uns verständlich, wenn wir das All-Unbewußte einem Ölfeld vergleichen und in den genialen Menschen jene Stellen sehen, an denen mit Erfolg neue Ölquellen angebohrt wurden.

In jedem können die „Brunnen der Tiefe“ erschlossen werden. Jeder ist ein Wächter unermeßlicher Schätze. Es gilt nur, diese Schätze zu werten, den inneren Kräften mutig Aufgaben zu stellen und immer größeres von ihnen zu erwarten. Die Fülle ist immer in uns, aber wir müssen sie durch rechtes Denken und Tun für unser Leben fruchtbar machen.

Wir müssen unsere wirkliche Größe erkennen. Denn so ist es: wir halten uns für klein und sind doch groß. Wir wähnen uns arm, und sind doch reich. Wir glauben uns unbegabt, und sind verwunschenen Prinzen gleich, deren Königreich auf sie wartet. Wir müssen nur zu uns selbst erwachen.

Alles ist in uns. Wir können nur werden, was wir schon sind, und nur erwerben, was wir – als Anlage, in unserem Seelengrund – bereits besitzen. Werden heißt: uns selbst offenbaren; erwerben heißt wecken.

Es gilt also, in immer innigere Berührung mit den Tiefen unseres Selbst zu gelangen, – sei es in der Stille, sei es durch meditative Versenkung oder durch bewußte Befolgung der Anleitungen des „Jahresplans", innerhalb dessen unsere schlummernde Genialität allmählich zur Entfaltung kommt.

Sind die inneren Kräfte einmal geweckt, dann gilt es, sie durch zielbewußte Konzentration und ausdauernde Selbstarbeit zu gesundem Wachstum und steter Höherentwicklung zu bringen und zugleich dem Einstrom neuer Kräfte aufgeschlossen zu bleiben.

Je größer dabei unsere vertrauende Gewißheit ist, daß der Genius in uns uns immer helfen wird, desto vollkommener wird die Hilfe von innen. Er fordert unsere vertrauende Hingabe, um uns zu fördern und zur Fülle zu führen. *Gleichwie die Kraft unseres Körpers mit der Leistung wächst, so wächst die Kraft des Genius in uns mit der Bejahung.*

Der Führung von innen können wir restlos vertrauen. Denn wenn wir mit ihr eins sind, wirkt die Kraft in uns unser Wohl, wir sind nicht länger heimatlos und hilflos, sondern daheim und geborgen und dann wandelt sich das Antlitz unseres Lebens und offenbart uns, daß wir werdende Götter sind.

Der Genius in uns ist das eigentlich Dynamische in uns, das wesentlich Wirkende. Ihm eignen Kräfte und Fähigkeiten, die alles, was Psychologie und Metapsychologie bisher erschlossen haben, in den Schatten stellen; ihm eignet, da er ein Funke aus dem Urlicht der Weltengottheit ist, göttliche Kraft.

SCHAFFUNG VON PRODUKTIVEN STIMMUNGEN

Durch tägliche Besinnung auf den Genius in uns rufen wir unser schlummerndes Schöpfertum allmählich zur Selbstentfaltung. Neben dieser Selbstbesinnung stehen dem Lebensschüler eine Reihe bewährter Hilfsmittel zur Schaffung produktiver Stimmungen zur Verfügung.

Unter „Stimmung“ verstehen wir die Gemütslage eines Menschen; unter „Stimmungen“ chronische Gefühle, Gemütsempfindungen, die nicht wie die Affekte rasch abebben, sondern längere Zeit anhalten, ein besonders starkes Beharrungsvermögen zeigen und die Tendenz, den ganzen Bewußtseinsinhalt ihrer eigenen Schwingung gleichzurichten.

Diese Stimmungen sind von Nachteil, wenn sie negativer Natur sind, von Vorteil, wenn sie positiv sind. Es gilt daher negative Stimmungen zu überwinden und positive zu züchten.

Positive Stimmungen sind stets produktiv: es sind Zeiten, in denen uns das Erkennen von Lebenszusammenhängen leichter wird, in denen uns jede Arbeit Freude macht und leicht von der Hand geht, in denen unsere Lebensschwingung um eine Oktave höher liegt als im Alltag, in denen wir uns dem Leben, das immer höher führt, inniger verbunden fühlen.

Solche produktiven Stimmungen bewußt in Gewohnheiten zu verwandeln, ist die Aufgabe dieser Woche. Wie unsere Stimmung, so ist unser Erfolgsweg! Unsere Seelenstimmung wirkt immer auch umstimmend und bestimmend auf die Wesen, Dinge und Bedingungen um uns. Wir ziehen herbei, was unserer herrschenden Stimmung gemäß ist: Förderliches und Schädliches.

Wenn wir uns bewußt schöpferisch stimmen, werden wir es. Die dann in den Tiefen unserer Seele aufspringenden magnetischen Wirbel saugen neue Schöpferkräfte herbei, die in den Stromkreis unseres Lebenserfolgs eingeschaltet werden. Bewußte Züchtung produktiver Stimmungen hat zudem das Aussterben der negativen Stimmungen zur Folge. Dieser Umwandlungsprozeß geht manchmal langsam vor sich und ist von Rückfällen begleitet; aber wer ausharrt, wird um so herrlicher belohnt.

Bei dieser Selbsterziehung ist es weder nötig noch weise, Stimmungen gewaltsam zu unterdrücken. Denn Stimmungen sind Kräfte, die nach Betätigung verlangen. Es gilt vielmehr, jede Stimmung in rechter Weise in den Dienst der Lebensmeisterung zu stellen, auch widrige Winde zum Vorankommen zu benutzen, also negativen Stimmungen nicht nachzugeben, sondern ihre Kraft unter Beachtung des Gesetzes des kleinsten Kraftaufwands positiven Zwecken dienstbar zu machen. Lebensglück und Lebenserfolg hängen zu einem großen Teil davon ab, ob es uns gelingt, positiv gestimmt zu bleiben, auch wenn die Umstände widrig scheinen.

Ist unsere Stimmung pessimistisch, *betrübt,* dann sind unsere Urteile *getrübt,* und gleichermaßen unsere Entscheidungen und Handlungen. Ist unsere Stimmung *sonnig,* sind auch unsere Wertungen durchsonnt und unsere Entscheidungen und Handlungen *besonnener* und besonnter.

Unsere vorherrschende Seelenstimmung bestimmt aber auch die Kräfte der Umwelt in ihrem magnetischen Verhältnis zu uns:

Strahlt unser Gedankenkraftfeld Mißmut oder Hoffnungslosigkeit aus, wirken wir abstoßend auf alle Glückskräfte in den Seelen und Dingen um uns, aber anziehend auf alles, was uns gleichgestimmt ist: Menschen kommen uns in den Weg, denen es ‚ebenso schlecht' geht wie uns, Krankheiten, Mißerfolge stellen sich ein.

Ist hingegen unsere Seelenstimmung positiv, selbstvertrauend, schicksalliebend, lebensbejahend, dann schalten sich alle aufbauenden Kräfte in und um uns, aus Nah und Fern, unserem Wollen gleich, und aus den gleichen Verhältnissen, aus denen uns vorher Unheil entgegenwuchs, erwächst uns nun Förderung und Glück. Alles wandelt sich zu unseren Gunsten. Unsere positive Seelenstimmung schafft das Geist-Gerüst einer neuen, besseren Wirklichkeit.

Wir wollen uns nun einige erprobte *Mittel rechter Seelenstimmung* dienstbar machen, beginnend mit den Hilfen, die zur Überwindung von Verstimmungen führen, und allmählich zu jenen übergehend, die der Schaffung produktiver Stimmungen dienen.

1. Mißstimmungen wegatmen!

Das einfachste Umstimmungsmittel sind ein paar Tiefatemzüge am geöffneten Fenster oder im Freien.

Wenn wir tiefer atmen, reicht der Kiel unserer Gedankenboote tiefer hinab, der Gedanken-Gang wird ruhiger und sicherer und die Lebens-Tüchtigkeit unseres Denkens größer.

Wer tief einatmet, wird empfänglicher für Inspirationen. So heißt Inspiration für den Körper: Einatmung, für die Seele: Eingebung. –

Verstimmungen vertreiben wir durch diese Übung:

Lang auf den Rücken legen, Körper und Gedanken entspannen, auf den Atem konzentrieren, bis der Atem rhythmisch ist. Dann nach tiefer Ausatmung bewußt voll einatmen; Gedanken auf Harmonie und Liebe, Schaffensfreude und Lebenskunst einstellen. Dann Atem anhalten; hierbei Brust etwas einziehen, so daß die Luft zum Unterleib strömt; darauf Unterleib einziehen, damit die Luft in die oberen Lungenpartien zurückströmt. Beides wiederholen. Jetzt langsam wieder ausatmen; alle Disharmonie und Verstimmung in Gedanken hinausatmen. – Übung dreimal wiederholen. Dann kraftbewußt aufspringen.

2. Sofort anfangen!

Ein Feind schöpferischer Seelenstimmung ist die Unentschlossenheit, die zuweilen krankhafte Formen annimmt, so daß man es nicht über sich bringt, einen notwendigen Besuch zu erledigen oder einen dringenden Brief zu schreiben. Nichts ist leichter zu überwinden als diese Trödelsucht, diese Trägheit des „Faulpelzes in uns", der sich gern um eine Pflicht herumdrückt. Hier hilft: ohne Überlegen das Nächstliegende tun und dann das folgende. Die Arbeit wird von selbst rasch leichter, wenn wir sie bedingungslos angreifen, als wäre sie leicht.

Immer kämpfen zwei Kräfte in uns um die Vorherrschaft: Schöpferkraft und Trägheit. Die Kraft, auf die wir uns konzentrieren, erwacht und wächst. Bejahen wir unsere Schöpferkraft und *handeln* wir, wird die Gegenmacht schwach.

Das Stichwort des Erfolgreichen heißt nicht „Morgen" oder „Ein andermal", sondern *„Jetzt!" Tue es jetzt!* ist die Forderung der LS und ein wunderbares Selbstbestimmungs-Mittel. Wir durchschneiden damit die selbstgeschaffenen Fesseln und machen uns frei und tüchtig.

3. Tue, als ob . . . !

Wir rufen eine gewünschte seelische Stimmung schon hervor, indem wir *tun, als ob sie bereits da sei,* durch Miene und Haltung bewußt dem erwünschten Zustand Ausdruck geben.

Wir versetzen uns in die körperliche Beschaffenheit, die der gewünschten Stimmung entspricht, ziehen die Mundwinkel hoch, nehmen die Miene an, üben die Gesten, die der betreffenden Stimmung entsprechen, und tun auch sonst, was dieser Stimmung gemäß ist.

Um unsere Stimmung zu heben, heben wir bewußt den Kopf und die Stimme.

Gesenkte Stimmung geht mit gesenkter Kopfhaltung und Dämpfung der Stimme einher. Nach den Gesetzen der leib-seelischen Wechselwirkung können wir durch Änderung der Kopfhaltung und Sprache und entsprechende Wandlung auch unseres sonstigen Verhaltens eine Änderung der Seelenstimmung erwirken. Wenn wir dabei zugleich das erstrebte Ziel in farbenprächtigen Bildern vor unser inneres Auge stellen und daneben auch die Macht des Wortes nutzen, indem wir uns entsprechende Selbstbefehle erteilen, vermögen wir uns schnell in eine höhere Stimmung zu versetzen und kommen über Arbeitshemmungen leichter hinweg. Wir packen dann die Arbeit an, *als* ob sie leicht und wir heiteren Mutes seien, und meistern sie.

4. Den Körper betätigen!

Ein Stimmungswecker, der mit dem ‚Tun als ob' verwandt ist, ist das wohlige Gähnen, Recken und Strecken des Körpers. Es löst Spannungen und Verkrampfungen, bringt das Blut in Wallung und belebt Atem und Geist.

Man stelle sich auf die Fußspitzen, strecke die Arme hoch, dabei tief atmend, falte die Hände hinter dem Kopf, dabei den Atem zurückhaltend, und stecke dann die Arme aufwärts, um sie nun mit gespannten Muskeln unter tiefem Ausatmen seitwärts absinken zu lassen und sich dann zu entspannen.

Ein weiterer Stimmungs-Anreger:

Man mache einige leichte gymnastische Übungen wie Rumpfbeugen, -Drehen, -Senken und -Heben, Arm- und Beinschwingen. Im Anschluß daran schreite man, wenn möglich im Freien, sonst im Arbeitszimmer, eine kurze Strecke 6–10 Mal bei aufrechter Körperhaltung auf und ab – unter Konzentration der Gedanken auf den Atem.

5. Die Zeit nutzen!

Ist man zu einer Arbeit nicht aufgelegt, schließe man daraus nie, daß man auch zu keiner anderen Arbeit gestimmt sei. Die beste Erholung von einer Arbeit, die den Geist ‚ermüdet' hat, ist oft nicht das Ausspannen, sondern die lustbetonte erfolgerwartende Hinwendung auf eine andere Arbeit. Nach einer Weile intensiver Beschäftigung mit dieser Zwischenarbeit ist die Umstimmung der Seele soweit gediehen, daß wir zu unserer Hauptarbeit zurückkehren können.

Nicht minder wichtig für die Steigerung unserer Leistungsfähigkeit ist die Gewohnheit, *jede* schöpferische Stimmung, die uns überkommt, sofort auszuwerten, also niemals eine solche Stimmung ungenützt vorübergehen zu lassen; ist sie doch ein Ruf an uns, Größeres zu leisten.

Zum mindesten werden wir die guten Einfälle, die uns kommen, sofort niederschreiben, um sie dann dem Tage ihrer Verwendung entgegenreifen zu lassen. Denn ist die Stimmung einmal entschwunden, kehrt sie selten zurück, und nie in der gleichen Form.

6. Stimmungsdämpfer meiden!

Wir halten unproduktive Stimmungen von uns fern, wenn wir lernen, uns allen Banalitäten zu entziehen, von nichtssagenden Menschen und Dingen, Neidern und Kritikastern nicht unsere Zeit stehlen zu lassen, sondern jeden Augenblick mit höherführenden Gedanken und Taten auszufüllen, immer mit etwas beschäftigt zu sein, was in die Zukunft weist und uns größer, besser und stärker, glücklicher und reicher macht.

Auch *Schweigen* ist ein wertvolles Hilfsmittel: nicht nur das Schweigen als wortlose Kraftberührung mit der geistigen Ebene in der Stille der Versenkung, sondern auch das Schweigen über Pläne und Ziele, die man gerade verfolgt.

Unzeitiges Reden bedeutet immer Kraftabgabe und damit Schwächung der schöpferischen Stimmung. Schweigen dagegen – das Verschlossenhalten des Mundes nach außen wie das Offenhalten des Herzens nach innen – heißt die seelische Hochstimmung fördern.

7. Sich lockern!

Der leichteren Herbeiführung positiver Stimmungen dient die *Entspannung:* Wir ziehen dadurch nicht nur alle Verspanntheiten aus Körper und Gemüt, sondern zugleich auch aus dem, was uns verstimmt, heraus, wir entladen es gewissermaßen, machen es neutral.

Gut ist es, wenn wir dabei die Entspannung der Arme und Beine bis zum Schwere- und Wärme-Erlebnis durchführen, wobei Rechtshänder den rechten Arm vor dem linken, und das linke Bein vor dem rechten entspannen, Linkshänder umgekehrt. Wir konzentrieren uns ganz auf die Schwere und Wärme der Glieder. Auch dadurch wird dem Anlaß der Verstimmung alle Gefühlskraft, mit der wir ihn geladen hatten, entzogen – um so sicherer, wenn wir uns im Anschluß an die Entspannung sofort mit unserem *ganzen* Denken und Fühlen auf ein stark gefühlsbetontes positives Vorstellungsbild, eine hohe Hoffnung, eine beglückende Vor-Freude konzentrieren.

8. Positive Gegen-Gedanken wecken!

In manchen Fällen wird es kaum möglich sein, eine Verstimmung während der Arbeit durch eine Entspannungsübung zu überwinden. Hier bedienen wir uns des einfacheren Mittels der sofortigen bewußten Hinwendung auf entgegengesetzte gefühlsbetonte positive Vorstellungsbilder in dem Augenblick, wo ein negatives Gefühl, eine Mißstimmung uns bewußt wird.

Wir rücken das positive Bild in das Blickfeld unseres Bewußtseins und halten es dort einige Augenblicke fest, bis wir fühlen, daß die Grundschwingung unseres Gedankenkraftfeldes eine andere, positive geworden ist.

Je früher wir einer negativen Stimmung begegnen, um so leichter überwinden wir sie, am leichtesten im Augenblick ihres Auftauchens. Hier genügt einfache Blickwendung zum entgegengesetzten Positiven: zu frohen Hoffnungen oder angenehmen Erinnerungen, die unser Herz erheben und beglücken. Je hingebender wir uns in solche Bilder versenken, desto nachhaltiger ist die Umstimmung der Seele. Jede Freude ist schöpferisch, sie weckt Zuversicht, diese ruft die Kraft herbei, und aus der Kraft kommt das Gelingen.

9. Sich selbst befehlen!

Hand in Hand mit dem eben Gesagten leistet uns die Praxis rechten Selbstbefehls wertvolle Dienste, da wir hierdurch das Unterbewußtsein in wachsendem Umfang als Erfolgshelfer heranziehen. Wir können die innere Heiterkeit, die zum erfolgreichen Schaffen nottut, beispielsweise hervorrufen, indem wir uns vor einen Spiegel setzen und denken oder sprechen:

„Ich habe schon viele gute Erfolge gehabt und werde in Zukunft noch viel mehr Glück haben. Gerade jetzt nehme ich einen Anlauf zu einem neuen Erfolg. Ich fühle mich in der rechten Stimmung, diese Aufgabe in Angriff zu nehmen. Ich werde es schaffen. Alles gelingt mir. Ich habe Erfolg!"

Während dieser Worte wird unser Mienenspiel sich aufhellen, unser Gesicht wird zuerst Selbstvertrauen, dann Kraftbewußtsein und schließlich Erfolgsgewißheit widerspiegeln.

10. Sich aufs Ziel konzentrieren!

Ein weiterer Stimmungswecker ist die Zielsetzung. Wenn wir ein Ziel fest ins Auge fassen, dieses eine ganz wollen und uns ohne Zögern daran machen, entsteht auch die nötige schöpferische Stimmung. So wächst ein Starker heran, der sich seine Stimmung selber gibt und nicht müde wird, sich wochen-, ja monatelang mit einem Problem zu befassen, der jeden Morgen aufs neue seine Seele erfolgbejahend auf sein Werk abstimmt und sich täglich mehr von dem, was er gerade tut, in Stimmung bringen läßt.

Der rechte Lebensschüler wird die Konzentration auf die Arbeit stets mit dem Bewußtsein des Gelingens derselben verbinden; jede lustbetonte Bejahung wirkt leistungssteigernd, jede Begeisterung wirkt sich als körperliche Beschwingtheit aus.

11. Sich selbst beschränken!

Wir wecken Kraft und lernen, unsere Stimmung zu regulieren, wenn wir unseren Willen schulen, indem wir uns bestimmte Wünsche versagen und dadurch für die Stauung der inneren Kraft sorgen.

Denken wir an das Bild der Waage: wenn wir die eine Schale – die unserer Wünsche – hinunterdrücken, steigt die andere Schale – die unserer schöpferischen Leistungen – herauf. Sich weniger gönnen, heißt mehr können!

Natürlich gilt das keineswegs unbegrenzt oder für alle Zeit, sondern stets nur mit Maßen und für einen gewissen Zeitraum. Jedes Mittel, das wir im Übermaß anwenden, wird wirkungslos. Auch hier gilt es, Meister in der seelischen Ausgleichskunst zu sein.

12. In die Stille gehen!

Ein sicheres Mittel zur Steigerung unserer Produktivität ist die Einsamkeit, das sich Zurückziehen in die Abgeschiedenheit und Stille. Wie Jesus in die Wüste ging, um neue Seelenkraft für die Vollendung seines Heilswerkes zu sammeln, so geht der Lebensschüler vor einer größeren Arbeit für einige Zeit auf die in der 9. Woche gezeigte Weise in die Stille, entspannt seine Gedanken und stellt schweigend seine ‚Seelen-Antenne' auf den Empfang neuer Intuitionen ein. Je mehr er das übt, desto feinempfindlicher wird seine seelische Empfangseinrichtung.

Wie die Sinne an den Geist telegraphieren, sagt *Trine*, so funkt auch die Seele an ihn, „wenn der Geist aufgeschlossen und aufnahmefähig ist. Hier haben wir den Weg, mit der Quelle aller Dinge in Fühlung zu kommen. Die Inspiration kommt zu uns, aber sie geht nur in uns ein, wenn wir auf sie hören, und je mehr wir uns innerlich darauf einstellen, um so besser hören wir sie. So gelangen wir in unmittelbaren Kontakt mit der Weisheitsquelle, dem Kraftzentrum alles Lebens. Es ist alles da. An uns ist es, die Verbindung herzustellen."

DU KANNST MEHR, ALS DU AHNST!

Einem Schiffe gleicht der Mensch, das mit halber Kraft fährt: Er lebt von einem Bruchteil seiner Kräfte, nimmt die Dinge schwerer, als sie sind, und sich selbst kleiner und schwächer, als er ist, und macht sich so vieles schwer, was leicht sein könnte.

Er denkt sich schwer und sinkt dann. Er denkt sich unfähig, und versagt dann. Er denkt sich eng begrenzt, und stößt überall auf Mauern, die er selbst erbaute.

Es ist der *Geist der Enge,* der sein Leben klein und freudeleer macht und ihn jammern läßt: „Das Leben hat mich mürbe gemacht; ich bin zu nichts Rechtem mehr nütze." Diesen Geist gilt es zu töten, diesen Wahn zu vernichten. Denn wir sind nicht müde, weil das Leben uns enttäuschte, sondern das Leben hat uns enttäuscht, weil unser Geist träge war. Das Leben hat uns seine Fülle versagt, weil wir ihm unsere besten Kräfte vorenthielten.

Tatsächlich aber sind wir mehr als das, was wir heute scheinen. Und wir entfalten um so mehr Kräfte, je mehr wir uns zutrauen. Wir können unser Glück weit vollkommener bestimmen, als wir bisher für möglich hielten.

Im Französischen heißt Glück ‚*bonheur*', wörtlich: ‚gute Stunde'. Diese ‚guten Stunden' kommen uns nicht zugeflogen, sondern werden von uns selbst geschaffen. Und es ist unsere Bestimmung, dafür zu wirken, daß *jede* Stunde unseres Lebens eine *gute Stunde* wird und jeder Tag ein *guter Tag.* Wir müssen nur alle kleingläubigen Befürchtungen von uns tun, uns mehr zutrauen, um größere Kraft in uns frei zu machen.

Glaube niemand, die ‚Grenzen', die sein Blick gewahrt, seien die wahren Grenzen seines Wesens. Der Geist hat keine Grenzen – außer denen, die er sich selber setzt. Tausend Kräfte, Anlagen und Fähigkeiten sind in uns und warten auf unser Vertrauen, um sich zu entfalten. Sie werden in der Regel erst offenbar, wenn die Not uns treibt. Wir können aber auch selbst die Rolle der Not übernehmen und in einer stillen Stunde ernster Selbstbesinnung die Weckung und Entfaltung unserer schlummernden Seelenkräfte unternehmen.

Die *geistigen Entwicklungs-Reize* sind, richtig eingesetzt, von gleicher Wirkstärke wie die schicksalsmäßigen: Mißerfolge und Not. Und der stärkste Entwicklungsreiz wieder ist die selbstvertrauende Bejahung einer Fähigkeit und ihre mutige Betätigung.

Gewiß gibt es auch Wachstumsgrenzen. Aber diese Grenzen sind unendlich weiter, als die meisten wähnen. Die Grenzen, die sie sehen, sind nicht die wirklichen Grenzen. In Wirklichkeit ist der Mensch das bildungsfähigste Wesen auf diesem Planeten, und seine Leistungen wachsen mit seinem Selbstvertrauen.

Die Macht des Menschen reicht weiter als der Sehkreis seiner Augen. Wenn er im Einklang ist mit den Kräften des Lebens, verwandelt er manches ‚Unmöglich' in ein Möglich!

Was dazu nötig ist, ist, daß er seiner Kraft und Macht lebendig *bewußt* wird und in jedem Augenblick seines Einsseins mit dem Geist des Lebens und der Fülle gewiß bleibt.

19. WOCHE:

SEI DU SELBST!

„Von Stund' an sprech' ich mich frei von Schranken und
eingebildeten Grenzen,
Gehe, wohin ich will, mein eigener unumschränkter Herr,
Lausche den andern, beachte wohl, was sie sagen,
Verweilend und forschend, empfangend, betrachtend,
Milde, doch unwiderstehlichen Willens, mich lösend
Aus allen Banden, die mich halten wollen." Whitman

Dem Lebensschüler bieten sich viele Wege, zu seinem innersten Selbst zu gelangen. Von diesen Wegen scheiden aber die aus, die seiner jetzigen Reifestufe und seinen lebenspraktischen Zielen nicht gemäß sind. Wir gehen hier den einfachsten Weg, zu dem es keiner Vorbereitungen bedarf: den Weg bewußter Selbstenthüllung in der Stille durch Abstreifung alles dessen, was wir als *Nicht-Ich* erkennen, als Schein, als Vergänglichkeit, – ein Weg, auf dem wir so lange weitergehen, bis nichts bleibt als das *Selbst*.

Für diese Selbstbesinnung wählen wir eine stille Stunde möglichst an einem Sonntag – fern vom Trubel des Alltags. Wir entziehen uns der Außenwelt und allem, was nicht wesentlich und wesenhaft zu uns gehört.

Wir kehren in dieser Stunde zu uns selbst heim, um zu erfahren, daß es „eine Tiefe im menschlichen Gemüte gibt, die tiefer ist, als der Eimer reicht, mit dem die Philosophie die Weisheit schöpft." Wir steigen in uns selbst hinab bis dorthin, wo die Wurzeln unserer Kraft sind, wo unser Schöpfertum seinen Ausgang nimmt. Wir wollen hinter der Mannigfaltigkeit unseres Wesens die letzte Einheit entdecken; jene Stätte, an der unser Schicksal gewirkt wird.

Bevor wir in die Stille eintreten, bedarf es einer bewußten Seelen-Hochstimmung, damit unser *Herz* – denn es kommt hier auf das Herzdenken an – bereit ist, die entscheidenden Schritte nach innen zu tun. Diese Seelenhochstimmung führen wir herbei, indem wir versuchen, die Wahrheit der Worte Vivekanandas nachzuempfinden:

„Derjenige Mensch steht auf der höchsten Stufe, der von sich zu sagen vermag: Ich kenne mich selbst voll und ganz! Wißt Ihr denn, wieviel Macht und Kraft in Euch verborgen liegt? Millionen von Jahren sind vergangen, seitdem der Mensch auf dem Planeten Erde hervortrat, und doch hat sich seitdem erst der kleinste Teil seiner Macht offenbart. Wer kann also sagen, daß wir schwach sind oder am Ende unserer Entwicklung stehen.

Kennst Du schon alles, was in Dir ist? In Dir ist ein Ozean unbegrenzter Macht und Glückseligkeit. Der göttliche Geist, die Weltenseele, ist das einzige, auf das wir horchen und dem wir gehorchen sollten. Tag und Nacht müssen wir unsere Gottunmittelbarkeit erkennen und bejahen; wir müssen es Tag und Nacht wiederholen, bis es uns allen in Fleisch und Blut übergegangen ist:

Ich bin! Ich bin der geburtlose, keinem Tode unterworfene, glückselige, allwissende, allmächtige, ewig leuchtende Gottesfunke!

Erfüllen wir uns mit dieser erlösenden Gewißheit und lassen wir unser Tun von ihr leiten. Dann werden alle unsere Handlungen verwandelt, durchgeistigt und erhoben durch die Macht des Gottes in uns.

Denn ist der Mensch mächtig, so ist der Gott-Funke all-mächtig. Erfülle Dich mit dem Gedanken dieser in Dir wohnenden All-Macht! Laß die Welt widerhallen von der Verkündung dieser Wahrheit, damit aller Aberglaube und Kleinglaube sterbe!

Sage es den Menschen, die sich schwach wähnen, wieder und wieder, bis sie ihre Macht erkennen! Rufe sie, ihre Schwäche-Träume abzuschütteln, zu sich selbst zu erwachen und aufzustehen, ihre ewige Natur zu offenbaren und ihre innere Kraft zu betätigen. Sage ihnen, daß es eine Kränkung des Innen-Gottes und der All-Gottheit ist, sich für schwache Sünder zu halten! Indem sie diesen Wahn abschütteln, wecken sie die Kräfte des Göttlichen in ihnen und werden zu Herren der Erde!“

*

Nach dieser bewußten Hochstimmung gehen wir in die *Stille*. Wenn alles in uns schweigt, stellen wir die Aufgabe in den Mittelpunkt unseres Bewußtseins: *uns selbst zu finden* und den jetzt zu zeigenden Weg schöpferisch nachzuerleben, bis wir ihn in allen Teilen meistern. Es ist der gleiche Weg, den *Buddha* in seinem Großen Syllogismus ging.

Wenn ich *‚ich‘* sage, habe ich zunächst einen unbestimmten Begriff von diesem ‚Ich‘. Ich erlebe es als Summe von allem, was ich zu mir rechne: Leib, Seele, Geist, Sinne, Gedanken, Gefühle, Wünsche, Gewohnheiten, Erkenntnisse, Talente, Gemüt, Charakter – kurz alles Innere und Äußere, Bewußte und Unbewußte.

Dieses Chaos ordne ich: Ich scheide zunächst alles, was ‚Äußerung‘ des Ich ist, von dem, was ich als ‚Inneres‘, als Wesentliches, Unteilbares, mir Eigentümliches erkenne. Ich frage mich bei allem, was mir auf dem Wege nach innen begegnet: ist es nur eine Äußerung meiner selbst, oder ist es das Tief-Innere, das Unbezweifelbare selbst?

Ich richte diese Frage zuerst an meinen *Körper* und dessen Sinne und komme zu dem Schluß: Körper und Sinne sind für die Äußerung, für die Offenbarung meiner selbst notwendig, aber sie sind nicht das Selbst. Wenn der Körper verstümmelt wird, wenn ich bei einem Unglück mehrere Glieder verliere, wenn einige meiner Sinne den Dienst einstellen, so bleibe doch ich selbst unverstümmelt, unberührt.

Mein Körper wird und vergeht in einem fort; in einem Jahr hat er sich in seinem Zellaufbau erneuert. Der Körper meiner Jugend ist nicht mehr der meines Alters. *Ich* aber bin immer der Gleiche.

Körper und Sinne sind meine Werkzeuge. Das ist die erste Gewißheit, die auf dem Weg nach innen in meinem Herzen wach wird.

Ich richte nun die gleiche Frage an meine Gedanken und Gefühle. Nach einiger Besinnung erkenne ich: Auch die Gedanken und Gefühle sind nicht das Selbst. Sie sind nicht mit mir identisch, sondern Ausdrucksmittel meiner selbst. Ich kann meine Gedanken und Gefühle zergliedern und von innen her wandeln. Nicht aber können meine Gedanken mich zergliedern und wandeln.

Ich bin nicht das Denken – das bunte Netz der Ideen, Inspirationen, Urteile, Schlüsse, Erkenntnisse – und nicht das Denkvermögen. Auch das *Gedächtnis* bin ich nicht. Denn ob mein Gedächtnis stark oder schwach oder ganz erloschen ist, ich weiß und bin.

Gedanken, Gefühle und Gedächtnis sind meine Werkzeuge, ich bin der Künstler. Ich habe Gedanken, aber ich bin nicht Gedanke oder der Gedanken Summe; ich bin der Denker. –

Tiefer in mich eindringend, richte ich die weitere Frage an mein Herz:

Bin ich wesenseins mit meinen *Neigungen und Gewohnheiten* oder mit meinem *Charakter?*

Abermals gelange ich, nach gründlicher Selbst-Prüfung, zu gleichem Erkennen: Auch Neigungen, Gewohnheiten und Charakter sind nicht das Selbst. Ich kann mir Neigungen, Gewohnheiten und Charakteranlagen an- und aberziehen; mich selbst tastet dieser Wandel nicht an. Ich bin mit diesen Äußerungen meiner selbst nicht identisch. Sie sind Geschöpfe meiner selbst.

Aber, so frage ich mich weiter, bin ich dann der *Wille?*

Sinnverwirrend springen mich die Lehren der Philosophen an, die den Willen den Weltgrund nennen, den Quell des Bewußtseins, das innerste Wesen des Erkennenden, das Ding an sich des Lebens. Doch ich lasse mich nicht beirren; ich will selbst erkennen, nichts als gegeben hinnehmen. Und schließlich erkenne ich: *Auch der Wille ist nicht das Selbst,* sondern ein Machtmittel meiner selbst.

Mein Wille kann stark und schwach sein, tätig sein und schlummern, zielgerichtet und zerstreut sein und sich wandeln. Ich aber bin immer wach und stets mir selber gleich. Nicht also bin ich der Wille oder die Summe meiner Willens-Strebungen, ich bin der Wollende. –

So bin ich vielleicht, geht mein Fragen weiter, das *Bewußtsein,* das um sich selbst Wissende, das verbindende Glied zwischen allen seelischen Erlebnissen und Zuständen?

Doch auch hier gelange ich, als Ergebnis der Selbstschau, zu der Erkenntnis: *Auch das Bewußtsein ist nicht das Selbst.*

Das Bildermeer des Bewußtseins liegt bald still im Glanz des Mondes, bald rollen seine aufgepeitschten Wogen in wildem Erleben dahin. Aber ich bin nicht das Meer, dessen Oberfläche sich immerfort wandelt, und nicht der Grund des Meeres; ich bin der Bildner des Bilder-Meeres des Bewußtseins.

Mein Bewußtsein ist der Umkreis. Ich bin des Kreises Mittelpunkt. Ich kann Bild um Bild meines Bewußtseins prüfen und erkennen, daß es nicht wesentlich zu mir gehört; kann Tropfen um Tropfen des Bewußtseinsmeeres durch mich rinnen lassen, ohne mich selbst zu verändern.

Mein Bewußtsein ist ein Mittel, ich bin der Mittler. Mein Bewußtsein ist eine Fähigkeit, eine Äußerung meiner selbst, nicht aber der Erkenner selbst.

Mein Bewußtsein ist das Verhältnis, das ich zu den Dingen der Welt einnehme, aber nicht das Selbst. Die Art dieses Verhältnisses bestimme ich. *Ich* fasse die für sich stehenden und entstehenden Bewußtseinserlebnisse erst zusammen, sinne über sie, gebe ihnen Sinn, erkenne, schließe und beschließe; scheide und entscheide. Wäre ich nicht, wäre keine Wahrnehmung, keine Wertung.

Ich bin aller Wahrnehmungen Herr, alles Bewußtseins Prüfer und Ordner, Werter und Bestimmer.

Nachdem ich mir dies klar gemacht habe, setze ich den Weg nach innen fort und frage weiter: Ist das *Unbewußte* das Ich? Auch hier erkenne ich bei Prüfung aller Wesensmerkmale des Unbewußten: Auch das Unbewußte ist nicht das Selbst.

Denn auch das Unbewußte ist wandelbar, also nicht das Letzte. *Ich* aber bin das Unveränderliche in allen Veränderungen.

Das Unbewußte ist wie das Bewußtsein ein Zeitlich-Vielfältiges; ich aber bin das Ewig-Eine. Bewußtsein und Unbewußtes sind Masken. Hinter den Masken aber bin ich. Wenn ich alle Masken ablege, bleibe ich dennoch ich selbst. Bewußtsein und Unbewußtes sind Gewirktes, nicht die Wirklichkeit und nicht der Wirker.

Mein Selbst ist weder das Wahrgenommene noch die Wahrnehmung, sondern der Wahrnehmer; der Erkenner, der seiner selbst bewußt ist. Wenn ich alles von mir tue, was ich als Nicht-Selbst erkenne, dann bleibt scheinbar als Letztes das Selbstbewußtsein.

Hier scheint die Grenze zu sein, über die hinaus ich nichts mehr von mir zu scheiden vermag. Gebietet diese Grenze meinem Erkennen Halt? Nein, sie hält mich nicht; ich überschreite sie, und erkenne beim Übertritt: Auch das Selbst-*Bewußtsein* ist nicht Kern, sondern letzte Hülle, feinste Maske des Selbst.

Ich lasse auch diese Maske fallen und schreite vom vergänglichen Bewußtsein zum *Sein*. –

In diesem Augenblick schießen die ersten Strahlen der inneren Sonne über den geröteten Himmel; aus der Morgen-Dämmerung des Selbstbewußtseins erhebt sich siegend die Sonne des Selbst-Seins.

Und nun erwacht in mir befreiende Erkenntnis: Über allem Sichtbaren und Unsichtbaren, über allem Bewußtsein und Unbewußten bin ich. Ich bin das keinem Wechsel Unterworfene, allen Wechsel Bestimmende; ich bin das Absolute, Unbedingte, alles Bedingende. *Ich bin, der ich bin!* Ich bin der Flammengeist, der alle Schickung Schickende, aller Dinge Mächtige, die Kraft im Innern, aller Kräfte Urkraft! –

So finden wir jenseits des Bewußtseins unser Selbst als das einzig Gewisse in allem Bezweifelbaren, das Absolute hinter allem Relativen, das Unendliche im Endlichen, das Göttliche hinter allem Menschlichen. Dieses *Selbst* ist der Genius in uns, unser innerer Helfer und Führer, alles Schicksals und Geschehens Meister.

Und noch eines erkennen wir, nachdem wir die letzten Grenzen überschritten haben: daß unser Selbst der Punkt ist, wo Ichheit und Allheit sich berühren, und daß wir unserem innersten Wesen nach *Kraft* sind, Kraft, die aus einem Grunde quillt, den wir als den Geist des Lebens, als den Weltengrund, als Gott erleben.

Nun fällt, in Vollendung unserer Selbstschau, der letzte Schleier der Nicht-Erkenntnis von unseren wahrheitstrunkenen Augen und gleich tausend Sonnen steigt die Erkenntnis in uns auf: *Ich bin!* Ich bin mit dem Göttlichen unzertrennlich eins!

In diesem beseligenden Erkennen unserer Wesenseinheit mit dem

Höchsten bricht ein neuer Mut in uns auf und ein Vertrauen, dessen Flamme nicht mehr erlöschen will. Mit neuen, wacheren Sinnen erkennen wir, daß die Großen aller Zeiten durch ein gleiches Erwachen hindurchgegangen sind und zu sich selber fanden.

RECHTE SELBSTBESINNUNG

Mit der Forderung ‚Erkenne Dich selbst!' hängt unzertrennlich eine weitere zusammen: ‚Sei Du selbst!' Die Erfüllung dieser Forderung ist der nächste Schritt in der Neu-Orientierung des Lebens.

Die meisten haben sich, ohne es zu gewahren, ihrer selbst entäußert. Sie beneiden andere und möchten so glücklich sein oder so reich ‚wie die andern'. Es ist aber unmöglich, glücklich zu werden, solange man trachtet, wie *andere* zu sein! Wer nicht beginnt, *er selbst* zu sein, der irrt von seiner lebensgesetzlichen Bahn ab zu Not und Leid.

Wir müssen uns auf uns selbst besinnen. Statt uns an die Dinge hinzugeben, müssen wir sie von innen her meistern. Ohne von der Welt zu sein, müssen wir in ihr unseren Platz ausfüllen. Wie ein Schiff im Wasser ist, nicht aber das Wasser im Schiff, so sollen wir uns im äußeren Leben bewegen, ohne das äußere Leben in uns hineinzulassen und in ihm zu versinken.

Ziel jedes Lebens ist die *Selbstverwirklichung*, das Selbst-Sein, die vollendete Erfüllung der Bestimmung, auf die es angelegt ist. Nicht anderen haben wir uns anzugleichen, sondern dem Gesetz unseres eigenen Wesens und Werdens. Dabei können wir von Vorbildern vieles lernen; wir dürfen dabei nur nicht uns selbst verlieren. Denn *wer auf andere sich verläßt, verläßt sich!*

Selbst denken! Selbst urteilen! Selbst entscheiden! Selbst handeln! Selbst sein! – darauf kommt es an. Man sei sein eigener Erzieher und Richter und sein eigener Gesetzgeber.

Sei Du selbst! ‚Du selbst' – das ist nicht der äußere Mensch zwischen Hut und Schuhen, sondern der Unendliche in uns; nicht das Erden-ich, sondern das ewige Selbst.

Sei Du selbst! heißt: gehe oft in die Stille. Dann wird das Dasein, was es sein soll: ein Leben, das immer höher führt. Es ist Sinn und

Aufgabe aller Kultur, den Menschen zu sich selbst zu führen. Die Kultur, sagt *Schiller*, soll „den Menschen in Freiheit setzen und ihm dazu behilflich sein, seinen ganzen Begriff zu erfüllen." Im gleichen Sinne sah *Fichte* als Aufgabe der Kultur „die Übung aller Kräfte mit dem Zweck völliger Freiheit, der völligen Unabhängigkeit von allem, was nicht wir-selbst, unser reines Selbst ist."

Sei Du selbst! heißt somit: sei Dir ganz Deines wahren Selbstes bewußt und mach es zum Ordner und Führer Deines Lebens. „Das, was der Selbstheit eines jeden oder seiner Natur am meisten eigen und gemäß ist, das ist für jeden das Würdigste und Segensreichste", sagt *Aristoteles*.

Wer ganz aus sich selbst und seiner Kraft lebt, der wird, mit einem Wort Gracians, „in nichts dem Tier, in vielem dem Weisen, in allem Gott ähnlich sein." Hier ist der Weg zu den Quellen unserer unbegrenzten Möglichkeiten, zur vollen Entfaltung unserer Schöpferkraft.

Wir wollen uns zur Förderung dieser Selbstverwirklichung täglich in der Besinnung auf das Bewußtsein unseres ‚Ich Bin!' üben: wollen das kleine, aber inhaltsschwere Wort ‚Ich bin!' wieder und wieder in uns hineinsprechen, damit die hohen Schwingungen dieses Wortes jede Kraft unserer Seele und jede Zelle unseres Leibes unserem ‚Ich bin' gleichrichten und zu ihm hinaufwandeln.

Wir denken, wir fühlen, wir sprechen ‚Ich bin!' und wirken als das ‚Ich Bin'. Wir handeln, als ob wir bereits völlig wir selbst seien, als ob es das Selbst sei, das durch uns wirkt. Bald wird uns unser Selbst zur Gewißheit, die Gewißheit zur Kraft, die Kraft zum Halt und zum Hort des Friedens und Überlegenseins über alle Erdennot.

Ich bin! – das ist der sicherste Schutz, den wir in dieser Welt zu finden vermögen. Denn das ‚Ich bin' ist stärker als das Schicksal. Darum sei von nun ab unsere ständige Bejahung:

> *„Ich bin frei – frei von Irrtum, denn ich bin Weisheit; frei von Untergang, denn ich bin Sieg; frei von Begrenzung, denn ich bin das Unbegrenzte und Unbegrenzbare selbst; frei von Schwäche, denn ich bin Kraft und Macht; frei von aller Dunkelheit, denn ich bin Licht, bin die Sonne des Selbstes.*
>
> *Ich bin an nichts gebunden als an den Willen der Gottheit, der die höchste Freiheit selbst ist."*

WEITERE VORAUSSETZUNGEN DER SCHICKSALSMEISTERUNG

Selbsthilfe durch Selbstbesinnung! – das ist das Ziel, zu dem die Lebensschule hinführt. Selbstbesinnung aber hat nur soweit Wert, als aus ihr der Wille zur Selbstbestimmung erfließt.

Bevor dieser Wille erwachen und sich segenspendend betätigen kann, sind noch einige Voraussetzungen zu erfüllen, zu denen die bewußte Selbstbefreiung gehört.

Denke nicht, Du seiest schon frei, nun Du Dich selbst gefunden und Dich entschlossen hast, Du selbst zu sein. Noch manche Kette schleppst Du, ohne es zu erkennen.

Das ist vor allem das Hingegebensein an die *Dinge*. Niemand kann zweien Herren dienen, zugleich an die Dinge und sich selbst hingegeben sein. Solange wir der Dinge Sklaven sind, bleibt der größte Teil der Kraft in uns unentfaltet. Erst wenn wir uns nach innen wenden, die Kraft in uns über alles stellen und durch uns wirken lassen, werden wir der Dinge Meister.

Auch zu unserem *Besitz* gilt es eine neue Einstellung vorzubereiten und zu prüfen: besitzt meine Habe mich oder besitze ich sie?

Die meisten Menschen begeben sich aus den einen Abhängigkeiten in andere: heute hängen sie vom Wetter ab, morgen liegt ihr Glück im Besitz dieser oder jener Sache, übermorgen in einem Menschen, und fast immer im Gelde. Sie sind stets von irgendetwas besessen. Sie erkennen noch nicht die Wahrheit: *Woran wir hängen, davon hängen wir ab.*

Den meisten ergeht es mit ihrem Besitz wie dem Affen, der aus einem ausgehöhlten Kürbis ein Handvoll Reis stehlen wollte, den der Affenfänger hineingetan hatte. Kaum hatte der Affe den Reis, da hatte der Reis ihn; denn die gestreckte Hand ging zwar durch die enge Öffnung hinein, die geballte Hand aber nicht heraus. Und dazu, den Reis fahren zu lassen, war der Affe nicht weise genug.

Lachen wir nicht über den dummen Affen! Denn die meisten unter uns sind auch noch nicht lebensklug genug, die Dinge, die sie besitzen und von denen sie besessen sind, fahren zu lassen, um frei zu sein. Sie verkrampfen sich oft so lange in ihren Besitz, bis das Schicksal sie schmerzvoll von ihrer Besessenheit löst. –

Wie vieles haben wir um uns aufgehäuft, von dem wir meinen, es sei unentbehrlich und gut. Aber statt daß diese Dinge uns dienen, dienen wir ihnen: wir sammeln sie, pflegen sie, entstauben sie, beschützen sie, weisen ihnen den besten Platz in unserem Heim und unserem Herzen an, widmen ihnen unsere Zeit, Kraft und Aufmerksamkeit, ja opfern uns selbst für tote Dinge, die doch nur den Wert haben, den wir selbst ihnen beimessen.

Lernen wir, mehr und mehr alles zu genießen, ohne an ihm zu hängen. Die Dinge, deren Macht über uns wir nicht anerkennen, werden unsere besten Diener.

Richtschnur für unsere Einstellung zu den Dingen um uns sei das alte Wort: *Alle Dinge sind würdig, mir zu dienen, keines aber ist würdig genug, mein Herr zu sein!*

Der Weise ist von nichts abhängig als von sich selbst. Er empfindet wie ein Apfelbaum: er hängt nicht an seinen Äpfeln, sie hängen an ihm. Und wenn sie gepflückt werden, ist er nicht traurig, sondern richtet seine Zweige auf und saugt aus Erde und Himmel neue Kräfte, um abermals schöner zu blühen und neuen Äpfeln das Leben zu schenken.

So hoch müssen wir uns innerlich über die Dinge, die uns versklaven wollen, hinausheben, wie jener Stoiker, der bei einem Erdbeben auf die schreckenerfüllten Zurufe der Menge: „Die Welt geht unter!“ erwiderte: „Ich kann ohne sie auskommen.“ Ihn bewegte auch beim hilfreichen Handanlegen das angekündigte Vergehen aller Dinge nicht; denn er fühlte sich nicht mehr durch sie bedingt. Er hatte zum Bedinger aller Dinge heimgefunden: zu seinem wahren Selbst, und wußte: Mag alles im Strom des Geschehens verloren gehen: In mir ist das Unverlierbare!

Soweit unser Herz an vergänglichen Dingen hängt, soweit sind wir dem Gesetz des ‚Stirb und Werde‘ unterworfen und damit der Fesselung durch das Leid. Wir erleben unseres Besitzes Werden und Vergehen dann, als ob wir selbst werden und vergehen. Und leiden. Erst wenn der Verlust der Dinge uns nicht mehr berührt, weil wir wissen, daß wir immer mit allem eins sind, was wir lieben, dann besitzen wir sie wahrhaft. Dann wachsen wir um sie, ohne aus unserem Mittelpunkte herauszugehen.

Ohne aus unserem Mittelpunkt herauszugehen! – hierin liegt

die Kraft des Starken. Je weiter wir uns von uns selbst entfernen, desto schwerer ist unser Leben zu ertragen. Je mehr wir uns Dingen und Zuständen hingeben, die nicht wir selbst, die unserem inneren Wesen nicht gemäß sind, desto hindernisreicher wird unser Weg.

So ist die Krönung unserer Selbstbesinnung der Entschluß, von nun ab das Steuer unseres Lebens selbst in die Hand zu nehmen, *selbst* unseres Denkens und Lebens Bahn zu bestimmen. Indem wir uns zur Selbst-Führung unseres Lebens entschließen, erfüllen wir unser Herz mit Gleichmut ob des Kommens und Gehens der Dinge um uns, ob des Welkens unseres Körperkleides und des Vergehens der Zeit, und mit jener Freiheitsbewußtheit, die den Seher Walt Whitman singen ließ:

„Zu Fuß und leichten Herzens zieh' ich meine Bahn,
gesund und froh, die Welt vor mir, den langen braunen Pfad
vor mir, führend, wohin ich will.
Hinfort frage ich nicht nach dem Glück; ich bin selber das Glück."

20. WOCHE:

HARMONISCH LEBEN

„Die Überzeugung, durch die eigene Kraft, durch festen Willen, aus beengenden Zuständen sich hervorgehoben, sich aus sich selbst ausgebildet zu haben, sein Verdienst sich selbst schuldig zu sein, und solche Vorteile durch ein ungefesseltes Emporstreben des Geistes erhalten und vermehren zu können, erhöht das natürliche Unabhängigkeitsgefühl." Goethe

Die Hauptsache, sagt Goethe, ist, „daß man lerne, sich selbst zu beherrschen". Solche Selbstbestimmung erwächst aus der Selbstbesinnung: sowie wir den Kern unseres Wesens erkannt haben, beginnen wir von selbst, alles nach dem Mittelpunkt hin zu ordnen. Wir wissen: unseres Schicksals Sterne kreisen im Innen-All, nicht außer uns. Wir sind gewillt, unser eigener Herr zu sein und damit auch der Selbstbestimmer unseres Schicksals.

Die aus diesem Entschluß sich ergebende Praxis ist keineswegs auf diese LW beschränkt, vielmehr dient alle kommende Schulung diesem hohen Ziel. In dieser Woche aber gilt es, zu Eigenschaften den Grund zu legen, die die Voraussetzung unserer weiteren Aufwärtsentwicklung bilden. Es sind dies die Forderung des Gleichmuts in allen Lebenslagen, der bewußten Abwendung von Ärger und Mißstimmung und der Einschaltung in einen Lebensrhythmus, dem Hast und Überstürzung fremd sind.

In eine Aufgabe zusammengefaßt, ist das Ziel dieser Schulungswoche: *Harmonisierung*. Harmonie – der rechte Zusammenklang unseres Denkens und Tuns mit den Gesetzen des Seins – ist der Wille des Lebens. Harmonisch sein heißt: im Gleichgewicht sein. Und das heißt bei allem ruhig sein, die Nerven bewahren, die rechte Einstellung zu den Dingen und Geschehnissen haben und unseren Erfolg besonnen bestimmen.

Die erste Forderung rechter Harmonisierung ist die, in allem *Gleichmut* zu bewahren. Gleichmut ist dem Mut verwandt und bildet den Ausgleich zwischen Übermut und Unmut. Gleichmut ist überlegender Mut und darum überlegener Mut. Mit Recht wurde der Gleichmut in der griechischen Philosophie den Kardinaltugenden der Tapferkeit und Gerechtigkeit beigesellt. Bei den alten Germanen galt der Gleichmut als die königlichste aller Männertugenden: die Heiterkeit der Seele, die durch nichts Äußeres zu trübende, dem glatten Wasserspiegel einen sommersonnenbeschienenen Fjords gleichende Ruhe und Gelassenheit des Gemüts, die den am Leben Gereiften kennzeichnet.

Gleichmut bewahren heißt: im Gleichgewicht bleiben. Und das heißt: stärker sein als die, die ihre Ruhe verlieren, ihre seelische Ruhelage aufgeben, die nicht mehr stabil sind und stark, sondern labil und leicht umzuwerfen.

Gleichmut bewahren heißt weiter: nicht zu jeder Sache sofort temperamentvoll Stellung nehmen, sondern sich weise zurückhalten. Erst sich besinnen, ehe man Partei ergreift, sich nicht von fremden Argumenten verleiten, sondern den inneren Führer bestimmen lassen. Gleichmut bewahren heißt keineswegs: gleichgültig sein. Gleichmut reagiert positiv, Gleichgültigkeit gar nicht. Gleichmut ist ein Mittel zur Einsicht, Gleichgültigkeit oft Mangel an Einsicht.

Der Gelassene ist stets der Friedlosen Lenker. Man höre, sehe und – schweige, rät Gracian. „Gelassen leben heißt lange leben.

Angenehm leben heißt für zwei leben. Alles hat der, der sich aus dem nichts macht, woran ihm nichts liegt. Keine größere Verkehrtheit, als sich alles zu Herzen zu nehmen."

Um gut zu leben, muß man leben lassen und gelassen leben.

Gleichmut bewahren ist auch ein Grundsatz rechter Ökonomie. Es heißt: unzweckmäßiges Denken und Tun meiden, fremden Seelenballast abwerfen, sich nicht mehr von andern belasten, bestimmen, verstimmen lassen, sondern sich selbst stimmen und bestimmen. Wo der Blick stets auf das Bestmögliche gerichtet ist, wird weniger Disharmonie, Selbstbelastung und Leid geschaffen. Übertriebene Empfindsamkeit, die jede Kleinigkeit als Herabsetzung oder Feindseligkeit mißversteht, ist ein Kennzeichen geistiger Eingeengtheit. Der Gleichmütige hingegen beherrscht sein Denken und vermag klar zu erkennen, was ihm nützt und was nicht, die rechten Entschlüsse zu fassen und das Beste zu tun. So hängt das Lebensglück nicht zuletzt von der heiteren Ruhe unseres Gemüts ab.

Was Goethe an der *Größe* rühmt, gilt in vollem Umfang vom Gleichmut: „Was ist Größe? Wenn Dein Herz nicht größer ist als anderer Herzen, wenn Du nicht imstande bist, Dich gelassen über Verhältnisse hinwegzusetzen, die einen gewöhnlichen Menschen ängstigen, so bist Du mit all Deinen Bändern und Orden, bist mit der Krone selbst nur ein gewöhnlicher Mensch."

Nur wer gelassen empfindet, großzügig denkt und hochherzig handelt, erreicht höchste Stufen. Das will verstanden, gelernt und geübt werden. Machen wir uns die Regeln dieser Kunst noch etwas klarer:

Jeder Affekt, jede Gemütsbewegung, bedeutet eine Spannung. Es hängt von uns selbst ab, ob diese Spannung sich positiv und schöpferisch oder negativ und schädlich auswirkt.

Die meisten lassen sich von ihren Gemütsbewegungen *übermannen.* Das heißt: der Affekt steht über dem Mann, statt daß der Mann über der Erregung steht. Er ist dann nicht mehr Mann, sondern Sklave. Er *entrüstete* sich. Sich entrüsten heißt, sich seiner natürlichen Rüstung entledigen, sich seiner besten Waffe, seiner Seelenkraft, begeben. Der Entrüstete ist ungerüstet und jedes Zufalls Beute. Er ist Sklave seiner Gemütsbewegungen und darum unfrei. Der Lebensschüler aber lernt, seiner Gefühle Herr zu sein und alle negativen Gemütsstimmungen in positive zu verwandeln. Diese Aufgabe wird uns jetzt und in den nächsten Wochen eingehend beschäftigen.

Es gibt Meister der Kunst, andere durch Sticheleien zu reizen, damit sie sich entrüsten, entwaffnen. Solchen Bohrversuchen an schwachen Stellen unseres Gemüts gilt es stählernen Widerstand entgegenzusetzen, Gleichmut zu zeigen und sich nie des Gefühls der inneren Überlegenheit zu begeben. „Nie aus der Fassung geraten" – meint eine der Lebensregeln *Gracians* –, „zeigt einen Mann von großem Herzen. Denn alles Große ist schwer zu bewegen. Man sei ganz Herr über sich und so groß, daß man weder im Glück noch im Unglück sich die Blöße einer Entrüstung gebe, vielmehr, als über jene erhaben, Bewunderung gebiete."

Der Verkehr mit Streitsüchtigen ist dem Spiel mit Katzen nicht ungleich: um nicht von ihren spielend ausgestreckten Krallen verletzt zu werden, gilt es, den Fehler der meisten zu vermeiden, also nicht hastig die Hand wegzuziehen – empfindliche Kratzer wären die Folge! –, sondern unsere Hand den Krallen der Katze folgen zu lassen, uns ihnen anzupassen und dann in der gleichen Richtung, in der die Krallen sich bewegen, unsere Hand wegzuziehen.

*

„Erhalte sorgsam in stürmischen Zeiten Dein Herz in gelassenem Gleichmut!" Diese Mahnung des römischen Dichters *Horaz* vermögen wir leichter zu befolgen, wenn wir uns erinnern, daß andere uns immer nur so weit zu kränken vermögen, als wir uns kränken lassen. Der Mensch ist fähig, sich durch rechtes Denken gegen seelische Kränkungen und Erkrankungen zu schützen. Oft genügt ein Selbstbefehl, um die emporbrandenden Wogen der Seele zu befrieden, oder führt ein Blick auf die größeren Leiden des Nächsten zur Besinnung. Im weiteren Verlauf unserer Lebensschulung werden wir darüber hinaus lernen, immer mehr alles, was uns trifft, in ernster Besinnung auf seinen Sinn zu prüfen und nicht auf jeden Eindruck gleich mit dem Ausdruck unserer Gefühle zu antworten, nicht mehr ‚außer uns' zu geraten, sondern bei uns zu bleiben, gesammelt, kraftbewußt und eingedenk der Unverletzlichkeit unserer Seele.

Blicken wir auf die Weisen: sie müssen am meisten ertragen, sogar die Unweisen um sie herum. Sie lehren uns: *Die Hälfte aller Weisheit ist das Ertragen-Können!*

Der Weise wird Narren ignorieren oder das Beste aus ihnen zu machen suchen. Die Kraft, die sie entfesseln, um gegen ihn anzurennen, kann ihm dazu dienen, eine Tür, die sich schwer öffnet, einrennen zu lassen; wie der Stierkämpfer dem wütenden Stier ein rotes Tuch vorhält und dabei zur Seite springt, so stellt sich der Weise vor die zu öffnende Tür, springt beim Ansturm des Gegners zur Seite und geht, während dieser benommen daliegt, durch die nun offene Tür, sie bedächtig wieder hinter sich schließend.

Wie haßvoll aber auch der Gegner anrennt, der Weise hütet sich stets, die eigene Gesinnung durch unedles Denken und Tun zu vergiften. Er sorgt, daß sein Tun, auch wo er sich wehrt, dem gemeinsamen Besten dient. Nur wer so denkt, wird seine Herrschaft erhalten.

Gleichermaßen der Lebensschüler: Wenn ein anderer ihn beschimpft, überlegt er: „Was dieser von mir denkt, ist für mich belanglos, wenn nur mein Gott in mir mein Handeln billigt", und besinnt sich auf den altdeutschen Kernspruch:

„Ich achte meine Hasser so viel wie Regenwasser, das von den Dächern fließt.

Wie sehr sie mich auch neiden, sie müssen's dennoch leiden, daß Gott mein Helfer ist!"

Hat aber der andere mit seinem Tadel teilweise recht, trifft er einen wunden Punkt in uns, dann bedenken und bejahen wir:

> *„Für mein Denken und Tun bin ich selbst und allein verantwortlich. Und wenn ich mein Ideal der Vollkommenheit noch nicht erreicht habe, dann ist es meine Sache, das Rechte zu denken und zu tun. Das Urteil anderer ist mir Ansporn, dem Idealbild meiner selbst immer ähnlicher zu werden!"*

Und dann reagieren wir nicht durch Ärger, sondern durch Gedanken des *Dankes* – denn wer uns einen Fehler zum Bewußtsein bringt, nützt uns – und äußerlich durch *Gleichmut.* Ein Feind, der uns die Wahrheit sagt, ist für unsere Höherentwicklung wertvoller als ein Freund, der uns schmeichelt.

Der Lebensschüler kann die rechte Seelenhaltung durch weitere

Mittel fester in seinem Gemüt verankern, vor allem durch die Methode des *Tuns als ob.* Es handelt sich darum, in jeder Lage die äußere Haltung zu bewahren, einerlei, ob die kleinen Ärgernisse des Alltags auf uns einstürmen oder schwere Angriffe granatengleich in unser Leben hineinplatzen; stets unser Gesicht zu beherrschen, innere Bewegungen niemals durch unsere äußere Haltung zu verraten.

Wenn wir unser Inneres zügeln, glättet sich auch unser Äußeres. Diese Regel gilt auch in ihrer Umkehrung: wenn wir uns stets den Anschein gelassenen Gleichmuts geben, unsere Mienen beherrschen, bändigen wir zugleich unser Inneres: wir werden gelassener. Handeln wir, als ob gelassener Gleichmut unsere ureigenste Gepflogenheit sei, dann erhöhen wir unser Selbstbestimmungsvermögen und werden innerlich ruhig und selbstbeherrscht.

Dieses Tun-als-ob hat erhebliche leib-seelische und lebenspraktische Auswirkungen: wer tut, als ob er keine Sorgen habe, vertreibt manche Not. Wer tut, als ob ihn nichts ablenken könne, macht sich allmählich gegen Störungen immun. Wer tut, als ob ihn nichts ärgere, wird schließlich durch nichts mehr verstimmt. Wer tut, als ob er andern überlegen sei, weckt in vielen das Gefühl der Achtung.

Noch einige weitere Hilfen:

1. Eine *Übung des Gleichmuts* für die, deren Temperament der Zügelung bedarf:

Einige Zeit hindurch setzen wir uns jeden Tag zur gleichen Stunde und am selben Ort vor einen Spiegel. Nachdem wir Körper und Gedanken entspannt haben, richten wir den Blick ohne Anspannung auf unser Spiegelbild, und zwar auf die Nasenwurzel zwischen den Augen. Während wir mit der Geduld einer Statue dasitzen, verringern wir, ohne Anstrengung, unseren Atem auf ein Mindestmaß.

Während unser Atem sich verlangsamt, überkommt uns allmählich das Bewußtsein völliger Gelassenheit, als wäre Öl auf die erregte See unseres Gemütes gegossen. Nun richten wir unser Fühlen auf den lustbetonten Gedanken der Herzensstille, des Allfriedens, den wir einige Augenblicke genießen, ohne uns innerlich zu bewegen. Seligkeiten verlangen Unbewegtheit, um Dauer zu gewinnen.

Nach einer Weile wird das Gefühl des Friedens abebben. Dann

atmen wir erneut tief ein und aus und gehen mit dem Gefühl größerer Ruhe und Kraft wieder an unser Tagewerk.

2. An die Stelle der Gleichmut-Übung kann auch eine *Kraftbesinnung* treten, die etwa auf diesen Gedanken abgestimmt wird:

„Ich bin eins mit der Kraft in mir. Sie erfüllt mich völlig, verwandelt Unrast und Erregung in Ruhe, Besonnenheit und Kraft und wirkt, daß ich mein Ziel sicher und bestimmt erreiche."

3. Eine weitere Ergänzung kann der *abendliche Selbstbefehl* bilden. Wir besinnen uns allabendlich vor dem Einschlafen auf folgende Bejahung:

„Ich werde morgen früh frisch und gestärkt erwachen und Kraft und Ruhe atmen. Ich bin den ganzen Tag hindurch ein Pol der Ruhe. Meine Ruhe meistert alles; was ich beginne, gelingt mir!"

4. Zur Bewahrung des Gleichmuts wird manchem auch die Gewohnheit dienen, alles Störende und Verstimmende zu analysieren, es in seine Teile zu zerlegen und diese als geringfügig zu erkennen. Dadurch lernen wir, Abstand von den Dingen, die uns verstimmen, zu gewinnen. Oft ist diese Zergliederung von Störungen zweckmäßiger als das Sich-Abwenden. Man entzieht sich auf diese Weise dem Einfluß der acht Seelen-Trüber, denen der Alltagsmensch unterworfen ist: Gewinn, Verlust, Ruhm, Unehre, Lob, Tadel, Glück und Unglück.

5. Auf ein weiteres bewährtes Mittel verweist uns *Schopenhauer* – die *Zügelung der Phantasie:* wir dürfen unserer Phantasie „nicht gestatten, einst erlittenes Unrecht, Schaden, Verlust, Beleidigungen, Zurücksetzungen, Kränkungen und dergleichen uns wieder zu vergegenwärtigen und auszumalen, weil wir dadurch den längst schlummernden Unwillen, Zorn und alle gehässigen Leidenschaften wieder aufregen, wodurch unser Gemüt verunreinigt wird.

Nach einem schon vom Neuplatoniker Proklus aufgebrachten Gleichnis ist, wie in jeder Stadt neben den Edlen und Ausgezeichneten auch der Pöbel jeder Art wohnt, so in jedem, auch dem edelsten und erhabensten Menschen das ganze Niedrige und Gemeine der menschlichen, ja tierischen Natur der Anlage nach vorhanden.

Dieser Pöbel darf nicht zum Tumult aufgeregt werden, noch darf er aus den Fenstern schauen, da er sich häßlich ausnimmt. Die Phantasie ist aber der Demagoge desselben. Hierher gehört auch, daß die kleinste Widerwärtigkeit, sie sei von Menschen oder Dingen ausgegangen, durch fortgesetztes Brüten darüber und Ausmalen mit grellen Farben und nach vergrößertem Maßstab zu einem Ungeheuer anschwellen kann, darüber man außer sich gerät. Alles Unangenehme soll man vielmehr höchst prosaisch und nüchtern auffassen, damit man es möglichst leicht nehmen kann."

Diese treffliche Selbstbesinnung werden wir mit einem festen Entschluß beenden:

„Ich bin frei von allem, was mich einst bedrückte. Ich habe seine Machtlosigkeit erkannt. Es berührt mich nicht mehr.
Ich bin stets ruhig und beherrscht und jeder Lage überlegen. Was immer mich trifft – ich bin ihm gewachsen und werde es meistern!
Ich liebe und bejahe alle Dinge, die mich vorwärtstragen, die mich frei und stark und besser machen und meinen Erfolg vermehren. Ich bin mein und meines Lebens eigener Bestimmer, König und Herr!"

VON HEUTE AN KEINEN ÄRGER MEHR!

Mit der Forderung gelassenen Gleichmuts hängt die Aufgabe zusammen, über Mißstimmungen und Ärgernisse Herr zu werden. Denn der Ärger macht alles ärger. Wo er aufquillt, richtet er Schaden an: er fördert die Nervosität, läßt das Herz unregelmäßig schlagen, mindert die Leistung der Speichel- und Magendrüsen, wirkt auf die Drüsen der Nasenschleimhaut erregend – er macht ‚verschnupft' –, er spannt die Muskeln, stört das Gleichgewichtsgefühl des Körpers und macht seine Bewegungen linkisch, er hemmt die Darmtätigkeit, steigert den Blutumlauf ins Krankhafte, macht den Atem rasen oder stocken, wirkt auf manche Gehirnzentren lähmend, so daß unser Denken und Tun unbeherrscht wird, und macht uns vor der Zeit welk, häßlich, krank und alt.

Auch sonst ist der Ärger ein Verlust-Geschäft: jede durch Ärger vergiftete Minute unserer Zeit kommt einem Verlust von fünf Mark gleich. Denn die in den täglichen Minuten des Ärgers erzeugten Unlustgefühle wirken sich in steigendem Maße als Erfolgshemmer aus. Bei den kleinsten Dingen fängt der Ärger an und wächst von da aus, alles mit Mißmut durchtränkend, in unsere wichtigsten Aufgaben und Entscheidungen hinein.

Jeder Ärger entspricht dem Öffnen eines Gashahns, ohne daß das Gas entzündet wird: das Gas strömt nicht nur nutzlos aus, es vergiftet uns auch.

Sich ärgern heißt sich selbst schwächen: die inneren Kräfte ziehen sich zurück. Der Geducktheit der inneren Kraft entspricht die Gedrücktheit der Stimmung und die Unlustbetontheit des Handelns, aus der sich Fehlhandlungen und Mißerfolge ergeben. Statt uns die Dinge dienlich zu machen, bewirken wir, daß uns alles schadet. Wir heften das, was uns ärgert, noch fester an unsere Fersen. Im letzten richtet sich jede Entschließung, die wir im Ärger fassen, gegen uns selbst. Der leicht Erregbare beschlafe darum seine Entscheidungen. Tue nichts im Zorn, sagt ein Sprichwort; warum in dem Augenblick an Bord gehen, in welchem ein rasender Sturm das Meer aufwühlt! Wer außer sich ist, ist nicht bei sich und nicht fähig, erfolgsicher zu handeln.

Sich ärgern heißt aber nicht nur sich der Herrschaft seiner Gefühle überlassen; es heißt darüber hinaus: sich selbst für die Mängel und Ungeschicklichkeiten anderer bestrafen! Wer sich vom Ärger übermannen läßt, gerät in eine Balgerei, bei der bald er selbst unten, bald der Ärger oben liegt. Einem Rösselsprung gleich, führt sein Weg im Zickzack gerade über die Dinge, an denen er sich immer erneut das Schienbein stößt, die Zähne ausbeißt, sich Gallen- und Magenleiden anärgert oder sich sonst verletzt.

Er ist sein eigener Miesmacher: er macht die Dinge „mies", indem er sie mit einem Belag seiner Mißstimmung versieht. Wird er seines Ärgers Herr, dann gewahrt er staunend, wie dieselben Dinge ihm nun auf einmal ein frohes Gesicht und den Weg zum Erfolg zeigen. Mit dem Wort eines Stoikers: „Alles ist nur Meinung, und die Meinung hängt nur von Dir selbst ab. Verjage sie! Es steht Dir frei. Und wie der Seefahrer, der ein Vorgebirge umschifft hat, wirst Du klares, beständiges Wetter und eine ruhige, glatte See vorfinden.

Unterdrücke die falsche Meinung, Du seiest verletzt worden, und Du hebst die Verletzung auf!"

Alles kommt auf uns selbst an! Jeder Ärger, dem wir uns hingeben, kommt von uns selbst und kann nur von uns selbst überwunden werden. Die äußeren Anlässe sind bedeutungslos; die falsche innere Einstellung ist das Übel, das überwunden werden muß. Darum: Schach der inneren Ärger-Bereitschaft! Sei Dein Herr! Wer den Kopf oben behält, bleibt auch im Lebenskampf oben.

„Aber auch der beste Mensch wird zu Zeiten in Erregung geraten über die Ungerechtigkeiten der Umwelt!" sagen Sie.

Durchaus, sonst wäre er kein Mensch. Aber er wird, im Gegensatz zum Alltagsmenschen, Herr seiner Leidenschaft bleiben und sich der Mittel bedienen, die das Übel abstellen und, wenn möglich, den Streit stillen. Er wird so keimendes Leid in Segen wandeln, die Kraft, die dem Ärger innewohnt, in positive Bahnen leiten und sein Inneres ungetrübt lassen. Er reagiert nur, wenn *er* will, nicht wenn andere wollen. Er läßt sich von anderen nur soweit erregen, als ihm selbst nützlich erscheint, um den nötigen Antrieb zu erfolgreicher Abwehr zu erreichen. Niemals aber begibt er sich auf die Ebene seines Gegners hinab, sondern bleibt oben, weil die Abwehr von oben doppelt so leicht ist wie der Angriff von unten.

„Bis zu diesem Ideal habe ich noch einen langen Weg", denken Sie vielleicht! Sie irren! Sie sind bereits auf dem Wege dorthin. Und der Sieg ist viel sicherer, als Sie glauben. Denken Sie immer an Ihren Entschluß: Schach dem Ärger! Und folgen Sie mir in die Rüstkammer der Lebensschule.

Praktische Hilfen zur Ärger-Überwindung

1. Die Selbstpanzerung des Lebensschülers beginnt mit der Durchdenkung der folgenden Wahrheit, die er sich zur Gesinnung machen muß:

Wer einen seiner Kräfte bewußten Lebensschüler bekämpft, ist stets im Nachteil. Denn der Lebensschüler hat sich unter den Schutz der höchsten Gesetze gestellt: der Gesetze des Schicksals, des Gesetzes des Ausgleichs. Und das bedeutet: Wer einem Lebensschüler etwas zu Leide tut, der wird vom Schicksal bestraft!

Das klingt hart und selbstgerecht, ohne es zu sein. Es ist einfach der Ausdruck der vom Lebensschüler durch rechtes Denken und Handeln zum Wirken gebrachten geistigen Gesetzmäßigkeiten. Seine geistige Haltung bewirkt, daß feindliche Angriffe nicht nur an ihm abprallen, sondern mit doppelter Wucht auf den Angreifer zurückwirken und ihm größere Not bereiten denn die, in die er den Lebensschüler bringen wollte.

Wohlgemerkt: das gilt nicht nur für die ‚andern', sondern in erhöhtem Maße für den Lebensschüler selbst: der Lebensschüler, der die geweckten Innenkräfte in den Dienst des Niederen stellt, läuft Gefahr, an diesen Kräften zugrunde zu gehen.

2. Wenn ein Ärger uns übermannen will, ist das erste Gegenmittel das Zurruhebringen der Gedanken: einige Augenblicke nichts fühlen, nichts wollen, nichts sagen, nichts tun! Wir entspannen uns gänzlich. Nun kann der Ärger nichts in uns ausrichten. Denn Ärger ist Spannung.

Wenn wir aus der Entspannung zurückkehren, sind wir fähig, über das zu lächeln, was uns vorher verstimmte. Nach und nach kommen wir dahin, daß der bloße Selbstbefehl: „Achtung! Sofort entspannen!" augenblickliche Abriegelung unseres Innern gegen Mißstimmung und Erregung bewirkt.

Wir können auf die Entspannung auch eine Konzentration auf gefühlsbetonte positive Gedanken folgen lassen und so den Rest der Erregung in den Dienst schöpferischen Aufbaus stellen.

3. Ein hiermit zusammenhängendes Mittel wandte Julius Cäsar an: wenn er Erregung oder Zorn in sich aufsteigen fühlte, soll er die Augen geschlossen und langsam bis 25 gezählt haben, bevor er antwortete. Wer das macht und beim Zählen zu lächeln versucht, wird, schon ehe er bei 25 angelangt ist, feststellen, daß das Lächeln auf sein Inneres übergegriffen hat. Das langsame Zählen wirkt entspannend, hat also eine ähnliche Wirkung wie die vorher gezeigte Methode.

4. Ein weiterer verläßlicher Helfer ist der *Atem.* Mit wachsender Erregung verkürzt sich der Atem. Der Ruhige atmet langsam. Wer seinen Atem bewußt verlangsamt, beruhigt sein Gemüt. – Sowie ein Ärger uns anspringt, schließen wir die Augen, atmen tief aus und langsam ein, halten den Atem zurück – unter Konzentration

der Gedanken auf die Vorstellung: „Ich bin ruhig und unbewegt wie die Tiefen des Weltmeeres!“, und atmen dann langsam wieder aus. Das wird zehn bis zwölf Mal wiederholt.

5. Bei *Gereiztheit* wenden wir eine andere Atemübung an: Wir legen uns hin, entspannen Körper und Gedanken, gehen zum langsamen und rhythmischen Atmen über unter Sammlung der Gedanken auf die dreiteilige Vorstellung:

„Ich atme Ruhe! Ich bin Ruhe! Ich atme Frieden!“

Den ersten Teil denken wir beim tiefen Einatmen, den zweiten beim Atem-Anhalten, den dritten beim Ausatmen. Das Ausatmen geschieht seufzerartig, wobei wir uns vorstellen, wie der Friede sich ausbreitet. Die Übung wird mehrmals wiederholt, bis wir uns erleichtert und entspannt fühlen.

Wenn man sich während des Ruhe-Atmens keine Selbstbefehle gibt, wird die Aufmerksamkeit ausschließlich auf den Atem gerichtet.

6. Bei noch stärkeren Gemütswallungen wie *Zorn und Wut* beruhigen wir uns durch folgende Zwerchfell-Atem-Übung:

Hinsetzen, aufrechte Haltung einnehmen, gründlich ausatmen, mit voller Kraft die Luft aus den Lungen ausstoßen, durch den Mund ausatmen. Jetzt so tief wie möglich durch die Nase einatmen, dabei darauf achten, daß der untere Teil der Lungen gefüllt wird; also die Luft zum Bauch hinabdrücken, bis der Unterleib prall gefüllt ist. Die Luft einige Augenblicke anhalten und leicht gegen die Magengrube pressen, damit das Zwerchfell beruhigt wird.

Nun die Luft langsam wieder ausatmen, dabei Oberkörper nach vorn beugen und sich auf die Vorstellung konzentrieren, daß alle Erregung ausgeatmet und vernichtet wird. Beim Wiederausatmen etwa gespannte Muskeln völlig entspannen.

Je erregter unser Gegner ist, desto ruhiger werden wir selbst. Je mehr er sich ent-rüstet, desto gewappneter wird unser Wille durch die Zwerchfell-Atemübung. Während der andere noch mit sich selber ringt, haben wir unseren Willen bereits durchgedrückt.

7. Ein weiteres bewährtes körperliches Umschaltungsmittel ist das *Tun als ob*. Um eine Erregung daran zu hindern, daß sie uns überwindet, springen wir nicht auf oder laufen wütend umher, unserem Zorn in unbeherrschten Bewegungen oder Tätlichkeiten

Ausdruck gebend, sondern wir zwingen uns zum Sitzenbleiben oder legen uns gar hin, wenn das möglich ist.

Sokrates pflegte bei aufsteigendem Ärger ganz leise zu sprechen und den Zorn dadurch zu bändigen. Versuchen Sie es, bei erregter Stimmung leise und gelassen zu sprechen, Ihre Stimme nicht zu heben, sondern zu senken. Sie werden feststellen, wie Ihre Erregung durch solche Gesten der Ruhe gedämpft wird.

8. *Tägliche Zielsetzung* hält gleichfalls viel Ärger von uns fern. Manche Mißstimmungen sind Folgen eigener Unordnung, Nachlässigkeit oder mangelnder Überlegung. Wo tägliche Zielsetzung zur Gewohnheit wird, fallen solche Ärger-Anlässe von selbst fort. Andere Ärgernisse werden durch das mit der Zielsetzung verbundene beständige *Tätigsein* unwirksam gemacht. Denn Ärger und positives Handeln sind Feinde. Wer sich dem einen hingibt, schließt das andere aus.

Seelische Umschaltungen

9. In allem etwas Übles zu sehen, bewirkt Übelkeit des Magens und des Herzens. An allem das Gute zu sehen, macht uns besser, freier und größer.

Der Lebensschüler ist nun alles andere als ein Greis, der nichts empfindet. Er ist jung, wie alt sein Körper auch sein mag, und darum voller Leiden- und Freundschaften. Doch er verbindet die Jugend der Seele mit der Weisheit des Alters: er ist ein kluger Verwalter seiner Kräfte, die er mit rechtem Maße an der günstigsten Stelle den jeweils besten Zwecken dienstbar zu machen sucht.

Selbst die Kraft, die einer Erregung innewohnt, sucht er zu nützen, indem er das Gefühl von seinem Anlaß trennt – das geschieht durch die Entspannung – und die entfesselte Gefühlskraft in positive Bahnen lenkt und zur Betätigung führt. Das geschieht durch bewußte Hinwendung auf gefühlsbetonte positive Vorstellungsbilder und zielstrebige Hingabe an wertbetonte Aufgaben. Er reagiert also, aber er reagiert stets *positiv*.

Wir lernen damit eine weitere Waffe gegen den Ärger kennen: die zähe Festhaltung eines der negativen Stimmung entgegengesetzten positiven Gedankens im Blickfeld des Bewußtseins solange, bis der negative Gedanke aus Mangel an Nahrung zugrunde gegangen ist.

In dem Augenblick, wo ein Ärger bewußt wird, schalten wir nach vorausgegangener Entspannung unseren Vorstellungs- und Gefühlsapparat auf einen frohstimmenden Gedanken um: eine schöne Erinnerung an einst durchlebte Stunden der Freude, auf Menschen, die wir gern haben, auf eine Freude, die wir erwarten oder andern bereiten wollen.

Es kann immer nur *ein* Gedanke zur Zeit im Blickfeld des Bewußtseins weilen, und dieser Gedanke hängt von unserem Willen ab. Auch hier ist Übung alles. Wir vermeiden auf die hier gezeigte Weise drei Übel, die jedem Ärger folgen:

a) das hemmungslose und schädliche Sich-gehen-Lassen,
b) die Übertragung des Ärgers, den wir am Urheber desselben nicht auslassen können oder wollen, auf andere Wesen oder Dinge, die uns als nächstes ‚in die Quere kommen' und als ‚Sündenbock' dienen,
c) die Verdrängung des Ärgers, das Hinunterwürgen einer Verärgerung, die uns, wie schlecht gekaute Nahrung, seelische Verdauungsbeschwerden bereitet und als seelische oder körperliche Störung wieder zum Vorschein kommt.

Die durch den Ärger entfesselte Kraft braucht ein Betätigungsfeld, und das geben wir ihr durch Umschaltung auf positive Zielsetzungen.

10. Wir unterstützen diese Umschaltung durch die Pflege des *Humors.* Wer sich darin übt, die Dinge, die ihn bislang verstimmten, von der freundlichen Seite anzusehen, kommt über vieles leichter hinweg.

Was nützt der Ärger über Dinge, die geschehen sind: das Glas, das uns aus der Hand gleitet und nach bekannten physikalischen Gesetzen am Boden zerschellt, wird vom Ärger nicht wieder ganz. Nimm's mit Humor, notfalls mit Galgenhumor. Denk' an die Scherben, die Glück bedeuten. Wer geht, ruft bessere Nachfolger herbei!

Der Weise ergreift den Ärger, ehe der Ärger ihn ergreift, und wandelt ihn um in eine Gelegenheit zu humorvoller Betrachtung des Laufs der Welt. „Nicht durch Zürnen, sondern durch Lachen tötet man", sagt Nietzsche. Lernen wir also lächeln über das, was uns ärgern will. Wenn ich über etwas, was mich heute verstimmt, nach einem Jahr lächeln kann, warum dann nicht jetzt? Versuche ich es, dann entdecke ich, daß es möglich ist und daß der Humor mich dem Ärgernis überlegen macht.

Rechter Umgang mit Mißgelaunten, Neidern und Feinden

Ärger ist das Empfinden von Unlust, die uns durch äußere Dinge oder Umstände oder durch andere Wesen bereitet wird. Auf diese Unlust reagiert der Alltagsmensch mit dem Wunsch, dem Ursacher des Ärgers ein gleiches Maß an Unlust zu bereiten. Das Kind schlägt den Stein, an dem es sich verletzte.

Diese negative Reaktion erregt zwar im Augenblick ein das Maß an Unlust übersteigendes Lustgefühl, legt aber, wie alles Negative, zugleich zu neuen und größeren Unlustgefühlen den Keim. Das Übel bekommt Junge, und diese abermals – eines immer weniger hübsch als das andere.

Die Lebensschule lehrt uns erkennen, daß wir dadurch, daß wir einem Angreifer Unlust bereiten, unsere eigene Lust nur scheinbar mehren, in Wirklichkeit mindern. Wir können andern nichts zufügen, ohne es zugleich uns selbst zuzufügen.

Das heißt nun keineswegs, daß wir die Augen verschließen. Wir wollen sie vielmehr besser als bisher aufmachen, damit wir lernen, ein Ungemach erfolgreich abzuwehren. Nicht der Ärger soll im Blickfeld unseres Bewußtseins stehen, und nicht der, der uns verletzte, sondern das *positive Ziel*, das wir erreichen wollen. Dadurch machen wir uns gegen jeden Fremdeinfluß immun.

Ein einfaches Mittel ist die Besinnung auf die Kraft in uns, auf den Geist des Lebens in uns wie im Innern dessen, der uns schmäht oder ärgert: Wir konzentrieren uns auf den Gedanken, daß der göttliche Funke wie in uns so auch in unserem Gegner erwachen und dessen Lieblosigkeit in Harmonie und Liebe verwandeln möge. Wir stellen uns auf die innere Gewißheit um, daß die Kraft unserer Liebe auf unseren Gegner überstrahlt und ihn von innen her verwandelt, versöhnt und verträglich stimmt. Wir vertrauen auf die Macht der Gedanken, der sich ein negativ gestimmter Mensch viel weniger zu widersetzen vermag als ein positiv zielgerichteter.

„Wenn ich aber immer wieder den Sticheleien des andern zum Opfer falle? Wenn ich mich noch nicht stark genug fühle, seinen Willen von innen her zu wandeln – was dann?“

In diesem Falle geht der Lebensschüler folgenden Weg:

Bei jeder zwischen zwei Menschen vorkommenden Verärgerung entsteht ein gewisses Quantum Ärger, das wir uns als eine Art Giftstoff vorstellen. Dieser Giftstoff verteilt sich auf die Streitenden nach dem Maß ihrer Erregung: der Erregtere erhält den Löwenanteil.

Unseren Anteil verringern wir durch rechte Einstellung wie folgt:

In dem Augenblick, wo uns ein Ärger überkommt, der auf uns entfallende Anteil am Giftstoff also bei uns eintrifft, lächeln wir ihn in Gedanken freundlich abweisend an und erklären ihm entschieden: *„Annahme verweigert!“* Dies wird, innerlich gesprochen, den Bann lösen, der sich auf uns legen und uns für die Annahme des Ärgers geneigt machen wollte. Wir sind frei und bleiben es.

Ärger und andere Erregungen sind unserem innersten Wesen ungemäß; sie sind Fremdstoffe, die uns nur vergiften, wenn wir uns freiwillig der Macht der Selbstbestimmung begeben.

Hier noch einige *Faust-Regeln zur Ärger-Verhütung:*

Vermeiden Sie Auseinandersetzungen mit Leuten, die unter Ihnen stehen und Sie zu sich hinabziehen wollen.

Blicken Sie über zänkische Menschen hinweg – sinnbildlich und buchstäblich.

Zeigen Sie sich taub für Kränkungen. Erscheint es notwendig, Stellung zu nehmen, zeigen Sie, daß Sie die Herabsetzung als Scherz werten.

Vergessen Sie nie, daß Ihr Ansehen nicht von der Meinung anderer abhängt, sondern von Ihrem eigenen Denken und Tun.

Zeigen Sie niemals Erregung. Lernen Sie Ihre Muskeln, besonders die Gesichtsmuskeln, beherrschen. Der Weise zeigt durch lächelnden Gleichmut, daß sein Inneres unverletzbar ist.

Und haben Sie einmal geirrt oder gefehlt und die Rachsucht eines Verleumders zu fürchten, dann suchen Sie gleichfalls durch ‚Nicht-Widerstehen‘ zu siegen. Machen Sie die Zeit zu Ihrem Bundesgenossen: jeder neue Tag bietet Ihnen Gelegenheit, Besseres und Größeres zu leisten und dadurch Verleumder ins Unrecht zu setzen.

Damit wir nicht Übel sehen, wo keine sind, oder Worte und Taten anderer mißdeuten, werden wir uns, ehe wir reagieren, zuvor in die Seele und Lage des andern versetzen. Forschen wir den Beweggründen seines Handelns nach, dann beginnen wir, ihn zu verstehen, verzeihen ihm, entgiften unsere Seele und machen zugleich den andern freier. Denn ihm war keineswegs wohl, sonst hätte er uns ja nicht wehgetan.

Lernen wir, Kränkungen im Lichte der Ewigkeit zu betrachten. Ein Feldherr des Altertums rief beim Anblick seines prächtigen Heeres aus: „Welch Gedanke, sich vorzustellen, daß alle diese nach fünfzig Jahren nicht mehr sind!" Ist es mit uns und unseren Gegnern anders? Nur eine Sekunde der Ewigkeit dauert unser Leben. Ist es da nicht unsere Aufgabe, mitzuhelfen, diese flüchtige Sekunde so licht und freudenvoll wie möglich zu gestalten?

Je höher der Gesichtspunkt ist, von dem aus wir einen Ärger überblicken, desto geringer wird er und desto vollkommener besinnen wir uns auf den Sinn unseres Daseins: täglich besser und stärker, glücklicher und vollkommener zu werden. Und desto entschiedener werden wir bereit sein, der Forderung Larsen's zu folgen:

„Versprich Dir jeden Morgen aufs neue: zu groß zu sein, um Dich über etwas zu beunruhigen, zu edel, um Dich zu ärgern, und zu glücklich, um irgendwelchen Sorgen in Dir Raum zu gewähren!"

NICHTS ÜBERSTÜRZEN!

Zur rechten Selbstbestimmung gehört endlich auch die Erziehung zur *Hastlosigkeit.* Hast ist immer ein Zeichen von Schwäche. Der Starke eilt nicht. Eile wurzelt in der Furcht, zu spät zu kommen oder etwas nicht vermeiden zu können – was Übel erst recht herbeizieht ... Hast und Hetze sind Anzeichen sinkender Lebenskraft und Folgen mangelnder Lebensordnung.

Hast heißt: Spannung ohne Entspannung, die zur Überspannung führt, zum Abbau der Nervenkraft, zu Kampf und Untergang. Nur zu oft hat blinde Hast im letzten Augenblick zerstört, was schon vor der Reife und Erfüllung stand. Wer etwas *überstürzt,* stürzt leicht *über* das Ziel hinaus. Der Hastende eilt seinen Mißerfolgen nach!

Hast ist auch Kränkung unseres Menschentums: sie hindert uns am Gutsein und Guttun. Wie der Gott in uns stets für uns Zeit hat, wann immer wir uns mit unserer Not an ihn wenden, so müssen auch wir immer Zeit haben – auch für die Not unserer Mitmenschen. –

Innehalten gibt inneren Halt!

Wie der Autofahrer bei wachsender Fahrtgeschwindigkeit immer ruhiger werden muß, wenn er Unheil verhüten will, so müssen wir bei der Zunahme unserer Verpflichtungen immer ruhiger werden – gemäß dem Wort der nordischen Gisli-Saga: „Alles kann, wer Maß halten kann!"

Je eiliger wir es haben, desto mehr bedürfen wir der Sammlung. Aus Entspannung und Sammlung wächst Zielklarheit und Zielstrebigkeit. Das ist der Sinn des altdeutschen Spruches „Wer Eile hat, gehe langsam" wie des chinesischen Sprichwortes: „Wenn Du es eilig hast, mache einen Umweg".

‚Immer den Augenblick nutzen!' und ‚Immer Zeit haben!' – das sind nur scheinbar Gegensätze. In Wirklichkeit umfassen sie, vereint, die Forderung Carlyle's an den Schöpfer großer Dinge: „Wirke gleich einem Stern – ohne Hast, aber ohne Rast".

Gleich einem Stern! das ist ein wertvoller Leitgedanke. Lernen wir von der Ruhe, die die Natur allem entgegenbringt, mit der Sonnen, Planeten und Monde ihre Bahn verfolgen: Sinnbilder der Erfolgsverwirklichung durch Gelassenheit.

Die Sterne stehen scheinbar still – und bewegen sich doch mit unfaßbaren Geschwindigkeiten durch die endlosen Räume des Alls. Nirgends Hast, nirgends Überstürzung, überall Gleichmaß, harmonische Nachfolge des ‚Gesetzes, nach dem sie angetreten'.

Der Lebensschüler lerne von ihnen, sich nie mehr eilig zu zeigen, hastige Bewegungen zu meiden, stets so zu tun, als sei er in jedem Augenblick Herr seiner selbst und seiner Zeit. Er wird es schließlich.

Er lerne das Wartenkönnen. Oft ist die Zeit der beste Helfer und die klügste Tat, nichts zu tun. In anderen Fällen wieder ist der überraschende Angriff die beste Abwehr. Und dann wieder kann beides im Wechsel notwendend sein. Den Instinkt für das jeweils Notwendige werden wir in der Lebensschule mehr und mehr entwickeln lernen.

Dieser Instinkt für das Rechte wächst aber nur auf dem Boden der Hastlosigkeit. Immer über den Dingen stehen und sie zu verteilen wissen, heißt sie genießen, sagt Grazian. „Es beweist ein großes Herz mit Reichtum an Geduld, wenn man nie in eiliger Hitze und Hetze ist. Erst sei man Herr über sich, so wird man es nachher über andere sein. Sicherer sind immer die Überlegenden. Schnell genug geschieht, was gut geschieht. Was sich auf der Stelle macht, kann auch auf der Stelle wieder zunichte gemacht werden. Nur die Vollkommenheit gilt, und nur das Gelungene hat Dauer."

21. WOCHE:

CHARAKTER-SCHULUNG

> „Der Mensch ist der Bildner seiner Verhältnisse. Der Charakter ist es, der aus den Verhältnissen eine Existenz schafft. An dieser bildenden Kraft wird unsere Stärke gemessen. Aus demselben Material baut der eine Paläste, der andere Hütten, der eine Speicher, der andere Landhäuser. Der Granitblock, der für den Schwachen ein Hemmnis ist auf seinem Pfade, ist für den Starken eine Stufe, die ihn höher führt."
>
> Carlyle

Die bisherige Lebensschulung diente bereits der Bildung eines vollkommenen Charakters. Schon bei der Erziehung des Denkens lernten wir, daß aus Gedanken Taten werden, aus wiederholten Gedanken Neigungen, aus diesen Gewohnheiten, aus Gewohnheiten Charakterzüge.

Der Charakter, sagt Goethe, „ist eine Gewohnheit der Seele". „Charakter im großen und kleinen ist, daß der Mensch demjenigen eine stete Folge gibt, dessen er sich fähig fühlt." Er sprach von Charakter, wenn „eine Persönlichkeit von bedeutenden Eigenschaften bei ihrer Weise verharrt und sich durch nichts davon abwendig machen läßt."

Charakter haben heißt: die Dinge um ihrer selbst willen tun, auch kleinste Dinge mit gleichem Pflichtbewußtsein zu verrichten, als sei auch das Geringste letzte Prüfung und Möglichkeit höchster Bewährung.

Ist der Charakter nun ein für allemal gegeben und unabänderlich?

Keineswegs. Der Charakter ist bildbar. ‚Charakter' heißt wörtlich: das ‚Geprägte', das ‚Eingegrabene'. Zu diesen Eingrabungen bringen wir die Anlage mit, aber die Bildung und Weiterbildung dieser Anlagen erfolgt erst während des Lebens, „im Strom der Welt". In der Jugend ist es zwar am leichtesten, neue ‚Eingrabungen' vorzunehmen und ungute auszumerzen; aber auch im Alter ist die Schulung des Charakters mit Erfolg durchführbar. Denn der Charakter ist die Frucht des bisherigen Denkens; ändert sich das Denken, die geistige Einstellung, dann wandelt sich nach und nach auch der Charakter.

Die Lehre von der „unabänderlichen Festlegung des ererbten Charakters" ist, wie Fritz *Künkel* gezeigt hat, „ein pessimistisches Märchen, das aus mutlosen und verantwortungsscheuen Gehirnen stammt." Künkel wertet Charakterfehler als „Entwicklungskrisen oder Fehlentwicklungen, bei denen eine Nachentwicklung sehr wohl möglich sein kann."

Jeder Charakterzug kann ab- oder umerzogen oder verstärkt werden! Niemand braucht so zu bleiben, wie er ist. Alles ist im Fluß, auch das Wesen des Menschen; alles steht erst im Anfang seiner Selbstentfaltung, auch der Charakter des Menschen. Er ist fast unbegrenzt veredelungsfähig. Keine Entwicklung ist je ‚abgeschlossen'. Alles entwickelt sich beständig nach oben, und jedes erreichte Ziel enthüllt sich dem Auge des Höhenwanderers als eine unter vielen Etappen zu immer höheren Vollkommenheiten.

Unser Charakter ist, praktisch gesehen, das Produkt der in uns festgewurzelten Gewohnheiten. Damit ist der Schlüssel zur Charakterwandlung gegeben: Es gilt die *bewußte Züchtung von Erfolgsgewohnheiten.* Sie führt zur erfolgreichen Entfaltung schlummernder Charakterkräfte.

Und wie geschieht sie? Wie wir bei der täglichen Zielsetzung die Führung des Tages vorausbestimmen, so müssen wir unserem Charakter Ziele setzen, denen er unter Entfaltung seiner Anlagen zustreben kann. Alle Reaktionsmöglichkeiten sind im Charakter keimhaft vorgebildet; es gilt nur, die nötigen Entwicklungsreize zu schaffen, neue positive Denkgewohnheiten herauszubilden. Im gleichen Maße sterben vorhandene Minderwertigkeiten aus, wir werden glücklicher und freier und unser Leben wird heller und freudenreicher.

Da die ganze Lebensschulung auf dieses Ziel hinausläuft, können wir uns hier kurz fassen. Zur Charakterschulung bedarf es keiner besonderen Voraussetzungen und keiner fremden Hilfe. Hier gilt Fichtes Wort: „Niemand wird kultiviert, sondern jeder muß sich selbst kultivieren. Alles bloß leidende Verhalten ist das gerade Gegenteil von Kultur." Hinter allen Schwächen des Charakters stecken wir selbst, unser Befreier können darum nur wir *selbst* sein.

Die „Lebensschule" erzieht den Charakter nicht von außen her und mit äußeren Mitteln, sondern vom Zentrum unseres Wesens her, durch *‚innere Arbeit'*. Diese innere Arbeit umfaßt alles, was wir bisher in der LS gelernt haben. Sie beginnt mit der Gedankenschulung; denn Charakterzüge sind nichts als selbst eingegrabene Neigungen zu falschem oder rechtem Denken.

Jeder Gedanke formt unseren Charakter. Von früh bis spät arbeiten wir unbewußt an unserem Charakterbild. Was wir immer wieder denken, wird allmählich zur Denkneigung, dann zur Denkgewohnheit, schließlich zum Charakterzug. Jeder Gedanke ist ein Charakterbaustein. Diese Erkenntnis verpflichtet zu noch schärferer Gedankenkontrolle einerseits, zu höchster Zielsetzung andererseit. Und nun zur Praxis:

Charakter-Klärung

Zuerst müssen wir wissen, in welcher Richtung wir unseren Charakter verbessern wollen. Dazu brauchen wir Klarheit über die Beschaffenheit unseres Charakters, seine positiven und negativen Grundkräfte. Und dann gilt es, die positiven zu mehren und die negativen nicht mehr zu nähren.

In der 8. Woche lernten wir, uns Gewißheit über unsere Wünsche zu verschaffen. Die dort gezeigte Methode der Wunschklärung wenden wir in ihrem ersten Teil sinngemäß bei der Charakter-Klärung an:

Wir beginnen die Musterung unserer Charakterzüge damit, daß

wir alle Charaktereigenschaften, die wir besitzen, auf einzelne Zettelchen schreiben.

Wir prüfen, ob Mut oder Feigheit in uns stärker ist oder eine ihrer Abarten wie Leichtsinn, Übermut, Fatalismus, Lebensangst in uns überwiegt; ob wir selbstbeherrscht sind oder uns gern gehen lassen; ob wir überlegsam sind oder unvorsichtig, selbstvertrauend oder zweifelsüchtig, ehrgeizig und vorwärtsstrebend oder trieblos; ob wir Ausdauer haben oder Arbeiten oft unvollendet lassen; ob wir an allem interessiert sind oder zur Bequemlichkeit und Gedankenträgheit neigen; ob wir Frohsinn besitzen oder gern die Dinge grau in grau sehen; ob wir wahrheitsliebend sind, Winkelzüge machen oder zur Unwahrhaftigkeit neigen; ob wir dienst- und hilfsbereit sind oder dem Standpunkt huldigen: „Jeder ist sich selbst der Nächste!“; ob wir Kameradschaftsgefühl besitzen oder ein egoistischer Einspänner ohne Herz-Berührung mit der Umwelt sind; ob uns Takt und Feingefühl eignet oder ob wir oft takt- und rücksichtslos sind – und so weiter.

Je klarer wir uns über unsere positiven und negativen Kräfte sind, desto klarer wird unser Charakter-Aufbauprogramm und desto größer werden unsere Erfolge sein.

Bei dieser Selbstprüfung ist es zwecklos, daß wir uns über uns selbst täuschen, weil jedes Trugbild sich später als Quelle von Mißerfolgen an uns rächt. Voraussetzung des Erfolgs ist Ehrlichkeit gegen sich selbst. Weder darf falsche Eitelkeit uns hindern, uns Fehler bewußt zu machen, noch falsche Bescheidenheit uns abhalten, Charaktertugenden festzustellen. Wir müssen bei der Notierung unserer Charakterwerte bedenken, daß diese Feststellungen keine Wertungen bedeuten, sondern lediglich der Übersicht dienen. Wir brauchen also keine Schwächen zu ‚begründen‘, zu beschönigen, zu entschuldigen oder zu verschweigen. Denn wir wollen uns nicht Zensuren erteilen, sondern lediglich eine Inventur unserer Charaktereigenschaften vornehmen. Wenn wir uns so einstellen, vermeiden wir Hemmungen und Selbsttäuschungen.

Charakter-Umwandlung

Wenn uns keine Charakterzüge und -vorzüge mehr einfallen, gehen wir an die Ordnung unserer Zettel zu zwei Stößen: rechts die positiven, links die negativen Eigenschaften. Dann ordnen wir die einzelnen Charaktermerkmale nach dem Grad der Dringlichkeit ihrer Pflege oder Ausmerzung und schreiben das Ergebnis dann in eine zweispaltige Charaktertafel, als Unterlage für unsere weitere Selbstschulung mit dem Ziel, die positiven Kräfte zu stärken und zu mehren, die negativen zu mindern und zu vernichten.

Wie geschieht das? Wir berücksichtigen bei der Charakterschulung die psychologische Tatsache, daß zwei entgegengesetzte Kräfte nie gleichzeitig in uns in Tätigkeit sein können, und daß, wenn die eine zur Entfaltung und Betätigung kommt, die andere im gleichen Maße verkümmert. Indem wir die guten Kräfte unseres Charakters bewußt entfalten, bringen wir die entgegengesetzten Kräfte und Tendenzen von selbst zum Schwinden.

Die Förderung der vorhandenen und die Züchtung fehlender positiver Charakterzüge erfolgt durch tägliche Bejahung und praktische Betätigung, wobei wir das Bild dieses Charakterzuges so lustbetont wie möglich machen. Sie erfolgt weiter dadurch, daß wir darüber wachen, daß jeder negative Gegen-Gedanke schon im Keim erstickt wird und keine Gelegenheit findet, in uns Wurzel zu fassen, und endlich dadurch, daß wir zur weiteren Stützung eines positiven Charakterzuges ihm verwandte Eigenschaften in uns zur Entfaltung bringen und auch sonst alles tun, um ihn uns zur Gewohnheit zu machen, zur ersten Natur.

Die Überwindung negativer Charakterzüge geschieht dadurch, daß jeder diesen Zügen entsprechende Gedanke schon im Keim erstickt und durch seinen positiven Gegen-Gedanken ersetzt wird. Sie geschieht weiter dadurch, daß wir in uns lebendige, lustbetonte Vorstellungsbilder der entgegengesetzten positiven Charakterzüge schaffen, beständig im Sinne dieser Bilder zu handeln suchen und so *tun, als ob* an Stelle der negativen bereits die positiven Charakterzüge gelangt seien.

Einer direkten Bekämpfung der negativen Züge bedarf es nicht. Durch die Beschäftigung mit Fehlern werden diese nur tiefer ins Unbewußte hinabgedrückt. Das schmutzige Wasser in einem Gefäß wird nicht sauberer dadurch, daß man darin herumrührt; es gilt vielmehr, solange reines Wasser hinzuzugießen, bis aller Schmutz weg ist. Im einzelnen haben wir noch folgendes zu tun:

Wir idealisieren unseren Charakter, indem wir uns in ernster Selbstbesinnung ein lebendiges Idealbild unseres Charakters schaffen, so wie wir ihn wünschen – ausgestattet mit allen guten Eigenschaften, deren es zur Meisterung des Schicksals bedarf. Wir errichten durch die Gestaltung eines lustbetonten Idealbildes unseres Charakters das Geist-Gerüst desselben, das nun durch unser ferneres Denken und Tun immer mehr aus der inneren in die äußere Wirklichkeit hinausgebaut wird.

Alle Einbildungskraft, über die wir verfügen, stellen wir in den Dienst der Schaffung gefühlsdurchtränkter Idealbilder der einzelnen Charaktervorzüge. Um so mehr Anknüpfungsmöglichkeiten findet unser Unterbewußtsein, um die Selbstbefehle, die wir ihm im Verlauf unserer Charakterschulung erteilen, zu unserer Zufriedenheit auszuführen. Auch die Handlungen, die sich aus dem Dasein der neuen Charakterzüge ergeben, stellen wir uns anschaulich vor und helfen durch bewußtes Tun, als ob die Eigenschaften schon da seien, mit, daß die Wirklichkeit dem Vorgestellten entspricht. Wir benutzen jede Gelegenheit, das im Geist Bejahte in der Wirklichkeit zu erproben. Alle hierbei erzielten Fortschritte und Erfolge verzeichnen wir in unserem Erfolgs-Tagebuch – als Ansporn für unsere weitere seelische Aufbauarbeit.

ERWECKE DEN HELDEN IN DEINER SEELE!

Leben heißt kämpfen. Zu dieser Welt, sagt Schopenhauer, „wo die Würfel eisern fallen, gehört ein eiserner Sinn. Jeder Schritt im Leben wird uns streitig gemacht. Daher ist es eine feige Seele, die, sobald Wolken sich zusammenziehen oder wohl gar nur am Horizont sich zeigen, zusammenschrumpft, verzagen will und jammert. Solange der Ausgang einer gefährlichen Sache noch zweifelhaft ist, solange noch die Möglichkeit, daß er ein glücklicher werde, vorhanden ist, darf an kein Zagen gedacht werden, sondern bloß an Widerstand."

Hier scheiden sich die Geister: Der Schwächling beugt sich seinem Schicksal, der Feige flieht es, der Kluge nutzt es, und der Lebensmeister schafft es. Der Kampf mit dem Schicksal und die Wunden, die das Leben ihm schlug, haben ihn gelehrt, daß das Leben Kraft will und das Schicksal nur der Kraft weicht.

Nutzlos, zu warten, bis fremde Hilfe uns errettet. Der Siegentschlossene nimmt selbst den Kampf auf und gibt nicht nach, bevor der Sieg errungen ist. „Willst Du das Große vollbringen, mußt Du der eig'nen Kraft vertrauen, mußt Du in kühnem Ringen nie seitwärts, immer vorwärts schauen."

Die Lebensschule fordert, daß wir jenen *sittlichen Mut* beweisen, der heroischer ist als körperlicher Tapferkeit und den es täglich aufs neue auf den ewigen Kampffeldern der Arbeit, der Pflichterfüllung, der Kultur, des Fortschritts selbstverantwortlich zu bewähren gilt.

Wie aber wecken wir den göttlichen Kern unseres Wesens, den Helden in unserer Seele? Wir wecken und entfalten ihn durch die tägliche Besinnung auf das innere Bild unserer selbst, so wie wir in Wahrheit und von Ursprung her zu sein bestimmt sind. Dadurch bringen wir das Gesetz der Anziehung zum Wirken. Dazu ist Voraussetzung, daß wir zugleich handeln, als ob die innerlich geschauten idealen Eigenschaften auch äußerlich bereits Wirklichkeit seien.

Wer diese tägliche Konzentration auf das Idealbild seiner selbst nicht auf einmal zuwege bringt, der lege eine Etappe dazwischen und wähle sich zunächst ein großes Vorbild. Ein jeglicher, lehrt Goethe, „muß sich seinen Helden wählen, dem er die Wege zum Olymp hinauf sich nacharbeitet". Indem man diesem Vorbild nachstrebt, mit ihm wetteifert, erweckt man allmählich den Helden in seiner Seele.

Machen wir uns weiter frei vom Wahn der Armseligkeit. Erkennen wir: Der Mensch ist von Haus aus stark und tapfer; er muß sich nur seiner inneren Tapferkeit bewußt werden. Der Geist in uns ist, einmal erwacht, mächtiger als jedes Übel, das uns schrecken will.

Wer kämpft, der weiß: Der Gefahr trotzen heißt um ihre Macht wachsen! Wer das erfahren hat, spottet aller Fesseln, wie es Walt Whitman tat,

„O Wonne meiner Selbstheit! Sich vor niemandem beugen,
keinem Tyrannen auf Erden gehorchen!
Aufrecht zu schreiten mit federndem, elastischem Schritt
Und mit seiner Persönlichkeit allen Persönlichkeiten der Erde entgegenzutreten!

O, so lange ich lebe, der Herr des Lebens zu sein und nicht sein Sklave!
Dem Leben entgegenzutreten wie ein machtvoller Eroberer! –
Nichts, was von außen kommt, soll mich jemals beherrschen!"

So wird aus rechter Charakterschulung Seelenschmiedung, und aus dieser wieder geht die Kraft zur Schicksalsschmiedung hervor. Doch ehe wir uns aus der schützenden Heimstätte der Selbsterziehung in den Lebenskampf mit der sicheren Aussicht auf den Enderfolg hinausbegeben können, sind noch einige Aufgaben zu lösen, mit denen uns die nächsten Wochen vertraut machen. Inzwischen gilt es, uns immer erneut auf die grundlegende Wahrheit zu besinnen, daß alle Kraft und Hilfe von *innen* kommt. Wir meistern die Aufgaben des Lebens, wenn wir bei allem der Gegenwart der Kraft in uns eingedenk sind und uns die Erkenntnis Herders zu eigen machen:

„Unser Schicksal ist nichts als der Nachklang und das Resultat unseres Charakters."

22. WOCHE

SELBSTBEFEHLE

„Wer mit dem Leben spielt, kommt nie zurecht;
Wer sich nicht selbst befiehlt, bleibt stets ein Knecht." Goethe

Die Lebensschule erzieht nicht nur das Bewußtsein, sondern auch das *Unbewußte*. Denn sie will den ganzen Menschen erneuern, und das ist nur möglich, wenn sie ihn vom Innern her neu bestimmt. Um den Menschen wirklich lebenstüchtig und dauernd leistungsfähig zu machen, ist rechte Lenkung des Unbewußten unerläßlich.

Man vergleicht den Menschen mit Recht mit einem schwimmenden Eisberg: der Meeresspiegel entspricht der Bewußtseinsschwelle, das über denselben hinausragende Siebentel des Eisbergs entspricht dem Wachbewußtsein, die unterhalb liegenden unsichtbaren sechs Siebentel dem Unbewußten und Überbewußten. Der menschliche

Geist reicht ‚tiefer, als der Tag gedacht'. Das Oberbewußtsein ist der kleinste Teil unseres Gesamtbewußtsein. Und vom Reich des Unbewußten haben wir erst den kleinsten Teil erforscht: das, was wir als ‚*Unterbewußtsein*' (UB) bezeichnen.

Das Unterbewußtsein ist die Quelle aller Gedanken, Gefühle und Willensstrebungen, die im Wachbewußtsein spürbar werden. Es regelt Art und Ablauf unserer Instinkte und Neigungen, Gewohnheiten und Leidenschaften, alle seelischen Automatismen wie auch die ausgesprochen wachbewußten Tätigkeiten: das logische Denken, Schließen usw. Das Unterbewußtsein ist das ‚Es', das uns die Lösungen unserer Fragen zuwirft, unser Gedächtnis lenkt, uns zu Entscheidungen treibt, unsere Ausdauer und Schaffenslust mehrt oder mindert, unsere leibliche Wohlfahrt bis in die letzte Zelle bestimmt und auch in unser Schicksal entscheidend eingreift.

Aus alledem erhellt die Notwendigkeit der Erziehung des UB. Dadurch erziehen wir zugleich uns selbst und wandeln unser Leben und Schicksal. Wie das geschieht, wird im folgenden gezeigt. Zuvor wollen wir uns die Haupt-Eigenschaften des UB vergegenwärtigen:

1. Das UB ist ein leichtgläubiger, schlecht hörender, aber gutwilliger Diener. Es nimmt alles an, was man ihm sagt, hört aber nur die Hauptstichworte und geht dann mit Ausdauer daran, das zu verwirklichen, was es gehört zu haben glaubt. Also gilt es, uns klar, deutlich und eindeutig auszudrücken.

2. Wir erreichen unter UB am sichersten über die Sinne – und zwar ihrer Wichtigkeit entsprechend in dieser Reihenfolge: Gehör, Gesicht, Gefühl, Geruch, Geschmack. Beim Selbstbefehl steht das gesprochene Wort demnach im Vordergrund, dann kommt das geschriebene, dann das gedruckte Wort.

3. Das UB ist überaus erfinderisch. Es sucht und entdeckt stets neue Möglichkeiten, einen Befehl auf dem Wege des geringsten Widerstandes so rasch wie möglich durchzuführen.

4. Das UB schläft nie. Es wirkt nachts genau so wie am Tage, und um so vollkommener, je weniger das Bewußtsein in sein Tun störend eingreift.

5. Die Kraft des UB reicht weiter, als wir heute ahnen. Nicht nur alle körperlichen Funktionen unterstehen seinem Einfluß, auch im

Reich der Seele wirkt es umwandelnd und über das noch tieferreichende *‚kollektive Unbewußte'* umstimmend auch auf die Seelen anderer Menschen ein, ja darüber hinaus wirkt es auf Geschehnisse zu Gunsten oder Ungunsten unseres Schicksals ein.

Wenn wir einen Gedanken einige Zeit im *Bewußtsein* festhalten, steigern wir die ihm innewohnende Tendenz, sich zu verwirklichen. Noch mehr ist das der Fall bei Gedanken, die wir mit Hilfe von Selbstbefehlen unserem *Unterbewußtsein* einflößen. Hier gilt die Regel:

(15) Jeder Gedanke, der als Selbstbefehl ins Unterbewußtsein hinabgetragen wird, wirkt auf das UB umwandelnd ein und strebt mit doppelter Kraft nach seiner Verwirklichung.

Prof. Hans Driesch sagt mit Recht vom Menschen, er lebe „nur durch und in seinen Vorstellungen, und da wir erkannt haben, daß wir mit Suggestionen Vorstellungen einpflanzen können, sind wir verpflichtet, Suggestionen anzuwenden, um uns ethisch weiterzubilden, indem wir uns ethisch positive Vorstellungen einpflanzen."

Nun betreibt jeder ‚Autosuggestion', zumeist unbewußt und negativ: er denkt falsch, konzentriert sich auf Sorgen, Nöte und Hindernisse und macht sich schwach. Anders der Lebensschüler: er wendet diese Waffe bewußt und in positiver Weise an, geht dabei aber über das, was man ‚Autosuggestion' nennt, hinaus: denn Autosuggestion bedeutet schlechthin Beeinflussung des eigenen Urteils oder der eigenen Gefühle durch falsche oder richtige Vorstellungen. Der *bewußte Selbstbefehl* aber ist eine vom Wachbewußtsein als gut und nützlich erkannte Einsicht, die wir in das Unterbewußtsein einführen, damit sie von dort aus auf unsere Gedanken, Gefühle und Absichten, auf Leib und Seele heilsam oder erfolgfördernd einwirkt. Der Selbstbefehl ist angewandte Konzentration. Wir sprechen hier auch von *Bejahung*.

Jeder Gedanke, der in Form eines Selbstbefehls, einer Bejahung, in unser Unterbewußtsein eindringt, bleibt so lange in ihm haften und tonangebend, bis er durch einen gefühlsbetonteren Gedanken abgelöst wird. Er verbindet und verbündet sich mit gleichgerichteten Gedanken und bildet mit ihnen wirkstarke Komplexe.

Die gefühlsbetonte Vorstellung einer Bewegung ruft die Bewegung hervor: wer am Rande eines Daches oder Felsvorsprungs steht und das Gefühl hat, zu fallen, der fällt. Der gefühlsbetonte Furchtgedanke wird Wirklichkeit. Und beim Gähnen, das bekanntlich ‚ansteckt', oder beim Lachen eines einzelnen in einer Gesellschaft ist es nicht anders: die Vorstellung des Gähnens oder Lachens ruft die Bewegung hervor.

In gesteigertem Maße gilt dies bei Selbstbefehlen. Hier gilt der Satz:

(16) Wenn das Unterbewußtsein von uns einen Befehl erhalten hat, sucht und findet es auch die Mittel, den Befehl im Rahmen des Möglichen durchzuführen.

Hier nun gilt es eine unbegründete Hemmung zu überwinden: manche schwächen die Kraft ihrer Selbstbefehle durch den Gedanken: „Wie kann ich mir befehlen oder einreden, es geht mir gut, wenn es mir doch schlecht geht? Ich mag mich nicht selbst täuschen!"

Dieser Gedanke ist abwegig. Der Selbstbefehl ist keine Selbsttäuschung, denn ihm folgt sofort die innere Verwirklichung – auch wenn sie äußerlich nicht gleich sichtbar in Erscheinung tritt. Wer jedoch seinem UB Weisungen erteilt und gleichzeitig Gedanken des Zweifels nährt, der macht sie durch sein Gegen-Denken wirkschwach und darf sich nicht wundern, wenn der Erfolg ausbleibt. Wir müssen die Erfüllung *als selbstverständlich bejahen.* Wir müssen ganz in einem Gedanken aufgehen, um so rascher wird er in uns aufgehen und durch uns in unserem Leben Wirklichkeit.

Der Selbstbefehl, durch den bestimmte Gedanken im Blickfeld des Bewußtseins festgehalten werden, ist eine Art geistiges Bauen: wir errichten das Geist-Gerüst des Erfolgs-Gebäudes, das zuerst innerlich und dann äußerlich Wirklichkeit wird. Oft scheint es, als ob die einzelnen Bausteine, die wir herantragen, irgendwo verschwinden – aber schließlich gewahren wir, wie die Grundmauern des Neubaus aus der Tiefe emporsteigen, wie der Bau wächst.

Es gilt nur, unserem UB beharrlich die Bilder dessen zu vermitteln, was es bilden soll, unser Leben immer so zu sehen, wie wir es haben möchten. Diese geistigen Bilder, ständig im Herzen bewegt, ‚gefilmt', streben danach, die Wirklichkeit umzubilden – was sich zeigt, sowie wir beginnen, diese Erkenntnisse praktisch anzuwenden.

Lernen wir nun die Bedingungen kennen, die bei der erfolgreichen Anwendung des Selbstbefehls oder der Bejahung zu beachten sind:

1. Die besten Zeiten wählen!

Selbstbefehle können wir uns jederzeit erteilen; Voraussetzung ist nur, daß wir entspannt sind. Demzufolge ist die günstigste Zeit abends vorm Einschlafen, da die Bejahung dann die ganze Nacht hindurch im UB weiter wirkt.

Fast ebenso günstig ist die Zeit morgens im Augenblick des Aufwachens. Hier ist das ablenkende Oberbewußtsein noch ausgeschaltet; der Arbeitstrubel hat uns noch nicht in Spannung versetzt, unser UB ist noch aufgeschlossen.

Von Vorteil ist auch die Zeit nach dem Mittagessen, wenn die Verdauungsmüdigkeit uns überfällt. Aber nicht nur in diesen Zeiten, sondern jederzeit ist es möglich, nach einigen Augenblicken der Entspannung und Stille die Verbindung mit dem UB herzustellen und ihm Befehle zu erteilen. Nützlich ist es, Selbstbefehle, die längere Zeit wiederholt werden, stets zur gleichen Stunde und am gleichen Ort vorzunehmen.

2. Anstrengungen meiden!

Die Anweisungen der LS sind aufs äußerste vereinfacht, so daß Sie sich nicht zu belauern brauchen, ob Sie auch alles ‚richtig machen'. Wenden Sie das Gelernte einfach an, dann kommt das Richtigmachen von selbst.

Sehen Sie auch nicht fortwährend ängstlich nach, ob die ersehnte Besserung schon einsetzt! Der Landmann, der täglich nachgräbt, um zu sehen, ob und wie die Saat wächst, stört das Wachstum und erntet nichts. Der rechte Lebensschüler sieht sich im Geiste am Ziel und kommt dadurch am schnellsten zum Erfolg.

Auch jede Willens-Anstrengung ist hier zu meiden. Der Selbstbefehl erfolgt zwar keineswegs willenlos, aber anstrengungslos, also ohne Verkrampfung. Denn wo Anstrengung ist, ist der Mißerfolg nicht fern. Mit Sanftmut läßt sich das UB zu allem leiten, bei Gewaltanwendung erwacht in ihm die Zehnmännerkraft eines Wahnsinnigen. Es will wie unser bester Freund behandelt werden, erwartet unsere Zuneigung und unser Vertrauen.

3. Sich entspannen!

Wichtig ist weiter der Abschluß von der Außenwelt während der Zeit des Selbstbefehls: ziehen Sie sich in ein ruhiges Zimmer zurück und sorgen Sie dafür, daß Sie ungestört bleiben. Dämpfen Sie die Helligkeit des Raums, damit nichts Sie ablenkt. Setzen oder legen Sie sich bequem hin und beseitigen Sie, was den Körper drückt, legen Sie zu enge Jacken, Schuhe usw. ab.

Schließen Sie jetzt die Augen und entspannen Sie sich, wie in der 9. Woche gezeigt. Genießen Sie das Gefühl wohligen Hingegebenseins an die Stille. Sowie die Entspannung erreicht ist, ist der Augenblick des Selbstbefehls gekommen.

4. Mit dem Selbstbefehl einsetzen!

Versetzen Sie sich in Gedanken in den Vorführraum eines Kinos: das Blickfeld des Bewußtseins ist die weiße Fläche, auf die der Projektionsapparat unseres Willens die zu verwirklichenden Gedankenbilder wirft.

Noch ist alles still und nichts zu sehen. Nun beginnt die Vorführung: der innere Farbtonfilm dessen, was Wirklichkeit werden soll. Die lebendige Anschaulichkeit und Gefühlsbetontheit dieses Films erreichen wir durch den Selbstbefehl, die Bejahung. Dabei ist folgendes zu beachten:

Der Selbstbefehl kann gedacht oder laut, leise oder unhörbar gesprochen werden. Von Anfängern wird er laut gesprochen, von Fortgeschrittenen leise, schließlich unhörbar, unter bloßer Mitbewegung der Lippen.

Die Wirkung des *gesprochenen* Selbstbefehls ist größer als die des nur gedachten. Selbst wenn, beim Anfänger, die Gedanken noch abschweifen, dringt das gesprochene Wort ins UB hinab. Der Lebensschüler macht darum keine Anstrengung, abschweifende Gedanken zurückzuholen; er wendet sich einfach ab und spricht seinen Selbstbefehl ein wenig lauter.

Wie der Selbstbefehl beschaffen sein muß, wird im nächsten Abschnitt dargelegt. Durch das mehrmalige *Wiederholen* des Selbstbefehls verstärken wir seine Wirkung. Der Gedanke dringt bei jeder Wiederholung tiefer, schlägt allmählich Wurzel und verankert sich immer mehr im Unbewußten, um schließlich seine Eigenschwingung der Umwelt mitzuteilen und entsprechende Wirkungen auszuüben.

5. Nicht nur die Ohren, auch die Augen heranziehen!

Wo es möglich ist, *sprechen* wir den Selbstbefehl nicht nur, sondern *schreiben* ihn auch auf ein Blatt Papier, von dem wir ihn öfter ablesen, besonders abends vor dem Einschlafen. Je mehr Sinne beim Selbstbefehl beteiligt sind, desto rascher tritt die Wirkung ein.

Selbstbefehle, die die Änderung des Charakters, unsere Arbeit oder unseren Lebenserfolg betreffen, werden wir auf Kärtchen schreiben, die wir über unserem Arbeitsplatz, Bett usw. sichtbar anbringen oder, wenn sie nicht für fremde Augen bestimmt sind, in Geld- und Brieftaschen tragen, so daß wir fortgesetzt an sie erinnert werden. Wenn wir den Blick auf diese Karten werfen, entspannen wir uns, schließen die Augen und sprechen die Bejahung halblaut in uns hinein.

6. Nicht nur sprechen, sondern auch fühlen!

Der Selbstbefehl sei weiter gefühlsbetont und willensgeladen!

Weshalb verwirklichen sich schädliche Furchtgedanken oft so rasch? Weil sie gefühlsbetont sind. Blei fällt rascher zu Boden als Papier; die positiven Gedanken müssen *noch* lustbetonter und gewichtiger sein als die negativen, um wie Blei rascher auf den Grund des Unbewußten hinabzusinken und tiefer einzudringen. Wir müssen ihre Wahrheit lebendig fühlen, das Bejahte glühend herbeiwünschen, unsere Willenskraft hineingießen, müssen empfinden und tun, als wäre das Erstrebte schon Wirklichkeit. Die Phantasie des Erfolgreichen nimmt das Ziel schon im Voraus in Besitz.

Der Selbstbefehl muß dynamisch sein: unsere Leidenschaft muß in ihm Ausdruck finden, unsere Liebe in ihn hineingelegt sein, er muß von der Gewißheit des Erfolgs erfüllt sein. Mit einem Wort, er muß lustbetont sein. Um so williger nimmt das UB ihn auf. Wir fixieren den Gedanken nicht, sondern umkreisen ihn interessiert, machen ihn wertbetont; um so eher zieht das positive Gedankenkraftfeld das Ersehnte herbei.

7. An die Verwirklichung glauben und sie erwarten!

Der Selbstbefehl muß überzeugungsbetont sein: Wir müssen das Bejahte innerlich fest und unbeirrbar glauben. Jeder Zweifel muß an dieser inneren Sicherheit zerschellen.

Das UB denkt nicht daran, einen Befehl auszuführen, an dessen Verwirklichung wir nicht glauben. Es unterscheidet wie ein Dackel sehr fein zwischen Befehl und ‚Befehl'. Der Ton gibt den Ausschlag: wenn der Hund fühlt, daß der Befehl mit der selbstverständlichen Erwartung sofortiger Durchführung einhergeht, gehorcht er willig. Befehle ich ihm aber, herzukommen, und denke ich gleichzeitig: „Er kommt ja doch nicht", dann kommt er nicht. Das UB hört nicht nur die Worte, sondern auch ihren Unterton.

8. Den Selbstbefehl mit dem ‚Tun als ob' verbinden!

Der Selbstbefehl muß schließlich *tat-betont* sein. Zu diesem Zweck begleiten wir Selbstbefehle möglichst mit entsprechenden Handlungen, mit unterstreichenden Gesten.

Geben wir uns z.B. bei Schmerzen den Selbstbefehl: „Ich bin ruhig und stark!", streichen wir gleichzeitig mit der Hand leicht über die schmerzende Stelle.

Nachdem der Selbstbefehl dem UB erteilt ist, kehren wir in den Alltag zurück, wobei wir uns im Sinne des Selbstbefehls verhalten und handeln in der selbstverständlichen Erwartung, daß das Unbewußte das seine tun wird.

Um die Arbeit des UB nicht zu stören, mache man sich zur Regel, über seine Selbstbefehle nicht mit anderen zu reden. Jedes unnütze Wort über unsere Absichten stört die Durchsetzungskraft des Selbstbefehls. Weise handelt, wer über seine Ziele und Wege schweigt.

9. Rechte Formung des Selbstbefehls

Den *Inhalt* des Selbstbefehls bzw. der Bejahung legt man in der Regel vorher fest. Hierbei sind folgende Regeln zu beachten:

1. *Klar umrissenes Ziel-Bild:* Das Idealbild des zu Verwirklichenden muß scharf umrissen, positiv und lebendig vor unserem inneren Auge stehen.

2. *Möglichste Kürze:* Der Selbstbefehl muß so einfach und kurz wie möglich und leicht zu behalten sein, also nach Möglichkeit in ein bis zwei Sätzen das Wesentliche zusammenfassen.

3. *Absolute Bestimmtheit:* Der Selbstbefehl muß so eindeutig und unmißverständlich sein, daß ein Kind ihn begreifen und befolgen kann. Er sei nicht allgemein gehalten, sondern stets auf einen bestimmten Fall zugeschnitten. Vor einer Besprechung etwa sagen wir statt: „Ich bin selbstsicher und ruhig!" besser:

> *„Ich bin heute besonders ruhig und sicher und werde als der Einsichtsvollere und Überlegenere meinen Willen durchsetzen."*

oder wir versetzen uns in die möglichen Lagen:

> *„Sowie ich X sehe, erwacht mein Selbstbewußtsein und die Gewißheit meines Sieges. Das Gefühl der Kraft und Überlegenheit verläßt mich nicht, solange ich mit ihm zusammen bin. Ich werde genau das sagen und tun, was nötig ist, um meinen Erfolg zu sichern. Ich bin und bleibe stark und siegreich!"*

Ein gutes Hilfsmittel sind Vergleiche, die mit lustbetonten Erinnerungen verknüpft sind. Wir sagen uns beispielsweise:

> *„Bei der heutigen Verhandlung bin ich ruhig wie ein stiller Bergsee!"*

4. *Positive Form:* Der Selbstbefehl muß positiv sein. Nur das Positive ist schöpferisch.

Wir dürfen also nicht aussprechen, was wir *nicht* wünschen! Das Unterbewußtsein hört schlecht, wie schon gesagt. Sagen wir uns: „Ich habe keine Kopfschmerzen!" dann hört es ‚Kopfschmerzen' und beschäftigt sich mit dieser Vorstellung, sagen wir dagegen positiv: „Ich fühle mich frisch und frei!" dann ruft das Unterbewußtsein das Gefühl der Frische und Entspannung hervor. Wir folgen also der Regel: Nicht das zu Beseitigende, nur das *zu Erreichende* wird im Selbstbefehl genannt!

Wir konzentrieren uns nicht darauf, einen unerwünschten Zustand loszuwerden, sondern darauf, den erwünschten herbeizuführen. Das Übel in den Mittelpunkt des Selbstbefehls stellen, heißt den Teufel an die Wand malen.

Die Worte ‚nicht' und ‚kein' und Vorsilben wie ‚un . . .' und ‚miß . . .' haben aus Selbstbefehlen fortzubleiben. Denn verneinende Selbstbefehle sind furchtgefärbt und unwirksam. In der Praxis heißt das:

Statt: Meine Angst wird täglich kleiner!" muß unser Selbstbefehl lauten, „Mein Mut wächst von Tag zu Tag!" – Statt: „Ich fühle mich nicht mehr unwohl und mißgelaunt!" sagen wir: „Ich bin froh gestimmt und wohl!" – Statt: „Ich habe keine Schmerzen mehr!" muß es je nachdem heißen: „Ich bin ruhig!" oder „Ich fühle mich jeden Augenblick wohler!" – Statt: „Meine Schüchternheit verschwindet!" sagen wir: „Ich bin ruhig, selbstsicher und stark!" – Statt: „Ich falle nicht!" sagt der zum Schwindel Neigende: „Ich gehe sicher und leicht!" – Statt: „Meine Angst vor der Prüfung schwindet!" muß es heißen: „Ich bin ruhig und bestehe die Prüfung!" Statt: „Ich werde nicht mehr stottern!" besinnen wir uns: „Ich spreche fließend und gut!" – Wenn uns ein Wort nicht einfällt, sagen wir nicht: „Ich habe es vergessen!" sondern: „Es fällt mir gleich wieder ein!" und denken dann nicht mehr daran. Statt uns bei Aufregungen zu versichern, daß wir nicht aufgeregt sind, ermuntern wir uns: „Kopf hoch! Ich stehe unter dem Schutz des Höchsten!"

In Grenzfällen, in denen es schwer ist, eine positive Form zu finden, geben wir unserem Vertrauen zur Kraft in uns Ausdruck: „Alle Kraft, das Leben zu meistern, ist in mir! Die Kraft in mir ist mein Helfer!" oder auch: „Gott in mir wirkt mein Wohl!"

5. *Gegenwartbetontheit:* Jeder Selbstbefehl muß nach Möglichkeit im Präsens – Gegenwartsform – gehalten sein. Statt: „Ich werde keine Schmerzen mehr haben!" sagen wir: „Ich fühle mich frisch und wohl!" Das Ersehnte wird bejaht, als ob es gegenwärtige Wirklichkeit sei.

Sagen wir, etwas *wird* besser, dann echot das UB: Mag sein, aber wann? und rührt sich nicht. Sagen wir dagegen: „Es *ist* besser!" dann handelt das UB sofort im Sinne des Eilauftrages.

6. *Persönliche Fassung:* Der Selbstbefehl sollte stets vom Lebensschüler selbst geprägt sein; er muß das, was er erreichen will, mit seinen eigenen Worten sagen. Halten Sie sich also nicht sklavisch an die hier gegebenen Beispiele!

Zuweilen empfehlen sich statt kurzer Selbstbefehle *Selbstgespräche* oder innere Zwiegespräche. Beispiel: „Es geht alles viel leichter, als es aussieht. Du brauchst Dich nicht einmal anzustrengen und wirst dennoch ganz Besonderes leisten. Du hast schon so viel zuwege gebracht, also schaffst du es auch diesmal. Ich weiß, daß du es schaffst!" In dieser Weise redet man seinem UB zu, bis der Kern dessen, was es verrichten soll, von allen Seiten beleuchtet ist. Diese Methode hat sich in vielen Fällen bewährt. –

Der Selbstbefehl muß immer wieder geübt werden. Denn zur Ausrottung des Unkrauts falschen Denkens bedarf es beständiger Anwendung des Selbstbefehls. Überlassen wir den Garten unserer Gedanken sich selbst, werden die wertvollen Kulturpflanzen bald vom Unkraut überwuchert.

In der *Wiederholung* des Selbstbefehls liegt der Erfolg. Das einzelne Wort gleicht einer Schneeflocke am Bergabhang; viele zusammen erst bilden eine Schneedecke, die sich, immer schwerer werdend, schließlich löst und als Lawine zu Tal geht. Der ständig wiederholte Selbstbefehl wirkt wie eine Lawine, die im Abwärtsrollen immer mächtiger wird und schließlich jeden Widerstand bricht. Nach kurzer Zeit schon setzen die ersten Erfolge ein, die wohltuenden Auswirkungen der Gemütsumstimmung zum Positiven machen sich bemerkbar. Nun gilt es, jeden kleinen Erfolg sofort wieder zur Verstärkung der Wucht des Selbstbefehls zu nutzen und uns zu sagen:

„Der erste Erfolg ist erreicht. Ich bin auf dem Marsch. Die weiteren Erfolge werden leichter und leichter!"

VOM „TUN ALS OB"

Innerhalb der Leib-Seele-Geist-Einheit findet eine ständige Wechselwirkung statt: nicht nur formt der Geist den Körper, sondern die körperliche Haltung und Betätigung übt auch Einfluß auf die geistige Haltung und Seelenstimmung aus. Wir nützen diesen Umstand durch das ‚*Tun als ob*'.

‚Tun als ob' ist die Kunst *tätigen Bejahens* dessen, was wir in unserem Denken und Fühlen verwirklicht wünschen. Es hilft, Schwieriges als leicht durchzuführen, das Leben zu meistern, als ob es leicht sei.

Die meisten wenden diese Methode unbewußt negativ an: sie tun, als ob sie schwach, krank oder hilfsbedürftig seien, als ob sie arme Sünder seien, die nichts aus Eigenem vermögen, als ob sie dies und jenes unmöglich könnten. Dementsprechend ist ihr Leben.

Anders der Lebensschüler: er tut bewußt, als ob er stark und jeder Aufgabe gewachsen sei – und weckt dadurch die Kräfte, die er braucht, um die Aufgabe zu lösen. Das ‚Tun als ob' ist also von lebenspraktischem Wert: es erzieht zur tätigen Verwirklichung dessen, was wir ersehnen, und erhöht unseren Mut.

Schon manches ‚Tun als ob' war Ausgangspunkt überragender Leistungen. Wie ist das möglich?

Wie unsere Gefühle auf unsere Handlungen, so wirken umgekehrt unsere Handlungen auf unsere Gefühle ein. Es ist experimentell festgestellt, wie stark Gesten auf die innere Haltung zurückwirken, wie sanfte Bewegungen die Seele beruhigen, wie das Ballen der Fäuste kampfeslustig stimmt.

Es genügt oft, eine melancholische *Stimme* nachzuahmen, um die entsprechende *Stimmung* wachzurufen. Lassen wir den Kopf hängen, sinkt zugleich der Mut; halten wir ihn kraftvoll aufrecht, hebt sich auch die seelische Haltung. Schneiden Sie das einer Stimmung entsprechende Gesicht, dann ändert sich die Gefühlslage entsprechend.

Wir können also eine unerfreuliche Seelenstimmung dadurch in eine gute verwandeln, daß wir die eine positive Haltung einnehmen. Wir handeln, als ob wir ein Gefühl schon hätten. Aus ‚Tun' wird ‚Wesen'. Wir sehen das beim guten Schauspieler, bei dem die Rolle zum Charakter wird: er handelt nicht nur, als ob er ein König, ein Intrigant, ein Liebender sei, sondern er fühlt, er *ist* es in diesem Augenblick. In noch höherem Maße können wir es bei Hysterischen beobachten: sie beginnen zu weinen, um etwas zu erreichen, – bald empfinden sie wirklichen Schmerz, echte Trauer. Sie werden die Geister, die sie riefen, nicht mehr los.

Machen wir uns das Gesetz, das hier wirkt, klar:

(17) Wie jeder Gedanke nach Verwirklichung strebt, so wirkt umgekehrt jede bewußt und krampflos von uns eingenommene Haltung auf unser Inneres umstimmend ein.

Wir lernen damit ein weiteres Mittel kennen, unseren Selbstbefehlen mehr Nachdruck zu verleihen: wir steigern deren Wirkstärke, wenn wir dem zu verwirklichenden Gedanken gleichzeitig durch unser *Tun* Ausdruck geben, also handeln, als ob der Gedanke bereits Wirklichkeit sei.

Wir wachsen um so rascher in einen neuen Seelenzustand hinein, je bewußter wir die neue äußere Haltung als selbstverständlich einnehmen. Beobachten Sie, wie die meisten sitzen: zusammengesunken, der Rücken krumm wie der abnehmende Mond. Ihr Denken entspricht ihrer Haltung: es ist krumm und schlaff, furchtsam und zerrissen. Richten Sie sich nun straff auf, drücken Sie die Brust heraus, den Bauch hinein: sofort werden auch die Gedanken straffer, zielstrebiger, mutiger, gesammelter. Die Annahme aufrechter Haltung wirkt zugleich seelisch aufrichtend.

Andere Beispiele aus hunderten:

Der Traurige, der in eine Gesellschaft froher Menschen gerät und aus Höflichkeit tut, als ob auch er froh sei, verliert seine Traurigkeit. Wer verstimmt ist und sich benimmt, als ob er heiter gelaunt sei, indem er die Mundwinkel hochzieht oder ein lustiges Lied pfeift, wandelt seine Stimmung zum Besseren.

Der leicht Erregte, der sich bewußt benimmt, bewegt, redet, als ob er ein ruhiger, besonnener, seiner Würde gedenkender Mensch sei, wird mit der Zeit gemessen und gelassen.

Der Polterer kann durch die häufige Bewegung bedachtsamen Händefaltens in Verbindung mit dem Schließen der Augen sich an Ruhe gewöhnen. v. Sales gibt solchen Hitzköpfen den Rat: ‚Gewöhnen Sie sich, sanft zu reden, ruhig einherzugehen, alles, was Sie tun, gelassen zu tun, und sie werden sehen, daß Ihre aufbrausende Gemütsart bald gebändigt ist. Vergessen Sie aber nicht, auch dann gelassen zu handeln und zu reden, wenn keine Aufregung naht, wo Sie nichts zu fürchten haben, zum Beispiel, wenn Sie aufstehen, zu Bett gehen, sich setzen, wenn Sie mit jemand reden. Dann wird die Gewohnheit besonnenen Denkens Sie auch nicht verlassen, wenn Aufregungen drohen.‘

Der Arbeitsscheue tue, als ob er sich den Zwang, den Leben und Berufsarbeit oft mit sich bringen, selbst auferlegt hätte. Dadurch erhebt er sich innerlich über die Not, macht aus einem ‚Ich muß‘ ein ‚Ich will‘. Die Arbeit wird freudiger getan, wird leichter und erfolgreicher. Wenn er gar tut, als ob das Werk, das er verrichtet, eine ganze Welt beglücken soll, trägt er ein Stück Ewigkeit in sein Tun und macht seine Arbeit zu einem Quell der Freude für sich und andere.

Für Eheleute, die sich unsympathisch sind, aber der Kinder wegen oder aus anderen Gründen nicht auseinandergehen wollen, ist das ‚Tun als ob' – einerlei, ob von einem oder von beiden angewandt – oft ein wunderbarer Helfer. Einer von beiden wird damit beginnen, zu handeln, als ob er seinen Ehepartner aus vollem Herzen liebe. Innerhalb eines Jahres kann die Ehe eine von Grund auf andere und glückliche geworden sein.

Der leicht Erschreckte atme im Augenblick der Furchtanwandlung tief ein, ziehe die Luft in den Unterleib und entschließe sich, so zu handeln, als ob es sich um eine lächerlich kleine Probe seines Heldentums handle. Er tritt dem Schrecknis gegenüber, als ob es nicht ihn, sondern einen Dritten beträfe, trifft für den Dritten rasche und sichere Entscheidungen und überwindet so die Not, die ihn sonst vielleicht erdrückt hätte.

Der Kranke, der bisher auf ängstlich-besorgte Fragen seiner lieben Verwandten und Freunde klagend antwortete: „Ach, mir geht's wieder schlecht!" wird von jetzt ab ohne Rücksicht auf seine Gefühle sagen: „Danke, schon besser!" und bald: „Ich fühle mich wohl wie noch nie!" und wird sich dann bald besser fühlen. Je öfter er so *tut, als ob* sein Gesundheitszustand sich bessere, desto schneller tut der neu erweckte Heilmut seine Pflicht und wirkt auf Zellen und Organe des Leibes erneuernd ein.

Wie ein Lehrer oft tut, als ob eine Aufgabe leicht zu lösen sei und ihre Bewältigung dadurch auch dem schwachen Schüler möglich macht, so wird der Erfolglose tun, als ob er stark sei, glücklich und erfolgreich. Dadurch weckt und steigert er seine innere Sicherheit, aus dieser erwächst die Fähigkeit rechten Handelns, und damit ist der Grund zu kommenden Erfolgen gelegt.

DAS UNTERBEWUSSTSEIN ALS ERFOLGSHELFER

Während das Oberbewußtsein von den Sinnen abhängig und begrenzt ist, ist das UB unabhängig. Seine Grenzen liegen weit jenseits des Sehkreises unseres Wachbewußtseins.

Das UB hat ein unübertreffliches Erinnerungsvermögen: das Kleinste wie das Größte ist in seinem Gedächtnis aufbewahrt und steht uns zur Verfügung.

Es sieht, hört und erfühlt hundertmal mehr, als die feinsten Meßinstrumente zu erfassen vermögen: es ist Tonfilmer, Psychometer, Ertaster fremder Stimmungen, und es ist schwer, ihm etwas zu verbergen.

In den Tiefen unseres Unbewußten schlummert mehr Wissen als im Wachbewußtsein aller Weisen und in allen Konversationslexikas der Welt. Das UB ist Quellgrund aller Inspirationen, schöpferischen Anregungen und Kräfte, die den Genialen wie den Alltagsmenschen in seinem Tun entscheidend bestimmen. Es sieht hinter die Dinge, gibt Ratschläge, die sich später als die bestmöglichen erweisen, vermittelt dem Kaufmann neue Einsichten, dem Schriftsteller neue Einfälle, dem Techniker erfinderische Ideen, dem Staatsmann kühne Pläne, jedem Schaffenden neue Zielkräfte. Aus ihm quillt die Kraft zur Wunschverwirklichung, in ihm liegen die Keime unserer Taten. Es fühlt Gefahren, bevor unser Wachbewußtsein das Geringste ahnt. Es warnt uns, beschützt uns und hat jedem schon tausendmal geholfen.

Der französische Mathematiker *Poincaré* berichtet als einer unter Tausenden über die erstaunliche Mitarbeit des UB: Er erlebte oft, daß die Lösung eines schwierigen mathematischen Problems ihm „plötzlich und mit unmittelbarer Gewißheit" bewußt wurde. Nachher stellte er dann durch umständliche Berechnung fest, daß die ihm vom UB vermittelten Lösungen bis ins Letzte genau waren. Er erklärt das durch die Annahme, daß das UB die notwendigen Berechnungen im Voraus mit größter Geschwindigkeit und Exaktheit angestellt habe.

Ähnliche Erfahrungen werden von allen Seiten berichtet, sie zeigen, da es der Mühe wert ist, zu versuchen, das UB im Dienste erfolgreicher Lebensführung zur Entfaltung seiner reichen Fähigkeiten, Kräfte und Talente zu bringen. An sich strömt uns die Fülle des Erkennens immerfort von innen her zu: wir müssen nur *rasch* zupacken, ehe der Gedanke wieder entschwindet. Darum der Rat, mehr auf die ‚Einfälle' von innen zu achten, sie beim Bewußtwerden sofort zu notieren, auch wenn ihr Sinn nicht sofort offen zutage liegt. Je mehr wir uns gewöhnen, jeden Einfall festzuhalten, desto größer wird die Fülle der Einfälle.

Darüber hinaus werden wir streben, unser UB zu einem aktiven Helfer im Lebenskampf zu machen. Eines der Mittel dazu ist das folgende:

Jeden Tag zur gleichen Stunde ziehen wir uns für fünf oder zehn Minuten in einen ruhigen Raum zurück, setzen uns an einen Tisch, legen Notizzettel und Bleistifte vor uns hin, schließen die Augen, entspannen uns und gehen in die Stille.

Sowie wir innerlich still sind, öffnen wir die Augen, nehmen den Bleistift in die Hand, richten den Blick auf das weiße Papier und lassen nun den Strom des Denkens zwanglos vom Unbewußten her in unser Wachbewußtsein hinaufsteigen. Wir können diesen Prozeß durch den Selbstbefehl fördern:

„Mein UB macht mir jetzt Lösungen meiner Fragen und Sorgen, gute Einfälle und neue Einsichten bewußt."

Die Folge wird ein wachsender Aufstrom nützlicher Erkenntnisse sein. Diese Gedanken bringen wir wahllos zu Papier, wie sie uns einfallen.

In der ersten Zeit wird der praktische Wert der so zustandekommenden Notizen gering sein, aber mit der Übung kommt die Umstellung des UB auf diese Aussprech-Methode: bald wählt es von selbst diesen Weg, um uns für den Lebenserfolg wichtige Beobachtungen, Schlüsse und Erkenntnisse zu vermitteln: Dinge, die wir längst vergessen haben, die aber jetzt wichtig sind, fallen uns ein; Zusammenhänge, die Unklarheiten mit einem Schlage erhellen, werden uns bewußt; Erkenntnisse von größter Tiefe und Tragweite, Ausblicke auf kommende Möglichkeiten werden uns in steigendem Maße zuteil.

Wir können es auch so machen, daß wir Notizblock und Bleistift auf das Nachttischchen legen und unserem UB beim Einschlafen den

Befehl geben, uns beim Aufwachen die gesuchte Lösung bewußt zu machen oder uns zu wecken, sowie die Frage gelöst ist, damit wir die Lösung sofort notieren können.

Hier ist noch ein Wichtiges zu beachten: Das Unbewußte leistet um so Trefflicheres, je weniger es vom Wachbewußtsein durch Dreinreden gestört wird. Das einzige, was es in jedem Umfange gern entgegennimmt, ist Arbeitsmaterial, Denkmaterial, das mit dem von ihm zu lösenden Problem zusammenhängt: sei es, daß wir entsprechende Schriften lesen oder, was wir über die zu lösenden Fragen wissen, schriftlich festlegen, wobei wir das uns Unbekannte, vom UB zu Findende, als ‚X' einsetzen und so tun, als ob dieses ‚X' unserem UB bekannt sei.

Noch ein Letztes fordert das UB von uns, wenn es uns helfen soll: wir müssen ihm Vertrauen entgegenbringen, es als unseren treuesten Freund und Mithelfer ansehen und entsprechend behandeln. Klug ist es, dieses Vertrauen schon in unserem Selbstbefehl zum Ausdruck zu bringen. Behandeln wir das UB wie einen vornehmen, weitgehend selbständigen, stets willigen und pflichtbewußten, immer höflichen und freundlichen Diener, der aber auch bei seinem Herrn Adel der Gesinnung und des Benehmens ihm gegenüber voraussetzt, dann kommen wir vorzüglich mit ihm aus. Oder noch besser: behandeln wir es wie ein immer hilfsbereites Heinzelmännchen. Jeder kennt aus seiner Kinderzeit die Geschichte von den Heinzelmännchen, die bei Anbruch der Nacht herbeieilen und die liegengebliebene Arbeit in Haus und Werkstatt, in Küche und Keller erledigen und dafür sorgen, daß guten Menschen über Nacht die verdiente Hilfe zuteil wird.

In diesem Märchen liegt eine tiefe Wahrheit: das Heinzelmännchen ist das UB; es nimmt abends die halbfertigen Gedankengewebe auf und vervollständigt sie über Nacht zu einem harmonischen Ganzen. Wenn wir dann morgens erwachen, finden wir gelöste Aufgaben vor.

23. WOCHE:

MEISTERUNG DER GEFÜHLE

„Es ist keine Kunst, über Gefühle Meister zu werden, die nur die Oberfläche der Seele leicht und flüchtig bestreichen; aber in einem Sturm, der die ganze sinnliche Natur erregt, seine Gemütsfreiheit zu erhalten, dazu gehört ein Vermögen des Widerstandes, das über alle Natur-Macht unendlich erhaben ist.“ Schiller

Wir haben in der vorigen Woche einen Helfer gewonnen, den wir jetzt bewußt in den Dienst unserer Höherentwicklung stellen wollen: das UB. Mit seiner Hilfe ist es möglich, Kräfte zu beherrschen, die sonst kaum zu meistern sind. Wir beginnen mit der Erziehung der *Gefühle,* die im Lebenskampf oft eine entscheidende Rolle spielen; denn unsere Gefühle lenken unsere Gedanken, soweit *wir* diese nicht bewußt und willentlich bestimmen.

Die Aufgabe dieser Woche besteht darin, den Anfang zu machen mit der Beseitigung von Gefühlsunbeherrschtheiten wie seelischen Hemmungen, Minderwertigkeitsgefühlen und nervösen Störungen. Denn Fehlhandlungen und Mißerfolge erfließen oft aus mißleiteten Gefühlen und Leidenschaften.

Ist diese Zähmung der Gefühle möglich? In jedem Fall. Und wie? Durch rechte Einstellung und Übung.

Unsere Gefühle können positiv oder negativ sein, lust- oder unlust-betont; je nachdem wirken sie fördernd oder hemmend auf uns ein. Beide können den Menschen übermannen, so daß er außer sich gerät, die Herrschaft über sich selbst aufgibt.

Besonders heftige, rasch einsetzende und rasch wieder abklingende Gemütsbewegungen bezeichnen wir als *„Affekte“:* es sind konzentrierte Gefühle, die im Körper widerhallen und uns zu entsprechenden Handlungen treiben. Da von unseren Gefühlen unser körperliches Wohlbefinden weitgehend abhängt – jeder Affekt geht mit lebhafter Tätigkeit der Drüsen, Veränderungen im Blutkreislauf, Muskelspannungen usw. einher –, haben wir allen Grund, unsere Gefühle zu überwachen und bewußt in die rechten Bahnen zu leiten. Je größer die Erregungsfähigkeit, desto mehr bedarf es der Selbstbeherrschung.

An sich sind diese Kräfte weder nützlich noch schädlich; es hängt vom Menschen ab, was er aus ihnen *macht:* Leidenschaften oder Freudenschaften: Leiden schaffende Affekte oder Freuden schaffende Hochstimmungen. Hierbei aber gilt es zu beachten: Gefühle meistern heißt nicht sie unterdrücken, sondern sie kultivieren, sie weise zur Erhöhung der Gefühlsbetontheit des Denkens, Wollens und Tuns auswerten. Es gilt, der Leidenschaften nicht nur fähig, sondern auch *mächtig* zu sein, einem Wort von Habicht's entsprechend: „Im Grunde brauchen wir unsere Leidenschaften nicht zu bekämpfen, sondern ihnen nur die Richtung zum Hohen, Edlen und Schönen zu geben."

Für den Lebensschüler sind *alle* Gefühle Kräfte, die er in den Dienst seines inneren und äußeren Aufstiegs zu stellen sucht. Er wird darum positive Gefühle, die Lebensfreude und Erfolg mehren, pflegen und Gefühle, die ihn hemmen, durch Bejahung ihrer Gegen-Kräfte in ihr Gegenteil verwandeln. Von den Gefühlen gilt, was Keysler von den Gedanken sagt:

„Gedanken sind wie wilde Pferde, ebenso schön und stark wie verderblich, wenn man sie nicht zu halten, zu lenken, ihre Gangart zu bestimmen weiß. Sie stürmen mit Dir davon und Du bist plötzlich, wo Du nicht sein wolltest. Wer sie aber beherrscht, der ist fast über das ganze Selbst Herr, über Tempo und Verbrauch seiner Kräfte."

In der Tat kann jedes Gefühl, jede Gemütsbewegung, jeder Instinkt als Treibkraft zum guten Ziel benutzt werden. Es gilt, die Wildbäche der Leidenschaften heranzuziehen, um elektrischen Strom zu erzeugen, der Aufbauzwecken dient.

Wir beginnen damit, unsere positiven Gemütsbewegungen, unsere Lustgefühle zu meistern dadurch, daß wir ihnen weniger als bisher in Miene, Haltung, Bewegung, Reden, Leben und Tun Ausdruck geben. In gleicher Weise gehen wir Unlustgefühlen zuleibe, was praktisch auf die Erziehung zu gelassenem *Gleichmut* hinausläuft.

Das Nächste ist die Erziehung zur *Güte,* die gerade dem Affektbeherrschten oft fehlt. Hierzu gehört auch die Zähmung der Launenhaftigkeit, des Sich-Gehen-Lassens, nach der Goldenen Regel: uns anderen gegenüber so zu verhalten, wie wir wünschen, daß sie sich zu uns einstellen.

Weiter ist nötig, Ausschweifungen der Phantasie zu verhindern. Man enthalte sich der Reizmittel ebenso wie überspannter Lektüre, die das Vorstellungs- und Gefühlsleben verzerren, vermeide übermäßige körperliche und geistige Anstrengungen und gewöhne sich an stete Selbstbeobachtung, besonders während eines Gefühlsausbruchs; man bleibt dann leichter Herr seiner selbst.

Das wichtigste Mittel aber ist die rechte Anwendung des Selbstbefehls in Verbindung mit den übrigen Hilfsmitteln, die wir bisher in der LS kennen gelernt haben. Neben diesen verhilft folgende Methode zur raschen *Dämpfung von Gefühls-Erregungen:*

Man legt sich im Augenblick des Bewußtwerdens der Erregung hin, schließt die Augen, entspannt den Körper, faltet die Hände über dem Sonnengeflecht (Magengrube) und konzentriert sich auf den Rhythmus des Atems. Beim tiefen *Aus*atmen stellt man sich vor, wie man alle Erregung förmlich wegatmet, beim langsamen *Ein*atmen, wie man Ruhe und Frieden einatmet, die während des Atemanhaltens das Gemüt befrieden. Es empfiehlt sich, dabei das Wort „Friede – Friede – Friede!" in Flammenschrift vor Augen zu halten und bewußt in sich einzuatmen.

Weiter bedienen wir uns des ‚*Tuns als ob*', wodurch wir negative Gefühle zum Abklingen und Verschwinden bringen und positive, hochstimmende Gefühle wecken, verlängern, steigern: Wenn eine Erregung uns überkommt, sprechen wir unwillkürlich lauter und spannen die Gesichtsmuskeln, unsere Bewegungen werden heftiger, unser Körper verkrampft sich. Wenn wir nun aber sofort *tun, als ob* wir gelassen wären, äußern wir das, indem wir bewußt *leise* sprechen, unsere Bewegungen einschränken, unser Gesicht durch ein freundliches Lächeln entspannen, die Hände zum Zeichen der Gelassenheit falten und gespannte Muskeln lockern. In wenigen Augenblicken wird die Erregung verebbt sein; sie findet keinen Nährboden mehr, so daß sie rasch zugrundegeht.

Auf diese Weise können wir unsere Gefühle exerzieren und erziehen. Nach und nach gelingt es, unsere Gefühle ebenso zu beherrschen wie unsere Gedanken. Jedes Gefühl hat seine ihm eigentümlichen Begleit-Gesten und Körperbewegungen, und zu jeder dieser Gesten lassen sich die mit den Gegengefühlen verbundenen Gegen-Gesten finden, die, bewußt angewandt, die ihnen entsprechenden

Gefühle wachrufen. So ersticken wir negative Gefühle schon im Keim.

Wir lassen also die feurigen Renner unseres Gemüts laufen – aber nicht in die Richtung, in die sie uns ziehen möchten, sondern in jene Richtung, die wir selbst als die zweckmäßigste erwählt haben. Einmal gemeistert, versagt dieses Mittel nie.

Damit aber erlangt der Lebensschüler gegenüber Wettbewerbern und solchen, denen diese Methode der Gefühlsumschaltung nicht bekannt ist, wachsende Überlegenheit. Jetzt fesseln ihn diese Gefühle nicht mehr, jetzt erheben sie ihn über sich selbst hinaus, erweitern seinen Lebens- und Machtbereich. Denn wer seine eigenen Gefühle zu bemeistern lernt, beginnt auch auf das Gefühlsleben anderer bestimmend einzuwirken.

BESEITIGUNG SEELISCHER HEMMUNGEN

Hand in Hand mit der Meisterung der Gefühle geht die fortschreitende Überwindung der im UB vorhandenen Hemmungen und ungelösten Konflikte, das heißt der Spannungen und Gegensätzlichkeiten gleich starker gefühlsbetonter unterbewußter Strebungen.

Viele innere Bedrängungen und Zwangsvorstellungen gehen im Laufe unserer Lebensschulung von selbst verloren, ohne daß wir uns besonders mit ihnen auseinanderzusetzen brauchen. Diese alten Gespenster können sich auf dem Boden des neuen Denkens nicht mehr halten. Andere werden wir in späteren Wochen meistern lernen. Darüber hinaus ist hier folgendes zu lernen:

In der Praxis des Selbstbefehls und des ‚Tuns als ob' haben wir zwei Mittel kennen gelernt, die einer Hemmung entgegengesetzten positiven Vorstellungen und inneren Mächte wachzurufen, zu stärken und zu mehren, bis die Macht der negativen Komplexe gebrochen ist. Voraussetzung des Erfolgs ist, daß die positiven Vorstellungen von größerer Lustbetontheit sind.

Sowie ein hemmendes Gefühl in uns aufquillt, wenden wir unser Fühlen und Wollen dem positiven Gegengedanken zu. Auftauchende Nebengedanken überwinden wir durch Steigerung der Gefühlsbetontheit der positiven Vorstellung: wir rücken unser Ziel in immer neuen Bildern ins Blickfeld des Bewußtseins. Indem wir so die Kraft der positiven Zielgedanken mehren, schwächen wir die Durchsetzungskraft der Hemmungen und bringen sie zum Abklingen. Allmählich gelingt es, uns gänzlich gegen sie abzuriegeln.

Läßt sich ein störender Gedanke nicht abweisen, versuchen wir, das Negative durch Eingliederung in unser Aufbauprogramm positiv zu stimmen. Wie eine Regierung die Opposition dadurch zum Schweigen bringt, daß sie ihre Führer an der Regierung beteiligt, so gelingt es manchmal, eine Störung durch bewußte Aufnahme und Einfügung in unser positives Wollen und Denken zu überwinden, sie zu ‚transmutieren'. Wir machen die drängenden und störenden Gedanken so zu Mitspielern und lassen sie mitschaffen, ohne von unseren positiven Zielen abzuweichen.

Oft genügt aber schon das einfache Mittel der *Entspannung*, um negative Gefühle zum Abklingen zu bringen. Häufig wiederkehrende Depressionen zum Beispiel, die positiven Selbstbefehlen Widerstand leisten, weichen oft schnell einer gründlichen Entspannung. Im Anschluß an die Entspannung gehen wir in die Stille und bejahen:

> *„Die Kraft in mir macht mich frei von allem, was mich von mir selbst entfernte. Ich bin eins mit den lindernden, lösenden Kräften des inneren Helfers. Ich bin frei!"*

Im Anschluß hieran setzen wir die in der 19. Woche begonnene Selbst-Besinnung fort mit dem neuen Ziel der Bewußtmachung und Auflösung der inneren Hemmungen und Minderwertigkeitskomplexe.

Diese *Selbstentgiftung* wird einige Zeit hindurch täglich zur gleichen Zeit vorgenommen, wobei wir für die einzelnen Selbsterschließungen etwa eine halbe Stunde ansetzen. Wir sprechen uns bei dieser Selbstbesinnung gewissermaßen mit uns selber aus, bekennen uns unsere Ängste und Beklemmungen und erleben, erkennen und bejahen uns endlich als frei. Es ist Selbstversenkung im Dienste der *Selbstbefreiung*, die wir hier vornehmen; kein Nachdenken, sondern freies Spielenlassen der Erinnerungen und Gedankenassoziationen, wobei wir nach und nach immer tiefer gehende Klarsicht und Hellfühligkeit gegenüber unseren innersten Seelenregungen erlangen. Dabei gilt es nicht, unsere innersten Regungen, ob gut oder ungut, Beklemmungen und Verkrampfungen irgendeinem Urteil zu unterstellen, darüber zu richten oder richten zu lassen, sondern nur, ihren Wurzeln nachzuspüren, um sie zu lösen, sie zu befreien.

Wir lassen alles, was mit etwas uns Beklemmendem aus frühen oder frühesten Erinnerungen verwandt scheint, vor unserem inneren Auge vorüberziehen. Wir wandern, uns mit uns selbst unterhaltend und aufmerksam umschauend, durch das weite Reich unserer Seele, über Berg und Tal, um jeden Platz auf der Landkarte unserer Seele kennenzulernen. Wir werden uns so immer größerer Teile unserer selbst bewußt, die weißen Flecken noch unerforschter Gebiete auf der Seelenlandkarte verschwinden, das Dunkle wird erhellt und – zugleich wird unsere Seele mehr und mehr entgiftet.

Wer glaubt, eines Seelenarztes nicht entraten zu können, wird die gleichen Methoden durch einen Psychotherapeuten anwenden und sich von ihm bei der Selbstbefreiung helfen lassen. Die seelische Entgiftung geht dabei oft rascher und erfolgreicher vor sich. Im anderen Falle ersetzen wir den Seelenarzt durch Papier und Bleistift: wir notieren jeden Einfall, jeden neuen Seelenort, den wir bei unserer Wanderung durch uns selbst berühren, jede Erinnerung, die in uns aufquillt, und lassen uns von unseren Erinnerungen und Einfällen weiterführen, die wir fortlaufend niederschreiben. Diese Notizen geben uns von Übung zu Übung die Unterlagen zu weiterem Vorandringen in uns selbst und verhüten, daß wir uns im Kreis bewegen.

Wenn wir so vorgehen, dann machen wir bald die Beobachtung, daß unsere *Träume* lebendiger werden und beim Erwachen länger bewußt bleiben. Diese Träume werden wir zum Ausgangspunkt weiterer Forschungsreisen durch das Seelenland machen: wir folgen den Erinnerungen, die die Besinnung auf den Traum in uns auslöst, ohne Zwang und Absicht. Dabei werden uns *Zusammenhänge* bewußt, deren Erkenntnis wir anfangs als beklemmend, dann als erlösend und befreiend empfinden, weil dies Bewußtwerden die Wurzel einer Hemmung berührte und lockerte. Wir erinnern uns vielleicht eines frühen peinvollen Erlebnisses, das einer Hemmung zugrundelag, und diese Wiederbesinnung steigert die Hemmung nicht mehr, sondern löst sie auf: wir gelangen zum Selbstverstehen und werfen die Last, die wir bis heute mit uns schleppten, befreit von uns.

Wir erahnen den Sinn mancher Hemmung, gehen ihren Lehren nach, erkennen ihre Gründe und Hintergründe und heben sie auf. Jede Hemmung will uns etwas lehren. Haben wir einmal den verlorenen Kontakt zu uns selbst wiederhergestellt, ist die Mission der Hemmung beendet: sie verschwindet. In dem Augenblick, wo der innere Zusammenhang ungelöster Spannungen bewußt wird, ist die Entspannung und Befreiung vollzogen.

Schon während der Wanderungen durch uns selbst wird die Macht der Hemmungen geringer. Das Licht des Bewußtseins, das auf immer größere Teile unseres Innern fällt, vermindert die Keimkraft negativer Gedanken-Bazillen, die nur im Dunkel des Unbewußten und Ungewußten wuchern können. Wenn wir bei dieser Selbstbesinnung Wurzeln seelischer Übel berühren, töten wir sie, wie man einen Baum zum Eingehen zwingt, wenn man seine Wurzeln bloßlegt und aus der nährenden Erde löst. Das Gehemmtsein nimmt in dem Maße ab, wie wir uns selbst erwandern, erfahren, er-innern. An seine Stelle tritt das Doppelgefühl inneren Stark- und Geborgenseins.

Oft treten bei dieser Wanderung Stockungen auf: eine steile Wand, eine Schlucht, ein reißender Bach hindert uns am Weiterschreiten. Diese Pausen bei der Selbstbesinnung suchen wir nicht gewaltsam zu kürzen; wir überbrücken sie, indem wir uns ganz dem *wartenden Schweigen* überlassen und der Bejahung:

> *„Was mich hemmt, wird mir von selbst einfallen. Denn es ringt nach Lösung, und ich werde es lösen und befreien. Es wird mir einfallen."*

Dieses lauschende Schweigen ist kein Versinken in Passivität, sondern positiv und aktiv. Schließlich spricht unser Inneres zu uns. Wir überlassen uns der inneren Führung. Wir gedenken dabei des feinsinnigen Märchens vom Rumpelstilzchen: sobald man den ‚Namen' des bösen Geistes weiß, ist seine Macht zu Ende. Sobald wir den Grund einer Hemmung erkennen, löst sie sich auf. Es geht wie ein Aufatmen durch uns.

So lebt alle Gegen-Macht, alle hemmende Kraft in uns von unserem Nicht-Erkennen. Wo das Licht der Selbst-Erkenntnis aufgeht, fliehen mit der Finsternis auch die Gespenster der Nacht. Diese Erkenntnis, diese Bewußtwerdung, erfolgt oft spontan, mitten im entspannten Betrachten der sich abwickelnden Erinnerungsreihen. Im gleichen Augenblick schwindet der Druck, als sei durch die Öffnung eines Ventils der Überdruck beseitigt.

Nach und nach kommt alles Vergessene, im Unbewußten Verschüttete ans Licht des Tages, und längst Entfallenes führt uns, neuerinnert, zur Lösung und Befreiung. Durch die Schließung der Erinnerungslücken nehmen wir der Hemmung zugleich die Möglichkeit, sich neu zu bilden, und eines Tages erkennen wir zu unserer Beglückung: „Ich bin frei! Der Druck ist weg!"

ÜBERWINDUNG VON MINDERWERTIGKEITSGEFÜHLEN

Was über die Beseitigung erfolghindernder Hemmungen gesagt ist, gilt auch für die Überwindung von ‚Mikos' (‚Minderwertigkeits-Komplexen'). Wir verstehen darunter gefühlsbetonte negative Vorstellungen, die sich mit ähnlich gerichteten Gedanken angereichert haben und im UB einen starken Einfluß ausüben.

Jeder Mensch besitzt solche ‚Mikos'; es kommt nur darauf an, was er mit ihnen anfängt: ob er sich täglich mit ihnen herumschlägt und schließlich an ihnen zerbricht, oder ob er sie meistert und bewußt in den Dienst seines Aufstiegs stellt.

Die einen treiben die Mikos zum Pessimismus, die andern zu den Sekten, diesen Sammelbecken aller Haltlosen und Gehemmten. Aber wohin sie auch flüchten, aus Angst vor sich selbst, immer wittern sie Gefahren, wo keine sind. Sie empfinden ihren Weg durchs Dasein als einen Pfad, der beidseitig von steilen Abgründen begleitet ist und jeden Augenblick zu Ende sein kann ...

In Wirklichkeit brauchen diese Ängste, die Willen und Entschlußkraft lähmen und den Selbstquäler meist das tun lassen, was seiner Wohlfahrt am hinderlichsten ist, nicht zu sein. Denn sie sind selbstgeschaffen! In Wirklichkeit ist die Angst, die die Seele umklammert hält, nichts, was sich greifen läßt, sondern ein Nicht-Bewußt-Sein der inneren Kraft, also eine falsche Blickrichtung.

So paradox es klingt: in Wirklichkeit ist der an Mikos Leidende überreich an seelischen Kräften und dieses Reichtums wegen eher zu beneiden als zu bedauern. „Je tiefer sich der Mensch ängstigt" – sagt Kierkegaard –, „desto größer ist der Mensch." Es gilt nur, die in falscher Richtung entfesselten Kräfte des Unbewußten bewußt in den Dienst der Selbstvollendung zu stellen.

Die Selbstunterschätzung ist nämlich bei den Menschen am häufigsten, deren seelische Kräfte die des Durchschnittsmenschen überragen. Ihre größere Sensitivität verleitet sie, die eigenen Kräfte als kleiner, fremde als größer anzusehen, als sie sind, sich über die größere Reichweite ihrer eigenen Macht zu täuschen und ihre Überlegenheit zu verkennen.

Wenn diese starken inneren Kräfte nicht wären, wären auch die Mikos, die Gegen-Kräfte, nicht. Das UB würde sich solche Selbstschwächungen nicht leisten, wenn es sich nicht stark wüßte. Gerade Sie, mit Ihren Mikos, können also der tapferste und tüchtigste Mensch sein! Und Sie haben den ersten Schritt dazu getan, als Sie mit der Lebensschulung begannen. Sie haben sich bereits den Sieg zugelobt, und der Ausgang ist nicht ungewiß: Sie werden siegen!

Mikos sind Kraft-Anzeiger! Wer sie *so* wertet und sich, in die Stille gehend, der inneren Führung anvertraut, der lernt Mikos in Wertgefühle, in Kraftbewußtsein umzuwandeln. Er erkennt, daß die *Kraft in ihm* größer ist und mächtiger als alle Hindernisse der Welt, und daß sie, als Teil der All-Kraft, nie versiegt. Er schenkt seiner Innen-Kraft sein rückhaltloses Vertrauen – und tötet mit diesem Vertrauen seine Mikos.

Die starken Kräfte, die in uns schlummern, kommen aber keineswegs von selbst zur Entfaltung. Entweder ruft die *Not* sie wach, oder *wir* wecken sie – bevor das Schicksal eingreift – und setzen sie bewußt in Tätigkeit.

Indem wir diesen Weg gehen, entfernen wir uns zugleich von unseren Mikos oder machen sie zu Stufen unseres Aufstiegs. Der Lebensschüler wird versuchen, Mikos als Leistungsantreiber, als Sprungbrett zu größerem Können zu verwenden. Wer mit sich unzufrieden ist, zeigt, daß er sich bewußt ist, *mehr* leisten zu können.

Wie wir uns werten, so werden wir!

Wer recht empfindet, macht aus Nöten Tugenden, aus Schwächen Stärken, aus Mikos überragende Talente. Dieselbe Kraft, die ihn bisher verwundete, wird nun sein Diener.

In der Lebensschule wird also ein Miko nicht unterdrückt, sondern entkrampft und aus einer Gegen-Kraft in schöpferische Aufbaukraft umgewandelt.

Erfahrungsgemäß wird ein Miko um so größer, je mehr man sich mit ihm angstvoll befaßt oder ihn *direkt* bekämpft. Der Lebensschüler bekämpft ihn *indirekt:* er wendet den Blick auf die entgegengesetzte positive Kraft und nährt, mehrt und steigert diese. Im gleichen Maße verliert der Miko seine Macht. Wir überwinden die negativen Komplexe, indem wir positive Komplexe züchten. Damit lehrt die LS das, was die moderne Psychotherapie als ‚*Kompensation*' bezeichnet. Kompensation heißt wörtlich ‚Ausgleich' und bedeutet den Ausgleich einer Störung, eines Mangels, durch gesteigerte Tätigkeit und Leistung an einer anderen Stelle, durch Entfaltung gleich starker oder stärkerer Kräfte auf der entgegengesetzten Seite des Charakters.

Solche Kompensationen nimmt jeder biologische Organismus automatisch vor: Schwächen oder Mängel bestimmter Organe oder Organteile werden durch Stärken oder Hypertrophien anderer Organe oder Organteile ausgeglichen. Genau so die Seele: viele geistige Hochleistungen sind Ergebnisse solcher ‚Kompensationen'. Ein Beispiel:

Viele leiden an Mikos als Folge von Seh- und Gehörfehlern. Anders der Lebensschüler: Kurzsichtigkeit oder Schwerhörigkeit nutzt er als Garanten erhöhter Konzentrationsfähigkeit; Menschen mit solchen ‚Fehlern' können in geistigen Berufen, als Beamte, Lehrer, Künstler, Schriftsteller, Erfinder Hervorragendes leisten.

Edison, der von Kindheit an schwerhörig war, vertritt den Standpunkt, daß er ohne diesen ‚Schaden' nie die für seine Arbeit notwendige Konzentration aufgebracht hätte. Ähnliches wird auch von anderen berichtet. Ist die Entfaltung nach außen gehemmt, setzt eine um so intensivere Entfaltung der inneren Kräfte ein.

Es ist also falsch, daß man auf körperliche Mängel mit Mikos reagiert. Der Erfolgreiche reagiert mit erhöhten Leistungen, die den Mangel überdecken. Auch hier gilt es jedoch, sich vor Übertreibungen zu hüten, bei denen die Mikos gemästet, statt gemeistert werden.

Ein weiteres Mittel, Mikos zu verringern und zu überwinden, ist die bewußte Mehrung unseres Wissens: suchen Sie, sich in Ihrem Beruf weiter auszubilden, arbeiten Sie die Fachliteratur Ihres Berufes durch; lernen Sie, wenn für Ihr Vorwärtskommen von Vorteil, Stenographie, Maschinenschreiben, Sprachen usw. Vermehrte Kenntnisse sind Ausgangspunkte erhöhter Leistungen, diese steigern die Selbstachtung, die wieder größere Achtung bei andern weckt und zu gesteigerter Inanspruchnahme Ihrer Dienste führt, zur Verbesserung Ihrer Stellung und Erhöhung Ihres Einkommens.

Mehr Wissen gibt mehr Einsicht; mehr Einsicht gibt mehr Freiheit; und mehr Freiheit bedeutet: mehr Erfolg!

SELBSTHILFE BEI NERVÖSEN STÖRUNGEN

Die bisher dargelegte Seelen-Schulung ist zugleich Nerven-Schulung und bildet als solche die Grundlage wachsender Leistungsfähigkeit. Denn ‚gesunde Nerven' sind weithin eine Frage der Selbsterziehung. Damit ist auch der Weg zur Überwindung nervöser Störungen gezeigt. Der Lebensschüler muß nur die Augen aufmachen. Dann findet er, daß es leicht ist, das in ihm schlummernde Gute und Starke zum Wachsen und Störungen zum Schwinden zu bringen. Es gilt nur, zum positiven Neuaufbau vorbehaltlos *Ja!* zu sagen und zu erkennen, daß der Geist, der in uns wohnt, immer gesund ist, und daß auch wir es sind in dem Maße, in dem wir uns mit ihm eins fühlen und der Hilfe von innen vertrauen.

Einen Kummer, empfiehlt der griechische Weise Demokrit, „über den die gelähmte Seele nicht Herr wird, verscheuche durch vernünftige Überlegung". Der von tausend Ängsten gepeitschte Mensch von heute wird auf dem Wege des griechischen Philosophen nicht weit kommen. Denn seine Ängste sind gefühlsbetonter als alle vernünftige Überlegung und darum stärker als diese, um so mehr, wenn die negativen Komplexe mit ihren Polypenarmen bereits den Körper umklammert halten, wenn Angst- und Zwangsgedanken sich bereits in Gestalt von Herzbeklemmungen, Schreibkrampf, Asthma, Stottern, Erröten, krankhaftem Erbrechen, Sehstörungen, Platzangst, Schweißausbrüchen, Lampenfieber, feuchten Händen, Zittern, Schlaflosigkeit, Impotenz usw. materialisierten. Bei diesen negativen seelischen Automatismen bedarf es stärkerer Gegenmittel.

Auch Anstrengung des Willens führt hier nicht zur Lösung. Denn Spannung wird durch neue Spannung nicht überwunden, sondern verstärkt; je mehr wir gewaltsam gegen eine Hemmung angehen, desto aussichtsloser erscheint der Kampf.

Nun sagt Lichtenberg zwar: „Wenn einmal eine Schwäche in den Nerven so weit gediehen ist, daß ein Entschluß, etwas zu seiner eigenen Besserung anzufangen, unmöglich wird, so ist der Mensch verloren." Das ist aber keineswegs der Fall, sonst wären ja die meisten Gehemmten verloren. In Wirklichkeit kann jeder sich aus seiner Selbstfesselung durch eigene Kraft befreien.

Und wie geschieht diese seelische Selbsthilfe?

Zuerst und vor allem nicht dadurch, daß man sich zu irgendetwas *an*spannt, sondern indem man sich *entspannt*, die Entspannung mit dem Ruheatmen verbindet und sich dem Gefühl rhythmischen Atmens hingibt:

> *„Ich atme Frieden ein und Kraft. Neue Kraft durchströmt alle Zellen meines Leibes und das weite Reich der Seele. Ich bin Ruhe! Ich bin Friede! Ich bin Kraft!"*

Wenn wir entspannt sind und die widerstrebenden Gedanken sich zur Ruhe begeben haben, beginnen wir ohne Anstrengung des Willens das lustbetonte Zielbild der in uns zu erweckenden Kraft oder Fähigkeit in das Blickfeld des Bewußtseins zu rücken und unser Gefühl auf die Tatsache zu richten, daß diese positive Kraft dadurch, daß wir sie liebevoll in uns hegen und bejahen, wie eine Pflanze unter dem Zeitraffer wächst und sich ausbreitet.

Die Störung selbst geht uns von diesem Augenblick an nichts mehr an; wir vergessen sie und benutzen das Mittel des Selbstbefehls, um die Saat des Positiven in unserer Seele zum Keimen, zur Blüte, zur Frucht und zu beständiger Vermehrung zu bringen. Wir bejahen unser Vertrauen zu den inneren Kräften und machen ihnen dadurch Mut, sich lebendig zu entfalten.

Hand in Hand damit geht die bejahende Hinwendung auf unsere tägliche Arbeit: wir versuchen, ihr und allem, was damit zusammenhängt, mehr Liebe als bisher entgegenzubringen, unsere Arbeit zum Sport, unseren Beruf zur Berufung zu machen. „Die rüst'ge unablässige Tätigkeit beut selbst den schlimmsten Nachtgespenstern Trotz", sagt J. Hammer. Wir verlernen auf diese Weise, nervöse Störungen wichtig zu nehmen.

Und das ist gut, denn sie haben die Neigung, um so empfindlicher zu werden, je mehr wir uns mit ihnen befassen, während sie bald verschwinden, wenn wir keine Zeit haben, uns um sie zu kümmern. Das Kind, das fällt, sich stößt und zu weinen beginnt, wird von der klugen Mutter sofort auf etwas Wunderschönes aufmerksam gemacht, das das Denken und Fühlen des Kindes ganz gefangen nimmt. Das Weinen hört sofort auf, denn das Übel wurde vergessen. Die gleiche Methode wenden wir bei uns an, um Wehleidigkeit und andere Quellen der Lebensuntüchtigkeit zu verstopfen.

Wer ganz auf sich gestellt ist und es sich ‚nicht leisten kann, krank zu sein', der bleibt gesund. Sowie aber ‚das Gehalt weiterläuft' oder es aus einem anderen Grunde nicht so sehr ‚darauf ankommt', ist der Widerstand gegen Fehlgedanken und Fehlreaktionen des Organismus schon geringer; wir lassen uns leichter gehen, unsere Nerven werden empfindlicher. Unnötig, hier auf besondere Fälle einzugehen. Nur zwei kleine Hilfen seien noch geboten:

Bei *Nervosität* und innerer Ruhelosigkeit legen wir uns hin, strecken die Arme seitwärts, schließen die Augen und entspannen uns. Nun beginnen wir tief und kraftvoll aus- und wieder einzuatmen, dabei die Gedanken auf ‚Ruhe' und ‚Kraft' einstellend. Jetzt halten wir den Atem an, drücken die Atemluft leicht nach unten, wobei wir zugleich alle Muskeln des Körpers mit energischem Ruck anspannen und uns auf den Gedanken konzentrieren:

> *„Ich bin Kraft. Meine Nerven sind gesund, ruhig und stark. Sie werden durchpulst von der inneren Kraft!"*

Darauf atmen wir wieder gänzlich aus, wobei wir den Körper in Gedanken schlaff machen und schwer wie Blei. Übung mehrmals wiederholen.

Bei *Kraftlosigkeit* und Überanstrengung machen wir die gleiche Atemübung wie die vorstehende, nur daß wir beim Atemhalten die Luft nicht nach unten drücken, sondern innerlich sprechen: „Ich bin!"; beim letzten Atemzug sprechen wir „Ich bin Kraft!", wobei wir die innere Kraft durch alle Glieder strömen fühlen.

Zu verzagen braucht keiner, denn so unmöglich es klingt, so lebendig erfährt es doch jeder, der den Weg rechter Selbst- und Lebensschulung geht: daß man sich an seinem eigenen Schopf aus dem Sumpf der Verzweiflung und Not herauszuziehen vermag. Wie das möglich ist? Wir bedienen uns hier bewußt der Hilfe der größten Macht, die es auf Erden gibt: der Kraft in uns, die ein Teil der All-Kraft ist.

24. WOCHE:

SELBSTBEHERRSCHUNG

„Von der Gewalt, die alle Wesen bindet,
Befreit der Mensch sich, der sich überwindet." Goethe

Mit der Beherrschung der Gefühle wächst unsere Macht über die Sinne. Aber gerade hier zeigen sich oft innere Widerstände, die die volle Lebensfreude und Selbst-Entfaltung hintanhalten. Zwischen Sinnlichkeit und Lebenserfolg bestehen innige Zusammenhänge; es ist darum unumgänglich, daß wir auch hier den Weg der Goldenen Mitte gehen lernen, auf den die Natur selbst uns weist.

Keine schlimmere Sklaverei als die Sinnenknechtschaft: der sein Leben ‚Genießende' gewahrt nicht, daß das Leben ihn genießt — und ihn wegwirft, wenn es ihn nicht mehr braucht.

Wer seine Kräfte auf ebenso sinnliche wie sinnlose Weise vergeudet, statt dem Rat Demokrits zu folgen: „Nicht jeder Lust, sondern nur der Lust am Schönen soll man sich hingeben", der darf sich nicht wundern, wenn sein Leben ein Fehlschlag wird. Ohne Sammlung und weise Nutzung aller Kräfte von Leib-Seele-Geist keine dauernden Erfolge! Wie will der sein Leben beherrschen, der seiner Sinne Sklave ist!

Wie aber erlangen wir die Selbstbeherrschtheit des Weisen, die Meisterschaft über unsere Sinne? Ist dies überhaupt möglich?

Es steht in unserer Macht, ob wir einer Begierde nachgeben oder die Kraft, die hier nach Beseitigung drängt, in einen anderen Kanal strömen und Aufbau-Arbeit leisten lassen. Denn alle Schöpferkraft – gleich, ob geistiger oder sexueller Natur – ist Erfolgskraft.

Aber mit Willensanspannung erreichen wir hier nichts. Der echte Sieg wird kampflos errungen. Wer seine Sinnlichkeit unterdrückt, erfährt bald die Wahrheit des Goethe'schen Wortes: „Unsere Leidenschaften sind wahre Phönixe. Wie der alte verbrennt, steigt der neue sogleich aus der Asche hervor."

Diese Enttäuschung vermeiden wir, wenn wir Triebe nicht unterdrücken, sondern sie zu veredeln suchen, wenn wir *die Selbstsucht der Sinnlichkeit durch Selbstzucht und Innerlichkeit meistern.*

Bei großen Führern und Erfolgreichen beobachten wir oft, wie das Sinnliche höheren Idealen und Aufgaben untergeordnet wird. Manche von ihnen sind mit der Methode vertraut, die elementare Kraft der Sinnlichkeit in geistige Kraft umzuwandeln, die im folgenden dargelegt wird. Zuvor aber gilt es, uns hier von falschen Wertungen freizumachen.

Wahre Ehrlichkeit nennt die Dinge beim rechten Namen und ist doch zugleich behutsam gegen den Empfindlichen und Leidenden. So befreit sie den Gehemmten, stärkt sein Lebensgefühl und sein Vermögen, Glück zu empfinden und zu spenden.

Sie lehnt es ab, sich mit Ängsten und Hemmungen belasten zu lassen, die einer naturfeindlichen Moralakrobatik entspringen oder die seelenunkundige Erzieher, die selbst an ungelösten Verdrängungen leiden, unbewußt in die Jugend überpflanzen.

Denn: falsche Erziehung in Schule und Elternhaus trägt an den meisten sexuellen Verirrungen und Nöten die Hauptschuld. Nur zu oft wird die Sexualität, statt weise geläutert, als etwas Verbotenes, Häßliches, Fluchbeladenes, den Menschen Erniedrigendes verfehmt und dadurch zu einem Quell zahlloser Ängste und Leiden gemacht. Die natürlichen Triebe werden als sündhaft und gottwidrig verleumdet; diese falsche Wertung führt zum Kampf gegen die eigene Natur, der Kampf zum Unterliegen, das Unterliegen zu Verdrängungen und Hemmungen, und die Hemmungen zu Störungen wie Nerven- und Willensschwäche, Impotenz und Frigidität und zu mancherlei Krankheiten des Leibes und der Seele.

Verbrecherisch ist es, in sensitive Kinderseelen die Angst vor den ‚furchtbaren Folgen' an sich unbedeutender sexueller Abirrungen hineinzuimpfen. Denn fast immer geht diese üble Saat in den furchtgefesselten Seelen auf: die erwarteten ‚Folgen der Jugendsünden' machen sich später bemerkbar – als Ergebnis irregeleiteten gefühlsbetonten Denkens. Es ist hier von der zu den natürlichen Erscheinungen der Jugendjahre gehörenden Selbstbefriedigung die Rede, jener Kinderkrankheit, die die meisten Kinder eine Zeitlang durchmachen, um sie bald wieder zu verlieren, die zu Unrecht mit dem Fluch der Gefährlichkeit und Schuld beladen worden ist.

‚Aufklärer' wollen diese Kinderkrankheit, die zuweilen auch auf gewissen Kindheitsstufen stehengebliebenen Erwachsenen anhaftet, ausrotten. Die Absicht ist löblich; aber sie benutzen ein untaugliches Mittel: die Lüge, und machen ihre Leser zu Hypochondern. Hier hilft nur die Wahrheit. Und diese ist, daß die Selbstbefriedigung keine späteren Schädigungen, Nervenzerrüttung, geistige Schlaffheit, Reizbarkeit, Gedächtnis- und Willensschwäche und andere Folgen nach sich zieht; diese Folgen sind lediglich Auswirkungen der üblen Suggestionen seitens verständnisloser Sittenrichter.

Tatsache ist, daß sie mit Verboten, Drohungen und Mißhandlungen selten, mit verständnisvoller Aufklärung, kluger Lenkung der Phantasie und Erziehung zu Spiel und Sport und zu geregelter Hingabe an interessante körperliche und geistige Arbeiten meist in kürzester Zeit abgestellt wird und dann fast nie wiederkehrt.

Und liegen tatsächlich spürbare Nachwirkungen früher Störungen der geschlechtlichen Entwicklung vor, dann wird ein guter Seelenarzt fast immer eine Wandlung zum Bessern herbeiführen können. Es gilt nur, sich von dem Wahn frei zu machen, als liege die Störung auf der körperlichen Seite. Der Kölner Nervenarzt Aschaffenburg hat wie andere Sachverständige mit Nachdruck darauf hingewiesen, daß irgendwelche Gesundheitsschädigungen als Folgen der Selbstbefriedigung den Nervenärzten völlig unbekannt sind, daß solche zeitweiligen geschlechtlichen Abirrungen auch niemals zu Veränderungen des Gehirns oder Rückenmarks führen, also zu unheilbaren Schädigungen.

Etwa vorliegende funktionelle Störungen sind Auswirkungen seelischer Selbstbelastungen als Folge falscher Erziehung und Aufklärung, Ausgeburten des schlechten Gewissens und der *Angst* vor vermeintlichen Schädigungen. Ist das einmal klar erkannt und das falsche Denken abgestellt, die Angst getötet, der Wahn vernichtet, dann fällt die Selbstbelastung in sich zusammen und zugleich verschwinden die oft Jahre hindurch selbstquälerisch genährten Beschwerden.

Jeder kann sich von dieser Sucht in kürzester Zeit entwöhnen oder entwöhnt werden. Bei Kindern bringt die Methode der abendlichen Einflüsterung während des Schlafes des Kindes rasche Hilfe. Bei Erwachsenen leistet der Selbstbefehl gleiche Dienste:

„Ich bin Herr meiner selbst und tue nur das, was mich stark macht!“

Daneben achte man darauf, daß man die schöpferischen Kräfte, die nach Betätigung verlangen, auf ein anderes Feld leitet: man setze sich hohe Ziele, widme sich reizvollen Arbeiten, treibe Sport, sei viel unter Menschen und in der Natur, lese wertvolle Bücher und stelle sich bei jedem Auftauchen sexueller Vorstellungen auf lustbetontere, fernab vom Sexuellen liegende Vorstellungsbilder um. Und im übrigen erziehe man sich zu wahrhafter *Liebe.* Denn wo die Liebe einzieht, löst sich alle sexuelle Not.

Unnötig, hinzuzufügen, daß der Aufwärtsstrebende Ausschweifungen auch der Phantasie zu meiden hat. Denn sie mindern die Konzentrationsfähigkeit, die Anziehungskraft, Zielstrebigkeit und die positive Erfolgsstimmung: Die Konzentrationsfähigkeit wird schwächer, weil das Denken durch erotische Vorstellungen zerstreut wird; die Anziehungskraft, weil der persönliche Magnetismus einen Spannungsverlust erleidet; die Zielstrebigkeit, weil die Erregung der Gedanken eine einheitliche Blickrichtung unmöglich macht; die positive Erfolgsstimmung, weil der Energieverlust müde und unlustig, unzufrieden und unsicher macht.

Im übrigen gilt es, die *Goldene Regel sexueller Lebensführung* zu befolgen: *Du darfst alles tun, was Dein Leben verschönt, wenn es dem Harmoniegesetz entspricht und anderen Wesen und Dir selbst kein Leid bereitet.*

MEISTERUNG DER SINNLICHKEIT

Der Weise meistert die Sinnlichkeit nicht durch Bekämpfung und Unterdrückung, sondern durch *Umwandlung.* So gelingt es ihm, seine Lebenskraft zu erhalten und zu mehren, statt sie zu vergeuden. Er erreicht dies, ohne die Sinnlichkeit zu töten, durch rechte Lenkung seiner Sinneskräfte.

Unterdrückte Triebe brechen erfahrungsgemäß früher oder später anderswo wieder hervor. Die Sinnlichkeit verträgt keine Gewalt. Der Tyrann zerbricht an der Kraft, die er duckt und bedrückt; der Weise erstarkt an der Kraft, die er bändigt, höherwandelt und neu sich entfalten läßt. Diese Wandlung des Sexualtriebes vom Niedermenschlichen zum Edelmenschlichen, vom Grobsinnlichen zum Seelisch-Geistigen, diese *Transmutation der Sexualkräfte in höhere Energie-Formen* ist keineswegs schwer. Denn die Sinnenkräfte dienen ebenso gern der Höherpflanzung wie der Fortpflanzung. Und jede Umwandlung der Sinnenkräfte in höhere Energieformen bedeutet Steigerung unserer Lebenskraft und Mehrung unserer geistigen Schöpferkraft, also Erhöhung unserer Erfolgskraft.

Je mehr unser Denken und Fühlen auf unseren Beruf, eine Arbeit, eine Aufgabe, einen Sport, ein Spiel oder ein ‚Steckenpferd' konzentriert ist, desto weniger Halt finden sexuelle Gedanken und Empfindungen in unserem Bewußtsein und damit in unserem Körper. Wir unterliegen solchen Regungen nur, wenn wir ihnen durch Darandenken die Kraft geben, in uns Wurzel zu fassen und uns zu beherrschen: Je höheren Zielen wir uns zuwenden, desto geringer wird die Macht des Erotischen über uns, desto zielstrebiger wandeln sich sexuelle Energien in geistige Kräfte.

Damit ist der Weg augenblicklicher Überwindung sinnlicher Regungen gezeigt: da immer nur *ein* Gedanke zur Zeit im Blickfeld des Bewußtseins weilen kann und da der vorherrschende Gedanke, insbesondere wenn er von starker Gefühlsbetontheit ist, alle anderen Gedanken übertönt und ihnen ihre Kraft entzieht, kommt es darauf an, die Gedanken von dem sinnlichen Wunsch, der in einem auftauchte, ab- und auf eine entgegengesetzte freudebetonte Vorstellung oder Absicht hinzuwenden, die so lange festgehalten wird, bis ihre Schwingung das ganze Bewußtsein erfüllt und beherrscht.

Finden sinnliche Erregungen und Kräfteverluste in Schlaf und Traum statt, werden entsprechende abendliche Selbstbefehle vor dem Einschlafen, die einige Zeit hindurch angewandt werden, meist genügen, um dem abzuhelfen. Wir werden vor dem Einschlafen etwa bejahen:

„Ich werde ruhig und traumlos schlafen – und alle Kräfte des Leibes und der Seele werden sich sammeln und verjüngen und meine Macht mehren!“

Auch Erinnerungen an erotische Erlebnisse wirken triebsteigernd und können auf die gezeigte Weise zum Abklingen gebracht werden. Hier gilt es, uns auf das Idealbild unserer selbst zu konzentrieren, uns so zu sehen und zu bejahen, wie wir sein möchten, also als Herrn unserer Sinne. Rückfälle brauchen uns nicht zu entmutigen; denn der Sieg ist uns sicher, wenn wir nur immer aufs neue den Blick auf das Idealbild unserer selbst richten und unseren Weg weitergehen. Allmählich wird die positive Umstimmung der Gedanken zur Gewohnheit und schließlich weist unser UB von selbst unerwünschte sinnliche Regungen zurück: aus der Gewohnheit wird ein Charakterzug. Dann sind wir gegen sinnliche Gedanken immun, haben einen geistigen Schutzpanzer um uns gelegt, der ähnlich einer gesunden Haut die Bakterien niederen Denkens abtötet und ausscheidet, ehe sie ins Innere dringen können.

Der Meisterung der Sinnlichkeit dient weiter die Beachtung der folgenden mehr physiologischen Gebote:

1. Man vermeide allzuviel Fleisch und Eier in der täglichen Nahrung, lasse die Frischkost überwiegen, ebenso meide man Alkohol, Tabak, Kaffee, Schwarztee und scharfe Gewürze im Übermaß.

2. Man esse nicht zu viel und sorge für regelmäßige Verdauung.

3. Man achte auf geregelten Schlaf und vermeide Verweichlichung: zu weiche Federbetten, zu schwere Bettdecken.

4. Man gehe früh in Bett und stehe früh auf, vermeide also jedes In-den-Tag-Hinein-schlafen. Man schlafe nicht in der Rückenlage ein, sondern auf der rechten oder linken Seite liegend.

5. Beim Einschlafen achte man darauf, daß der letzte wachbewußte Gedanke ein Zielgedanke ist, nicht eine sinnliche Vorstellung. Beim Aufwachen am Morgen stehe man sofort auf.

6. Die Kleidung sei nicht zu dick, die Unterkleidung luftdurch-

lässig. Neben den wöchentlichen warmen Bädern nehme man wenigstens einige Zeit hindurch täglich eine kühle Ganzabreibung vor, wobei man den Körper mit einem rauhen Tuch wieder trocken reibt.

7. Man erziehe sich zu täglicher Zielsetzung und konzentrierter Arbeit und gehe allem, was die Phantasie erhitzt, aus dem Wege: dem Müßiggang wie schlüpfriger Lektüre, dem Anblick von zweideutigen Bildern, den Schundfilmen und Menschen und Orten, die die Sinnlichkeit aufstacheln. Erst wer Meister seiner Triebe ist, kann ohne Gefahr auch in einer sinnlichen Atmosphäre weilen; ihre Schwingungen werden ihn nicht mehr berühren.

8. Man gedenke stets der Gefahren der Geschlechtskrankheiten und vergesse nicht, daß ein Augenblick fragwürdiger Lust mit einem lebenslänglichen körperzerfressenden Leiden zu teuer erkauft ist! –

Nun zur eigentlichen

Methode der Transmutation,

der Kunst bewußter Umformung der Sexualkräfte in geistige Energien.

‚Transmutation' heißt wörtlich Umwandlung, Rückverwandlung, und meint hier Wandlung der Fortpflanzungskräfte in der Höherpflanzung dienende Energien.

Die Sexualkräfte haben eine doppelte Aufgabe: einerseits die der Vermehrung, andererseits die der Steigerung der Lebens- und Schöpferkraft. Die Kräfte, die wir nicht vergeuden, werden vom Körper wieder absorbiert und dienen der Erhöhung der Lebens- und Erfolgskraft. Diesen Rücksaugungsprozeß können wir steigern, die Umwandlung von Geschlechtskraft in Hirn- und Nervenkraft und magnetische Strahlkraft unterstützen und damit zu wachsender Gesundheit und jugendlichem Aussehen gelangen.

Wir haben es hierbei keineswegs nur mit chemisch-physiologischen Vorgängen zu tun, sondern mit psycho-physiologischen. Wie durch Selbstbefehle eine Herabsetzung oder Steigerung der Tätigkeit der innersekretorischen Drüsen erzielt wird, so wirkt andererseits eine Veränderung in den Funktionen der Drüsen auf die geistige Haltung und Leistungsfähigkeit zurück.

Es gibt zwei Arten der Transmutation, eine direkte und eine indirekte. Die wichtigste ist die direkte Transmutation:

Wir suchen einen ruhigen Raum auf, legen uns hin, schließen die Augen und entspannen Körper und Gedanken.

Sowie die Gedanken stille sind, beginnen wir langsam und rhythmisch zu atmen, richten unsere Gedanken auf den Unterleib, wobei wir uns vorstellen, wie die aufgespeicherten Schöpferkräfte den Sexualdrüsen entströmen und sich im Unterleib sammeln, etwa wie der Erde entquellendes Wasser sich in einem See sammelt.

Dann legen wir die rechte Hand auf das Sonnengeflecht – Nabelgegend –, die linke unter den Hinterkopf und konzentrieren unsere Aufmerksamkeit erneut auf den Atem: Beim Einatmen drücken wir den Atem in den Unterleib hinab, wobei wir uns vorstellen, wie die Luft gewissermaßen mit den angesammelten Energien gesättigt wird. Beim Atemanhalten, das nur kurze Zeit dauern und in keiner Weise anstrengen darf, drücken wir die Atemluft zwanglos in die oberen Lungenpartien hinauf und stellen uns dabei plastisch-anschaulich vor, wie die mit der Luft nach oben gezogenen schöpferischen Kräfte weiterhin emporsteigen zum Hirn.

Dann atmen wir langsam aus mit der Bejahung, daß die emporgeleiteten Energien vom Gehirn – Hinterhaupt – aufgesogen und in geistige Kraft umgewandelt werden, unsere Hirn- und Nervenkraft also zunimmt.

Diese Atemübung wiederholen wir 10 bis 20 mal, wobei wir jedesmal stärker fühlen, wie die überschüssigen Sexualenergien abgesogen, in das Kräftereservoir des Gehirns überführt und dort gesammelt und umgewandelt werden.

Der Erfolg stellt sich um so rascher ein, je lebendiger wir das Hinaufströmen der Kraft durch unseren Körper uns bildhaft ausmalen und förmlich fühlen, wie die schöpferische Kraft aus dem Bereich des sinnlichen in das Reich des geistigen Lebens hinaufsteigt und von hier aus den ganzen leib-seelischen Organismus erneuert und durchkraftet. Die Arbeit der Kraftumwandlung erfolgt durch das UB; wir haben also die Möglichkeit, ihm zur Unterstützung der Trasmutation aufzugeben, welchen besonderen Aufgaben die neugewonnenen Kräfte dienen sollen: der Steigerung der Leistungsfähigkeit, des Gedächtnisses, der Erhöhung der Willenskraft usw.

Sinnliche Naturen nehmen die Übung in der ersten Woche täglich vor, am besten abends, in der nächsten Woche zweitägig, dann dreimal wöchentlich, und schließlich zwei Mal in der Woche. Sonst genügt zweimalige Vornahme der Übung wöchentlich. Ist der psychische Automatismus einmal in Gang gesetzt, geht die Kraftumschaltung immer leichter vor sich, zugleich werden die günstigen Wirkungen immer rascher erkennbar.

Wir können die Methode auch anwenden, wenn wir uns erschöpft, müde oder unlustig fühlen: Wir laden uns bewußt mit neuen Kräften auf und erkennen bald, daß die Transmutation ein Jungbrunnen ist für unsere Hirn- und Nervenkraft. Ebenso ist sie von Vorteil, wenn eine sinnliche Erregung uns überkommt. Wir sagen jetzt nicht zur Sinnlichkeit: „Fort mit Dir! Ich will nichts von Dir wissen!" sondern: „Ich begrüße Dich als Teil meiner Kraft; Du wirst mir dienen und helfen!" und bejahen dann:

„Ich bin Herr meiner selbst und leite meine Sinnenkräfte empor!"

Ist die Transmutation beendet, überlegen wir: Wenn ich der Regung nachgegeben hätte, wäre der Genuß jetzt schon verrauscht. Nun aber habe ich meine geistige Macht gemehrt und meine Erfolgskraft gesteigert!

Es gilt also, den Triumph des Sieges und des Kraftzuwachses auszukosten und sofort eine *Arbeit* in Angriff zu nehmen: man wird feststellen, daß sie einem jetzt, auf der Höhe der Kraft, leicht fällt und rasch getan ist. Damit erst ist die Transmutation vollendet; denn die lebendige Kraft will *wirken*, will schöpferisch sein.

Indirekte Transmutation

Wir steigern unsere Produktivität, wenn wir eine zu leistende Aufgabe mit drängenden Wünschen und Trieben koppeln und die diesen Strebungen innewohnende Kraft im Dienst unserer Aufgabe positiv zur Entladung bringen.

An sich wirkt jede Kraftstauung auf die schöpferischen Fähigkeiten des Menschen positiv steigernd ein, besonders die Sammlung der Sexualkräfte durch Enthaltsamkeit von sinnlichem Denken und Trachten. Die gesammelte Kraft dient der Entfaltung von Höchstleistungen auf künstlerischen, wirtschaftlichen, politischen, handwerklichen und sonstigen Tätigkeitsfeldern.

Indem man sich gewisse Dinge versagt, seine Wünsche unerfüllt läßt, seine Energien wie ein Akkumulator sammelt, erhöht man seine geistige Spann-, Tat- und Schöpferkraft. Wer diese Seelenchemie Hand in Hand mit entschlossener Zielsetzung anwendet, leistet Außergewöhnliches. Denn mit der Beherrschung der Sinnlichkeit geht die Steigerung der Stoßkraft aller schöpferischen Fähigkeiten und Talente einher. Das meint das *Nietzsche*-Wort: „Den Leidenschaften mußt Du ein höchstes Ziel ans Herz legen; dann werden sie Deine Tugenden und Freudenschaften."

Unbewußt erfolgt diese indirekte Transmutation bei allen, deren ganzes Denken und Sinnen auf ein hohes Lebensziel, die Meisterung einer großen Aufgabe gerichtet ist. Hier werden nicht nur alle Geisteskräfte restlos in Anspruch genommen, sondern automatisch auch die Sexualkräfte nach oben gezogen, so daß der hingegeben Schaffende von selber seine Sinnlichkeit dämpft. Die Triebe unterstellen sich mehr und mehr der Leitung des Zielwillens. –

Man kann einem Menschen ansehen, ob er seine Kräfte zusammenhält oder nicht: er sieht zehn Jahre jünger aus, als er ist. Aber diese Jungerhaltung des Leibes ist nicht die einzige Folge der Transmutation: alle Kräfte der Leib-Seele-Einheit erfahren durch sie eine Steigerung; die Gesundheit, die Widerstandskraft gegenüber Krankheiten; die Harmonisierung des Denkens geht mit einer Erhöhung des persönlichen Magnetismus und einer zunehmenden Schönheit der Körperformen und des Gesichtsausdruckes einher, die die Umwelt sympathisch stimmt.

Der Mensch wächst in einen neuen, höheren Lebensrhythmus hinein, in dem die Sinnlichkeit sich dem Willen des Geistes unterstellt. Dann beglückt sie, die vorher bedrückte. Diese *Herrschaft* über den stärksten Trieb unserer Natur ist lustvoller und kraftbetonter als das Sich-Ausleben: es ist die größere Lust der Überlegenheit über einen Trieb, der uns bisher im Sturm der Gefühle mit sich riß und uns buchstäblich niedergeschlagen zurückließ.

Zugleich wächst mit der Herrschaft über uns selbst unser guter Einfluß auf andere. Während der Energie-Schwache die Umwelt unwillkürlich abstößt, ziehen wir sie automatisch an, erringen Schritt um Schritt ihre Achtung, Zuneigung, Freundschaft, Förderung und Hilfe im Lebenskampf. Darüber wird im *II. Semester* der Lebensschule zu sprechen sein.

25. WOCHE: POSITIV DENKEN

„Suche beständig in großen Gedanken zu leben und das Kleinliche zu verachten; das führt, im allgemeinen gesprochen, am leichtesten über die vielen Beschwerden und Kümmernisse des Alltags hinweg."
Hilty

Unsere inneren Kräfte dienen uns um so williger, je freudebetonter unser Denken und Fühlen ist. Die Freude ist der Strom, der uns am raschesten voranträgt. Es gilt darum, uns vor allem anderen Freude und Mitfreude zur Gewohnheit zu machen.

Rechte Geisteshygiene besteht insgesamt darin, positive Gewohnheiten zu schaffen. Indem wir durch bewußte *Schaffung von Erfolgsgewohnheiten* unsere guten Anlagen, Eigenschaften und Kräfte immer vollkommener entwickeln und höherzüchten, überwinden und vernichten wir zugleich die unguten und hemmenden Kräfte in unserem Innern.

Unter ‚Gewohnheit' verstehen wir die Neigung, in Richtung der Linie des geringsten Widerstandes zu wirken. Bezeichnenderweise hat das Wort oft einen negativen Unterton, weil viele das Trägheitsgesetz mehr zu ihrem Nachteil als Vorteil befolgen, sich mehr ungute als förderliche Neigungen angewöhnt haben.

Dabei können wir uns mit dem gleichen Kraftaufwand statt schädlicher Gepflogenheiten nützliche Eigenheiten zulegen, uns Gutes an- und Schlechtes abgewöhnen, schwere Arbeit leicht machen und „Ich-kann-nicht!"-Gewohnheiten durch Züchtung von „Ich-kann!"-Gewohnheiten entwurzeln, kurz: alle Neigungen in Richtung unseres Lebenserfolgs lenken.

Gewohnheiten wurzeln im UB und sind durch häufiges Denken und Handeln in gleicher Richtung geschaffen worden. Im *Selbstbefehl* haben wir das Mittel, Gegen-Gewohnheiten zu schaffen. Denn zuerst ist immer ein Gedanke, aus diesem wird bei Wiederholung eine Neigung, eine Gepflogenheit, dann eine Gewohnheit, diese zur zweiten Natur und schließlich zur alles bestimmenden ersten.

Jede Handlung, die zuerst willentlich und bewußt ausgeführt wird, wird, wiederholt, immer unbewußter und leichter. Der begleitende Denkvorgang fällt nach und nach weg, bis die Handlung ohne Mitwirkung des Wachbewußtseins vom UB allein ausgeführt wird. Dann ist das erreicht, was wir als *‚positiven seelischen Automatismus‘* oder schlicht als ‚Erfolgs-Gewohnheit‘ bezeichnen.

Die Züchtung derselben beginnt mit der Schaffung gefühlsbetonter innerer Bilder der zu bildenden Eigenheit. Wir konzentrieren unsere Aufmerksamkeit auf sie und beginnen gleichzeitig, zu handeln, als ob wir die neue Gewohnheit bereits besäßen. Sie wird, wie ein Muskel, durch Betätigung, durch Übung, stärker, fällt infolgedessen immer leichter, der Anteil des Bewußtseins nimmt ab, der des UB zu, bis schließlich das UB die neue Gewohnheit ganz übernommen, aus ihr einen Automatismus geschaffen hat.

Eine Erfolgsgewohnheit, die wir uns nun bewußt anerziehen wollen, ist die, *an allem das Gute zu sehen und zu bejahen und aus allem das Beste zu machen.* Man kann auch aus einem Übel Brauchbares machen; man muß nur die Augen öffnen, nach dem dahinter verborgenen Guten Ausschau halten und entschlossen sein, stets alles zum Besten zu wenden. Schon mancher hat anfängliche Mißerfolge auf diese Weise nachträglich in Erfolge verwandelt.

Eine weitere Erfolgsgepflogenheit ist die, *schweigen* zu können. Machtvolles Schweigen ist die Waffe der Weisen wie der Erfolgreichen. Darum erfreuen sich Schweigeübungen bei allen schöpferischen Menschen einer hohen Wertschätzung. Wer schweigt, wächst und wird wach für die Stimme seines Innern und für die Beweggründe seiner Mitmenschen.

Dem Schweigen verwandt ist die *Verschwiegenheit.* Der Weise, der Narren predigt, verfällt dem Gelächter der Narren. Wer schweigt, ist gewappnet und bleibt Sieger. Jedes zurückgehaltene Wort bedeutet Mehrung der Anziehungskraft. Der Lebensschüler folgt hier der inneren Führung, die ihm rät, wann es Zeit und notwendig ist, dies oder jenes zu sagen oder zu schweigen.

Auch scheinbare Offenherzigkeit anderer darf den Lebensschüler nicht verleiten, von seinen Absichten und Unternehmen mehr zu sagen, als jedermann wissen darf. Plumper Neugier begegne er mit freundlichem Lächeln, ebenso der Vertrauensseligkeit anderer. Pläne geheimhalten heißt ihre Verwirklichungskraft erhöhen. „Jeder große Erfolg – sagt Mulford – beruht auf Geheimhaltung, sonst arbeitet bewußte oder unbewußte Mißgunst gegen unsere anziehende Kraft. Tausende haben durch unzeitige Offenheit ihr Glück verkrüppelt.“ Erst wenn der Erfolg erzielt ist, kann man darüber reden; zugleich aber gilt es, sich auf die Tatsache einzustellen, daß nun der Zustrom der Fülle nicht mehr aufhört. Jeder Erfolg zieht neue Erfolge herbei!

Auf den ersten Erfolg sich stützend, gilt es dann, weitere Fortschritte als selbstverständlich zu erwarten, um den Strom des Glücks immer mehr zu sich hinzulenken.

Der Erfolg gleicht einer endlosen Leiter: wer die unterste Sprosse erreicht hat, muß nur mit der sieggewohnten Miene des Erfolgreichen weiter emporsteigen, dann kommen die weiteren Erfolge von selbst – und ebenso die Hilfe der Umwelt.

BESEITIGUNG VON ÜBLEN GEWOHNHEITEN

Wer vorwärts will, muß lichtwärts sehen! Indem wir uns zum Lichten hinbewegen, entfernen wir uns von selbst vom Dunklen und Schwächenden. So erfolgt auch die Beseitigung übler Gewohnheiten vor allem durch Züchtung der entgegengesetzten guten.

Schwächen überwinden wir nicht, indem wir ihre Symptome – die sichtbaren Fehler – bekämpfen, sondern indem wir sie bei ihrer Wurzel packen, beim falschen Denken. Und das geschieht durch bewußte Hinwendung zum rechten Denken.

Die Bekämpfung übler Gewohnheiten auf die Art, wie sie von Moralisten und Pharisäern gefordert wird, ist nutzlos. Auch Verbote helfen hier nichts, ebensowenig Gewaltanwendung. Viel weiter führt die Beachtung der schlichten Regel Christi: „Widerstehe dem Übel nicht!“

Der einfachste Weg ist der der Ersetzung eines Übels durch Gutes. Der Mensch gewöhnt sich leichter etwas *an* als *ab*. Auf diese Weise kann jede schlechte Gewohnheit beseitigt werden. Selbst die nachteilige Wirkung alter oder ererbter Übel kann dadurch auf ein Minimum reduziert werden. Einige Beispiele und Denk-Hilfen sollen das Beschreiten des neuen Weges leichter machen:

Sie sind beispielsweise leicht aufgeregt und unüberlegt. Sie überwinden diese Neigung durch Hinwendung Ihres Denkens und Tuns auf die Gewohnheit ruhig-besonnener Überlegung. Sie beginnen, die Haltung gelassenen Gleichmuts einzunehmen, auch bei Eile so bedachtsam zu sprechen, auszusehen und sich zu benehmen, als ob Sie eine Verkörperung überlegener Ruhe und Selbstsicherheit seien. Indem Sie so denken und tun, *werden* Sie es.

Oder Sie neigen dazu, an allem etwas Bejammernswertes zu sehen? Wenn Sie eine *Frau* sind, denken Sie an Ihr Aussehen: Die Gewohnheit des Klagens gräbt Sorgenfalten in die Haut, läßt Ihr Gesicht früh alt erscheinen, während die Gewohnheit, alles lächelnd willkommen zu heißen, Sie verjüngt und verschönt. Zugleich wird alles leichter! – Wenn Sie ein *Mann* sind, bedenken Sie, daß, wie Gracian sagt, die meisten „durch ihr Klagen über erlittenes Unrecht nur zu neuem den Keim legen, und indem sie Trost und Beistand suchen, erregen sie Schadenfreude oder Verachtung. Klüger ist es, die von dem einen erfahrene Hochschätzung dem andern zur Kenntnis zu bringen, um ihn zu ähnlichem zu verpflichten. Dadurch hält man seine Freunde fest und seine Feinde in Schranken."

Üble Gewohnheiten sind auch *Neid* und *Geiz*. Beide führen zu seelischer Verarmung und schließlich zu wirtschaftlicher Beschränkung. Folgen Sie Goethes Rat: „Vor dem Neide retten wir uns am besten in die Liebe." Statt auf fremdes Tun richten Sie Ihre Gedanken auf Ihr eigenes erfolgstrebiges Wollen und Tun.

Ebenso nachteilig ist es, üble Angewohnheiten nicht zu erkennen. Oft sind es nur Kleinigkeiten, deren Erkenntnis und Abstellung den Erfolg sichert. Manchem ergeht es wie dem Korken, der durch eine Kleinigkeit am Meeresgrund festgehalten wird: ein kleiner Ruck, und der Korken ist frei und steigt an die Oberfläche. Man beobachte sich selbst und lerne aus der Kritik anderer. Jedes Übel ist überwindbar; was bisher geheime Quelle des Ärgers war, kann von heute ab Erfolgsanlaß sein.

Auch *Süchte* können so überwunden werden. Der *Trunk*süchtige wird sich immer erneut auf den positiven Gedanken besinnen:

> *„Ich bin Herr meiner selbst und meiner Wünsche und tue heute nur das, was ich will und was meinem Körper und meinem Glück dient!"*

Auch bei der Abgewöhnung des *Rauchens* ist der lustbetonte Selbstbefehl das beste Hilfsmittel. Wenn die Leidenschaft tief sitzt, kann man dem positiven Befehl einen unlustbetonten Selbstbefehl, der der Lockerung der Wurzeln der Sucht dient, vorausschicken, etwa diesen: „Die Zigarette schmeckt abscheulich. Jedesmal, wenn ich einen Zug tue, wird mir übel."

Nach kurzer Zeit folgt dann der positive Selbstbefehl wie oben: „Ich bin Herr meiner selbst ..." Daneben denke, fühle und handle man, als ob man seiner Leidenschaft Herr sei.

Hierbei ist darauf zu achten, daß der erste Anstoß zum Positiven, den wir uns geben, so kräftig und entschlossen wie möglich sei, und daß wir von da an keine Ausnahme mehr zulassen.

Wir beseitigen das Übel also nicht stufenweise, sondern *mit einem Schlage und für immer.* Denn bei der schrittweisen Abgewöhnung bietet man der Sucht zu viele Angriffsmöglichkeiten, gestattet sich Ausnahmen, schließt Kompromisse mit seiner Sucht und ist bald wieder ihr williger Sklave.

Zerreißt man aber die Fesseln durch einen festen Entschluß auf einmal, dann hat man nur in den ersten Tagen mit der Sucht zu kämpfen; von da ab wird sie immer schwächer. Im letzten kommt alles auf die *Ausdauer* an, mit der wir ein Ziel verfolgen.

AUSDAUER ERSETZT GENIALITÄT

Wir haben in der 18. LW gelernt, daß Genialität kein Geschenk ist, das Einzelnen voraussetzungslos in den Schoß geworfen wird, sondern daß sie als Anlage in jeder Seele schlummert und darauf wartet, geweckt und entfaltet zu werden.

Wo dies noch nicht gelungen ist, fügen wir zu den bereits geweckten Seelenkräften Ausdauer und Fleiß hinzu. Von der Ausdauer sagt der Volksmund, sie sei mehr als Genialität. In der Tat bringt Genialität ohne Ausdauer wenig zu wege, Ausdauer ohne Genialität vieles, Genialität und Ausdauer vereint alles. Hier gilt die Gleichung: Genie + Fleiß = Großleistung.

Ein Genie ohne Ausdauer ist einer Sternschnuppe gleich: es leuchtet auf, weil die Reibung mit der Lufthülle des Lebens es erhitzt und in Glut bringt; aber dabei verzehrt es sich und erlischt nach kurzer Zeit. Ein Genie mit Ausdauer gleicht der Sonne: Ruhig zieht es seine Bahn durch die Räume des Daseins und leuchtet nicht nur sich selbst, sondern auch anderen, gibt seiner Umgebung Licht, Wärme und Leben.

So ist es zu verstehen, was der amerikanische Stahlkönig Schwab sagte: „Ich habe wenig Vertrauen zu sogenannten ‚geborenen Genies‘. Gebt mir jemand, der willens ist, so lange zu arbeiten, wie seine Aufgabe es erfordert, der gewillt ist, seine Freizeit der Erweiterung seiner Kenntnisse zu opfern, der bestrebt ist, nicht nur mit den Händen, sondern auch mit seinem Kopf intensiver zu arbeiten als seine Mitbewerber, dann habe ich jemanden, der mir mehr wert ist als das sogenannte Genie.“

Der Seelenschmied weiß bereits, daß es ebenso wie auf das geschickte auf das *beständige* Zuschlagen ankommt. Die Ausdauer wird die Genialität, die ja nicht fehlt, sondern nur schlummert, zunächst ersetzen und sie später wecken: die beharrliche Konzentration auf ein Ziel oder eine Aufgabe weckt das Feingefühl für neue Möglichkeiten und läßt den Ausdauernden neue Wege gehen, die zu überraschenden Erfolgen führen.

Ohne Ausdauer bleiben Dauer-Erfolge aus. Wie mancher fing eine neue Aufgabe mit einer Begeisterung an, die Großes versprach. Als dann die Hindernisse einsetzten, erlahmte die Kraft, das Interesse ließ nach, der Zielgedanke wurde verschwommener, die Arbeit blieb erst hier und da, dann häufiger und schließlich ganz liegen, anderes mehr Erfolg Versprechendes wurde aufgegriffen – vielleicht gerade in dem Augenblick, wo die ersten Früchte des Mühens zu reifen begannen.

Ausdauer ist vor allem da notwendig, wo Erfolge sich nicht gleich zeigen, Hindernisse zu bewältigen sind. Nur der Ausdauernde vermeidet, daß er fünf Minuten vor zwölf aufhört und daß ein anderer, der ein wenig mehr Ausdauer hat, nun scheinbar spielend den von ihm vorbereiteten Erfolg erringt!

Vorwärts marschieren, wenn alles glatt geht, ist keine Kunst. Aber in allen Stürmen sich selbst gleich bleiben, geduldig aushalten, auch wenn das Leben einen hart anpackt, und keinen Augenblick den Glauben an den Sieg verlieren, das ist es, was den Erfolgreichen aus der Masse heraushebt.

Oft hilft im Augenblick der Prüfung die Besinnung auf das alte Wort: „Wenn das Gefühl in Dir auftaucht, daß Deine Kraft erlahmt, und der Teufel des Mißmuts Dir zuraunt: wirf es hin, es hat ja doch keinen Zweck! dann fasse fester zu; denn dann ist der Sieg Dir nahe!"

Schon viele haben das erlebt, und jeder, der es einmal erfahren hat, hat es sich für sein ganzes Leben gemerkt.

Wer diese Ausdauer nicht hat, wecke sie, indem er ihr Dasein lebendig bejaht und durch tägliche Übung im treuen Tun des Kleinen und Kleinsten erprobt und verstärkt, bis er erfährt, daß sie zu jenen goldenen Tugenden gehört, die sich selbst belohnen.

26. WOCHE:

DYNAMISCHE LEISTUNGSSTEIGERUNG

> „Alles kann die Menschheit entbehren, alles kann man ihr rauben, ohne ihrer wahren Würde zu nahe zu treten, nur nicht die Möglichkeit der Vervollkommnung."
>
> Fichte

Wir stehen vor dem Ende des ersten Halbjahres und haben, bevor wir von der Selbst-Schulung zur Lebensschulung übergehen, in dieser Woche noch eine kleine Vervollständigung unserer Lebens-Kampfausrüstung vorzunehmen, und zwar wollen wir, als Abschluß der Seelenschmiedekunst und als Übergang zur Schicksals-Schmiedekunst lernen, noch vorhandene Zerstreutheit zu beseitigen, die geistige Spannkraft zu erhöhen und unsere Lebensbewußtheit und -Freude zu steigern.

Unter ‚*Zerstreutheit*' verstehen wir die Unfähigkeit längerer Konzentration der Aufmerksamkeit auf einen Punkt. Das Abschweifen kann Folge körperlicher oder seelischer Ermüdung sein oder von mangelnder Gewöhnung an Sammlung herrühren. Im ersten Falle ist es nötig, Entspannungsübungen vorzunehmen, im letzteren ist weitere Schulung des Konzentrationsvermögens unerläßlich.

Schweifen die Gedanken überwiegend bei starken Erregungen ab, dann ist Erziehung zum Gleichmut die beste Waffe. Tritt die Zerstreutheit im Gefolge von Willensverkrampfungen auf, wird sie gleichfalls durch Entspannung überwunden. Sowie Konzentration nämlich gewaltsam betrieben wird, wird das Gegenteil der Sammlung erreicht: Zerstreuung.

Von dieser Zerstreutheit muß die sogenannte ‚professorale Zerstreutheit' unterschieden werden, die höchste Konzentration kennzeichnet. Der Geist des Gelehrten, des Künstlers, des Forschers ist so völlig auf eine Aufgabe gerichtet, daß er für das Beachten und Behalten von für ihn Unwesentlichem weder Neigung noch Kraft hat.

Zerstreutheit überwinden wir am sichersten, wenn wir uns nicht anstrengen, sie zu überwinden. Wer sich anstrengt, um sich zu sammeln, bewirkt, daß die Gedanken wie ein Mückenschwarm durcheinanderwirbeln. – Der rechten Sammlung geht die Entspannung voraus, darauf folgt die Erhellung des Gedächtnisses, dessen Mitarbeit zur Lösung der jeweiligen Aufgabe erfordert wird. Sie ist dem Aufleuchten einer Taschenlampe im Dunkeln gleich: eine schmale Wegspur wird erhellt und gestattet, Hindernisse zu meiden. Genau so richten wir unser Denken auf die nächstliegende Aufgabe und gehen von da aus weiter, immer mit dem Scheinwerfer des Bewußtseins gerade den Teil des Weges erhellend, den wir gehen. Je kleiner das Streufeld des Scheinwerfers ist, desto heller ist das Licht, das er auf die Gegenstände wirft. Je größer unsere interessierte Hingabe an die jeweilige Arbeit, desto sicherer bleibt uns jede Zerstreutheit fern. –

Ein weiterer Helfer ist die *tägliche Zielsetzung*. Wer sie bereits seit Monaten anwendet, wird kaum unter Zerstreutheit zu leiden haben. Nach einem Jahr täglicher Zielsetzung ist dieses Leiden von selbst verschwunden, ebenso wie manche anderen Fehler, die im Laufe des JP von selbst von uns abfallen, weil ihnen in unserem veränderten seelischen Klima nach und nach alle Lebensmöglichkeiten entzogen werden. –

Ein guter Helfer ist endlich das *bewußte Atmen*. Zerstreutheit geht mit falschem Atmen einher und kann daran erkannt werden. Wie die Gedanken auf die Atemführung, so wirkt der Atem auf die Gedanken: wir können Zerstreutheit geradezu auf folgende Weise ‚wegatmen':

Aufrecht hinsetzen, gerade Haltung einnehmen, Augen schließen,

Körper und Gedanken entspannen. Nun auf den Atem konzentrieren, tief und vollständig ausatmen, dabei bewußt alles Zerstreuende und Verstimmende hinausatmen. Dann langsam einatmen, Gedanken auf Kraft und Ruhe konzentrieren. Atem anhalten, dabei die Vorstellung kraftvollen Gesammeltseins im Bewußtsein festhalten. Nun wieder langsam ausatmen. Übung mehrmals wiederholen, wobei das Atmen so rhythmisch und ungezwungen wie möglich geschieht. Um so rascher führt es zu Geistesruhe und Sammlung und ermöglicht restlose Konzentration der Gedanken auf ein Ziel.

STEIGERUNG DER GEISTIGEN SPANNKRAFT

Je bewußter, lebensprudelnder und geisterfüllter ein Wesen ist, desto größer ist sein Erfolgskraftfeld. Da wir uns durch die LS-Methoden mit strahlender Energie zu erfüllen vermögen, haben wir es in der Hand, unser Erfolgskraftfeld immer weiter auszudehnen, unser Erfolgsvermögen ständig zu erhöhen.

Ein wertvolles Mittel ist hier die Begeisterung für hohe Ideale und Ziele. Erfolglose sind immer Begeisterungsarme und darum Bedrückte, zu Boden Gedrückte, während Begeisterte nach oben steigen.

Wer siegen will, muß begeistert sein. *Die Begeisterung ist der Geist, der uns zur Verwirklichung führt.* Sie wächst aus dem Glauben an ein Ziel und ruft unsere Spannkraft und Widerstandskraft wach gegenüber Hindernissen, die sich der Zielverwirklichung entgegenstellen.

„Begeisterung ist die Mutter großer Taten", sagt Schiller. Jede große Leistung ist Form gewordene Begeisterung. Was wir aus den Dingen gewinnen wollen, müssen wir erst in sie hineinlegen. Wer nichts hineinlegt, wer sich nicht begeistert und die Dinge nicht durchgeistet, der kann nicht erwarten, daß die Dinge ihm dienen, die Umstände ihn segnen. Die Begeisterung trägt uns über Klippen und Gefahren hinweg, vor denen der Unbegeisterte zurückschreckt.

Wir müssen uns für die Dinge, die wir meistern wollen, *erwärmen.* Der Lebenserfolg hat eine gewisse seelische Temperatur zur

Voraussetzung, von welcher ab er aus seiner Latenz und Unsichtbarkeit in die Wirksamkeit und sichtbare Wirklichkeit hinausschreitet. Diese Temperaturerhöhung erreichen wir durch die Begeisterung.

Das Feuer der Begeisterung bringt auch widrigste Umstände zum Schmelzen. Die Begeisterung trägt uns über ‚tote Punkte' beim Schaffen hinweg: das Unlustgefühl, das sonst aufquillt, findet infolge der Lustbetontheit unseres Schaffens keine Möglichkeit, in uns Wurzel zu schlagen. Es bleibt ein schwaches Augenblicksgefühl, das rasch stärkerer Schaffensfreude Platz macht. Wir haben von unserer vorhergehenden Arbeit noch so viel Schwung in Leib und Seele, daß der Beginn des neuen Arbeitsabschnitts – der Einsatzpunkt mancher Unlustgefühle – nichts ist als ein frohes Weiterschwingen.

Wer sich gewöhnt hat, mit Begeisterung zu wirken, merkt nicht, wie die Zeit verrinnt. Seine Begeisterung bewirkt, daß Herz, Haupt und Hand harmonisch, einmütig und einwillig zusammenwirken. Sie ermutigt ihn, neue Wege zu versuchen, bis der beste Weg zum Erfolg gefunden ist. Er holt Möglichkeiten aus seiner Arbeit heraus, die der Unbegeisterte nicht sieht oder solange bezweifelt, bis die Tatsachen ihn eines Besseren belehren.

Um diese Begeisterung zu wecken und wachzuhalten, müssen wir uns immer höhere Ziele setzen. Darüber hinaus werden wir Biographien von Männern mit flammenden Herzen lesen und Bücher, die zu großen Taten begeistern. Weiter werden wir durch rechtes *Tun, als ob* wir immer von lebendigem Interesse erfüllt seien, unsere innere Anteilnahme an dem, was uns jeweils beschäftigt, erhöhen und im gleichen Maße hellsichtiger werden für bisher übersehene Zusammenhänge und Möglichkeiten.

Wohl dem, den schon in frühester Morgenstunde die Begeisterung für sein Werk weckt! Er wird siegen, mögen die Hindernisse noch so groß, Neider und Verleumder, die seine Leistung schmälern wollen, noch so zahlreich sein. Denn je flammender die Begeisterung, desto größer ist die Reichweite seiner erfolganziehenden Kraft, desto mehr Fähigkeiten werden in der Seele wach, entfalten sich und beginnen immer Bedeutenderes zu vollbringen, und desto größer wird sein Einfluß auf die Umwelt.

Begeisterung steckt an; frohe Erfolgsstimmung eines Einzelnen reißt zu gleicher Stimmung geneigte Seelen mit; ein von einer Idee durchflammter Redner packt seine Zuhörer und entzündet in ihren Herzen den gleichen Gedanken und Willen.

Überall in der Wirtschaft und im Leben werden Menschen gesucht, die sich für das, was sie zu tun haben, zu begeistern vermögen. Denn jeder weiß: das sind die Menschen, denen der Erfolg nachläuft. Sie sind nicht die typischen ‚Angestellten', die man auf einen Posten stellt, sondern freudige Mitschaffer mit lebendigem Werkinteresse, die in das Unternehmen, an dem sie mitwirken, einen neuen Geist hineintragen: den Geist erfolgbejahenden Schöpfertums.

Wir erreichen dadurch, daß wir unseren Beruf zu unserem ‚Stekkenpferd' machen, wachsende Vorteile: das erste Ergebnis ist gesteigerte Spannkraft und zunehmende Aufgeschlossenheit gegenüber allem, was in unser Fach schlägt. Wir erzielen Spitzenleistungen, die wir auf andere Weise kaum erreichen. Erhöhte Leistungen wecken neue Lustgefühle und das Verlangen nach abermals größeren Aufgaben. In diesem ‚Immer Größeres Wagen' liegt eines der Geheimnisse des Erfolgsmenschen.

Bei dieser Einstellung ist trotz gesteigerter Leistungen jede Überarbeitung ausgeschlossen. Denn Überarbeitung ist nur möglich, wo die Arbeit mit Unlustgefühlen verquickt ist.

Wir machen unsere Arbeit bereits zum Sport, wenn wir darüber nachdenken, wie wir das, was wir bisher gedankenlos, mechanisch verrichteten, von jetzt ab besser, geschickter, einfacher, zweckmäßiger, vollkommener erledigen könnten. Dieses Nachdenken schon macht die Arbeit reizvoller, und die daraus erwachsenden erhöhten Leistungen und Erfolge steigern Arbeitslust und Spannkraft von selbst immer mehr.

Die Brunnen der Tiefe öffnen sich, die Wasser des Lebens quellen empor und überfluten beglückend die Fluren der Seele. In den Augenblicken höchster Begeisterung öffnen sich Tore zu den verborgenen Schatzkammern unseres Innern. Oberbewußtsein und Unterbewußtsein schwingen zusammen, alle Kräfte wirken mit ungeahnter Klarheit und Zielgewißheit, der Geist arbeitet mit blitzartiger Geschwindigkeit und Leichtigkeit, und ebenso scheinen die körperlichen Kräfte vervielfacht. Die Sinne der Seele und des Leibes erspüren intuitiv bisher verborgene Zusammenhänge, und wir treffen Entscheidungen und Maßnahmen, die sich später als geniale Lösungen erweisen.

Diesen Zustand seelischer Hochspannung und geistiger Höchstleistung wollen wir aus einem zeitweiligen zu einem dauernden machen, aus einer Ausnahme zur Regel. Hierzu werden die kommenden Schulungswochen die nötigen Anleitungen geben. Wir werden lernen, immer bewußter mit den Kraftquellen in uns in Verbindung zu kommen und schließlich ganz aus der Verbundenheit mit ihnen zu leben.

STEIGERUNG DES LEBENSGEFÜHLS

Der Alltagsmensch pendelt bei seinen täglichen Arbeiten zumeist zwischen angenehmen und unangenehmen Begleit-Gefühlen hin und her. Sein Stimmungsbarometer geht auf und ab, schwankt bei jedem Wölkchen von ‚Veränderlich' auf ‚Regen'.

Anders beim Lebensschüler: sein Seelenbarometer zeigt überwiegend gleichmäßig gute Laune an, hält sich *über* dem Mittel. Er hat sich gewöhnt, auf immer mehr Dinge und Geschehnisse positiv zu reagieren und sie dadurch zu sprudelnden Quellen der Freude zu machen.

Er hat gelernt, den Ärger zu meistern, Furcht im Keim zu erstikken, Schmerzen zu beseitigen, Müdigkeit fernzuhalten, Sorgen und Mißstimmungen in ihr Gegenteil zu verkehren und Mißlingen zu vermeiden. Er hat erkannt, daß es von ihm selbst abhängt, wie die Lust-Unlust-Kurve des Alltags verläuft, hat gelernt, diesen Ablauf nach seinem Willen zu bestimmen.

Er weiß, daß es nicht die starken Unlustgefühle sind, die den Menschen zermürben, sein Lebensgefühl mindern, sondern die kleinen Ärgernisse des Tages. Deshalb lernte er; zuerst diese zu beseitigen und vor allem die Körpergefühle zu beherrschen, von denen viele Herabstimmungen der Lebensfreude herrühren.

Der Alltag ist durchtränkt von kleinen Lust- und Unlustgefühlen. Darum lernte der Lebensschüler, immer mehr positive Kraft in den Alltag hineinzutragen und lauter kleine Erfolgskeime zu legen, die nach und nach zur Durchsonnung des Daseins führen.

Die Menschheit ist in den letzten zweitausend Jahren weitgehend von der Sonnenseite des Lebens, der Seite der Lustgefühle, auf die Nachtseite abgewichen. Erst in unseren Tagen hat eine ernsthafte Rückbesinnung begonnen, die Neigung eingesetzt, auf die Sonnenseite des Lebens zurückzukehren, alle Dinge des Lebens und der Arbeit lustbetont zu machen. *Bewußt* geht diesen Weg der Lebensschüler, der das Lust-Unlust-Verhältnis des Alltags systematisch zu Gunsten wachsender Lusterfüllung des Daseins umwandelt.

Er hat eine Reihe positiver Denkgewohnheiten zu züchten begonnen und braucht diese Methode nur beharrlich fortzusetzen, um eines Tages unlust-immun zu sein und nur noch positiv zu reagieren. Die Lebensschulmethoden sind derart, daß sie automatisch zu diesem Hochziel und zu fortschreitender Verstärkung des Lebensgefühls hinleiten. Wie die Engel im ‚Faust', so verheißt uns der Geist des Lebens: „Wer immer strebend sich bemüht, den können wir erlösen."

Unser Leben wird in dem Maße, wie unsere inneren Kräfte sich entfalten, reicher, vollkommener, wesentlicher. Sowie das Gefühl in uns erwacht, *daß wir eigentlich erst jetzt richtig zu leben anfangen,* haben wir das erste Semester der LS beendet und sind fähig, den Weg durch jenes neue Leben, das immer höher führt, im zweiten Halbjahr mit noch größerem Gewinn zu verfolgen – bis wir am Ziele stehen. Bis dahin sei unsere immer erneute Selbst-Besinnung:

> *„Ich freue mich meines Daseins. Ich sehe an allem immer das Schöne und mache mit Erfolg aus allem das Beste. Alle Dinge und Geschehnisse, die mich treffen, sind mir treffliche Helfer zum Aufstieg. Was ich beginne, gelingt mir!"*

Wer so täglich seine Seele hochstimmt, der erhöht zugleich seine Anziehungskraft auf erfolgbringende Menschen, Dinge und Umstände. Der Gewinn ist also keineswegs nur subjektiver Art, sondern kommt in dauernder Frische und Gesundheit, zunehmenden Leistungen, steigendem Einkommen oder Umsatz sichtbar zum Ausdruck. Der Lebensschüler erlangt mit geringeren Mühen größere Erfolge, holt mehr aus sich, seiner Arbeit, seinem Unternehmen, seinen Mitmenschen, seinem Leben heraus: mehr Leistungen, mehr Freude und Glück, mehr Kraft und Erfolg!

*

Wir stehen damit am Ende des I. Halbjahres der „Lebensschule“ und beglückwünschen den Lebensschüler, der die Aufgaben des I. Semesters bewältigt hat, zum bisher Erreichten. Das bisweilen etwas beschwerliche Aufwärtsklettern ist zu Ende; der fernere Weg ist leichter und unterhaltsamer, wenn er natürlich auch, nach wie vor, Anforderungen an den Wanderer stellt.

Sie werden jetzt verstehen, warum die *Selbst*schulung der *Lebens*schulung vorangehen mußte.

Keine Höhenwanderung ohne den vorausgehenden Aufstieg zur Höhe. Schon die Stoiker lehrten Gleiches: „Keinem fällt es ein, lesen und schreiben zu wollen, ohne es zuvor gelernt zu haben; noch viel mehr gilt dies für die Kunst, richtig zu leben.“

Sie werden weiter beobachtet haben, daß die LS das heutige Wissen um rechte Lebenskunst auf einfachste Formeln gebracht hat, um es jedem zu ermöglichen, auf den Höhen des Lebens zu wandeln, einerlei, in welchen Niederungen er bisher sein Dasein fristete. Die Brauchbarkeit der LS-Methoden erweist sich durch ihre praktische Bewährung auch in Ihrem Leben.

Es folgt nun der zweite Teil, die „Lebensschulung“, die eine wesentliche Vertiefung und Erweiterung der das Grundsätzliche vermittelnden Lehren des I. Semesters bringt. Tun wir also siegesgewiß den zweiten großen Schritt in der Kunst rechten Lebens und rechter Erfolgsschulung, von der Selbstführung zur bewußten Lebens-Führung, von der Meisterung der Kräfte der inneren Welt zur Lenkung der Kräfte der äußeren Welt!

Inhaltsübersicht des Gesamtwerks

I. BAND

II. BAND

III. BAND: Oberstufe

Selbstverwirklichung und innere Führung

François de Silenen

IMPROVISATIONEN UND FANTASIEN

In der heutigen Zeit wird fast jeder von uns im Alltag von unzähligen akustischen und visuellen Reizen überflutet. Um die daraus resultierenden Erscheinungen wie Gereiztheit, Konzentrationsschwäche und dergleichen zu vermeiden, ist es notwendig, die innere Mitte wiederzufinden.

François de Silenen führt uns durch seine Improvisationen in unser Innerstes und bringt uns mit den eigenen Schöpferkräften in Verbindung. Vertrauen Sie sich diesem großartigen Klangerlebnis an und spüren Sie, wie die wunderbaren Schwingungen einer anderen Welt Sie erfüllen und Sie zu neuen Höhen emporheben.

Direktaufnahme der Abende des 19. und 21. Mai 1976
aus dem Leitheimer Rokokofestsaal
Schallplatte DM 22,–
Cassette DM 22,–